本书为全国哲学社会科学重大招标课题《中国共产党应对执政风险和考验研究》（项目编号11&ZD068）的阶段性成果。

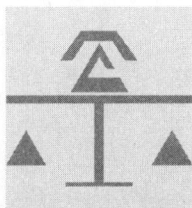

孙彩虹◎著

Study on the Mechanism of
Civil Dispute Resolution during
the Social Transformation Period in China

社会转型期
我国民事纠纷解决机制研究

中国政法大学出版社

2016·北京

图书在版编目（ＣＩＰ）数据

社会转型期我国民事纠纷解决机制研究/孙彩虹著. —北京：中国政法大学出版社，2016.8
ISBN 978-7-5620-6858-7

Ⅰ.①社…　　Ⅱ.①孙…　　Ⅲ.①民事纠纷－调解（诉讼法）－研究－中国　　Ⅳ.①D925.114

中国版本图书馆CIP数据核字(2016)第188727号

出 版 者　中国政法大学出版社

地　　址　北京市海淀区西土城路 25 号

邮寄地址　北京 100088 信箱 8034 分箱　邮编 100088

网　　址　http://www.cuplpress.com（网络实名：中国政法大学出版社）

电　　话　010-58908289（编辑部）　58908334（邮购部）

承　　印　北京朝阳印刷厂有限责任公司

开　　本　720mm×960mm　1/16

印　　张　21.5

字　　数　355 千字

版　　次　2016 年 10 月第 1 版

印　　次　2019 年 3 月第 3 次印刷

定　　价　49.00 元

目 录 CONTENTS

人类社会的文明史，可以看作一部纠纷在社会发展中不断兴起又不断消弭的历史。在这种视角下，社会制度的发展史也是一部人类不断从各个层面致力于化解纠纷，并努力构建常态化的纠纷化解机制的历史。

纠纷的存在首先来自于个人私欲的不可消弭性和社会资源的有限性。人作为存在于社会中的个体，总是不断地寻求占有更多的社会资源，然而，在任何一个时期，社会的资源总量都是有限的。在面对这种局面时，由于人类的理性与德性总是包含内在的缺陷，不同的社会个体对资源的争夺不可能是一个安静且平稳的过程，其中所滋生的种种分歧、争端与冲突，都可以概括地视为纠纷的不同表现形式。另外，社会分配制度的不完善是纠纷产生的社会原因。面对社会资源的有限性，尤其是公共资源的稀缺性，特定的社会结构实际上即是特定的社会分配制度的映像投射，而社会分配制度往往掌握在一个社会的统治阶级手中。正如研究社会冲突的著名学者科塞（Lewis Coser）所指出的，纠纷产生的社会根源在于统治者与被统治者之间，被统治者对现实资源分配格局的不满和由此产生的反抗激情。[1]德国社会学家达伦多夫（Ralf G. Dahrendorf）也认可这一观点。他认为在社会权威结构中，人民的结合并非基于组织成员的"共同意志"，而是基于权威—服从的压制性力量。因此，统治者与被统治者，或管理者与被管理者对权力和稀缺资源的争夺，构成了社会冲突的一般动力机制。[2]由此，纠纷在特定社会中具有普遍性与必

---

〔1〕［美］L. 科塞：《社会冲突的功能》，孙立平等译，华夏出版社 1989 年版，第 31 页。

〔2〕黎民、张小山主编：《西方社会学理论》，华中科技大学出版社 2005 年版，第 166 ~ 168 页。

然性。由人类所构建起来的社会，尽管随着人类理性的提升与德性的进步，而逐渐趋向合理与安定，但并没有超出特定时代人类总体认识的局限性。对自然资源与社会资源的渴求与占有欲，经由特定社会结构的放大，致使纠纷在社会中无所不在。总而言之，人类的私欲构成了纠纷产生的根本原因，而特定的社会结构对纠纷的产生往往有促进或催化作用。

在特定社会的内部，纠纷主要有两种：一种是在个体层面上，个人与个人之间由于存在对抗所导致的纠纷，另一种是在国家层面上，个人与社会共同体之间由于分配意见的不一致所导致的纠纷。相比之下，第一种纠纷具有较大的随机性，对社会结构的破坏力较小；而后一种纠纷中，国家作为其中一方往往是固定的，这种纠纷对社会结构与社会秩序的破坏性也往往较大，有时甚至会引发整个社会与国家的冲突。不管哪一种纠纷，如果任其发展与积聚，最终都会影响到社会整体秩序的稳定，甚至引爆革命，从而导致整个社会的动荡。所以，如何解决纠纷就成了纠纷研究中的核心课题。

如上而言，纠纷的产生是一种正常的社会现象，但纠纷的存在总是会给社会带来不可避免的负面影响。尽可能地降低纠纷给社会带来的风险，将纠纷的危害控制在一定限度内，同时减少纠纷解决的成本和周期，使纠纷解决的效果达到最佳，是任何社会对于纠纷解决的不变追求。然而，在不同的社会，纠纷的解决方式具有较大的差异。比如，在原始社会，基于社会权威的有限性与公共资源的稀缺性，血亲复仇与同态复仇也是受到广泛认可的纠纷解决方式，中世纪欧洲的教会法院同样借由神明裁判的名义解决着世俗社会中所产生的种种纠纷。在现代社会，法治作为一种普世价值得到全人类的公认，成为大部分国家与社会所致力达到的目标。在法治社会的建构中，纠纷解决方式的法治化必然是其题中应有之义。首先，从社会过程的角度来看，纠纷解决方式的法治化意味着纠纷的解决机制必须是常态化的。这不仅包括纠纷处理机构的常态化，还包括纠纷解决程序的可预期性、纠纷解决结果以公平正义为目标等内涵。常设的纠纷解决机构并非法治社会的独创，法治化的纠纷解决方式的价值在于它体现的法治价值是常态的，是能够被法律规范所调整的，而并非可以随意地体现主导者的个人意志。其次，法治化的纠纷解决方式必须是理性的。它不能像原始社会的血亲复仇那样受激情与随意性的操纵。它意味着最低限度的程序保障与最高限度的权利保障追求必须内含于其间。举例而言，法院能够在近代成为纠纷解决的最核心机构，正是因为"司法是解决法律争端与讼案的最文明、最公正因而是最可信赖的法律机制"[1]。最后，法治化的纠纷解决方式往往是多元化的。[2]权利的实现并非只有一种方式、一种结果，这要求纠纷的化解也不能仅仅局限于法院的判决。"法治社会固然必须崇尚司法权威，但这并不意味着必须由司法垄断所有的纠纷解决。"[3]这一点往往成为现代纠纷解决方式的显著特征，也已证明是一种世界性趋势。

---

〔1〕 王人博、程燎原：《法治论》，山东人民出版社 1989 年版，第 214 页。

〔2〕 当然，这并非意味着其他社会类型下的纠纷解决方式是单一的，而是指法治背景下的纠纷解决机制提供了不同类别、不同层次、不同效果，相对来说更丰富多样的解决方式。

〔3〕 范愉主编：《多元化纠纷解决机制》，厦门大学出版社 2005 年版，绪论第 6 页。

民事

Part 1 第一编

民事纠纷

第一章

纠纷概说

一、何谓"纠纷"

(一) 社会学意义上的"纠纷"与"冲突"

对于纠纷 (dispute) 的认识，政治学、法学、社会学、人类学以及历史学等许多学科都对其进行了广泛的讨论。而在学术界，纠纷被公认为是社会学上的概念，因为只有在社会学意义上，"纠纷"才具有确定的含义，而自然界中的内在矛盾或冲突，都不能称为纠纷。[1]从社会学的角度看，整个社会都是由纠纷组成的，"纠纷"实际属于"社会冲突"的构成形式，反映的是社会成员间具有抵触性、非合作的，甚至滋生敌意的社会互动形式或社会关系。[2]有学者定义其为在相对的社会主体之间发生的可以被纳入法律框架之内的那些表面化的不协调状态。[3]客观上讲，将纠纷视为一种社会现象，并定义为一种不协调状态，是有一定道理的。

西方社会学家则倾向于将冲突 (conflict) 定义为：任何两个或两个以上的统一体由至少一种对抗性心理关系形式或至少一种对抗性互动关系形式相

---

〔1〕 汤维建等：《群体性纠纷诉讼解决机制论》，北京大学出版社 2008 年版，第 1 页。

〔2〕 陆益龙："纠纷解决的法社会学研究：问题及范式"，载《湖南社会科学》2009 年第 1 期。

〔3〕 赵旭东：《纠纷与纠纷解决原论：从成因到理念的深度分析》，北京大学出版社 2009 年版，第 8 页。

连接起来的社会情况或社会过程，[1]或是指各派之间直接的和公开的旨在遏制各自对手并实现自己目的的互动。[2]但也有学者指出，像齐美尔（Georg Simmel）、达伦多夫、科塞等学者对社会冲突的探讨，并没有给出一个准确的定义，而是用抽象的、模糊的，甚至是艺术化的词汇来对冲突进行描述。[3]科塞从齐美尔"社会冲突是一种基本的社会过程形式"的命题出发，在其《社会冲突的功能》一书中如下界定社会冲突：可以权且将冲突看作是有关价值、对稀有地位的要求、权力和资源的斗争，在这种斗争中，对立双方的目的是要破坏以至伤害对方。达伦多夫的思想主要来源于马克思和韦伯（Max Weber），主张社会冲突自古以来就存在，它是一种权利与供给、政治与经济、公民权利与经济增长的对抗，是提出要求的群体和得到了满足的群体之间的冲突。达伦多夫认为，社会是由各种冲突组成的，社会的常态不是和谐而是冲突，并由此提出著名的"社会冲突论"。社会冲突论的基本观点是：其一，每个社会的每一个方面都时刻处在社会变迁过程之中，社会变迁是普遍存在的；其二，每个社会的每一个方面都时刻经历着社会冲突，社会冲突是普遍存在的；其三，社会中的每一个成分都对社会的瓦解与变迁发生积极作用；其四，每一个社会都以一部分成员对另一部分成员的压制为基础。[4]

按照社会冲突理论，社会冲突存在于社会的方方面面、时时刻刻，那么纠纷就成为人类生活中不可避免的社会现象和社会常态，这样我们就可以概括出纠纷的普遍性、历史性与社会性，并以此解释纠纷的类型。纠纷从性质上可分为政治纠纷、军事纠纷、经济纠纷、家事纠纷、文化纠纷等；从社会发展的阶段上可分为原始社会的纠纷、奴隶社会的纠纷、封建社会的纠纷、资本主义社会的纠纷与社会主义社会的纠纷等。纠纷的性质不同、所处的社会阶段不同，就会导致解决纠纷的机制和方法存在差异。

---

〔1〕 C. F. 芬克："社会冲突理论中的难题概念"，载《冲突解决杂志》1968 年第 12 期。转引自顾培东：《社会冲突与诉讼机制》，法律出版社 2004 年版，第 2 页。

〔2〕 ［美］乔纳森·H. 特纳：《现代西方社会学理论》，范伟达等译，天津人民出版社 1988 年版，第 245 页。

〔3〕 刘志松：《权威·规则·模式——纠纷与纠纷解决散论》，厦门大学出版社 2013 年版，第 9 页。

〔4〕 ［德］达伦多夫：《工业社会中的阶级与阶级冲突》，斯坦福大学出版社 1959 年版，第 161～162 页。转引自汤维建等：《群体性纠纷诉讼解决机制论》，北京大学出版社 2008 年版，第 3 页。

但即便如此，"冲突"与"纠纷"之间仍然不可直接画等号，顾培东教授就指出：众所周知，在理论领域中，社会冲突并非法学（的研究对象），而是社会学理论的直接研究对象……事实上，在任何社会中，能够受到法律评价的社会冲突仅是其中的一部分，纯粹从量上观察甚至可能不是主要部分。[1]因此可以看出，除法学领域外，其他学科如政治学、社会学、人类学等并没有把纠纷作为一个独立的问题展开特别的研究，而是将其作为社会冲突的其中一种现象一并予以观照和讨论的。如果持此观点，我们就可以理解一些学者对冲突与纠纷关系的认识：某种冲突（一旦）超出了法律控制的体系，乃至于不得不借助于政治手段或者国家暴力加以解决，那么，这种冲突就不是严格意义上的纠纷。……纠纷具有更多的法律语言的属性，而冲突则主要是一种涵义广泛的社会性语言或者属于政治性话语。[2]如此一来，纠纷则实属社会冲突概念的下位概念，凡是能够纳入法律框架，作为法律规范的调整对象的社会冲突就称为"纠纷"；而那些不能纳入法律框架并予以规范的社会冲突则作为一种社会现象，进入社会学、政治学等领域的研究范围，比如种族冲突、宗教冲突、民族矛盾等。

对于纠纷与冲突的关系，日本学者千叶正士将纠纷的基本类型划分为：对争（contention）、争论（dispute）、竞争（competition）、混争（disturbance）与冲突（conflict）五种基本类型，认为 conflict 涵盖了其他四种类型的对立状态，并将其定义为"一定范围的社会主体之间丧失均衡的状态"。日本社会学家川岛武宜却将 dispute 翻译为纠纷，而把 conflict 作为纠纷的更高层次概念对待。[3]美国当代纠纷解决理论则把纠纷视为冲突的一种类型或一个层次，认为它是一种包含着明确的、可通过法庭裁判的争议的冲突。[4]那么"社会冲突"又是如何演变为"纠纷"的呢？按照人类学家的研究成果，这一过程可分为三个演进阶段：第一阶段——单向的"心怀不满"或"前冲突"阶段（the grievance or pre-conflict stage）。这一阶段是指特定个体或群体发现自己受

---

〔1〕 顾培东：《社会冲突与诉讼机制》，法律出版社 2004 年版，第 1、18 页。

〔2〕 赵旭东：《纠纷与纠纷解决原论：从成因到理念的深度分析》，北京大学出版社 2009 年版，第 8~9 页。

〔3〕 刘荣军：《程序保障的理论视角》，法律出版社 1999 年版，第 21~22 页。

〔4〕 沈恒斌主编：《多元化纠纷解决机制原理与实务》，厦门大学出版社 2005 年版，第 33 页。

到不公正对待的理由及事实，此阶段的"心怀不满"要么升级为冲突，要么逐渐消解。第二阶段——"冲突阶段"（the conflict stage）。在这一阶段，受害方选择对抗，并向侵害方表达不满，进而形成"冲突"。当然冲突可以通过侵害方进一步施行强力而升级，或者通过与受害方谈判解决而减缓。第三阶段——冲突由于被公开化而升级为"纠纷"阶段（the dispute stage），这一阶段往往会有第三者的介入。当然，上述纠纷的展开过程不一定具有顺序性，受害方可以不与侵害方对抗而直接选择纠纷。[1]对于这一观点，国内有学者提出质疑，认为"纠纷的解决并不一定要有第三者参与，纠纷一旦显化出来，通过当事人之间的直接交涉同样可能得到解决"[2]。固然，将"是否有第三者介入当事人之间的冲突作为区分冲突与纠纷的标志"[3]虽有失偏颇，但笔者认为，"第三者参与"并非强调纠纷的解决，而是强调"纠纷的社会性"。因此，这种区分是有道理的。

阐述至此，对于冲突与纠纷概念上的区别，我们没有必要进行严格的区分，在不同的语境下，二者会有一些习惯性的个别差异，比如在军事上、政治上、种族上的抗争或对立，我们会习惯称之为"军事冲突、政治冲突、种族冲突"；而在家事、感情、认知方面我们通常惯用"纠纷"一词。即使在学术研究中，冲突与纠纷也多体现于本质上的共同性，差别不大，可以互相替代使用，并不会引起认识上的分歧或误解，只是在法学研究领域，人们已经习惯称之为"纠纷"，并为其赋予了更多法律语言的属性，而冲突则是一种含义更为广泛的社会学或政治学概念。本书并不刻意加以区分。

（二）法学意义上的"纠纷"

从概念法学的角度而言，概念定义的具体性与准确性在相当大的程度上

---

〔1〕 Laura Nader & Harry F. Todd, Jr. , ed. , *The Disputing Process: Law in Ten Societies*, New York: Columbia University Press, 1978, pp. 14 – 15.

〔2〕 赵旭东：《纠纷与纠纷解决原论：从成因到理念的深度分析》，北京大学出版社2009年版，第8页。

〔3〕 关于第三人介入的问题，国内有学者引用美国人类学家劳拉·内德（Laura Nader）和哈利·F. 托德（Harry F. Todd）的观点指出，如果社会存在的不协调现象（冲突）仅限于当事人内部的抗争，而没有第三者介入处理时，还不能称之为纠纷，只有在第三者介入处理或者解决时，才是确切意义上的纠纷，故得出："是否有第三者介入当事人之间的冲突是区分冲突与纠纷的标志。"参见王亚新："纠纷，秩序，法治——探寻研究纠纷处理与规范形成的理论框架"，载《清华法律评论》（第2辑），清华大学出版社1999年版，第11页。

决定了研究的范畴与边界。但综观以往的研究，对于纠纷的概念、内涵、特征与边界，尽管有学者不断地试图定义它，却并没有形成一个能成为法学界通说的定义，且有些定义本身也存在不少分歧。如范愉教授将纠纷定义为，"特定的主体基于利益冲突而产生的一种双边（或多边）的对抗行为。"[1]然而，在现实生活中，并非所有的冲突都基于利益而产生，"无利益纠纷"同样存在，博登海默（Edgar Bodenheimer）就曾经指出过，"有两种欲望或冲动深深地根植于人的精神之中：首先，人具有重复过去被认为是令人满意的经验或安排的先见取向；其次，人倾向于对下述一些情形作出逆反反应：在这类情形中，他们的关系是受瞬时兴致、任性和专横力量控制的，而不是受关于权利义务对等的合理稳定的决定控制的。"[2]这种情形所产生的纠纷就很难被上述定义所概括，比如为了面子的争斗，一般并不需要存在利益冲突。还有一些学者对纠纷的定义不失偏颇之处，认为"纠纷就是恶"，却忽视了纠纷对社会的正面影响。[3]也有学者提出，纠纷仍然是社会冲突的表现，只是这种冲突被限制在相对的社会主体之间，并且是可以由法律规范加以调整的。[4]从某一角度上讲，这种认识是正确的。但如果从逻辑关系上看，就有一定的缺陷，毕竟谁都无法否认在人类社会形成一定的法律规范之前纠纷的现实存在；另外，排除在法律框架之外的恩怨情仇，有时也可演变为纠纷。

　　至今在法学领域对纠纷这一社会现象的界定仍未取得理论上的突破，这种情况的出现，一方面是因为法律学者在从社会学领域引入这一概念时并没有仔细鉴别"纠纷"与"冲突"的差异，即将其作为一个独立的问题进行界定和讨论；另一方面，也是由于纠纷作为一个日常语词，它的含义易于理解并被社会广为接受，而在法学领域将其打造为一个专业术语反而可能限定它的丰富性与易得性。耶林（Rudolph von Jhering）在其名著《法学的概念天

---

　　〔1〕范愉：《纠纷解决的理论与实践》，清华大学出版社2007年版，第70页。

　　〔2〕［美］E. 博登海默：《法理学：法律哲学与法律方法》，邓正来译，中国政法大学出版社2004年版，第226页。

　　〔3〕如顾培东先生在其《社会冲突与诉讼机制》一书中认为：在法学意义上的社会冲突（纠纷），无论是统治阶级内部的冲突（纠纷）还是统治阶级外部的冲突（纠纷）都是与现实统治秩序从而也是与法律秩序不相协调的，严重的社会冲突都危及统治秩序或法律秩序的稳定。顾培东：《社会冲突与诉讼机制》，法律出版社1999年版，第17页。

　　〔4〕赵旭东：《纠纷与纠纷解决原论：从成因到理念的深度分析》，北京大学出版社2009年版，第8页。

国》中就狠狠地批评过那种过度关注抽象的法律概念，不考虑它们在现实生活中适用的条件的概念法学。[1] 在这一点上，哈特（Hart）是耶林的同道中人，他认为："定义之所以成功所依赖的条件通常是无法被满足的。……正是这个要件使这种定义形式在法律的情形中没有用处，因为在这个情形中，并未存在一个为人熟悉而已被充分理解之法律所归属的一般范畴。"[2] 从这些论述出发，相比于法律定义必然产生的"空缺结构"，笔者更倾向于以描述的方式来概括"纠纷"这一概念。

实际上，社会学中对纠纷的认识在很大程度上是在与冲突的比较中得出的，但法学研究未必能直接套用这一公式，因为法学本身是一种"权利话语"，它所描述的社会现象必须与法律规范产生一定的关联，才会被纳入法学的研究范畴中，仅仅只是社会冲突或个体对抗很难被视为一种法律现象。笔者认为，在法学中对纠纷进行描述应该包含以下几个要素，才能将其视为一种法律现象：

（1）纠纷产生于特定的主体之间。这是纠纷对参与主体要素的要求。这一要素表明法学视野中的纠纷必须是产生于特定主体之间的一种双边对抗行为。换言之，法学所关心的纠纷并非存在于社会层面上，而是由个体性纠纷或者特定的群体性纠纷所组成。明确这一点的意义在于：如果缺乏明确的纠纷主体，那么法院根本不会受理这样的"纠纷"。尽管客观上存在着不同群体在社会层面上的冲突，但那并非法学所关心的对象。因为这种冲突缺乏明确的对立主体，从而无法构成对社会秩序和相关利益的冲击或影响，因而也就不存在法律规范的必要性和可行性。法学作为一种权利话语，尽管并不缺乏社会关怀，但这种关怀是经由对具体纠纷中的个体行为塑造来建构一个规范的世界，进而完成它的社会关怀。即便是在司法中，法官本身所具有的社会关怀也只能透过具体的个案裁判来表明。由此，法学中的纠纷只能是产生于特定的社会主体之间，而不能是泛化的阶层或群体。

（2）纠纷以对抗的形式呈现。这是法学视野中纠纷的形式要素。纠纷在

---

[1] [德] 鲁道夫·冯·耶林：《法学的概念天国》，柯伟才、于庆生译，中国法制出版社2009年版，第1~4页。

[2] [英] H. L. A. 哈特：《法律的概念》，许家馨、李冠宜译，法律出版社2006年版，第15页。

实质上是参与主体在某一问题上的对立与对抗状态。它包含两点要求：其一，纠纷主体之间就某一问题是对立的，也就是说双方之间存在着立场的不一致；其二，这种不一致的立场所产生的差异引发了实际的冲突。对立并不必然导致冲突，只有因为对立产生了实际的冲突，才有可能成为纠纷。然而，从发生的角度看，纠纷的出现，并不是社会冲突的必然结果。纠纷的形成还涉及当事人对自身牵涉的纷争的理解和反应，纷争的形成是一个慢慢转型和升级的过程。威廉·费尔斯汀纳（William Felstiner）等人认为，民事纠纷的形成是一个对纷争进行事实和性质上的"认定"（naming），对他人进行"归咎"（blaming），并最后为此而向自认造成伤害的加害方"主张权利"（claiming）的过程。[1]故此，顾培东教授就认为，从法学角度而言，当事人之间的任何关系自由外化为行为才有可能成为法律所规制的对象。"冲突"这一概念被置于法学的语境下进行讨论，本身就说明了非行为表现的对抗情绪不构成冲突。[2]因此，纠纷必须以对抗的形式呈现，必须存在着行为的外化。比如相互仇恨的个体最多只是观念上的对立，而无法称之为纠纷。这个特点表明，纠纷主体已经决意将纠纷交给社会加以化解，他们之间已经不能或无力化解这种存在着的纠纷了。这就是纠纷的社会化。[3]正是由于纠纷具有社会化的表象特征，才会对社会秩序造成冲击和影响，这也是法律介入纠纷解决的根本目的所在。

（3）纠纷存在着权利受损的实际或可预期状态。这是纠纷的实质要素。法律是由权利写就的，纠纷中必须存在着已经受损的权利或可能受到损害的权利，才能进入法学研究的视野。行为的外化必然导致或可能导致一定的利益受损，进而打破既定的社会秩序或法律秩序之间的平衡，此时法律才有介入的契机。假如对抗双方各自都采取自我保护措施，均未造成利益受损或受损之虞，那么法律就难以提供有效的保护，也就很难成为法学研究领域中的纠纷。比如，甲乙二人打架，但双方利益均没有受损，如果甲请求法院确认乙于某年某月某日与其打架这一事实，由于这样的审理不会确定任何权利义

〔1〕转引自程金华、吴晓刚："社会阶层与民事纠纷的解决——转型时期中国的社会分化与法治发展"，载《社会学研究》2010年第2期。
〔2〕顾培东：《社会冲突与诉讼机制》，法律出版社2004年版，第4页。
〔3〕汤维建等：《群体性纠纷诉讼解决机制论》，北京大学出版社2008年版，第6页。

务关系，那么法院就不会受理这样的请求，因为法律无法处理那些存在于观念中的冲突。可见，纠纷存在着权利受损的实际或可预期状态这一特征，回答的是有无必要通过司法程序来解决纠纷的必要性问题。

（4）通过法律规范解决的可欲性。这是纠纷的法律性要素。这一要素与其说是纠纷的要素，毋宁说是法律规范的要求。它要求法学视野中的纠纷即便不是现行法可以调整的，至少也在法律规范可能的涵摄范围内。纠纷产生之后总是需要加以化解的，但并非现实生活中的所有社会纠纷均可由法律来解决。比如一个人因为观看某电视剧而过于悲情伤怀，这一事实可能同时符合以上三个条件，但却未必能为法律规范所解决。另外，家庭成员之间的纠纷、道德层面上的纠纷可能同样存在超出法律能力的情形。这一点乃是界定法学中纠纷与社会学中纠纷的关键之处。当代美国的纠纷理论就认为纠纷是一种包含着明确的、可通过法庭裁判的争议的冲突。[1]换言之，如果这一纠纷不能通过法律规范进行审查，那也很难说它是法学视野中的纠纷。这一特征回答的是能否通过司法程序解决纠纷的实效性问题。

以上四点应是法学意义上界定纠纷不可或缺的描述性要素。特定的主体要素使它区别于社会层面上存在的阶层或无特定主体的冲突；对抗的形式要素要求必须存在行为的外化才能被视为纠纷；而权利受损的现实或可预期是法学研究的内在要求；通过法律规范解决的可欲性要求这种纠纷必须存在法律介入的价值，也进而确保了它能够成为法学的关怀对象。

二、纠纷产生的根源

从研究对象的角度而言，有学者认为，法学通常并不深究社会冲突的形成根源，因为法律制度的现实任务主要是解决已经形成的社会冲突。笔者并不完全赞同这一观点，因为探究纠纷产生的根源是化解纠纷过程中不可或缺的内容和环节。理性认识纠纷，就需要从源头上解释纠纷的产生原因，这样才能准确把握纠纷的内在机理，从而找到有效的纠纷解决途径，同时还可及时预防纠纷的发生，起到防微杜渐的作用。

关于纠纷产生的根源有不同的研究视角，同时也代表了不同的观点。马

---

[1] See Henry J. Brown and Arthur L. Marriott, *ADR Principles and Practice*, Sweet & Maxwell, 1999, p. 13. 转引自范愉主编：《多元化纠纷解决机制》，厦门大学出版社2005年版，第73页。

克思指出：“人们奋斗所争取的一切，都与他们的利益有关。”[1]说到底，利益之争是纠纷产生的根本原因。作为社会分层与冲突理论两大思想源泉的德国著名社会学家马克斯·韦伯，以马克思的分析为基础，从社会、经济等深层结构对社会冲突作了极为深刻的阐释。他认为，在工业科层式社会中，最稀缺的资源——权力、财富与威望的分配极易产生变异和非连续性，出于种种原因，人们对于这些资源的控制难以达到均衡，这一不均衡是导致纠纷的根源。……在资源稀缺这一大前提下，人的理性有限与德性不足共同构成了纠纷产生的直接原因。[2]和韦伯一样，刘易斯·科塞也强调，现存不平等的分配体系所具合法性的消解是引发冲突的前提。他将冲突的根源归结为物质性和非物质性原因：物质性原因指稀少的地位、权力和资源分配方面的不均；非物质性原因指价值观念和信仰的不一致。对于合法性消解的诠释，科塞着重指出，面对稀缺物质资源的分配不均，人们首先在心理上、情感上被唤起，从质疑“分配不均是否合理”迅速发展到否定“其存在的合法性”；于是人们的相对剥夺感和不公正感日益增强。当疏导不满的渠道不存在时，当人们向上流动的愿望受到阻碍时，就有可能引发冲突。对此，科塞解释说，人们对现实资源分配格局的不满和由此产生的反抗激情是纠纷产生的原因，分配体系合法性的消解乃是关键的诱导因素。[3]德国当代著名社会学家达伦多夫继承并发展了马克斯·韦伯的观点，提出了辩证冲突理论。他认为，社会冲突的根源既不能归结为诸如人的侵犯性冲动等心理因素，也不能归结为偶然的历史事件，而要归结为特定的社会结构，即社会权威结构。在社会中，权力就是不顾他人反对而实现自身意志的能力，而权威则是合法化的权力。基于权力和权威，人们分化为行使权力、拥有权威的人群和服从权力、丧失权威的人群。这种分化存在于各种社会组织或团体之中，拥有权威的人群处于统治地位，可以发布命令；失去权威的人群处于被支配地位，只能服从上级命令，且违反权威命令将受到惩罚。达伦多夫将上述统治地位与服从地位的结合称为权威结构。在这一结构中，掌握稀缺资源的统治者或管理者，必然

---

〔1〕《马克思恩格斯全集》（第1卷），人民出版社1972年版，第82页。

〔2〕齐树洁：“纠纷解决机制的原理”，载何兵主编：《和谐社会与纠纷解决机制》，北京大学出版社2007年版，第6～7页。

〔3〕［美］L. 科塞：《社会冲突的功能》，孙立平等译，华夏出版社1989年版，第31页。

利用自身权威，迫使其他的被统治者或被管理者服从或遵从自己的意愿；而被统治者或被管理者自然不甘心因无权而长期处于被压服状态，他们会要求重新分配权力或权威。统治者与被统治者、管理者与被管理者对权力和稀缺资源的争夺，构建了社会冲突的一般动力机制。[1]

在国内，对纠纷产生根源的研究，也产生了不少观点。范愉教授认为，"纠纷的原因包括主观原因和客观原因。主观原因主要是指纠纷主体通过纠纷所期望达到的意图和目的等。当事人对其理由、力量的确信，所受到的损害等都属于主观原因的范畴。纠纷的原因还取决于社会或共同体成员的生活方式和价值观。客观原因，即利益的冲突，是纠纷产生的基本原因。利益冲突首先与社会的物质生产资料和资源的分配方式及其结果直接相关。同时，纠纷的产生、形式及解决方式都与其所在的具体社会环境、时代、传统习惯、风土人情等不可分离。"[2]齐树洁教授根据德国社会学家马克斯·韦伯的社会分层理论，从权力、财富与威望的分配角度论证纠纷产生的根源，认为"纠纷产生的根本原因在于社会资源的稀缺性"。[3]有学者还认为，除了生产分配物质生活资料的物质利益关系外，各种主体也存在需要的多样性、个体发展的差异性。这种多样性和差异性最初表现为各主体所获取利益的质和量的不同，而在社会分工发展的作用下，最终变成了体现不同主体经济地位和社会地位的利益差别，如城乡之间、脑体之间、工农之间的差别等。当这些差别不能得到平衡与补偿时，就引发了利益主体间的矛盾和冲突。[4]还有学者从心理学和伦理学的角度探究，认为对稀缺资源的竞争、心理暗示的影响、报复心理、信息沟通等原因是导致纠纷产生的心理因素；从本性上看，人都有追求利益的动机，甚至可以说，追求利益是一切纠纷的根本原因。[5]

可见，说到底，纠纷产生的根源无外乎两个方面的原因：一是社会因素，二是个人因素。资源的稀缺、财富的有限、权力关系的阶层，都存在着一定

---

[1] 黎民、张小山主编：《西方社会学理论》，华中科技大学出版社 2005 年版，第 166～168 页。

[2] 范愉：《纠纷解决的理论与实践》，清华大学出版社 2007 年版，第 75 页。

[3] 沈恒斌主编：《多元化纠纷解决机制原理与实务》，厦门大学出版社 2005 年版，第 35 页。

[4] 陆平辉："利益冲突的理念与实证分析"，载《南京社会科学》2003 年第 9 期。

[5] 李刚：《人民调解概论》，中国检察出版社 2004 年版，第 10～22 页。

的利益相关性或利益从属性。它必然会反映到人的主观意识之中，每个人都追求自身利益的最大化，来为自己的生存与发展服务，这样就必然损害到他人对自身利益最大化的追求。由于每个人的目标与需求、观念与认知、角色与地位、文化与习惯等诸多方面都存在差异，往往有不同的观点。当持不同意见的人均坚持自己的意见时，纠纷就不可避免地产生了。当然，纠纷是多种多样的，各种纠纷的生成原因、形态特点、构成元素等也不尽相同。我们探究纠纷产生根源的目的，在于解决现实中的问题。不同类型的纠纷都是社会经济发展到一定阶段的产物，当新的社会资源需要重新分配或需要对原有的分配方式进行再配置的时候，都会打破原有的配置和分配格局，这往往使一部分人获益，而使另一部分人受损，纠纷或新型纠纷的产生就在所难免。研究表明，中国不同的社会阶层在民事纠纷的形成、对民事纠纷的反应、采取的行动等方面都存在着显著的差异，因此，我们可以对纠纷展开类型化研究，从纠纷的具体构造、内部机理去分析纠纷产生的原因，进而找出不同社会阶层在发生民事纠纷后的进路以及探究如何"接近正义"便成为最佳的研究切入点之一。在这个研究过程中，我们需要关注以下问题：民事纠纷的发生概率在不同社会阶层中的分布是否一样？不同的社会阶层所关心的利益有何差异？利益与纠纷到底呈现一种什么关系？面对纠纷，人们是否会对不同的纠纷化解方式有不同的偏好？对这些问题的回答，从根本上可以帮助我们客观地认识纠纷，并找出纠纷产生的根源与预防、解决纠纷的内在关联。

三、纠纷的社会功能

人们对纠纷的认识总是伴随着其对社会秩序的破坏，认为其是社会矛盾激化的结果，因此，纠纷也就被戴上了"恶"的帽子。如顾培东教授就认为："冲突——即便是纯粹发生在私人间的冲突——都具有一定的反社会性。"[1]但作为人类生活中不可避免的社会现象和社会常态，冲突和纠纷的发生同样具有一定的积极作用，"从宏观角度而言，在人类社会的发展中，冲突或纠纷的出现可能预示着新的利益调整的必要；在社会矛盾激化时，冲突和纠纷可能成为导致社会变革的重要动力；在社会转型期，纠纷频发可能表明了传统社会规范和权威及诚信度的丧失以及新的秩序形成中博弈的艰难。而纠纷解

---

〔1〕 顾培东：《社会冲突与诉讼机制》，法律出版社 2004 年版，第 3 页。

决过程，可以使既存的权利义务和社会规范得到遵守，也可以成为确认新的权利和利益以及进行社会资源再分配的契机。"[1]可见，社会纠纷如同人患感冒，都是在进行自我修复，增强抵抗力。科塞详细列举了纠纷所具有的社会功能，概括起来包括：提高社会单位的更新力和创造力水平；使仇恨在社会单位分裂之前得到宣泄和释放；促进常规性冲突关系的建立；提高对现实性后果的意识程度；社会单位间的联合得以加强等五种功能。[2]达伦多夫也用"辩证冲突理论"解释了纠纷的合理性。他认为，只要条件成熟，社会中的每个要素都有可能引发社会冲突，进而导致社会变迁甚至社会解体。普遍存在的社会对立与冲突是导致社会变迁的基本动力。由于任何社会都存在权威关系，因此社会冲突无法彻底消除。社会冲突的强度和烈度与相对剥夺感的程度紧密相关，而社会冲突的强烈程度也直接影响到社会结构变迁与再组织的速度与深度。当新的权威结构取代旧的权威结构后，新的权威结构内部又分化成上下两个等级，于是又会产生新的对立与冲突。社会就是在这种永续不竭的辩证力量的推动下向前发展的。据此，达伦多夫指出，冲突是社会组织权威结构的必然产物，不能简单地否认或压制它，而应该采取"冲突的制度化调节"对策。[3]

诚然，纠纷在一定程度上，"是由于在社会主体之间出现了某种分歧、矛盾或者某种不协调因素，它会使社会关系发生扭曲、对立甚至是破裂，从而引起社会的矛盾与冲突"。[4]即便如此，我们也不能一概否定纠纷存在的社会价值，认为"只有当人们不是从社会学角度把社会冲突理解为一种积极的社会现象时，以抑制或解决社会冲突为最高宗旨的诉讼机制才具有基本价值"。[5]实际上，并非所有的民事纠纷都带有反社会性，也并非所有的纠纷解决机制的目的都是抑制社会冲突或纠纷的发生。比如，当出现有些民事权利义务关系不明确状态或出现情势变更时，当事人之间就会有不同的意见或

---

[1] 范愉：《纠纷解决的理论与实践》，清华大学出版社2007年版，第103页。

[2] ［美］L. 科塞：《社会冲突的功能》，孙立平等译，华夏出版社1989年版，第17页。

[3] 黎民、张小山主编：《西方社会学理论》，华中科技大学出版社2005年版，第166～168页。

[4] 赵旭东：《纠纷与纠纷解决原论——从成因到理念的深度分析》，北京大学出版社2009年版，第49页。

[5] 顾培东：《社会冲突与诉讼机制》，法律出版社2004年版，第17页。

主张，此时只需要对不明确、不确定的民事权利义务关系进行划分或重新界定即可，并不会对社会秩序造成冲击或破坏。另外，随着社会结构的转型，会出现新型的社会纠纷（这些纠纷可能没有成文法的依据或者判例的遵循），但有了纠纷就需要解决，裁判者不能因为没有评判依据而拒绝裁判。此时作为裁判者的法官，他们在处理新型纠纷时就会不断完善和发展原来的法律乃至创造出新的法律。继而，为适应解决新型纠纷的需要，立法者看到了立法的必要性，创立出新的法律。所以说，纠纷的产生一定程度上推动了立法和司法的进步与发展。但从法学意义上看，"秩序永远是法律的首要价值……任何对这种既定秩序的破坏，都是负面的"。[1]通常而言，纠纷总是伴随着与特定社会秩序或者与社会秩序相关联的主体之间的利益冲突，任何人都有可能在这种冲突中或多或少地受到伤害，在纠纷的处理过程中付出相应的成本。因此，纠纷具有天生的消极因素。正因如此，才需要构建纠纷的化解机制。然而不容忽视的是，伴随着社会转型，会出现某些社会纠纷的骤增和激化，当社会纠纷的对抗力量达到一定程度时，社会系统就必须通过改革或转型的方式来消解纠纷，使社会系统的不同力量形成均衡状态，从而建立起有效的纠纷治理策略。从这个角度看，推动社会转型发展的重要动力则可能来自于社会纠纷本身，纠纷暗含着良性发展的一面，它是完善利益表达机制不可或缺的一环。另外，就纠纷的整个处理过程而言，虽然它是一个相对封闭的系统，原则上只有"利害关系人"才有资格参加；然而相比之下纠纷的处理结果却是一个开放的系统。对一些敏感性强、社会影响大、公众关注度高的民事纠纷，其裁判结果会对社会主流道德取向起到引导作用。因此，我们认识纠纷、解决纠纷，尽可能地接近正义，目的在于能够在动态的视野下，完成对社会关系的改造，达到社会的和谐与均衡。唯有如此，关于纠纷解决机制的理论与实践才能获得正当性基础。与此同时，一些中国法治实践的观察者，也乐于将公民在日常生活中进行"法律动员"[2]来解决纠纷的实践视为中国未来走向法治的一种推动力。

---

〔1〕 沈恒斌主编：《多元化纠纷解决机制原理与实务》，厦门大学出版社2005年版，第34页。

〔2〕 在实际生活中，人们要么基于认同，要么基于理性选择，或两者兼而有之地诉诸法律来解决自己的麻烦。这个过程，一般被称为"法律动员"。参见程金华、吴晓刚："社会阶层与民事纠纷的解决——转型时期中国的社会分化与法治发展"，载《社会学研究》2010年第2期。

四、民事纠纷

（一）民事纠纷的界定与民事纠纷的特征

按照传统三分法，社会纠纷分为民事纠纷、行政纠纷与刑事纠纷三种类型。所谓民事纠纷，是指发生于平等的民事主体之间，以民事权利义务为内容的社会冲突。民商法学界及诉讼法学界普遍认为，平等主体之间的纠纷都属于民事纠纷。这里的民事纠纷，不是以部门法为划分依据，而是从纠纷主体的法律地位来界定的。一般而言，私人在形式上永远是平等的，因此私人之间如果出现了民事权利义务关系的纷争，都是民事纠纷；当国家或国家机关等公法主体不是运用公权力，而是像私人一样与其他民事主体发生民商事法律关系时，也被视为与其他主体处于平等地位的民事主体。因此，国家等相关的公法主体在民商事活动中产生的纠纷，也属于民事纠纷。这样，民事纠纷的范围就相当广泛，环境侵权纠纷、劳资纠纷、股权纠纷以及国家作为一方主体参与经济活动所产生的纠纷等，都是民事纠纷。由此，调整民事纠纷的法律就不只是民商法，还包括了劳动法、环境法、经济法等。

与行政纠纷、刑事纠纷相比较，民事纠纷具有以下特点：其一，民事纠纷主体之间法律地位平等。民事纠纷主体，不论是自然人、法人，还是国家，无论财产多寡，教育程度高低，职业背景如何，在民事活动中均享有平等的民事权利、承担平等的民事义务，不存在命令与服从的等级关系，也不存在包含与依附的种属关系。这种平等体现为，民事纠纷主体间要么享有同等的权利，要么享有对等的权利，即一方的权利是另一方的义务，反之亦然。其二，民事纠纷的客体是争议的民事权利义务关系。这是区别民事纠纷与刑事纠纷、行政纠纷的关键要素。比如，一方未经另一方许可而使用他人商标进行经营，导致正常的民事法律关系出现异常而产生争议；还比如，由于情势变更导致不同的结果出现，从而对正常民事法律关系的适用产生争议；此外，还可以是因法律所确定的民事权利义务关系不明确、不确定而引起的争议等。其三，民事纠纷具有可处分性，即在民事纠纷的解决方式和解决程序上，民事纠纷主体具有自治性。所谓自治性，是指民事纠纷主体有着高度的选择权和处分权。这是由民事纠纷所涉内容的私权利性质决定的，是私法自治权在救济过程中的进一步延展。这种私法自治权对诉讼程序产生了至关重要的影响，如民事诉讼法中的"处分原则"就是典型的体现。

（二）民事纠纷与其他纠纷形态的交叉

在整个民事纠纷体系中，又包括两种纠纷的重合与交叉：一是民事纠纷与经济法纠纷的界定；二是民事纠纷与行政纠纷的交叉。"经济法纠纷"这一法律术语，最早是由漆多俊教授在《接近司法——经济法的诉讼问题》一文中提出的，此前，经济法学界普遍使用的代表同一含义的词是"经济纠纷"。所谓"经济法纠纷"是指"国家经济调节中出现的法律纠纷"，它包含了两个要素：其一，经济法纠纷必须发生在国家调节经济的过程中；其二，经济法纠纷涉及的是经济法权利义务之争，需要通过经济法律关系的分析加以解决。这二者也构成了经济法纠纷与相邻概念（如民事纠纷、行政纠纷）的本质区别，并与以往"大经济法"观念下笼统模糊的"经济纠纷"概念有所界分。同时其还将"经济法纠纷"按照发生纠纷的主体进一步划分为：①国家经济调节主体之间的纠纷，包括上下级调节管理主体之间的争议和平行调节管理主体之间的纠纷；②国家经济调节主体和被调节管理主体之间的纠纷；③被调节管理主体之间基于经济法上权利义务关系而产生的纠纷。[1]但有些学者并不认可这一提法，并对民事纠纷、经济法纠纷以及其他纠纷的相互关系表达了自己的看法，认为第一种情形属于行政机关内部纠纷，目前还无法通过行政诉讼来解决；第二种情形属于典型的行政纠纷，因为国家通过立法来进行经济调控，但具体执行者是各行政机关，而被管理者是个体，这二者之间的纠纷属于行政纠纷，可以通过行政诉讼来解决；第三种情形则属于民事纠纷的范畴，因为被调节管理的个体地位平等，二者之间的纠纷可以通过民事诉讼来解决。[2]为了进一步界定经济法纠纷与民事纠纷的关系，还有学者提出将民事纠纷的定义作广义与狭义之分，其中广义民事纠纷包含经济法纠纷，而狭义民事纠纷则特指在民商法调整领域内发生的平等主体之间的纠纷。比如，受垄断行为损害的经营者要求垄断企业赔偿的纠纷，是平等主体之间的纠纷，属于广义的民事纠纷；但是该类纠纷应由反垄断法调整，垄断的违法性、损失的计算方法和范围、赔偿的额度等，都与民事侵权赔偿纠纷大相径

---

〔1〕漆多俊、王新红："接近司法——经济法的诉讼问题"，载漆多俊主编：《经济法论丛》（第7卷），中国方正出版社2003年版。

〔2〕袁璇、肖勇："试论经济法诉讼之不存在"，载《法制与社会》2011年第11期。

庭，就不属于狭义的民事纠纷，而是经济法纠纷。[1]笔者认为，由于实践中并不存在所谓的"经济法诉讼"这一概念，从"纠纷—解决机制"这一对应关系来看，没有必要刻意将经济法纠纷与民事纠纷进行剥离。

但在我国司法实践中，却经常会出现民事争议与行政争议相互交叉重叠的案件，由于现行法律对此尚无具体规定，理论界对民事纠纷与行政纠纷交叉问题的界定也不明确。基本一致的认识是，民事纠纷与行政纠纷的交叉问题，主要是指当同一个事实或行为同时损害了民事法和行政法所调整的社会关系时，就会形成两种或两种以上不同性质的法律关系，从而产生不同性质的争议。[2]在我国，很多民事行为的生效要件本身就是以一定的行政行为为前提的，正是因为民事行为与行政行为关联性的客观存在，民事纠纷与行政纠纷的交叉问题也就成为必然。此类纠纷具有以下特点：首先，这类纠纷是先由民事冲突或民事争议所引起；其次，行政行为的介入使得民事纠纷与行政纠纷交叉具有了可能性，而交叉的民事纠纷与行政纠纷又具有关联性；最后，行政争议对于民事争议来说，具有一定的独立性，意指即使不存在民事争议，当事人对行政处理不服的，也可以单独寻求行政救济，可以申请行政复议或者提起行政诉讼。的确，民事纠纷与行政纠纷交叉问题在司法实践中所占比重很大，民事纠纷尤其是涉及经济法领域的纠纷更是与行政纠纷"剪不断、理还乱"，目前学术界对此类纠纷的认识是百家争鸣，司法实践中的做法更是千差万别。

笔者认为，随着社会关系的日趋复杂，同一社会关系受到多个部门法同时调整的情况越来越多，依靠单一的调整方法已显得捉襟见肘，以至于在某些情况下，区分某个纠纷属于何种性质的纠纷并没有多大意义，倒不如关心纠纷本身的特殊性，反而显得更加重要和实际。

（三）传统型民事纠纷与现代型民事纠纷

严格地说，传统型与现代型民事纠纷的提法并非一个准确概念，但为了区分现代社会大量涌现的诸如公害纠纷、消费者权益保护纠纷、垄断纠纷、

---

[1] 王新红："经济法纠纷司法解决机制研究"，中南大学2004年博士学位论文，第15页。

[2] 参见马怀德主编：《行政诉讼原理》，法律出版社2003年版，第21～25页；孙彩虹："民事附属行政诉讼制度分析"，载《法学杂志》2011年第8期。

债券纠纷等与传统意义下民事纠纷的不同，需要从一个较为宽泛的意义去描述两种纠纷的特性。二者相比较，其差异主要表现在以下三个方面：其一，从纠纷主体上分析，传统纠纷当事人一般是一对一的诉讼结构，且双方力量对比差距不大；而现代型纠纷当事人一方往往人数众多，由于纠纷的另一方（通常是被告方）多为国家或在社会上具有重要影响的公共团体或大企业，因此，双方力量对比悬殊。其二，在诉求上，传统纠纷中原告的诉讼请求主要是损害赔偿、恢复原状等；而现代型纠纷，原告的诉求主要是预防性救济，即禁止被告再从事相关活动（即所谓的禁止型诉讼）。其三，从诉讼基础上看，传统型纠纷诉讼的基础是基于直接利害关系，即纠纷本身所涉及的利益关系到诉讼主体本人；而现代型纠纷中，对立的利害关系具有公共性和集合性，因此其波及范围呈现广域化和规模化。[1]

---

[1]　参见刘荣军：《程序保障的理论视角》，法律出版社1999年版，第46～47页。

第二章

当前我国民事纠纷概况

一、当前我国民事纠纷产生的社会背景

从世界各国的现代化进程看，当一个国家人均 GDP 达到 1000 美元至 3000 美元时，经济增长与犯罪问题、社会发展与社会矛盾就会交织在一起，此时是社会结构发生深刻变动、社会矛盾最易激化的高风险期。这个时期也被学界称为社会转型期。对于社会转型（Social Transformation）这一概念，国内外学者有诸多观点。布罗代尔（Fernand Braudel）认为社会转型是一个包容人类社会各个方面发生结构性转变的长期发展过程；[1]德国学者查普夫（Wolfgang Zapf）认为社会转型的目标是接受、吸收现代的民主、市场经济和法制制度；[2]美国历史学家 C. E. 布莱克（C. E. Black）则从社会转型的特征入手，认为半数以上的劳动力从农业转向制造业、运输业、商业和服务业，更多的人口从农村迁向城市就是社会转型。[3]对于社会转型的理解，我国学者认为它不仅是一个社会学概念，同时在经济学和政治学领域亦有其自身的内涵。社会学界主要从社会形态和社会结构方面来界定社会转型，认为，"社会转型是一个有特定含义的社会学术语，意指社会从传统型向现代型转变，

---

〔1〕 张广智："西欧社会近代转型问题断想"，载《浙江学刊》2001 年第 5 期。

〔2〕 ［德］沃尔夫冈·查普夫：《现代化与社会转型》，陆宏成、陈黎译，社会科学文献出版社 1998 年版，第 80 页。

〔3〕 ［美］西里尔·E. 布莱克：《现代化的动力：一个比较史的研究》，景跃进、张静译，浙江人民出版社 1989 年版，第 60 页。

或者说由传统型社会向现代型社会转变的过程，也即从农业的、乡村的、封闭半封闭的传统社会，向工业的、城镇的、开放的现代社会的转型。这种转型包含了社会结构的转型、社会运行机制的转型和社会价值观念的转型三个方面的内容。从某种意义上讲，社会转型就是社会现代化。"[1]经济学界主要从经济体制变革入手阐释社会转型，认为社会转型是指体制转型，即从计划经济向市场经济体制的转变。从政治学的角度研究社会转型时，他们更加关注政治统治模式、利益表达和分配机制、政治合法性、政治文化和意识形态方面的转变。总之，社会转型主要体现为经济领域由非市场经济模式向市场经济模式的转型；政治领域由集权政治制度向现代民主政治制度的转型；文化领域由过去封闭、单一、僵化的传统文化向当今开放、多元、批判性的现代文化的转型。[2]包括人的思维方式、生活方式、行为方式和价值观念等的全面重塑。总之，可概括为：经济转型的工业化、结构转型的城市化、政治转型的民主法制化、文化转型的世俗化、组织转型的科层化和观念转型的理性化。[3]

按照美国现代化学者安德鲁·韦伯斯特（Andrew Webster）的理论，中国社会从 20 世纪开始进入社会转型期。[4]目前社会转型这一概念在中国学界被广泛使用，其核心特征是经济体制从计划体制向市场体制的转变。因此，我国学者所探讨的社会转型期，主要是指我国自改革开放以来发生的经济体制、社会结构、政治形态等一系列"大转型"。有学者指出，当今中国社会不仅正处于经济、社会、政治等层面的转型过程中，而且仍将长期处于这样的转型中。[5]我国社会转型，在社会结构上是从村落社会向城镇社会转化，从封闭半封闭社会向开放社会转化；在文化形态上是从伦理社会向法制社会转化，从同质文化社会向异质文化社会转化；在经济体制上是从计划经济体制向市

---

〔1〕 郑杭生等：《当代中国社会结构和社会关系研究》，首都师范大学出版社 1997 年版，第 25 页。

〔2〕 李钢：《社会转型代价论》，山西教育出版社 1999 年版，第 15 页。

〔3〕 刘祖云：《从传统到现代——当代中国社会转型研究》，湖北人民出版社 2000 年版，第 52～53 页。

〔4〕 ［英］安德鲁·韦伯斯特：《发展社会学》，陈一筠译，华夏出版社 1987 年版，第 29 页。

〔5〕 于建嵘：《抗争性政治：中国政治社会学基本问题》，人民出版社 2010 年版，第 26 页。

场经济体制转化，从一元经济结构向多元化经济结构转化。所以，我国的社会转型是全方位、多角度、多层次的。从发展速度来看，当前我国社会显然正处在高速转型期，大大超过以往历次社会转型。

自改革开放以来，转型的市场经济代替了传统的计划经济，社会资源和经济利益均进行了重新配置，原来单一的所有制形式、平均主义和共同富裕的分配方式也都发生了深刻变化。在市场经济条件下，自然禀赋差异、区位优势差别、个体能力强弱等方面的因素，均会带来创造物质利益的差距。我们在创造"中国奇迹"的同时，也将发展不平衡的种子散布在各阶层、各部门、各地区、各行业之间。由于利益的重新分配与组合，在各主体争夺经济、政治、文化等稀缺资源的过程中，必然会导致某些群体的利益受损并引发阶层间、人际上的冲突，从而造成社会的隔阂、矛盾和抵触，导致社会不安定甚至社会动荡。所以，有学者认为，"当前，中国正处于'战略机遇期'与'矛盾高发期'并存的特殊时期，因经济发展和利益调整引发的矛盾正成为社会矛盾的主要形态。"[1]在人类社会发展历程中，"最容易发生社会不稳定和政治动乱的国家，既不是穷国，更不是富国，恰恰是一些由穷变富、社会变革速度过快、社会分化过大且超过了社会承受力的国家。"[2]伴随着社会变迁与国家转型，我国社会各种矛盾滋生，纠纷呈激增态势，干部与群众、穷人与富人、管理者与被管理者被认为是当前我国社会最容易发生冲突的群体。随着改革的进一步深化，旧的利益矛盾还没有得到缓解或消化，新的利益矛盾又逐现端倪，导致社会纠纷多发多样，可以预见，未来中国社会的纠纷与矛盾仍将处于多发态势。不仅如此，鉴于社会转型所带来的深层次矛盾愈发突出，公众诉求也会更加多样化，中国社会未来的纠纷形态将会处于一种"多元化"的态势，即除了有社会转型之前的传统型纠纷之外，还有本质上由利益分配不合理、不公平造成的新型纠纷，甚至还会出现科塞所说的涉及诸如终极价值、信仰、意识形态与阶层利益等不可调和的非现实性冲突。[3]

在这一关键时期，如何积极、有效地化解各种社会纠纷、维护社会的稳

---

〔1〕 王郅强："转型期中国社会矛盾的基本形态与性质分析"，载《学习与探索》2012 年第 7 期。

〔2〕 胡鞍钢等：《转型与稳定——中国如何长治久安》，人民出版社 2005 年版，第 97 页。

〔3〕 ［美］L. 科塞：《社会冲突的功能》，孙立平等译，华夏出版社 1989 年版，第 133 页。

定和发展，是建设社会主义法治国家的重大课题。从域外国家看，面对社会重要转型期与社会矛盾凸显期相交织的特殊时期，不同国家呈现出不同的发展轨迹。一些国家举措得当，社会矛盾得以妥善处理，从而促进了社会经济的快速发展和社会的平稳进步，迎来了更加美好的前景。有些国家则应对失误，没有处理好社会矛盾，从而造成经济徘徊不前、社会长期动荡甚至是政权的瓦解、更替，给国民带来了灾难性后果。可以说，在当前这一特殊时期，有效化解日益突出的社会纠纷，对我国的政法系统来说是一大挑战。尤其是近年来，国家所面临的社会纠纷解决压力已经接近临界点，司法系统与各种纠纷解决机制已经超负荷运转，人民法院收结案都处于持续上升态势。2013年，地方各级人民法院受理案件1421.7万件，审结、执结1294.7万件，同比分别上升7.4%和4.4%。2014年，地方各级人民法院受理案件1565.1万件，审结、执结1379.7万件，同比分别上升10.1%和6.6%。自2015年5月1日起，人民法院全面实行立案登记制，根据最高人民法院新闻发布会发布的消息，2015年5月1日至2015年5月31日，全国各级法院共登记立案113.27万件，比去年同期的87.4万件增长29%。[1]除此之外，由于我国的现实因素，未能进入司法系统的各种案件也未必低于此数。以行政纠纷聚集量最多的信访为例，学界一般认为每年不低于1000万人（件）次，但这只是党政口（即作为党委、政府一个机构两块牌子的信访部门）的统计，人大、法院、检察院等亦有各自的信访机构，但数据不完整、不连贯。[2]即便考虑到法院与信访部门处理的纠纷中有一部分是重合的，粗略来算，每年各种不同的纠纷总量相加也应当不少于2000万件。客观地讲，我国目前确实已进入一个"纠纷爆炸"时期。正因如此，2009年12月召开的中央政法工作电视电话会议，将化解社会矛盾作为当前和今后一个时期我国政法机关的三项重点工作之首。

二、现阶段我国民事纠纷多发的社会因素

概括而言，当前中国社会所出现的绝大部分民事纠纷，从某种意义上讲，

---

〔1〕柴靖静："打造一支强大的编外解纷队伍——人民法院特邀调解组织和调解员制度解读"，载《人民法院报》2015年9月25日，第6版。

〔2〕刘正强："信访的'容量'分析——理解中国信访治理及其限度的一种思路"，载《开放时代》2014年第1期。

是我国经济体制改革推进的结果；从深层次看，是我国社会结构转型的产物。一方面，社会结构的调整使得原本旧社会体制所遮蔽的种种矛盾，逐渐展现出来，导致了社会纠纷的爆发式增长；另一方面，经济的发展与社会的变迁也导致了社会阶层的不断分化，各种利益群体逐步形成，群体之间不同的利益诉求必然有所冲突，造成了新的矛盾，引发了更多的社会纠纷，且呈复杂化、多元化、群体化发展态势，这是当前我国社会纠纷激增的根本原因。除此之外，政府本身也处于一个转型时期，未能完全适应从"管理者"向"服务者"的角色转变，导致相应的社会组织力量弱化，致使群众意见的反映和表达渠道不畅通，纠纷发生后，一些基层组织又无法有效缓解矛盾、解决群众实际需求，这些都会导致社会纠纷的多发。客观地讲，短期内我国社会纠纷仍将处于高位态势，甚至继续增长，这是我们必须正视的现实。但我们对这一现实的关注，不能仅仅是笼统地指出发生社会纠纷的特殊历史背景，还需要更进一步地分析社会纠纷与社会结构、国家转型背后的逻辑关系。这些分析将有助于了解社会纠纷生成的土壤与生长过程，然后才能进一步梳理出其相应的特征，并为其提供可行的解决之策。结合不同领域学者的论述，笔者认为以下几点是研究我国当前民事纠纷应当关注的背景因素：

（一）阶层的分化

二战结束以后，中国是唯一一个连续 30 多年 GDP 增速接近 10% 的国家。快速的经济发展使中国从一个低收入国家迈入中等收入国家的行列，这是一个举世瞩目的成就。通常情况是，经济的快速增长会带来更多的社会财富，然而，一些社会群体尤其是处于底层的社会群体，并没有分享到相应的经济利益。在现实生活中，发展经济似乎并没有有效解决各种矛盾与冲突，从其表现形式和发展态势来看，还有进一步扩大和加深的可能性。究其原因，正如达伦多夫所指出的，"倘若没有打破传统的应得权利的结构并创造公民社会的要素，宏观经济的增长对于很多人来说是无关宏旨的，没有多大意义。"[1]贫富差距、城乡差距、分配不均、弱势群体等一系列的社会问题逐步凸显，孙立平教授用"断裂社会"、"权利失衡"和"利益博弈"等概念来形容当前中国的社会结构和社会问题，认为，20 世纪 90 年代以来，中国进入社会转型的一

---

〔1〕［英］拉尔夫·达仁道夫：《现代社会冲突》，林荣远译，中国社会科学出版社 2000 年版，第 28 页。

个新时期，这个时期很多社会成员没有从改革中受益，反而变成了弱势群体，社会结构失衡。[1]不同的收入增长速度带来了社会阶层分化、组织分化、社会组织结构分化、利益分化和观念分化等等，进而导致社会异质性加剧。相比于传统社会主义国家，最为重要的分化过程之一就是阶层化的过程：阶层地位越来越明确，阶层边界越来越清晰，阶层利益越来越凸显。[2]陆学艺在《当代中国社会阶层研究报告》中将中国社会分为十大阶层，即国家与社会管理者阶层、经理人员阶层、私营企业主阶层、专业技术人员阶层、办事人员阶层、个体工商户阶层、商业服务员阶层、产业工人阶层、农业劳动者阶层和城乡无业失业半失业者阶层。不同的社会阶层处于不同的地位，在利益获取上存在很大差异。阶层的分化、收入差距的拉大，使部分人群的相对剥夺感更为突出，就容易激起不同利益主体的不满情绪，从而必然带来阶层之间的利益冲突。随着社会成员的公民意识、政治参与意识以及对国家实现市场经济后的期望的不断增长，社会群体之间的冲突加剧。[3]总体来看，作为社会弱势群体的广大民众与掌握了政治权力和社会资源的强势集团的博弈是社会冲突的主要内容。这种冲突不仅释放了原有社会体制中被压制的矛盾，而且也刺激了新矛盾的产生。一方面，对于社会主体来说，分属于不同社会阶层所裹挟的阶层冲突，激化了个体之间原本的利益矛盾，为个体冲突注入了阶层色彩；另一方面，对于整个社会来说，阶层的细分导致了社会结构的多层次化，客观上扩展了冲突空间，并提高了冲突几率。当每一个阶层为维护自身阶层利益表达诉求时，往往会招致其他社会阶层的反对，并表现为阶层之间的利益冲突，由此就带来了大量的社会纠纷。比如经济发展和环境保护的问题，就会产生污染防治和维持就业的矛盾。因为一旦为环保把工厂拆了，发展新的产业，就很可能造成原有工人失业，继而产生冲突，甚至有可能变成一个相当尖锐的社会矛盾。

（二）利益格局的调整

在计划经济体制占绝对主导地位的社会，不存在真正意义的市场经济，

[1] 孙立平：《失衡：断裂社会的运作逻辑》，社会科学文献出版社2004年版，第7页。
[2] 李路路："社会结构阶层化和利益关系市场化——中国社会管理面临的新挑战"，载《社会学研究》2012年第2期。
[3] 于建嵘：《抗争性政治：中国政治社会学基本问题》，人民出版社2010年版，第26页。

几乎所有重要经济活动的产出都是"产品",生产出来主要不是为了买卖交换,而是根据国家发展目标、发展战略以及意识形态,在全社会范围内进行分配。[1] 原本的国家分配体制由于政府这一缓冲层的存在及其强力压制,使得个人与个人之间、个人与国家之间,有关产品分配的矛盾在相当程度上被掩盖了。但市场经济的建立和发展导致了原有利益关系的改变和调整,市场在相当程度上代替了国家对社会产品的分配,"全民分享型"的收入增长模式,逐渐转变为"部分获益型"。一方面,因为市场经济的需求,人、财、物、信息流动起来了,传统社会的平衡状态被打破。有些人在市场经济条件下,由于种种原因,比如受教育程度较低、生产技能缺乏竞争力等,不再为市场所需要,自身利益受到巨大冲击。另一方面,一些垄断性行业(如电信、电力、金融等)的职工收入反而远高于纺织、机械、农林等行业,一些高科技行业、房地产行业等职工收入也大幅度上涨,使传统行业职工收入与其拉开差距。利益格局的调整,使得社会财富日趋失衡,其中尤以贫富差距的扩大为甚。由于财富分配不均或不公平而引发利益分化,带来了一系列的社会问题,包括对立、矛盾、冲突,甚至过激行为等等。同时,随着转型社会政治权威的日趋弱化,具有强烈权威性色彩的政治利益分配与个体的利益需求之间必然产生矛盾冲突,为了维护自身权力并谋求利益,这种矛盾冲突在某种程度上激发了个体结盟,从而形成了不同的利益集团。由于利益主体渐趋多元化,利益分化更加明显,社会分配不公现象时有发生,如在具体的经济活动中,利益相关者被迫接受另一方或多方利益相关者的利益分配或被迫接受权力机构的利益分配。这就造成了纠纷产生的潜在基础,[2] 而各种利益集团的"抱团取暖"也更增加了社会冲突的发生频率。一些强势群体比如企业家、知识分子等掌握了较多资源,具有一定的话语权,能够影响公共决策,并且在利益受损时采取集体行动;而一些组织化程度较低的弱势群体,如农民工、下岗工人、失地农民等,一旦没有畅通的途径发出声音、表达利益诉求,其就会被迫采取更加激烈的方式以引起社会关注。

---

〔1〕李路路:"社会结构阶层化和利益关系市场化——中国社会管理面临的新挑战",载《社会学研究》2012年第2期。

〔2〕于建嵘:《抗争性政治:中国政治社会学基本问题》,人民出版社2010年版,第47页。

（三）公权力失控

在改革开放的浪潮中，发生变迁的不仅仅是社会，政府本身也是国家转型的载体之一，甚至政府本身就是社会转型的推动者。面对转型社会中来自国内外的各种压力，客观上需要强有力的政治权力在保持转型变革势头的同时维持社会秩序的稳定。而此时，约束权力往往被视为改革的障碍，致使权力缺乏相互制衡的约束机制。[1]在新的政治变革尚未完成，旧的政治规范已逐渐褪去之际，政府受到的约束是极不充分的，侵犯公民私人领域、社会资源分配有失公允的现象时有发生。这一方面导致政府作为国家权力的一极屡屡放弃自己"守夜人"的定位而参与市场竞争，与民争利，甚至往往是垄断市场；另一方面，政府本身作为社会资源的分配者，在规范疲软的法制现状下，也可能蜕变为社会资源的攫取者。遍及全国的"强拆"正是这种现象的一个真实写照，由此带来的个人与政府间的纠纷必然汹涌如潮。更为糟糕的是，政府与个人所产生的纠纷往往难以在法律框架内通过正规渠道进行化解，从而往往使这些民事纠纷成为群体性事件的导火索，相较于单纯的民事纠纷，其对社会秩序和政府公信力的破坏更大。

另外，由于中国转型时期纠纷矛盾的多样化与尖锐化，以及民众对公力救济的需求，使政府权力在整个纠纷解决机制中占据重要位置。在这种背景下，无论是纠纷解决体系的建构还是具体的纠纷解决过程，都带有明显的国家化烙印。近年来，维稳成为一个具有极高政治热度的词汇。出于维稳的考虑，地方政府部门经常会把一些民众表达利益的诉求当成是对社会管理秩序的破坏，将群众利益诉求与表达视为社会不稳定因素，禁止弱势群体维权。在具体处理中，以"稳定"为借口侵犯民众的合法权益，一般倾向于使用暴力手段，通过恐吓甚至限制当事人行动自由的方法来压制问题；而如果暴力手段不奏效，则反过来会使用经济手段，通过收买、补偿等方式息事宁人，破坏最基本的社会规则。如，征地拆迁引起的维权行为、城管粗暴执法引发的社会骚乱、环境保护问题引起的集体行动等，都与公权力的不当行使有直接关联。

---

[1] 汤敏轩、余军："转型期利益集团对民主政治的正面影响"，载《社会科学》1999年第7期。

（四）熟人社会向陌生人社会的转变

中国传统社会是由一张复杂而庞大的关系网构筑的"熟人社会"，在这个关系网里，"处理与别人的关系以是否合乎情理为准则，他们不要求什么权利，要的只是和睦相处与和谐。"[1]在这里责、权、利的界线较为模糊，权利容易受到侵犯，但在传统思想观念下，当自己的权利需要保护时，人们往往首先倾向于选择私人以及由此为中心扩散出去的亲戚朋友等熟人圈所形成的力量，而不是优先寻求国家保护。随着经济和科学技术的不断发展，人们的交往不断冲破原有的地域限制，先前绝大多数中国人依赖道德情感和社区舆论压力维护的小群体迅速演变为一个由庞大数量的陌生人构成的广大群体。用美国法学家弗里德曼（Lawrence M. Friedman）的话说就是，"当我们走在大街上，陌生人保护我们，如警察；或威胁我们，如罪犯。陌生人扑灭我们的火灾，陌生人教育我们的孩子，建筑我们的房子，用我们的钱投资。陌生人在收音机、电视或报纸上告诉我们世界上的新闻。当我们乘坐公共汽车、火车或飞机旅行，我们的生命便掌握在陌生人手中。如果我们得病进医院，陌生人切开我们的身体、清洗我们、护理我们、杀死我们或治愈我们。如果我们死了，陌生人将我们埋葬。"在这里，人与人之间的各种关系都建立在一系列的游戏规则之上，很多关系被"货币化"，交往的范围也更加广泛，人们在明确的游戏规则下合作，权责明确，而道德对社会的控制能力却直线下滑。遇到纠纷，人们已经没法诉诸传统的熟人社区或与之相应的机制，而必须通过国家途径将其化解。因为对于一群陌生人来说，他们可能更愿意通过法律来解决他们之间的问题。这在一定程度上导致个体之间的利益冲突以一种看得见的方式被呈现出来。同时，市场经济天生是法治经济，法律制度由于市场经济的催发得到极大的发展，越来越多的社会主体之间的纠纷开始通过诉讼得到解决。这使得社会纠纷获得了较为规范化的解决渠道，这一渠道反过来也为我们呈现出更多的社会纠纷。传统"熟人社会"向"陌生人社会"转型时，最重要的措施是在整个社会营造浓厚的法制文化，培育全社会的规则意识，让有效运行的社会规则排斥情感纠葛、人情垄断、徇私舞弊，摒弃拉关系、走后门等社会风气，给整个社会（包括纠纷解决）提供法治保障，但

---

〔1〕［法］勒内·达维德：《当代主要法律体系》，漆竹生译，上海译文出版社1984年版，第487页。

我们的司法体制却还没有足够的容纳能力，缺少一些解决社会纠纷的制度化手段，从而导致社会纠纷化解机制失灵，这在一定程度上推高了整个社会的纠纷总量。另外，"诉讼爆炸"的形成也是社会关系紧张的表现，劳伦斯·斯通（Lawrence Stone）将"诉讼爆炸"解释为"社会失范与共同体纠纷解决方式的消失"，导致"乡村伦理道德和经济利益的裂缝不断扩大，邻里间的冲突日益加剧"。[1]

（五）社会信任的缺失

社会学家把社会信任分为特殊信任和普遍信任、熟人信任和陌生人信任、人格信任和制度信任等，这些分类表述不尽相同，但就信任的基本模式看，实质就是两类：传统信任模式和现代信任模式。传统社会里，人际交往大体是在血缘和地缘基础上展开，信任的保障机制建立在道德关系和个人特质如良好人品、声望基础之上，特征就是熟人信任、道德信任。而在现代社会里，随着工业化、城市化、市场化的进程和经济文化的发展，过去的血缘地缘范围被打破，人际交往领域大幅拓展，交往对象频繁更替，良好的人品道德声望不再是最有效的信任保障因素，必须依靠制度和规则维系，就是制度信任、法治信任。[2]

社会信任的缺失有多方面原因，一方面，社会的整体转型往往也伴随着社会主流道德价值的转型，但旧的道德规范的转变往往具有滞后性，而新的道德规范还在生成之中，处于新旧交替阶段的人们总是习惯从传统信任的角度观察判断转型期的各种现实问题。在社会转型过程中，人们的价值取向更多地表现为自我、趋利、金钱至上，扭曲了传统的价值观念，由此社会常常被批评为道德滑坡。英国《每日电讯》也曾发文惊叹，中国经济高速发展30年，却留下道德真空。以食品安全为例，三聚氰胺、瘦肉精、地沟油、潲水油等食品制假售假事件频发就是例证。另一方面，新兴的社会各阶层都在发育期间，各种阶层之间的矛盾冲突也容易造成信任的疏离，进一步导致社会纠纷难以得到化解。尤其是在社会公共资源配置、重大项目招投标及其他各类市场竞争中，暗箱操作、权力寻租、利益分成等潜规则的存在，使国家与

---

〔1〕 Lawrence Stone, "Interpersonal Violence in English Society 1300 – 1980", *Past and Present*, 1983（101），p. 32.

〔2〕 郑也夫：《信任论》，中国广播电视出版社 2001 年版，第 91 页。

社会所制定的制度规则出现了严重的异化，剥夺了诚信守法者的利益。除此之外，今天的中国社会意识形态色彩逐步淡薄，政府在思想领域的管控逐渐失去权威地位，社会整体价值观日益呈现多元化走向，不同阶层、甚至是不同职业的社会主体抱持的价值观之间鸿沟日深，使得社会信任难以建立。这些因素都会进一步激化社会矛盾，造成社会纠纷难以顺利地得到有效解决。

（六）纠纷解决机制的失灵

数量众多且无既定规则调整的新型利益冲突，以及复杂的群体性纠纷，显然已经超出了诉讼机制以及社会性与民间性纠纷解决机制的纠纷解决能力。首先，立法缺陷导致法律救济渠道不完善。在社会转型期，由于利益格局的大调整，许多社会规则需要重新制定。但立法总是滞后的，在立法无法做到及时回应的情况下，司法便成为法律回应转型期社会矛盾的直接领域。日本法学家棚濑孝雄就提出，社会变化的必然性是以特殊性、偶然性为基础的，只注重抽象的法律条文和法律系统，必然难以把握法律运行过程中复杂多变的实际状态。由于新的规则不存在、不得力或彼此相互矛盾，导致法院在处理新型案件时往往无所适从。即使法院强行解决，由于司法权威的不足，拒不执行法院判决的情况也时有发生，有些甚至是国家机关抗拒执法。2010 年 7 月 17 日，陕西省国土厅败诉后否定法院判决继而引发群体性纠纷就是典型例证。其次，我国法院在法律和政治双重因素的影响下，由于其社会决策能力和司法技术能力的欠缺，不得不对一些民事纠纷诸如群体性纠纷采取谨慎而保守的司法政策。比如，曾经某地方法院就规定：鉴于"国情"决定对于集资纠纷、土地纠纷、职工下岗纠纷等 13 类"涉及面广、敏感性强、社会关注大"的案件暂不受理。[1]虽然该规定一出便备受争议，但也折射出法院的无奈。即便有些纠纷法院得以受理，但又会因"特殊原因"长期不能审结，有的即使审结却因债务人无财产而难以执行。这些因素的存在均会导致矛盾激化，进而引发群体性纠纷。最后，收案数量急剧增加的影响，以及法院为了提高审判及其管理的效能，参照行政考核的方式建立了一整套指标性的量化考核体系，形成了繁琐的审判管理体系，也变相导致了内部纠纷解决机制的淤堵。

---

〔1〕"广西法院不受理 13 类案件　省高院称由国情决定"，载中国网：http://www.china.com. cn/chinese/difang/643257.htm，最后访问日期：2015 年 11 月 3 日。

（七）个人维权意识的觉醒

总体上看，中国社会三十年的进步是十分显著的。其中一个明显的标志即是梅因（Henry Maine）所说的从"身份"到"契约"的转变正在中国社会实际发生着。在计划经济体制下原本与"单位"绑定的个人逐步从身份的枷锁中解脱而出，转变成现代社会中单个的权利主体。换句话说，原本受缚于身份的社会群体转化为"原子化大众"，大部分人都不再为体制所绑定。这无疑加大了"原子化的人"之间碰撞、摩擦的几率。同时，在这一过程中，法治理念与权利话语逐渐深入人心，"权利"变成了社会主体口中语焉不详却又最为流行的维权话语。一方面，随着公民受教育程度的提高，公民的法律和权利意识越来越高。在市场经济条件下以个人利益为基础建立起来的公民社会正在逐渐发育，意味着每个国民和国家之间订立了由宪法和法律保障的政治权利和义务之间相互交换的社会契约，人们越来越倾向于在现有的制度基础上运用法律手段进行权利救济。另一方面，非政府组织（主要指公益组织）逐渐取得政府的认可，并开始获得较大的发展。这些非政府组织在环保、农民工保护、消费者权益保护等方面积极开展对弱势群体的权利救济，并取得了积极的成果。个人维权与公益组织维权的叠加效应，一定程度上也导致了纠纷总量的增长。

综上而言，现代社会纠纷的激增，可以说是由社会进步与社会失范共同导致的，而这实际上都是社会转型的结果，也是它的推动因素。社会内部结构的变化以社会阶层的分化为突出特征，而社会阶层的分化是由利益关系市场化导致的，同时，在这一变迁过程中，道德价值的混乱与法治的不成熟，以及个人权利意识的逐渐觉醒，导致社会纠纷的激增几乎是不可避免的。

三、我国现阶段社会纠纷的特征

通过考察和揭示转型期我国社会纠纷的特征来认识纠纷的演化规律，一方面可以辩证地看待改革和社会纠纷之间的关系，另一方面还可以为科学认识和理解转型期社会纠纷提供宏观的历史背景，并可在科学的认识基础之上建立起完善有效的纠纷解决机制。概括中国当前社会纠纷的特点是一件非常困难的事情，原因在于，中国社会纠纷涉及领域过于庞杂，纠纷类型也种类繁多，各种类型的纠纷既有独特的性质与特征，有时又交叉重合，比如民事纠纷与行政纠纷、群体性纠纷与个体纠纷等，囿于研究方法和视角的原因，难免挂一漏万，难以全面地考察所有类型的纠纷并给出一个整体性的结论。因此，笔者对中国社会纠纷特点的概括只能是一种粗浅的尝试。

（一）纠纷数量大、种类多

人类社会的发展历程显示，伴随社会急剧转型或高速发展的是纠纷的多发与冲突的加剧，中国当前社会纠纷总量持续上涨已是确定的事实。尽管难以对 30 多年来中国社会纠纷的增长情况进行精确描述，但是，法院受理的诉讼案件数量和信访案件数量的变化却能真实地映射出中国社会纠纷日益增长与日趋复杂的态势。以法院收案量为例，1994 年的全国收案总数不到 400 万件，但 2014 年已经超过 1500 万件，20 年间上涨接近 4 倍。以民事案件为例，1980～1990 年间共收案约 1200 万件，但 1991～2001 年间共收案约 3300 万件，相当于前一时间段的近 3 倍。除此之外，信访案件的数量虽时有起伏，但每年也接近千万件。总体看来，无论是民间纠纷还是行政纠纷，案件总量一直居高不下。从案件的受理量来看，我国已经成为一个"诉讼大国"。另一个值得注意的事实是，这些纠纷中绝大多数都是民事案件，占每年收案总量的 85% 左右。行政案件由于特殊的政治因素，虽然增幅较大，但总体占比仍然很小，刑事案件占比则一直较为平稳。从深层次来看，民事纠纷的增多在一定程度上反映了经济活动的活跃，同时也说明了民事纠纷解决途径的不通畅与纠纷解决规则的不完善。此外，当前纠纷涉及人民群众的衣食住行各个方面，种类繁多，新型案件不断出现。房产、土地、医疗、消费、环保、教育等与民生密切相关的领域产生纠纷尤为集中。总之，总量迅猛增长、种类日益繁多是我国当前社会纠纷的首要特征。

（二）群体性纠纷、结构性纠纷多发，社会危害性大

当前发生的很多社会纠纷与群众的根本利益一致、要求相近，因此容易形成群体性纠纷，如房屋土地征用拆迁、土地承包经营、商品房未及时交付、企业欠薪等都会关系到一定数量群众的切身利益。一旦处理不当，极易引发群体性事件。近年来，大规模的群体性事件[1]逐渐增多。中国社科院法学研究所发布的《法治蓝皮书·中国法治发展报告（2014）》，对近 14 年间的群体性事件特点进行了梳理，发现过半数以上的群体性事件是因平等主体之间的纠纷而引发，近 13 年间，百人以上群体性事件有 871 起，其中，2010 年、

————————

〔1〕 虽然群体性事件与群体性纠纷的含义不同，但为了提供论据，此处不作刻意的区分。

2011 年和 2012 年是群体性事件的高发期。2010 年、2011 年群体性事件都在 170 件左右,2012 年则飙升至 209 件。[1]群体性事件的频发正是当下中国社会艰难转型的真实写照。近几年来,"数量急剧增加、规模不断扩大、处理难度不断增大"已经成为当前群体性纠纷发展的基本态势。仅从绝对占比来看,群体性纠纷在整个民事纠纷体系中的占比并不显著。但群体性纠纷的特点是参与人数众多,动辄数十人或上百人聚集,对社会正常秩序造成的危害远远大于一般性个体纠纷。这种纠纷的波及范围往往超出纠纷本身,从而造成局部性、暂时性的社会瘫痪,对社会的正常运转危害极大。除此之外,这些纠纷多关涉经济利益,如改制中的纠纷、土地征用补偿中的纠纷等都是涉及个人或群体切身利益的纠纷。有些纠纷由于长期得不到妥善解决,导致矛盾积压、当事人情绪激化,也会对社会秩序造成意想不到的破坏。同时,这类纠纷的一方往往以弱势群体为主要构成主体,他们的经济收入不高,社会地位不高,文化水平也不高,缺乏财富、权力、关系、社会集团等优势,更多地只能依靠坚持不懈的闹讼、上访来达到目的。正因如此,目前群体性社会纠纷多呈现出上访数量多、人数多、次数多的特征。中国信访案件每年约千万件,这些案件尽管起因不同,解决方式也各异,但在解决过程中所耗费的社会资源往往超过案件本身的价值,更重要的是损害到了司法权威。正如唐慧案中一位当地政法系统内部人士所说的,唐慧案给永州人带来的最大启示,就是"相信信访"。[2]

所谓结构性纠纷,是指因社会结构发生重大改变,出现社会结构关系不均衡或利益格局不均衡从而导致的社会纠纷。必须强调的是,由于社会转型的本质是利益格局的调整,因此,因社会转型而引发的社会纠纷总体上仍属于利益问题。但也有些民事纠纷并非单纯的个体间利益冲突,还带有一些制度性因素。由于个体与政府机关或机构组织之间存在力量上的天然不对称,如果社会结构中再缺乏对政府机关或机构组织的制衡机制,那么两者之间的关系就可能严重失衡,在社会互动中就会引发纠纷。比如土地纠纷、干群纠

---

〔1〕 "社科院统计 14 年间群体性事件:广东居首 劳资纠纷是首因",载中国政府创新网:http://www.guancha.cn/society/2014_02_25_208680.shtml,最后访问日期:2015 年 10 月 30 日。

〔2〕 南方周末:"永州幼女被迫卖淫案再调查——唐慧赢了,法治赢了没?"载 http://www.infzm.com/content/93029,最后访问日期:2015 年 11 月 5 日。

纷、环境纠纷、医疗纠纷等成为当前我国社会最为多发和易发的结构性纠纷。诚然，不能绝对下结论一概认为，中国社会转型与结构性纠纷多发、易发具有直接的因果联系，社会制度本身安排中固有的不均衡结构也是纠纷发生的根源，但社会转型则催化了这一不均衡结构的急速失衡。通常结构性纠纷又涉及人们的生存和健康等核心利益诉求，如得不到有效解决，极易激化为社会影响极大的群体性事件。

（三）不同类型的纠纷间常常相互转化

各种社会纠纷往往具有多种性质，本身是一个正常现象。法律的一个作用就是确定纠纷的性质，并予以类型化处理。但在我国现阶段，引发纠纷的原因有体制、政策、观念、作风等各方面因素，有时各种因素又交织在一起，使纠纷更加复杂，解决难度进一步加大。如征用土地纠纷，涉及被征用村组、征地单位和土地承包人以及经流转后的实际土地使用人，牵扯多个群体和多个法律关系。在这种情况下，不同种类的社会纠纷之间就存在着互相转化的关系，如个体性纠纷转化为群体性纠纷，民事纠纷转化为行政纠纷。这种情况的成因概括起来，有以下几种：其一，规范缺失导致纠纷在处理过程中定性不清。以在学界具有争议的行政合同为例，由于我国长期不承认行政合同的存在，许多明显带有行政性质的合同纠纷，常常被纳入民事案件受理范围，但法庭在审理了一段时间之后，出于种种原因又转给行政庭，从而导致这一类纠纷的性质随之发生变化。当然，这一类案件的占比在总量中是很小的。其二，纠纷解决不彻底导致了纠纷转化。以行政裁决为例，行政裁决是指行政机关对当事人之间的有关民事纠纷作出裁判的制度。但是由于纠纷解决结果不符合当事人的预期，原本的民事纠纷就可能转化为当事人与行政裁决机关之间的行政纠纷。其三，纠纷解决不公正激化了矛盾，导致纠纷转化。在现实中，大量的信访案件一开始往往并不涉及政府。但由于纠纷解决不公正，才导致了当事人的不断上访，使单纯的当事人之间的纠纷演化为公共事件，这一类案件在实践中多有发生。在本质上，不同类型纠纷之间的转化反映了我国各种纠纷化解渠道之间的关系尚未得到良好的协调。

（四）纠纷解决往往不彻底，容易引发新的纠纷

虽然法律的解决方式较之非法律的途径更容易平息直接冲突，但法律权力及其对资源的控制和使用方式，在有些情况下也会导致新的冲突和纠纷。在我国，纠纷解决很大程度上并不完全是出于保护争议双方的正当利益的目

的，而是为了防止纠纷"没完没了"、"恶性循环"、"冤冤相报"。从这个意义上讲，"案结事了"这一目标有其独立存在的价值。但有些时候为了使纷争得以尽快平息，在很多纠纷解决过程中，当事人并没有掌握主导权，更多时候只是被动地接受纠纷的解决方案。久而久之，这种做法不但没有解决纠纷，实际上反而恶化或扩大了纠纷，严重损害了人们对法律的信任。以法院"大调解"政策为例，由于过于强调调解的硬性指标，导致许多案件虽经过调解，但并没能真正化解当事人之间的冲突，随后又引发新的纠纷，最终又回到了法院。此外，出于"维稳"考虑，几乎所有的纠纷解决机构都把维护社会稳定作为基本的行动指南，并以获得党委与政府的肯定为首要行动目标，这样很多社会纠纷就被从社会稳定与政府管理的角度加以解读，从而使纠纷解决过程难以彻底厘清是非，进而导致当事人的心理对抗，失衡的社会关系并没有因纠纷的解决而得以完全恢复，为纠纷再爆发或纠纷升级埋下了隐患。同时，目前我国纠纷解决机制总体水平不高，应对社会纠纷的手段呈现单一化、扁平化，没有能力化解一些疑难案件，也容易导致产生新的纠纷。如曾在司法界引起巨大争议的"李兆兴诉张坤石夫妇借贷案"，张坤石夫妇受李兆兴胁迫写下借条，却被主审法官判决败诉。张坤石夫妇随后在法院门口喝农药自杀。其后，李兆兴迅速被公安机关逮捕，主审法官莫兆军也以玩忽职守罪被提起公诉。这一案件起初只是一个法律技术问题，却由于种种原因造成了原有纠纷的失控，最终导致多方俱败的结果。在现实中，本案虽然只是一个极端个案，但纠纷因得不到彻底、妥善解决进而发生转化却是实践中的常见现象。

第三章

现阶段我国民事纠纷的几种特殊类型

一、群体性纠纷

（一）群体性纠纷的界定

在很大程度上，群体性纠纷并不是一个严格意义上的法律用语，它最早是作为"政治术语"出现在一些官方文件中，并经常与"群体性事件"混同适用。早在 2000 年 4 月 5 日公安部下发的《公安机关处置群体性治安事件的规定》中，就使用了"群体性治安事件"一词。所谓群体性治安事件是指，聚众共同实施的违反国家法律、法规、规章，扰乱社会秩序，危害公共安全，侵犯公民人身安全和公私财产安全的行为。而最早使用"群体性事件"提法的是 2004 年 11 月中共中央办公厅、国务院办公厅转发的《关于积极预防和妥善处置群体性事件的工作意见》，该意见首次明确提出"群体性事件"这一概念，指由人民内部矛盾引发、群众认为自身权益受到侵害，通过非法聚集、围堵等方式向有关机关或单位表达意愿、提出要求等事件及其酝酿、形成过程中的串联、聚集等活动。这大致可以看作是对群体性事件的官方定义，这个界定也多为社会学界研究群体性事件时所借鉴。如邱泽奇认为，群体性事件是一定数量的人群为满足特定的目的聚集在一起，通过集会、游行、示威、请愿、上访、罢工、罢课等方式，针对政府及其代理机构表达诉求的一种群体行为。[1]于建嵘认为，群体性事件是指一定规模的人们以非合法方式对社

---

[1] 邱泽奇："群体性事件与法治发展的社会基础"，载《云南大学学报》（社会科学版）2004 年第 5 期。

会秩序产生影响的行为。[1]刘晓梅界定群体性事件为，与处在既定社会规范制约下的群体行为相对的一种集群越轨行为。[2]显然我们所言的群体性纠纷与群体性事件还是有界限的。首先，群体性纠纷属于法律层面上的含义，群体性事件属于政治学或社会学层面上的含义。其次，"事件"多指历史上或社会上已经发生的有一定社会意义或影响的大事情，通常指对社会产生负面影响的事情，带有贬义的意思、"非法"的属性；而群体性纠纷属于纠纷的一种，是纠纷的一种特殊化表现形式，一般不带有感情色彩。

　　伴随着社会的"一体化"进程，人类活动与关系越来越呈现出一种群体性，而非单纯个别性的特征；这些活动与关系常常涉及一群人、一类人或者一个阶层的人，而不单单是某一个或者几个人。[3]在当今以大规模生产与大规模消费为主导的社会生活中，由一起事件导致大量人的权利受到影响，并因此形成纠纷的例子，可以说是不胜枚举。这种纠纷由于具有一定的规模化和连带化，理论上称为"群体性纠纷"。关于群体性纠纷，有学者是这样定义的，"所谓群体性纠纷，是指纠纷主体一方或多方在多人以上的特殊性社会纠纷；或者说，一方或双方在人数众多的情况下，相互之间坚持对某个法律价值物的公然对抗。"[4]

　　群体性纠纷有广义、狭义之分。广义上的群体性纠纷存在于社会各个领域，包括任何性质的群体性冲突，有政治性的、社会性的、军事性的等；而从法学意义上讲，群体性纠纷是指那些受法律规范调整的群体性冲突，包括民事的、行政的和刑事的。狭义上的群体性纠纷一般仅包括那些具有可诉性并可以通过法院予以解决的民事经济类群体性冲突。本书主要讨论的内容即是狭义上的群体性纠纷。由此可见，我们所言的群体性纠纷必须具有两大属性：一是法律性，二是民事性。群体性纠纷的诱发因素可分为：制度因素和非制度因素。如资源分配、股份改制和拆迁征地等多属于制度性因素；而劳

[1] 于建嵘："当前我国群体性事件的主要类型及其基本特征"，载《中国政法大学学报》2009年第6期。

[2] 刘晓梅："建设和谐社会进程中群体性事件的法社会学思考"，载《中国人民公安大学学报》（社会科学版）2005年第3期。

[3] Mauro Cappelletti, *The Judicial Process in Comparative Perspective*, Oxford University Press, 1989, p. 270.

[4] 汤维建等：《群体性纠纷诉讼解决机制论》，北京大学出版社2008年版，第7页。

资纠纷、环境污染纠纷、经营纠纷、消费纠纷等多由非制度性因素而导致。从对立双方的身份上看，有公民与公民之间、公民与政府机关或社会组织（如企业、学校、医院、村镇等）之间以及社会组织之间的群体性纠纷。据中国社科院法学研究所发布的《法治蓝皮书·中国法治发展报告（2014）》显示，因平等主体间的纠纷引发的群体性事件占五成以上，因公民、社会组织与政府或官员之间的矛盾引发的群体性事件占四成。

（二）群体性纠纷的特点

除了具有纠纷这个一般性概念所具有的属性和特征外，作为民事纠纷的一种特殊化、复杂化表现形式，群体性纠纷还呈现出如下特点：

（1）人数众多。从群体性纠纷的字面意义上不难看出，涉案人数众多是其首要特征。与一般民事纠纷不同，群体性纠纷的主体一方或双方必须达到一定的规模，形成一个"群体"。按照社会学的定义，群体是指以一定方式的共同活动为基础而结合起来的人们的联合体。"群体"和一般意义上的"人群"是不同的。人群通常是因偶然因素（如时间、空间等）而临时聚集在一起的多数人集合或者集群。"人群"之间并不发生具有任何意义的社会互动，也没有共同的归属感。而"群体"则是"由许多人组成，作为一种统一的实体可以被认知；群体的成员间有共同的目标，从事共同的活动，彼此受一定的规范制约"。[1]很多群体可以被描述为"由于某种共同的经验或目的而集合在一起的一群人，或者在一个微观社会结构中紧密联系的一群人，或者彼此互动的一群人。说一个群体的存在，这些可能是充分条件。不过也许起决定性作用的必要条件是以上那些人还分享某种概念，即他们属于同一社会单元"。[2]可见，群体具有两个最基本特征，即人数众多以及群体成员间的关联性或同质性。这一特征表明了群体性纠纷所形成的社会关系和法律关系的复杂性，同时也要求，在化解群体性纠纷时不但要追求纠纷处理的法律效果，还要注重其社会效果。

（2）参与主体复杂，利益诉求多元。社会改革的调整对象往往都不是针对特定的某一主体，可能涉及某类或某几类主体，有企业单位，有事业单位，

---

〔1〕肖旭：《社会心理学》，电子科技大学出版社 2008 年版，第 327 页。

〔2〕［英］鲁伯特·布朗：《群体过程》，胡鑫、庆小飞译，中国轻工业出版社 2007 年版，第 1～2 页。

还有行政机关，也有农民、私营业主等，涉及的利益几乎包括社会生活的方方面面。当个体无法通过正常的渠道表达自己的切身利益诉求时，就容易出现过激行为（如跳楼、自焚、行凶等），制造社会轰动，然后通过行为传导效应，共同的利益诉求或共同的遭遇使每个个体迅速聚集起来，一起卷入这场冲突和对抗当中，继而演变为群体性纠纷。需要特别强调的是，在社会分层、主体多元化的趋势下，利益也趋于多元化。比如城管和小贩是当前城市中一对突出的矛盾，小贩为谋求生活来源而占道经营，城管部门则按照管理要求清理占道经营，城管和小贩的冲突就在不少城市出现了。还有广场舞争端，"舞民"与周边居民的纠纷频频发生，跳舞的人说，跳舞让他们精神活跃、身体健康；周边居民说，噪声让他们难以放松，不堪其扰，更糟糕的是影响孩子们的学习和休息。无疑，民众利益诉求分化、多元也折射出当下中国社会法制建设的典型困境。

（3）对抗双方力量悬殊，一方多为弱势群体。在我国，群体性纠纷的参与者绝大多数属于生活困苦、话语权难以有效实现的弱势群体。而同弱势群体这一主体相对应的往往是"作为直接对抗对象的政府官员，以及掌握物质资源、人力资源调配者或利益控制者等群体"[1]。如 2008 年 7 月 19 日发生在云南孟连的群体性事件，就是胶农在争取自身利益过程中引发纠纷从而升级为"7·19 孟连事件"的。云南孟连勐马镇和公信乡是孟连县橡胶主产区，在产业发展过程中，橡胶企业几经改制，许多问题没有得到及时、规范处理，企业与胶农在林地使用权、林木所有权方面存在极大争议。随着近年来胶价不断上涨，橡胶利益分配问题与胶农的利益诉求一直得不到有效解决，致使双方矛盾日益尖锐，胶农与企业间多次引发暴力冲突。2008 年 7 月 19 日，在当地民警对冲突当事人采取强制措施时遭到 500 多名胶农暴力围攻，随即产生警民冲突，民警使用防暴枪导致 2 名胶农死亡，另有 15 名群众受伤。[2]

（4）具有偶然性和难以预测性。群体性纠纷的发生往往以某一具体事件为导火索，然后迅速演变，有时事情的发展也超出了初始阶段当事人的估计。

---

〔1〕 张明军、陈朋："2011 年中国社会典型群体性事件的基本态势及学理沉思"，载《当代世界与社会主义》2012 年第 1 期。

〔2〕 参见"云南孟连事件得到妥善处置　聚集胶农已全部回家"，载中国网：http://www. china. com. cn/news/txt/2008 – 07/23/content_ 16059148. htm，最后访问日期：2014 年 5 月 28 日。

尤其是随着自媒体等新型传播工具的兴起与普及，群体性纠纷的传播速度变得异常迅速便捷。发生在某个地方的群体性纠纷或一起普通的群体性纠纷随即就在其他地方引发心理共鸣，并使人们纷纷效仿，从而使参与人数不断增多，波及区域迅速扩大，令人猝不及防。

（三）群体性纠纷的类型

群体性纠纷的类型划分有诸多标准，由于采用的标准不一致，在类型化的结果上难免出现交叉重复，但无论何种划分，对于我们研究解决群体性纠纷的处理机制都会有所裨益。

我国台湾学者吕世明根据群体性事件的内容和组织形式，将群体性纠纷分为以下五种：①政治性群体事件。利用失意政客或具有政治野心的人，通过煽起群众对政府施政某项措施的不满，大肆批评，煽风点火，造成群众更深的误解，离间干群关系，从而制造风波，煽动闹事。②社会性群体事件。利用种族宗教等方面的隔阂，或因失业下岗、劳资纠纷激起的不满情绪，通过罢工、请愿、游行示威等行动，进而采取集体暴力行动，以期达到目的。③涉外性群体事件。利用群众的爱国之心或者基于某种愤慨情绪，采取集体的暴力行动，攻击外国使领馆或外籍人士，以图一时之快。④预谋性群体事件。这类事件大多涉及政治阴谋，比如为了颠覆政府、打击政府威信，故意制造事端、造谣生事、颠倒黑白，进行政治、经济、外交、军事等方面的破坏活动。在这类群体事件中，往往先提出一些不合理的抗议请愿或要求为难政府，进而采取过激行动。⑤偶发性群体事件。此类群体性事件的发生，常常因为政府处理某一事件不当而引发误解，甚至影响到部分群众的利益，经利害关系人不断反映诉求，仍得不到合理解决或妥善处理，于是爆发群体事件。[1]

我国大陆学者汤维建等在其论著《群体性纠纷诉讼解决机制论》一书中，将我国当前民事群体性纠纷的类型作了以下分类：①以纠纷产生原因为依据，划分为：前现代型群体纠纷、现代型群体纠纷与后现代型群体纠纷。所谓前现代型群体纠纷，是指发生在社会转型时期的特有纠纷，这种纠纷发生的社会原因是社会转型、新旧制度交替引发的各种社会矛盾和冲突。并指出，我国社会正处于向现代化转型期，不可避免地引发大量具有转型期特点的群体

---

〔1〕 参见吕世明："警察对群众事件的应有认识"，载《世界警察参考资料》1989 年第 6 期。转引自汤维建等：《群体性纠纷诉讼解决机制论》，北京大学出版社 2008 年版，第 12～13 页。

纠纷。现代型的群体纠纷是指建立在社会化大生产基础上的群体纠纷，如公害纠纷、环境污染纠纷、消费者侵权纠纷、垄断和证券纠纷等。现代型群体纠纷又称为大众侵权纠纷。现代型群体纠纷的当事人一方特别是被告方多为国家或在社会上具有重要影响的公共团体或大企业，以致原被告双方之间力量对比悬殊，且对立的利害关系具有公共性和集合性。所谓后现代型群体纠纷，主要是指基于权利的扩张和新权利的生成而引发的纠纷。之所以称为后现代型纠纷，是因为这种权利诉求总体上处于社会发展的前列，还没有成为民众普遍的权利意愿，是一种着眼于未来的纷争。[1]②以纠纷涉及的权利对当事人的影响程度为标准，划分为：重大权利型群体纠纷和小额权利型群体纠纷。重大权利型群体纠纷是指纠纷涉及的权利义务关系对权利主体而言意义重大，直接关系到其生存质量。正基于此，这类纠纷的当事人会非常重视纠纷涉及的利益，愿意投入成本去实现这种利益。另外，这类纠纷的利益诉求基本上是金钱赔偿。而小额权利型群体纠纷是现代社会的常见现象。这种纠纷的特点在于：首先，涉及个人权利的数额较小，即使权利被侵犯，对权利人的正常生活影响不大；其次，小额纠纷一般人数很多，由于数额小，享有该权利的主体没有过高的门槛和局限，发生的几率更大；再次，侵权人的违法所得因为人数众多累计起来而数额惊人；最后，停止侵害的效果较为明显。[2]

在此，笔者根据群体性纠纷的利益诉求及其组织形式将我国群体性纠纷分为以下几种类型：

1. 维权型群体纠纷

这是我国群体性纠纷中的主要类型。中国社科院法学研究所发布的《法治蓝皮书·中国法治发展报告（2014）》，对近14年间的群体性事件的特点进行梳理后发现，维权类群体性事件较多，占比达55％之多。[3]如果从发生主体上分，具体包括农民的维权纠纷、工人（包括农民工群体）及市民的维权

---

〔1〕 汤维建等：《群体性纠纷诉讼解决机制论》，北京大学出版社2008年版，第25～31页。

〔2〕 汤维建等：《群体性纠纷诉讼解决机制论》，北京大学出版社2008年版，第32～33页。

〔3〕 "社科院统计14年间群体性事件"，载中国政府创新网：http://www.chinainnovations.org/index.php? m = content&c = index&a = show&catid =31&id =1772，最后访问日期：2015年10月30日。

纠纷；如果从纠纷的内容上看，又可分为土地纠纷、环境纠纷、拆迁纠纷、薪资纠纷、股份改制纠纷、安置纠纷、社会保险纠纷、医疗纠纷等等。近年来，环境污染是导致万人以上群体性事件的主要原因，在所有万人以上的群体性事件中占50%；劳资纠纷是导致千人至万人群体性事件的主要原因，在此类群体性事件中占36.5%。[1]

维权型群体纠纷的特点主要有：其一，经济性大于政治性。维权者主要是围绕利益之争而不是权力之争，他们把具体的利益诉求作为维权的主要目的。其二，纠纷双方社会地位悬殊。我国目前发生的群体性维权纠纷，大都是处于社会弱势地位的农民、工人、市民，由于其合法权益受到侵害而引发的。其三，不易调和性。有些纠纷可能涉及的经济利益巨大，争议双方往往都不愿让步，在这种情况下，有的利益集团会纠集一些黑恶势力对付维权者，而有些地方政府出于对当地经济发展和社会稳定的考虑，往往也会站在强势一方，动用国家权力对维权者进行压制，进而使这类纠纷演变为恶劣的群体性暴力事件。其四，组织性。由于这类纠纷的冲突双方地位、势力悬殊，为了制造社会影响力，维权者往往有一定程度的组织形式。

如2011年6月6日发生的"潮州古巷事件"，起因是劳资纠纷。2011年6月1日四川籍外来务工人员熊汉江等人到当地的"华意陶瓷厂"向老板苏某讨要工钱时发生争执，苏某指使人员持刀将熊汉江的手筋脚筋挑断。熊汉江被砍伤后，经法医鉴定为轻伤。这引起了熊汉江亲属和一些四川老乡的不满。2011年6月2日，熊汉江等人前往当地政府抗议，但没有得到妥善解决，激烈冲突终于在6月6日爆发。当天恰逢端午节假期，众多外来务工者聚集在古巷镇人民政府门前"讨说法"，到了晚上，聚集人数迅速增多。官方调动大批警力保护古巷镇政府，人群突破不了警方防线，转而将怒气发泄到当地人身上。聚集人群手持石块、棍棒等，不分青红皂白地砸向过往车辆，有的司机掉头就跑，有的吓得弃车而逃，围观者跑回了家，而"胜者"则将一些砸坏的轿车翻个底朝天，甚至点燃了一辆别克车。随后当地人开始组织"反击"，一起普普通通的讨薪纠纷逐步演变为一起群体性事件和族群冲突。这起事件的起因是劳动者权益得不到有效保障，但外来人口与当地民众缺乏相互

---

[1] "社科院统计14年间群体性事件"，载中国政府创新网：http://www.chinainnovations.org/index. php? m = content&c = index&a = show&catid = 31&id = 1772，最后访问日期：2015年10月30日。

尊重和理解也是这起事件进一步升级的重要诱因。

再如 2005 年 4 月发生在浙江东阳画水镇因化工污染而引发的群体性事件。自 2001 年起，原画溪镇政府以租赁土地的形式，开始建设竹溪园区，园区占地约千亩，共有 13 家化工、印染和塑料企业，其中化工企业有 8 家。据当地村民反映，化工厂、农药厂常常排出大量废气、废水，发出难闻的气味，刺鼻又刺眼。特别在闷热天气，化学气体驱之不散，在严重的时候刺得孩子们睁不开眼睛。当地村民多次前去政府相关部门反映污染问题，但都没有妥善处理。2005 年 4 月 10 日，画水镇周边村民集体抵制一个化工园区的建设，阻挠化工企业生产，随后与前来做工作的市镇干部发生激烈冲突。

可以说，利益争夺是这类群体性事件爆发的最原始、最直接、最根本原因。当社会强势群体（如垄断行业、房地产商、大型企业以及稀缺资源掌握者）利欲熏心、与民争利时，如果政府部门又冷漠无视，弱势群体无法通过正常渠道表达自身利益诉求，那么集体上访、公然对抗，就成为无奈却又唯一的选择，这反映了当前我国社会矛盾疏导机制的匮乏。

2. 泄愤型群体纠纷

泄愤型群体纠纷是指绝大多数的参与者与纠纷并无直接利害关系，而是通过这种从众行为来发泄自己对社会的不满的一种群体性纠纷。"发泄不满的心理"以及"与案件无直接利害关系"是泄愤型纠纷与维权型纠纷的主要区别。虽然没有直接利益相关者的身份，但情感认同激发了"无直接利益群体"的参与冲动，因为在潜意识中，他们也是在为避免将来自己遭受同样的利益侵害而抗争。

这类纠纷的特点在于：其一，没有明确的诉求。这类纠纷一般情况下都是以偶然事件为导火索而引起，继而借题发挥的，其主要目的是宣泄对社会的不满，因此没有具体诉求。其二，没有明确的代表人。维权类纠纷一般都会产生或选举出若干名组织者（所谓"头儿"），以代表人的身份与侵权方进行协商；而泄愤型纠纷由于组织性不强，较为松散，因此就没有明确的代表人，从而很难找到商榷对象。其三，自媒体对事件发展起到很大的推动作用。在这类纠纷的发生、发展过程中，自媒体包括短信、微信、微博等社交网络起到了很大的推动作用，借助于网络传播产生巨大的社会影响。其四，突变性。这类纠纷的突变性极强，从一般的民事纠纷或行政纠纷升级为一定规模的群体性事件其过程非常之快，处理不当就会导致严重的社会危害性。

如重庆万州事件。2004 年 10 月 18 日，某批发市场临时工胡权宗与其妻曾庆容在万州区双白路上行走，当曾庆容走到万州进城务工人员余继奎身边时，被余的扁担撞了一下。双方因此产生口角，进而发生斗殴。胡权宗将余打伤，并声称自己是公务员，出了什么事都可以花钱摆平。胡权宗的话引起围观群众的义愤，不明真相的群众以为公务员光天化日之下殴打群众，立即拨 110 报警。当万州区白岩路派出所民警赶到现场，欲将当事人带上警车时，有人煽动"天下公务员是一家，被打民工不会得到公正处理"，于是造成矛盾激化，围观群众不准车辆启动。经过耐心工作，在僵持 3 个半小时后，3 个当事人才被公安机关带离现场。但此事并未平息，当日 18 时左右，万州区公安局经侦支队的一辆警车经过新城路时，被一青年煽动部分围观群众砸烧，由于正值下班高峰，一度造成数千群众聚集围堵。当晚 8 时许，在少数人的煽动下，数百人向位于高笋塘广场的区政府大楼集结，并砸坏区政府玻璃大门。

这类群体性纠纷，折射出的是分配不公、官商勾结、暴力执法等社会问题以及群众的仇富仇官心理，很容易从一起普通的民事纠纷演变为一场大规模暴力冲突。除了重庆万州事件外，贵州瓮安事件、湖北石首事件、浙江瑞安事件、安徽池州事件等都是典型事例。

3. "大规模侵害"型群体纠纷

所谓大规模侵害，是指由一起事件导致大量人群的权利或利益受损的纠纷。其中"受害者人数众多且分散"为该类群体性纠纷的一般特征。侵害众多消费者合法权益就是典型的"大规模侵害"型群体纠纷。虽然环境侵害纠纷也可以划入该类群体性纠纷中，但从笔者的研究视角来看，环境侵害纠纷的主体并非都属于"直接利害关系者"，更多是被波及的利益群体，即"非直接利害关系人"；另外，环境侵害纠纷在诉求上并不纯粹围绕损害赔偿请求，更多的为预防性请求，即要求被告停止侵害、排除妨碍、消除影响、恢复原状等作为或不作为请求。故此，笔者更倾向于将环境侵害纠纷划入维权型群体纠纷。

"大规模侵害"型群体纠纷又可分为"大额规模性侵害"与"小额分散性侵害"。所谓"大额规模性侵害"，是指受害人数众多，单个损害数额较大的大规模侵害。与此相对的是"小额分散性侵害"，即人数众多，但单个侵害数额较小的那种。[1]这两类群体性纠纷，前者往往由于单个案件所涉金额大、受害人数众多、影响范围广，而超出司法机关所能承受的限度；后者则因侵害数额太小，且受害人数虽多但较为分散，而一般采取放任态度，不会有人提起诉讼。在这类群体纠纷中，纠纷类型的不同决定诉讼程序应有所差异，根据系争利益大小划分群体诉讼的类型并有针对性地构建不同的诉讼救济制度是问题的关键。在小额分散性侵害下，由于个别受害人请求利益微小，难有起诉动力，因而对于小额分散性利益的救济重在解决受害人起诉动力不足问题；而大规模侵害则由于利益重大，受害人具备了独自诉讼的动力，导致大量案件涌入法院，此时如何更有效地一次性解决纠纷成为矛盾的主要方面。[2]

4. 其他混合型群体纠纷

这类纠纷包括诸如基于参与社会管理，反对官僚、腐败，对抗政府行为等而引发或触发的群体性纠纷。"广东乌坎事件"就是典型例证。广东省陆丰市乌坎村村民因土地问题、财务问题、选举问题等对村干部产生不满，村民代表数十次上访但问题丝毫没有解决。2011年9月21日上午，乌坎村数千名村民又到陆丰市政府、派出所等机关要求解决问题，但未能如愿。随后乌坎村村民自发组织了"乌坎村村民临时代表理事会"，打出"打倒贪官"、"还我耕地"等标语，从12月9日起每天组织村民在村委会附近的仙翁戏台前集会示威，导致警民发生激烈冲突。还有"湖北利川事件"，2010年11月，湖北省利川市都停办事处党委书记、主任冉建新涉嫌受贿被"双规"。在异地受审期间于2011年6月4日在巴东县检察院突然死亡。家属称其尸体上有多处伤痕，尸检报告称：冉建新在被押审讯过程中，因躯体及精神刺激（长时间审讯、体位受限、损伤及情绪激动）导致其所患的垂体促性腺激素腺瘤发生急性出血坏死，最终因急性中枢性呼吸循环功能衰竭而死亡。冉建新"暴死"的消息瞬间通过网络发散开来，利川两次召开干部大会，意图强力阻止市民议论，但此举全面点燃了市民的积怨。6月9日利川市数千名市民围攻市政府大楼，爆发警民激烈冲突。

---

〔1〕 本书观点参考了吴泽勇的观点。参见吴泽勇："群体性纠纷解决机制的建构原理"，载《法学家》2010年第5期。

〔2〕 熊跃敏："消费者群体性损害赔偿诉讼的类型化分析"，载《中国法学》2014年第1期。

这类群体性纠纷往往组织程度高、处置难度大，诉求兼具正当性与盲动性。群体一方通常主张的权利中部分在法律上应予支持，然而有些虽有一定道理，但由于大多数人缺乏相关法律知识和对司法救济程序不了解，从而导致对纠纷解决的期望值过高。一旦诉求得不到满足，便会把责任归咎于社会，对准政府，进而造成矛盾激化的后果。

最后特别强调的是，以上笔者对群体性纠纷类型的划分，并非完全科学、严谨，它们之间有相互交叉和重合之处。由于处在特殊的历史阶段，当前我国各种群体性纠纷交织共处，每起纠纷都需要解决，然而有限的司法资源又决定了司法机关不可能做到一视同仁，投入一样的精力。因此就需要针对不同类型的群体性纠纷，结合其社会影响力以及与人民群众自身利益的关切度，进行综合把握，为司法机关选择恰当有效的纠纷解决途径提供理论参考。

二、环境污染纠纷

（一）环境污染纠纷的定义与特征

环境污染纠纷（environmental dispute），也称为公害纠纷。"公害"这一概念起源于日本，指"由于日常的人为活动带来的环境污染以致破坏为媒介而发生的人和物的损害"[1]。我国台湾地区1992年公布的"公害纠纷处理法"第2条第1项所定义的"公害"，系指因人为因素，致破坏生存环境，损害公民健康或有危害之虞者。其范围包括水污染、空气污染、土壤污染、噪音、振动、恶臭、废弃物、毒性物质污染、地盘下陷、辐射公害及其他经主管机关指定公告为公害者。该条第2项则将"公害纠纷"限于因公害或因有发生公害之虞所造成的民事纠纷。随着社会工业化进程的加快，环境污染问题愈发凸显。虽然环境纠纷的出现与环境污染行为和污染事实密不可分，但对于环境污染的受害者来说，只有在意识到自己的权益受到侵害，并具有了维权意识的前提下，他们才会开始采取行动来反抗污染，并要求维护自己的生存权益，这样才会与环境污染者发生冲突和争执，才会形成纠纷。故此，我们可以将环境污染纠纷定义为，因环境污染引发或可能引发损害，受害人欲采取措施反抗污染，并向污染者提出各种权益主张，由此而形成的冲突或对抗行为。

---

〔1〕〔日〕原田尚彦：《环境法》，于敏译，法律出版社1999年版，第4页。

自 20 世纪 90 年代始，我国的环境污染和生态破坏日益严重，环境突发事件或群体性事件频频发生，环境冲突不断升级、恶化，当前环境问题亦逐步成为影响社会稳定、民众生活的重要因素。环境污染纠纷已与消费纠纷、劳资纠纷、医疗纠纷等并列成为我们所面临的重大社会问题。作为一种现代型纠纷，环境污染纠纷有别于传统的民事纠纷，具有自身的特殊性，具体表现在：

（1）纠纷主体的多元性、群体性。在环境污染纠纷中，一方面，由于污染源或污染结果的原因，往往不容易确定是谁实施了污染行为或侵害行为，有时可能会是几个污染者的共同行为，这就导致了加害主体的多元性。而另一方面，环境纠纷往往会涉及公共利益和多数人的权益，也会造成受害人的不确定性。有时会发生在污染者与周围居民之间；有时也可能发生在污染者与环保团体等无直接利害关系的第三人之间；还可能发生在污染者与环境管理部门之间。此外，环境污染影响的范围通常不是个体，而是群体，因而参与纠纷的往往是某个群体。

（2）纠纷双方力量的不对称性。一般情形下，诸如生产型环境纠纷中，环境污染者通常为企业或其他组织，而环境污染的受害者却为一般群众，双方的技术、组织和经济实力悬殊。受害者一方在经济实力、信息获取、举证能力、社会资源的控制以及权利主张途径等方面明显处于弱势。另外，较之于普通民事纠纷，环境纠纷往往付出的成本相对较高，风险较大。正是基于这些原因，环境纠纷的受害者一方在纠纷解决过程中的处境极其被动。

（3）纠纷所涉法律关系的社会性、双面性。人类社会对生态环境固有的依赖性，决定着环境纠纷问题显然不光是法律问题，而且也是社会问题，涉及个人、群体、企业和政府等相互之间的关系。[1]这层关系导致环境纠纷具有非常强的社会性，处理时往往难以平衡各方利益。为了创造社会财富、推动经济发展，国家及政府的相关法律法规会允许企业在法律规定的范围内进行生产经营活动，而这些生产活动往往就是导致环境污染的罪魁祸首。因此，环境污染行为的起因往往具有一定的社会价值性和正当性等正面特征。[2]此

---

〔1〕 陆益龙："环境纠纷、解决机制及居民行动策略的法社会学分析"，载《学海》2013年第 5 期。

〔2〕 杨晓梅："环境民事诉讼立案现状和原因"，载《环境保护》2008 年第 22 期。

时，环境纠纷就带有两面性：环境保护固然重要，而经济的发展、社会财富的积累同样也是影响整个社会进步的重要因素。从某种层面上看，经济发展与环境保护似乎是"鱼"与"熊掌"的关系，如何在保护人类赖以生存的环境与企业利益、经济发展之间进行选择和衡平是一个考验整个社会智慧的问题。

（4）侵害原因的不确定性。环境侵害纠纷作为一种侵权纠纷，受害人如果主张权利，就需要证明污染者的行为与环境损害事实之间有因果关系。而在现实生活中，污染行为和污染后果之间通常存在一定的介质，因此环境污染侵害并不像其他侵权行为那样对因果联系的界定那么明显。所以，我国台湾学者邱聪智就指出，由于环境侵害的发生及侵害表现、侵害程度和过程相较于一般侵害行为来讲，相对复杂、间接、不明显，基于环境侵害的这种特殊性，双方当事人就造成上述侵害的因果关系确定起来存在一定难度，分歧较大。国外学者也有相似的观点，并提出诸如采信可能性证据（Probabilistic Evidence）、盖然性因果关系（Probabilistic Causation）来证明环境污染或者破坏过程中的侵权行为。

（5）纠纷解决的专业性、特殊性。污染损害基本事实的确定也具有很强的技术性和不确定性。排污是否超标、污染物的致害原理、环境污染与损害后果之间的因果关系等诸多环节都需要借助于专业技术手段加以调查和证明。而且在现有的科技水平下，仍有一些污染物的致害原理难以确定。此外，环境污染造成的损害不仅限于受害人的人身、财产损害，还包括环境质量的下降、不可再生资源的耗尽以及不可逆的环境破坏等。因此，解决环境纠纷的关键不是赔偿性救济、惩罚性救济，而是预防性救济或禁止性救济。

（6）法律关系的复杂性。环境纠纷一般会同时涉及公法和私法两个方面的法律关系。在环境污染侵害纠纷中，受害人与污染者之间存在民事权益的纠纷。同时受害人可以要求环保部门对污染者的排污行为进行调查和处理，如果污染者的排污行为违反相关行政法规，环保部门应该依职权作出处理。一旦环保部门作出具体的行政处罚而污染者不服，或者受害人主张环保部门的不作为，那么国家环保机关与污染者、受害人之间又或形成行政法律关系。假如污染者的排污行为又构成犯罪，此时还会涉及刑事法律关系。

（二）环境污染纠纷的类型

1. 以环境污染源为依据，可以分为生产型环境纠纷和生活型环境纠纷

生产型环境纠纷，是指由于工厂企业的生产作业而导致的环境污染纠纷。主要包括污染性工厂、企业所排放的废水、废气、灰尘、噪声、振动、有毒物质等影响了周围居民的生产生活、身体健康而引发的纠纷。生活型环境纠纷，一般是由于人们的日常生活行为而导致的环境纠纷。这种纠纷多发生在邻居之间，如双方由于生活垃圾的处理、生活废水的排放、采光、通风、家庭噪声等日常生活问题及上下游的居民因水源污染而发生的纠纷等。

在生产型环境纠纷中，由于纠纷双方地位不平等且力量悬殊，受害者通常处于弱势地位，因此受害人单凭自己的力量很难达到预期目的。而且争议双方都具有相当程度的正当性，致使双方利益很难调和。在这种情况下，处理不当往往会激化矛盾，迫使受害者采取极端行为，继而转化为更加强烈的社会冲突。所以，这类纠纷当事人之间形成合意的欲望不强。现实调查的数据也显示，当居民遭遇更多环境纠纷时，就不愿容忍或自行解决而是寻求第三方解决。[1]反观生活型环境纠纷，客观上双方当事人地位是平等的，且在居民的日常生活中，环境污染者一方并不总是加害方，所以生活型环境纠纷双方的地位又具有互易性，相同的境遇促使他们换位思考，更易于选择诉讼外的纠纷解决途径，这类纠纷解决难度不大。

2. 根据环境纠纷涉及的利益类型，可分为纯私益型环境纠纷、纯公益型环境纠纷和混合利益型环境纠纷

纯私益型环境纠纷是指公民、法人或其他组织因日常的人为活动或生产经营活动带来的环境污染危及自身健康或造成财产侵害而与他人发生的争议。这类纠纷所涉利益纯属"私人利益"，为个体之间的利益冲突，如光污染纠纷、噪声污染纠纷、养殖水域污染纠纷等。正是因为其单单涉及纠纷双方个体利益，纠纷的解决结果不会影响到其他第三人的环境权益，所以这类纠纷解决方式比较灵活多样。纯公益型纠纷则是纯粹因保护环境和生态的需求，由特定的国家机关、社会组织或个人根据法律的授权，与造成污染者发生的纠纷。如清洁空气权纠纷。这类纠纷的处理结果并不直接针对维护公益的一

---

〔1〕陆益龙："环境纠纷、解决机制及居民行动策略的法社会学分析"，载《学海》2013年第5期。

方主体，而是惠及社会公众或不特定的多数人。混合利益型环境纠纷，是指在环境纠纷中，存在公益和私益相互交织的复杂情形，即在公益型环境纠纷中所涉及的环境利益具有一定的私益性，而私益型环境纠纷中所涉及的环境利益又具有一定的公益性，典型的如水污染纠纷。

在纯私益型环境纠纷中，起诉主体必须是和案件本身有直接利害关系的公民、法人或其他组织，其在整个诉讼过程中享有完全的处分权，包括实体处分权和程序处分权。而纯公益型环境纠纷的起诉主体不限于直接利害关系人，只要行为人侵害了公共环境利益，法律规定的起诉主体都有权起诉他。但这类纠纷的原告不能像纯私益型环境纠纷的原告那样自由地处分社会公共利益，法律需要对公益型环境纠纷的起诉主体的处分权作一定限制。如2015年颁布实施的最高人民法院《关于适用〈中华人民共和国民事诉讼法〉的解释》（以下简称《民诉法解释》）第289条规定："对公益诉讼案件，当事人可以和解，人民法院可以调解。当事人达成和解或者调解协议后，人民法院应当将和解或者调解协议进行公告。公告期间不得少于30日。公告期满后，人民法院经审查，和解或者调解协议不违反社会公共利益的，应当出具调解书；和解或者调解协议违反社会公共利益的，不予出具调解书，继续对案件进行审理并依法作出裁判。"第290条规定："公益诉讼案件的原告在法庭辩论终结后申请撤诉的，人民法院不予准许。"另外，在纯公益型环境纠纷中，法院针对行为人的违法行为所作的裁决，对起诉主体并不发生效力，只对被告和代表社会公共利益的国家或社会公众发生效力。在混合利益型环境纠纷中，存在公益和私益相互交织的情形，一方面两者在诉讼目的、诉讼请求上存在区别；另一方面，它们又在审理对象、案件事实认定等方面存在紧密联系，因此，如何衔接和协调两者之间的关系是特别需要考虑的重要问题。2015年1月6日发布的《最高人民法院关于审理环境民事公益诉讼案件适用法律若干问题的解释》（以下简称《环境民事公益诉讼若干问题解释》）第29条规定："法律规定的机关和社会组织提起环境民事公益诉讼的，不影响因同一污染环境、破坏生态行为受到人身、财产损害的公民、法人和其他组织依据民事诉讼法第119条的规定提起诉讼。"为了提高私益诉讼的审判效率，同时防止作出相互矛盾的裁判，在环境诉讼中允许私益诉讼的原告"搭便车"，即环境民事公益诉讼生效判决有利于私益诉讼原告的，其可以在私益诉讼中主张适用该判决。根据《环境民事公益诉讼若干问题解释》第30条第2款的规定："对于环境民事公益诉讼生效裁判就被告是否存在法律规定的不承担责任或者减轻责任的情形、行为与损害之间是否存在因果关系、被告承担责任的大小等所作的认定，因同一污染环境、破坏生态行为依据民事诉讼法第 119 条规定提起诉讼的原告主张适用的，人民法院应予支持，但被告有相反证据足以推翻的除外。被告主张直接适用对其有利的认定的，人民法院不予支持，被告仍应举证证明。"

3. 根据环境纠纷所涉法律的性质，可分为环境民事纠纷、环境行政纠纷和环境刑事纠纷

环境民事纠纷，是指发生在平等民事主体之间、因环境污染和环境破坏妨碍或者侵害了他人的环境权益而产生的纠纷、冲突。此类纠纷涉及的利益主体在法律地位上具有平等性，纠纷解决一般具有可协商性，因而更容易通过协商、调解等方式加以解决。对于环境行政纠纷有两种不同的界定路径：一种是指环境行政管理部门在行使环境管理权或在处理环境污染民事纠纷的过程中与相对人之间发生的争议。这类纠纷与一般的行政纠纷别无二致，通常是由相对人通过行政复议、申诉或行政诉讼来解决。另外一种是指公民、法人或其他组织针对因环境行政机关的违法作为或不作为而导致的环境污染或环境破坏而引发的环境纠纷。目前，我国大部分的环境公害是由政府影响环境的决策行为、不作为以及越权等行为造成的，[1]其他组织或个人危害公共利益的行为在一定意义上也是因为公共权力部门疏于管理或管理不力而造成的，[2]而且域外经验表明，将有限的诉讼资源用在督促政府完善或执行环境法规和规章上比用在取缔个别污染源上往往更有意义。[3]但由于受民事诉讼与行政诉讼传统二分法的影响，当前我国学者普遍接受环境公害纠纷在诉讼解决方式上包括环境民事诉讼与环境行政诉讼两种类型的观点。本书所探讨内容仅限于环境民事诉讼。环境刑事纠纷是指因自然人或单位违反环境资源法的相关规定，实施了破坏或威胁生态环境的行为，导致了严重的环境污染、环境破坏或使环境受到了潜在威胁，给人民群众的生命健康、财产安全

[1] 陈燕萍："环境公益诉讼主体资格的逻辑考量"，载《山东审判》2013 年第 4 期。
[2] 王太高："论行政公益诉讼"，载《法学研究》2002 年第 5 期。
[3] 黄凤兰："对检察机关提起公益诉讼的再质疑"，载《中国行政管理》2010 年第 12 期。

造成了现实的或潜在的危害而产生的纠纷。这种纠纷的解决，一般是由代表国家和社会公共利益的检察机关依法向法院提起旨在追究行为人刑事责任，以刑罚手段惩治污染和破坏环境行为的刑事诉讼，这是国家为保护生态平衡与社会发展而采取的一种最为严厉的处罚方式。由于环境刑事纠纷具有公权性质而成为"不平等"的诉讼，故其不在本书讨论范畴。

（三）我国环境污染纠纷的现状

随着我国经济的迅猛发展和公众环保意识的增强，我国环境污染纠纷呈快速增长之势。有统计显示，近二十年来，我国环境纠纷的数量一直保持年均29%的增速。由于缺乏专业司法力量，环境问题频发、司法渠道不畅造成大量环境纠纷无法通过司法程序解决，进而权益受损者就容易选择"散步"、聚集等极端方式进行维权。贵州省高级人民法院的统计显示，尽管环境纠纷数量每年均在以较大幅度增长，但贵州省真正通过诉讼渠道解决的环境纠纷不足1%。[1]公众"信访不信法"问题突出。据《中国环境年鉴》报告，2013年中国环境保护部信访办受理书面来信3155件，比2012年增长27%；接待来访846批（次）2455人（次），批（次）增长70%，人（次）增长100%。接听咨询投诉电话1800余次，同比增加5%。来信量较大的依次是江苏、浙江、河北、山东、福建、河南、湖南、辽宁等省（区），来访量比较大的依次是辽宁、河北、河南、山东、湖南、内蒙古、浙江等省（区）。来信反映环境污染的占来信总数的57%，来访反映污染问题的占来访总数的71%。其中集体访比例有所上升，大规模（100人以上）来部聚集事件2起，极端事件1起。[2]自2005年以来，因环境问题而引发的大规模群体事件在部分地区特别是在农村地区集中爆发，环保纠纷成为继征地、拆迁矛盾之后又一容易引起群体性事件、影响社会稳定的新因素。尤其值得注意的是，因环境污染引发的群体性事件的对抗程度总体上明显高于其他群体性事件。[3]

---

〔1〕 新华每日电讯："'诉讼渠道解决的环境纠纷不足1%'——会内会外谈如何让环境司法'硬起来'"，载 http://news.xinhuanet.com/mrdx/2015-03/15/c_134067421.htm，最后访问日期：2015年6月18日。

〔2〕《中国环境年鉴》编辑委员会：《中国环境年鉴》，中国环境科学出版社2014年版，第301页。

〔3〕 李培林："加强群体性事件的研究和治理"，载《中国社会科学报》2010年10月19日，第11版。

当前我国环境纠纷频发，环境纠纷中的利益诉求日趋多元、复杂，这无疑增加了解决环境纠纷的难度。除了环境问题本身的综合性、复杂性特点以外，环境纠纷解决机制的缺陷是更突出的问题。正如一位台湾学者所指出的那样："公害纠纷的存在本身并不是问题，有问题的是既有的纠纷处理体系是否有化解纠纷的能力"。[1]按照学者提出的纠纷"金字塔"理论，即从理想目标来看，协商、民间调解、行政调解、仲裁和诉讼五大纠纷解决途径在运用数量上应该依次递减，构成"金字塔"形结构。其中，绝大多数民事纠纷应该通过友好协商予以解决，因此协商成了纠纷解决机制的塔基。如果协商不成，应当尝试民间调解和行政调解。可见，调解的重要性和适用范围仅次于协商。此外，调解还是仲裁和诉讼机制的必经程序。如果协商和调解均未果，又缺乏相应的仲裁协议或者仲裁条款，民事纠纷只能诉至法院。因此，诉讼成了解决民事纠纷的最后一道防线，并居于纠纷解决机制的塔尖。但从一些实证调研结果来看，我国环境纠纷的解决过程，似乎并不像纠纷"金字塔"理论所认为的那样，而是选择请求第三方介入，依赖行政权威或诉诸法律来解决环境纠纷占据了大多数。[2]这表明，我国欠缺解决环境纠纷的民间基础，凸显了诉讼外纠纷解决机制在化解环境纠纷过程中的无力。

三、体育纠纷

（一）体育纠纷的定义与特征

如何定义"体育纠纷"，学界主要有两种不同的观点。主流观点认为，体育纠纷是指在体育活动中以及解决与体育相关的各种事务中，各种体育活动主体之间发生的、以体育权利义务为内容的社会纠纷。[3]另一种观点认为，体育纠纷的概念需准确化和精细化，提出体育纠纷应采用"属事"标准而非

---

〔1〕 熊晓青："台湾地区'公害纠纷处理法'的评析及其启示"，载《湖北行政学院学报》2011 年第 2 期。

〔2〕 陆益龙："环境纠纷、解决机制及居民行动策略的法社会学分析"，载《学海》2013 年第 5 期。

〔3〕 参见杨洪云、张杰："论体育纠纷的争端解决机制"，载《体育学刊》2002 年第 4 期；韩勇："体育纠纷的法律解决机制"，载《首都体育学院学报》2004 年第 4 期；杨帆："我国体育纠纷诉讼解决机制的不足与完善"，载《天津体育学院学报》2006 年第 2 期；董小龙、郭春玲主编：《体育法学》，法律出版社 2006 年版，第 229 页；王建中主编：《体育法学》，北京师范大学出版社 2010 年版，第 78 页；等等。

"属人"标准,认为主流观点强调的纠纷主体即"从事体育活动的主体",在客观上会衍生出"凡发生于从事体育活动的主体之间的利益分配、权利义务争议,均属于体育纠纷"的结论,而不论该纠纷是法律纠纷还是非法律纠纷,也不论该纠纷与普通纠纷相比是否具有体育纠纷的特殊性。而"属事"标准则是将体育纠纷限定为"竞技体育",从而将"非竞技体育"排除在外。按照"属事"标准,即使是发生于竞技体育活动主体之间的纠纷,如果该纠纷与竞技体育活动本身没有直接关系,也不应作为体育纠纷,而只能作为普通社会纠纷;并进一步从体育纠纷的性质上区分体育法律纠纷和体育非法律纠纷,[1]旨在解决不同性质纠纷的法律适用问题。在此基础上,将"体育纠纷"概括性地定义为"竞技体育活动主体之间在竞技体育活动中发生的,或者与竞技体育活动直接相关的纠纷"[2]。上述两种观点的不同之处在于,第一种观点是基于学界对"纠纷"的一般理解所作的定义,第二种观点试图更好地反映体育纠纷的特点,以期解决体育纠纷司法权的介入及其界限,[3]有一定的新意,但其中体育纠纷是否仅限于竞技体育的观点有待商榷。当然也可以将上述第一种观点理解为广义的体育纠纷,而将第二种观点理解为狭义的体育纠纷。在此笔者采用广义体育纠纷的概念。

体育关系是涉及范围非常广泛的社会关系,体育关系中的权利义务、权力利益等非常复杂,从而导致体育纠纷具有如下特征:

(1)体育纠纷性质和表现形式的多样性。体育纠纷从性质上可以划分为两大类,即平等民事主体之间诸如体育合同等引发的体育民事纠纷,非平等主体之间因体育行政管理而产生的体育行政纠纷。体育纠纷的表现形式纷繁多样,如公民体育权利方面的宪法纠纷(体育受教育权纠纷等),体育知识产权纠纷,体育经营权纠纷,体育参赛权、运动权、荣誉权纠纷,体育健康权、休闲权、娱乐权纠纷,体育文化传承与保护纠纷,等等。

(2)体育纠纷主体和纠纷种类的复杂性。体育活动主体包括重大体育赛

---

[1] 所谓体育法律纠纷,是指在竞技体育活动中发生的或者与竞技体育活动直接相关的法律纠纷;所谓体育非法律纠纷,是指在竞技体育活动中发生的仅适用体育规则或章程上的纠纷。

[2] 茅铭晨:"介入与止步——司法权在体育纠纷中的边界",载《北京体育大学学报》2014年第1期。

[3] 如《中华人民共和国体育法》第33条规定:"在竞技体育活动中发生纠纷由体育仲裁机构负责调解、仲裁。"

事的组织者、管理者、体育行业协会、社团管理者、体育锻炼者、教练员、运动员、裁判员、职业体育俱乐部、体育行业协会、体育经纪人、体育产业经营者、赞助商、体育媒体、体育教师、体育科研人员、体育观众、学生、少数民族、残障人士以及其他体育工作者、劳动者、参与者、志愿者等，他们在参加体育活动、开展体育工作、从事体育经营、进行体育消费、参与体育事务和体育志愿服务活动等的过程中享有体育平等权、体育自由权、体育发展权、体育结社权、体育创作权、体育教育与受教育权、体育劳动与休闲权、体育健身与健康权、体育竞技权、体育奖励与荣誉权、体育经营权、体育社会保障权、体育监督与救济权，等等。[1]体育权利主体的多元性和体育权利内容的多样性，决定了体育纠纷主体的多元性和纠纷内容的复杂性。

（3）体育纠纷内容具有较强的专业性和技术性。体育活动的专业性和技术性使得体育纠纷也具有很强的专业和技术色彩，如"假球"、"黑哨"、"禁用药物"等纠纷，其认定需要专门的技术、机构和人员。

（4）体育纠纷的内部容忍性和外部侵权性。体育比赛往往伴随着对抗性，特别是竞技体育，身体接触、对抗甚至一定程度的暴力（拳击、橄榄球、冰球等体现得尤为明显）可以说是体育的一部分，也是比赛规则所允许的。即使超出了体育比赛规则允许的范围和程度，产生了体育纠纷，也并非一概认定为法律上的侵权从而通过一般法予以解决。体育行业内部对侵权行为具有一定的容忍度，往往通过内部规则予以处理。所以，体育纠纷存在一个内部容忍性和外部侵权性的界限问题。

（5）体育纠纷具有较高的社会关注度。一方面，现代体育运动与大众传播媒介共存，体育运动成绩、表演、比赛等具有很高的新闻价值。另一方面，随着我国体育产业的发展，体育的商业价值亦显突出。同时，体育本身透明度较高，体育明星和体育品牌影响力也很大，因此，一些体育纠纷具有很高的社会关注度，易成为媒体的报道重点。

（二）体育纠纷的类型

关于体育纠纷的类型，学界的一般观点是：①体育活动中的人身权纠纷，主要包括人身损害事故纠纷；运动员、运动队注册资格纠纷；教练员、裁判员资格确定和等级认定纠纷。②体育活动中的合同纠纷，主要是指由于体育

---

〔1〕 孙彩虹："体育权利的法律属性"，载《上海体育学院学报》2014 年第 6 期。

领域的转让合同、赞助合同、许可合同、聘用合同引发的纠纷。③体育活动中的财产权属纠纷，主要是指由于体育活动中的举办权、转播权、著作权、技术秘密、广告权等含有经济利益的权利引发的权属纠纷。④侵犯体育机构的自主权和非体育机构的自主权而引起的纠纷。⑤因对体育社团作出的处罚不服而引起的纠纷。[1]还有学者将体育纠纷概括为体育竞赛纠纷、体育商业纠纷和体育管理纠纷；[2]竞争型体育纠纷、合同型体育纠纷、管理型体育纠纷和保障型体育纠纷。[3]

上述观点是对体育纠纷类型的一般性概括，但体育纠纷类型的划分是需要一定标准的，在不同标准下会有不同的体育纠纷类型。有学者就提出了更为详细的、依一定标准所作的体育纠纷类型的划分：①以争议的内容为分类标准，分为竞争型体育纠纷、合同型体育纠纷、管理型体育纠纷和保障型体育纠纷；②以体育的内容为分类标准，分为竞技体育纠纷、社会体育（群众体育或大众体育）纠纷和学校体育纠纷；③以纠纷涉及的法律关系为分类标准，分为宪法性质的体育纠纷、行政性质的体育纠纷、民事性质的体育纠纷和刑事性质的体育纠纷。[4]

笔者认为，按照不同标准对体育纠纷类型予以划分是科学的。如根据纠纷发生的领域，可以分为竞技体育纠纷和非竞技体育纠纷，非竞技体育纠纷又包括社会体育纠纷和学校体育纠纷；根据法律关系的性质，可以分为体育行政纠纷、体育民事纠纷、体育知识产权纠纷等；根据权利性质，又可以分为体育人身权纠纷、体育财产权纠纷、体育教育与受教育权纠纷、体育劳动与社会保障权纠纷等。至于采取哪种分类标准，要视研究内容而定。竞技体育纠纷和非竞技体育纠纷的分类，侧重的是竞技体育的特殊性，包括规则的

---

〔1〕 王建中：《体育法学》，北京师范大学出版社 2010 年版，第 79~80 页。

〔2〕 韩勇："体育纠纷的法律解决机制"，载《首都体育学院学报》2004 年第 4 期；张笑世："体育纠纷解决机制的构建"，载《体育学刊》2005 年第 5 期；余其斌、李继伟："浅析体育纠纷的类型与解决方式——体育仲裁机制的适用"，载《新学术》2007 年第 1 期；刘建仓、盖文亮："法社会学视阈下体育社会组织解纷机制分析"，载《西安体育学院学报》2013 年第 2 期。

〔3〕 杨洪云、张杰："论体育纠纷的争端解决机制"，载《体育学刊》2002 年第 4 期；杨帆："我国体育纠纷诉讼解决机制的不足与完善"，载《天津体育学院学报》2006 年第 2 期；张春良："体育纠纷救济机制的法理学分析"，载《福建论坛》（社科教育版）2007 年第 4 期；董伟霞："和谐社会与体育纠纷的多元解决机制的建构"，载《行政与法》2009 年第 7 期。

〔4〕 董小龙、郭春玲主编：《体育法学》，法律出版社 2006 年版，第 223~235 页。

特殊性、纠纷的特殊性和纠纷解决的特殊性；体育行政纠纷、体育民事纠纷、体育知识产权纠纷等的分类，强调的是纠纷的性质和法律切入的视角；体育人身权纠纷、体育财产权纠纷、体育教育权与受教育权纠纷和体育劳动与社会保障权纠纷等的分类，则以侵权、维权为维度，以权利保障、救济为归结。在上述单一分类的基础上，体育纠纷的理论和实践中必然也存在着几种分类并用的情形。本书将根据不同需要，采用不同分类，亦包括几种分类的综合使用。

（三）我国体育纠纷的现状

近年来，随着国家体育事业的发展和体育法治建设的进步，体育纠纷也越来越多，越来越复杂。体育纠纷从传统的体育管理纠纷、体育伤害纠纷等，发展到包括体育人格权纠纷、体育知识产权纠纷、体育劳动与社会保障权纠纷等诸多现代型体育纠纷。现代型体育纠纷的主要现状如下：

1. 体育管理纠纷处理难度大

我国计划经济体制对体育管理体制的影响至今挥之不去，虽然早在1993年5月国家体委就发布了《关于深化体育改革的意见》，提出了改革体育行政管理体制的任务和要求，但在中国特色的竞技体育"举国体制"下，政府以行政手段管理体育事务，以计划手段配置体育资源，政府既是办体育的主体，又是管体育的主体。这种"管办不分"的体育体制与市场经济体制下体育高度社会化和产业化要求之间的冲突，造成了很多体育行政管理纠纷。例如，2002年亚泰足球俱乐部诉中国足协行政诉讼案，北京市第二中级人民法院以长春亚泰及其教练员、球员对中国足协提起的行政诉讼"不符合《行政诉讼法》规定的受理条件"为由，裁定不予受理。该案所涉及的足协处罚行为的可诉性（推而广之的体育协会组织的处罚行为的可诉性）问题，即是体育"管办不分"行政体制所造成的体育行政管理纠纷。出现这种现状的原因在于：①体育资金与体育发展的矛盾冲突问题，体育资金来源高度依赖于计划手段和政府财政投入。中央与各级政府通过财政预算和财政拨款向体育发展提供各级体育管理部门的行政经费和人员工资福利、国家与省市两级专业运动队的训练比赛经费及运动员薪金福利、体育训练比赛场馆建设经费，等等。这造成了体育事业在资金上对国家和政府的严重依赖，抑制了社会办体育的积极性，使得整个体育系统的发展缺乏自我造血功能，发展要求与资金不足的矛盾日益突出。②体育人才合理流动中的纠纷问题，教练员、运动员均按行政区划统一管理，只能上下调动，横向流动困难。这不仅造成了人才资源的大量浪费，各地的训练优势也无法合理运用，同时还造成全运会等比赛出现大量关于运动员归属与身份的争议，既影响了运动员、教练员的积极性，又与市场经济体制所要求的人才自由流动原则相背离。③运动员退役和再就业问题。在"举国体制"下，凡入选省市专业运动队的运动员，自入队之日起即计工龄，成为国家正式职工，与国家职工享受同样待遇。由于运动员职业的特殊性，这一国家保底的体制在实际运行中存在巨大困难，竞技体育的发展实际上是以大量运动员牺牲自己接受普通国民教育的权利换来的。

2. 体育伤害纠纷频发

体育活动本身是具有安全风险的，它不可避免地会导致体育伤害，随着体育活动的普及，由体育伤害事件引发的纠纷也日益增多。游泳、滑雪、潜水、攀岩等专业技术性强、危险性大、安全保障要求高的高危险性体育项目自不待言，竞技体育运动和全民健身活动都存在着诸多安全风险，甚至观众也会因球迷闹事、赛车冲过护栏、冰球棒球等的飞来横祸等而受到伤害。由于发生在学校的体育课、运动会、课外体育活动中的伤害事件，公民在使用经营性和公共性体育场馆、设施（如游泳池、健身房、滑冰场、社区体育设施健身器械等）过程中发生的伤害纠纷等越来越多，学校（特别是中小学）不敢开展激烈的和对抗性强的体育活动和体育教育，体育场馆经营和管理主体也不愿响应《全民健身条例》所要求的公共体育设施开放的法律规定。[1]今年的三份调查资料值得关注：①全国中小学生每年因意外伤害事故死亡或受伤的有 1.4 万余人，其中，体育课上的意外、学校组织旅游出现的事故及其他道路交通事故占了很大比重。②北京市中小学生发生体育伤害事故的几率是比较高的，占到学生总数的 34.6%；在对 594 名学生进行的一项调查中发现，有 108 名学生发生过 1 次体育伤害事故，有 36 名学生发生过 2 次体育伤害事故，还有 61 名学生发生过多次体育伤害事故。③在对 100 位校运动代表队成员（有效回复 94 位）进行的调查中，比赛中发生过意外受伤的为 25%。因在学校体育课或体育活动中发生的体育意外伤害事件引起的学生与学校、教师之间在医疗

---

〔1〕《全民健身条例》第 12 条第 4 款规定："公共体育设施应当在全民健身日向公众免费开放；国家鼓励其他各类体育设施在全民健身日向公众免费开放。"2009 年 10 月 1 日起实施。之前的《公共文化体育设施条例》第 6 条第 3 款也规定："国家鼓励机关、学校等单位内部的文化体育设施向公众开放。"2003 年 8 月 1 日起实施。

费、伤残补助费等方面的赔偿纠纷屡屡被诉上法庭。[1]

3. 体育名誉权、肖像权纠纷的社会关注度高

在我国，随着体育市场的培育和发展，体育名人的商业价值日益增加，公众对体育名人也日益关注，体育名誉权、肖像权纠纷，特别是新闻媒体对体育名人名誉权、肖像权的侵权纠纷也是比较多的。例如，1992 年羽毛球教练王文教诉新华社记者名誉侵权案，是我国大陆首例体育新闻侵权诉讼。之后的陆俊诉《羊城体育》、李章洙诉《南方体育》、范志毅诉文汇新民联合报业集团等名誉权侵权案，刘翔诉《精品购物指南》报社、精品卓越科技发展有限公司及中友百货侵犯肖像权案，以及篮球巨星迈克尔·乔丹起诉中国乔丹体育股份有限公司（简称"乔丹公司"）商标争议系列案件 都产生了广泛的社会影响。[2]

4. 体育知识产权纠纷的保护机制不完善

近年来，我国体育产业发展迅速，体育知识产权纠纷引起了全社会的普遍关注。2014 年 10 月，国务院印发《关于加快发展体育产业促进体育消费的若干意见》，[3]部署积极扩大体育产品和服务供给，推动体育产业成为经济转型升级的重要力量。提出要放宽赛事转播权限制，除奥运会、亚运会、世界杯足球赛外的其他国内外各类体育赛事，各电视台可直接购买或转让；把体育产业作为绿色产业、朝阳产业培育扶持；强调要向改革要动力，向市场要活力，力争到 2025 年，体育产业总规模超过 5 万亿元，成为推动经济社会持续发展的重要力量；要求各地要将发展体育产业、促进体育消费纳入国民经济和社会发展规划。2015 年 3 月公布的《中国足球改革发展总体方案》也明确指出，"创新机制，实现足球赛事电视转播权有序竞争。"在上述政策背景下，2015 年国内体育赛事转播权以及赛事节目版权的开发、运营和保护都发生了很大变化。由于观看体育赛事的人群渐增，通过转播体育赛事可获得

---

〔1〕 徐秋香："我国学校体育伤害事故的法律问题研究"，载《沈阳体育学院学报》2013 年第 3 期。

〔2〕 迈克尔·乔丹诉乔丹公司案在 2015 年 5 月经北京市高级人民法院审理后做出二审判决：维持一审原判，驳回乔丹的诉求。随后该案又申请再审。2016 年 4 月 26 日（世界知识产权日）最高人民法院公开开庭再审申请人迈克尔·乔丹与被申请人国家工商行政管理总局商标评审委员会、一审第三人乔丹公司 10 件商标争议行政纠纷系列案件。截至目前该再审案件尚未宣判。

〔3〕 国发〔2014〕46 号，于 2014 年 10 月 2 日发布并实施

较大利润，且能够提升自身的知名度，因此，越来越多的民营企业加入优质体育赛事转播权的争夺战中。随着体育赛事转播业务的发展，涉及体育赛事节目的纠纷不断发生。然而，对于赛事转播画面的知识产权如何进行保护以及其涉及的具体法律问题，理论界、司法界、产业界都有不同的认识。如2013年7月，上海市一中院在体奥动力公司诉土豆网一案中认定，获得赛事转播权的体奥动力公司取得的仅仅是依据合同对抗主办方的权利，并不能排除不特定第三人的使用；2008年央视国际诉世纪龙公司转播德国对巴西女足赛一案中，法院认定体育赛事节目构成录像制品，通过信息网络传播权给予保护；2013年央视国际诉PPTV盗播伦敦奥运会开幕式一案，法院认定体育赛事节目构成作品，通过《著作权法》第10条第17项"应当由著作权人享有的其他权利"这一兜底条款给予保护；2013年北京我爱聊网络科技有限公司与央视国际网络有限公司侵犯著作权及不正当竞争纠纷上诉案中，法院认为，CCTV5等涉案电视频道转播的体育竞赛节目不构成《著作权法》意义上的作品；央视国际网络有限公司诉北京暴风科技股份有限公司侵犯录音录像制作者权纠纷案中，法院认为，由国际足联拍摄、央视制作播出的"2014巴西世界杯"赛事电视节目应当认定为录像制品，等等。特别是2015年6月30日，北京市朝阳区人民法院就北京新浪互联信息服务有限公司（以下简称"新浪"）诉北京天盈九州网络技术有限公司中超联赛之著作权侵权及不正当竞争纠纷案，宣判北京天盈九州网络技术有限公司（以下简称"凤凰网"）败诉。北京市朝阳区人民法院依据《侵权责任法》第13条，《著作权法》第10条第17项、第47条第11项、第49条，《著作权法实施条例》第2条和《最高人民法院关于审理侵害信息网络传播权民事纠纷案件适用法律若干问题的规定》第4条，认定被告凤凰网通过链接的技术手段、以与他人分工合作的方式，未经许可向用户提供涉案赛事的转播，侵犯同为门户网站的原告新浪就涉案体育赛事的转播权利，判决被告承担停止侵权、赔礼道歉、赔偿损失的侵权责任。该案引发了体育知识产权法律保护的热烈讨论。随着我国体育产业的高速发展，体育知识产权纠纷将成为我国体育纠纷的重要内容。

四、知识产权纠纷

（一）知识产权纠纷的定义与特征

知识产权纠纷，即基于知识产权而产生的纠纷。具体而言是指，各利益主体之间围绕知识产权的产生、行使以及实现等过程而发生的利益冲突或利益对抗。知识产权（Intellectual Property Rights），也称"知识财产权"，是指权利人对其所创作的智力劳动成果所享有的专有权利。目前学界对于知识产权范围的界定存在广义和狭义之分。广义的知识产权包括著作权、邻接权、商标权、商号权、商业秘密权、产地标记权、专利权、集成电路布图设计权、植物新品种权等各种权利。[1]狭义的知识产权包括两个类别：一类是文学产权，包括著作权及与著作权有关的邻接权；另一类是工业产权，主要是专利权和商标权。我国1986年通过的《民法通则》第五章规定的"民事权利"包括"所有权"、"债权"、"知识产权"、"人身权"，其中"知识产权"规定了著作权、专利权、商标权、发现权、发明权以及其他科技成果权。[2]总体而言，知识产权一般由两大部分组成：一类是文学产权，另一类是工业产权。

相较于一般的民事纠纷，知识产权纠纷具有自身的特殊性，主要表现在以下方面：

（1）知识产权纠纷法律关系的复杂性。知识产权与其他民事权利不同，其权利的产生通常不是以确认法的形式进行规范，而是要经过严格的审批程序，以国家许可的形式对权利予以确认。因此，在这个规范结构中，既存在平等主体之间的法律关系，包括同行业竞争者之间和同行业知识产品生产者之间的关系等；同时也存在不平等主体之间的法律关系，即知识产权行政管理者与知识产品生产者之间的关系。相应地，在该领域发生的纠纷既有平等主体之间的民事纠纷，也有不平等主体之间的行政纠纷。[3]

（2）知识产权纠纷不可避免地具有多样性和交叉性。知识产权制度建构

---

〔1〕郑成思：《知识产权法：新世纪初的若干研究重点》，法律出版社2004年版，第171～172页。

〔2〕对于"发现权、发明权"究竟属不属于知识产权，学界存有争议。一种观点认为，"发现权、发明权"既然已经为国际公约所承认，且在我国又有专门立法对上述权利给予保护。因此，将一切智力创造活动所产生的权利归为知识产权并无不当。参见刘春茂主编：《知识产权》，中国人民公安大学出版社1997年版，第34页。另一种观点认为，"发现权、发明权"以及其他科技成果权并非对其智力成果的专有使用权，而是一种取得荣誉及获取奖励的权利，该项制度应归入科技法。参见刘春田主编：《知识产权法教程》，中国人民大学出版社1995年版，第3页。

〔3〕倪静："知识产权纠纷诉讼外解决机制研究"，厦门大学2008年博士学位论文，第11页。

于这样的逻辑过程中：知识生产—知识产业化—知识产品市场化，因此，知识产权纠纷必然也发生在有关权利的界定、交易、限制、保护和管理的过程中，并由此产生知识产权的权属纠纷、知识产权的交易纠纷、知识产权的权限纠纷、知识产权的侵权纠纷以及知识产权的管理纠纷等。[1]这些纠纷彼此独立而又相互影响、相互渗透。如在知识产权的侵权纠纷中，如果一方当事人对知识产权的权属问题提出异议（指当事人不服行政机关作出的确权决定），此时就需要启动对行政确权的司法审查程序，这就必然会产生民事纠纷与行政纠纷的交叉，从而使纠纷的解决变得异常繁杂。随之而来的是诉讼成本的增加、效率的低下，导致不能及时保护当事人的权利，尤其是对于有保护期限的专利权而言。因此，关注知识产权纠纷的这一特征，也是完善我国知识产权纠纷解决机制的一个重要考虑因素。

（3）知识产权纠纷所涉主体具有相当的广泛性。知识产权的产生和使用过程涉及知识产品生产者、使用者、传播者、投资者等利益主体以及诸多次级利益主体，各主体在利益诉求上不可避免地存在着一定程度的对立和矛盾，从而导致知识产权纠纷所涉主体范围十分广泛。"纠纷的主体是纠纷解决机制的基本要素，纠纷主体的不同将直接导致具体纠纷解决方式的不同。"[2]

（4）知识产权纠纷具有极强的专业性。随着科学技术的不断发展，知识产权的保护范围也越来越广，软件、数据库、集成电路布图设计、植物新品种等客体相继被纳入保护领域。这些客体所引发的纠纷不仅涉及自然科学的相关领域，而且还涉及人文科学的相关领域，使得知识产权纠纷越来越复杂，专业性也越来越强。这就要求无论是纠纷的解决者还是纠纷的当事人都需要具备相应的专门知识才能更好地解决纠纷。同时这也要求进一步完善知识产权纠纷的多元化解决机制，使更多的专业技术人才参与到纠纷的解决中去，以提高解决知识产权纠纷的效率，降低法律适用的难度。

（5）知识产权纠纷的涉外性。一方面，知识产权客体本身具有流动性与传播性的特征；另一方面，在网络和新媒体技术日益革新的今天，智力成果传播的时空限制被打破，从而导致知识产品越来越频繁地在世界范围内流动，涉外知识产权纠纷也不可避免地发生。自中国加入 WTO 以来，涉外知识产权

---

〔1〕 孙应征主编：《知识产权法律原理与实证解析》，人民法院出版社 2004 年版，第 4 页。
〔2〕 齐树洁：《民事程序法研究》，科学出版社 2007 年版，第 30 页。

纠纷此起彼伏，"海信诉博西商标纠纷"、"思科诉华为"、"劲量诉南孚"、"英特尔诉深圳东进"……大量的涉外知识产权纠纷给中国企业带来了巨大冲击，也对中国经济安全提出了挑战。而目前通过传统的诉讼途径解决跨国知识产权纠纷时，在管辖与法律适用上均存在较多障碍。因此，基于知识产权纠纷的涉外性，建立一种能够得到世界各国承认的纠纷解决机制显得尤为迫切。

（二）知识产权纠纷的类型

我国理论界与实务界，传统上对知识产权纠纷类型的划分主要是以知识产权的分类为标准，分为专利纠纷、商标纠纷、商业秘密纠纷及著作权纠纷等，进而再依据每一类纠纷所涉法律关系的性质，对应分为民事纠纷、行政纠纷和刑事纠纷，并据此来确定诉讼管辖权。如专利民事纠纷属于民事管辖范围，专利行政纠纷由行政管辖，而专利刑事纠纷则由刑事管辖。这种传统划分方式兼顾了不同客体的特殊性与审判权的范围，考虑到了不同法律关系纠纷的特点，有其合理性。但也有学者指出其缺陷：一方面，未充分考虑到知识产权及其纠纷的特殊性。如知识产权民事纠纷的审理往往会交织行政纠纷，单纯以法律关系性质的不同来确定审判权界限与管辖权范围，就难以避免程序之间的相互等待与拖延。另一方面，对纠纷当事人欠缺必要关注，不利于纠纷的真正解决。因为，即使纠纷涉及的知识产权类型及客体相同，纠纷解决方式也会因当事人的地位差异、经济状况差别尤其是预期目标的不同而迥异。并据此将知识产权人的利益类型分为：追求基本利益型、追求对抗利益型与追求双重利益型。进而根据当事人不同的利益类型将知识产权纠纷分成 9 种对应的类型。这样分类的目的在于，基于风险与收益及其预期目标选择相应的纠纷解决方式。[1]虽然这样的分类对于传统的知识产权纠纷类型而言较为新颖，但笔者并不苟同。因为，以当事人的利益追求为中心进行的划分，并没有突出纠纷类型的系属关系。刘春田教授将知识产权纠纷分为知识产权行政纠纷、知识产权侵权纠纷、知识产权合同纠纷和知识产权权属纠纷。当然这种划分有相互重叠、相互包含的成分，如知识产权行政纠纷也会涉及权属纠纷。但相较之下，笔者认为理论上对知识产权纠纷类型的传统分法还是比较合理的。因为，划分纠纷类型的主要目的在于确定法院审判权的

---

[1] 参见刘友华："知识产权纠纷多元化解决机制研究：以纠纷类型化为中心"，载《知识产权》2013 年第 4 期。

范围与系属。

（三）我国知识产权纠纷的现状

近年来，我国知识产权纠纷总量以近 40% 的速度直线递增。2014 年 8 月，工业和信息化部电子知识产权中心与北京仲裁委员会在京联合发布"互联网领域替代性纠纷解决机制（ADR）调查报告"。报告显示，在被调查的 49 家互联网企业中，35% 的企业在 2011 年至 2012 年的年均纠纷总量超过 100 件；而互联网企业经营规模越大，其遭遇的纠纷也越多，年均纠纷总量达到 1000 件以上的 5 家企业，均为规模较大的互联网企业。报告称，困扰互联网企业的并非传统的合同纠纷，知识产权纠纷才是互联网领域的高发类纠纷。其中有 12 家受访企业 2011 年至 2012 年知识产权类侵权纠纷数量达到 100 件以上，这些企业以视频类企业为主，基本涵盖了目前国内主要的几家视频类企业；有 3 家企业年均纠纷数量则达到了 1000 件以上。某视频企业 2012 年涉及的著作权纠纷标的额总计超过 60 亿元。此外，互联网行业的不正当竞争案件近年来也在增加，本次调查中，有 12 家受访企业近两年内遭遇了不正当竞争纠纷。[1] 与此同时，随着中国企业国际影响力的不断增强，涉外知识产权纠纷也日益增多。"博西诉海信商标纠纷案"、"劲量诉南孚专利纠纷案"、"思科诉华为专利纠纷案" 等涉外知识产权纠纷给中国企业带来了巨大冲击。之所以近几年涉外知识产权纠纷频发，原因在于，中国加入 WTO 后，知识产权立法得到了长足发展，但长期以来国内立法及理论探讨过于注重对产权人权利的保护，而对权利滥用的规制却缺乏必要的关注，把知识产权保护简单等同于打击侵权者。在 TRIPS 协议现有国际争端解决机制框架下，一些长期占据市场垄断地位的外国企业 "理直气壮" 地拿起武器捍卫 "利益"，甚至不惜滥用诉权挑起涉外知识产权纠纷。可以预见，今后中国企业关于知识产权方面的涉外纠纷将会越来越多。

在这样的发展态势下，北京、上海、广州陆续设立了知识产权法院，具有一般知识产权案件管辖权的基层法院数量进一步增加，但知识产权案件审判仍面临前所未有的压力。数据显示：仅在 2014 年一年内，全国各级法院新

---

[1] 张维："互联网企业年均纠纷总量超千件——知识产权纠纷呈高发态势"，载《法治周末》电子版：http://www.legalweekly.cn/index.php/Index/article/id/5851，最后访问日期：2015 年 10 月 30 日。

收知识产权民事一审案件 95 522 件，同比增长 7.83%；新收知识产权行政一审案件 9918 件，同比增长 243.7%；审结知识产权刑事一审案件 10 803 件，同比增长 17.3%；全国检察机关共批准逮捕涉及侵犯知识产权犯罪案件 2924 件 4859 人，提起公诉 5156 件 8834 人。与此同时，公安、工商、版权及专利执法部门也分别在各自管辖领域内查处各类知识产权侵权案件数万起，涉案总价值高达百亿元。[1]

与其他各种民商事纠纷一样，知识产权纠纷的解决方式有协商、调解、仲裁和诉讼等多种形式，实务部门也在不断地进行积极探索。例如，作为全国第一家乡镇级的版权管理基层组织——江苏省通州市川港镇志浩市场版权管理办公室自 1997 年 3 月成立以来，接受南通市版权局委托，在开展著作权法律法规宣传教育的同时，还负责受理著作权纠纷的调解。自 2002 年始，南通市中级人民法院司法介入市场管理，从而形成了村民自发维权与行政保护、司法保护相配套的格局。经市场版权管理办公室两次调解不成的案件，即可上报至市版权局实施行政处罚直至诉讼到法院。这个中国最基层的版权管理机构，已经将政府行政管理、社会中介服务、司法仲裁调解集于一身。期间，它成功化解了台湾翔升布艺有限公司作品侵权纠纷。当然，目前我国知识产权纠纷存在周期长、举证难、维权成本高、赔偿低、效果差等诸多问题。这不仅是因为我们的法律法规不健全，也与我们的关注点局限以及仍未形成一个完整的纠纷解决合意机制有很大关系。同时，囿于法律适用不统一、与国际通行规则不一致等原因，不同审理机构对于同类案件的定性可能会截然不同，这也给权利人维权带来了困难。如在北京我爱聊网络科技有限公司与央视国际网络有限公司侵犯著作权及不正当竞争纠纷上诉一案中，法院认为，CCTV5 等涉案电视频道转播的体育竞赛节目不构成《著作权法》意义上的作品。再如按照中国相关法律规定，一旦提起侵权诉讼，原告必须提交证据证明自己是著作权人，但是国外并不认可中国的这种做法。可见，基于知识产权纠纷的多发性、交叉性、复杂性、国际性等特性，进一步完善多元高效的知识产权纠纷解决机制显得尤为必要。

---

[1] 乔宪如：“中国知识产权的现状及未来发展趋势”，载经济网：http://www.jingji.com.cn/html/news/djxw/27191.html，最后访问日期：2016 年 1 月 2 日。

五、医患纠纷

（一）医患纠纷的定义与相近概念识别

由于法律法规并没有对医患纠纷的概念进行明确界定，因此至今仍未形成一个权威统一的定义。笔者认为，医患纠纷应该是一个宽泛而复合的概念。要对医患纠纷作出定义，关键在于认定"医"和"患"。此处的"医"包括医疗机构和医生。医疗机构是指依照法定程序设立的从事疾病诊断、治疗活动的卫生机构的总称。[1]医生不仅指掌握医药卫生知识，从事疾病预防和治疗并取得国家医师资格证的医师，还包括护理人员、医疗技术人员和管理人员等。由此可见，此处的"医"不包括非法医疗机构和非法行医之人。所谓"患"是对所有就医者的统称，他不仅包括患者本人，还包括患者的亲属、监护人及其他有关系的人员或组织。由此，简单地说，医患纠纷就是指发生在"医"方与"患"方之间的冲突或纷争。和其他社会关系一样，规范医疗行为的法律有刑法、民法和行政法，因此，医疗纠纷就会发生在各个实体法规范的领域，自然它也可以分为医疗刑事纠纷、医疗民事纠纷和医疗行政纠纷。所以无论何种纠纷形式，医患纠纷总体上是作为社会纠纷的一种特殊表现形式而呈现出来的，而在医患纠纷中，占据大多数的则是民事纠纷。

本书所探讨的医患纠纷，是以医疗机构和患者为纠纷主体，双方在提供和接受诊疗、护理服务过程中，就相关法律权利、义务及责任归属而发生的一切民事争议，统称为医患纠纷。从这个定义中可以看出，医患纠纷有以下几个特征：首先，作为医患纠纷的当事人双方都是合法的民事主体；其次，二者法律地位平等；再次，纠纷发生在特定的医疗服务领域；最后，民事责任处于不确定的争议状态。从发生的原因来看，这种纠纷可能是由于医方的原因而引发，如在诊疗过程中出现不良后果、侵害患者知情权，乃至发生医疗事故等；也可能是由于患者的原因而发生，如提出不合理要求以及对治疗

---

[1] 我国《医疗机构管理条例实施细则》第3条规定："医疗机构的类别：①综合医院、中医医院、中西医结合医院、民族医医院、专科医院、康复医院；②妇幼保健院；③中心卫生院、乡（镇）卫生院、街道卫生院；④疗养院；⑤综合门诊部、专科门诊部、中医门诊部、中西医结合门诊部、民族医门诊部；⑥诊所、中医诊所、民族医诊所、卫生所、医务室、卫生保健站、卫生站；⑦村卫生室（所）；⑧急救中心、急救站；⑨临床检验中心；⑩专科疾病防治院、专科疾病防治所、专科疾病防治站；⑪护理院、护理站；⑫其他诊疗机构。"

方案的误解等。当然，医患之间的纠纷并非都是因医疗行为本身而引发的医疗性纠纷，还包括诸如因单纯的医疗费用、医疗场地、服务态度、名誉权、隐私权、姓名权等有关事项而引发的非医疗性纠纷。[1]

1. 医患纠纷与医疗纠纷

与医患纠纷非常相近的概念首先是医疗纠纷。对于医疗纠纷的定义，医事法学者认为："医疗纠纷分为最广义的医疗纠纷、广义的医疗纠纷和狭义的医疗纠纷。最广义的医疗纠纷，是指一切医疗活动中或与医疗有联系的相关活动中发生的民事纠纷。广义的医疗纠纷，是指医患双方发生的任何民事争议。狭义的医疗纠纷，是指医患双方对医疗机构及其医务人员的诊疗护理行为发生的民事争议。"[2]民法学者认为："医疗纠纷有广义和狭义两种解释。广义的医疗纠纷是指医患双方之间发生的一切纠葛。狭义的医疗纠纷是指医患双方之间因对诊疗、护理过程中发生的不良后果及其发生的原因认识不一致，从而导致的分歧或争议。"[3]也有民法学者定义为，"广义的医疗纠纷，包括一切医生或医院在医疗过程中，由于各种原因导致的与患者之间的民事纠纷。狭义的医疗纠纷，主要指因医疗事故或失当行为引发的涉及民事责任和民事赔偿的纠纷。"[4]可见，从认识上看，学者们一般都将医疗纠纷定义在民事纠纷领域，且也是发生在"医""患"双方之间，故与医患纠纷的界定并无二样。另外，也有学者将医疗纠纷与诉讼相联系来考虑，认为医疗纠纷主要是指因医疗问题而引起的法律诉讼行为。[5]相似的表述还有："医疗纠纷指病人及其家属或其工作单位对医疗单位或医务人员不满而引起的法律诉讼。"[6]"医疗纠纷是指在诊疗护理过程中，由于医务人员和患者或家属双方对治疗后果认识上的分歧，而发生的诉讼行为。"[7]尽管从字面意思上并不能看出医疗纠纷与诉讼有什么天然的联系，但在具体的理论研究和社会实践中，无论是医疗纠纷还是医患纠纷，通常都需要经过行政机关或司法机关

---

[1]　王东红等：《医患关系与权利维护》，中国民主法制出版社 2005 年版，第 45 页。

[2]　李大平主编：《医事法学》，华南理工大学出版社 2007 年版，第 361 页。

[3]　艾尔肯：《医疗损害赔偿研究》，中国法制出版社 2005 年版，第 17 页。

[4]　范愉主编：《多元化纠纷解决机制》，厦门大学出版社 2005 年版，第 587 页。

[5]　武广华等：《中国卫生管理辞典》，中国科学技术出版社 2001 年版，第 583 页。

[6]　宋国华等：《保险大辞典》，辽宁人民出版社 1989 年版，第 597 页。

[7]　邹瑜、顾明主编：《法学大辞典》，中国政法大学出版社 1991 年版，第 759 页。

的调解或裁决才能解决，故也不应视为二者本质上的区别。

此外，在官方文件中，也没有刻意将医疗纠纷与医患纠纷加以区分使用。如广东省政府法制办 2011 年公布的《广东省医疗纠纷预防与处理办法（草案）》，将医疗纠纷定义为：医患双方当事人之间因医疗行为引发的争议。2014 年国家卫计委组织专家起草的《医疗纠纷预防与处理条例（草案）》征求意见稿提到，本条例所称医疗纠纷，是指患者与医疗机构及其医务人员之间因诊疗、护理等医疗服务行为造成的后果及原因、责任、赔偿等问题，产生分歧而引发的争议。故本书在研究过程中，虽采用"医患纠纷"的提法，但为表述需要，文中"医患纠纷"与"医疗纠纷"同义，不作区分。

2. 医患纠纷与医疗责任纠纷

从侵权责任法的角度看，医疗责任纠纷是指医事主体在提供医疗服务或履行法定义务和约定义务时存在过失，造成实际损害后果，双方对于应当承担的侵权责任意见不一而产生的争议或冲突。医疗责任纠纷可分为医疗事故和医疗事故以外的其他医疗责任纠纷，其中，医疗事故是指医疗机构及其医务人员在医疗活动中，违反医疗卫生管理法律、行政法规、部门规章和诊疗护理规范、常规，过失造成患者人身损害的事故。[1]其他医疗责任纠纷是指医疗事故以外的侵权责任纠纷，如在诊疗过程中，因为侵犯名誉权、隐私权、姓名权等行为而触发的民事纠纷。本书所论及的医疗责任纠纷包括医疗事故和医疗事故以外的其他侵权责任纠纷，即凡是医疗机构及其医务人员在诊疗护理过程中存在过失，造成患者伤残或死亡，或者加重了患者心理及精神痛苦等结果，患者一方要求卫生行政部门或司法机关追究责任或赔偿损失的医患纠纷，均属于医疗责任纠纷。可见，医疗责任纠纷带有非常强的法律属性，特指在诊疗过程中因医疗过错而导致患者受到损害时的一种民事法律责任。根据《侵权责任法》第 54 条的规定，患者在诊疗活动中受到损害，医疗机构及其医务人员有过错的，由医疗机构承担赔偿责任。

世界各国都有医患纠纷，虽然对于医患纠纷的定义各有不同，但通常都考虑到医疗过失的因素。例如，日本将医患纠纷统称为医疗事故；英国仅把

[1]《医疗事故处理条例》第 2 条规定："本条例所称医疗事故，是指医疗机构及其医务人员在医疗活动中，违反医疗卫生管理法律、行政法规、部门规章和诊疗护理规范、常规，过失造成患者人身损害的事故。"

有医疗过失的医患纠纷称作医疗纠纷；而美国则把凡具有赔偿可能的医疗事件简称为医疗事故，根据原因及其后果分为三个不同等级。[1]相较之下，在我国，医患纠纷则是一个中性词汇，作为一个宽泛的、概括性的定义，它所涉及的范围非常广，包括与医疗行为有关的一切民事纠纷。但它却不体现过错责任和损害赔偿等法律属性，而真正体现法律层面涵义的应该是其下位概念，如医疗合同纠纷、医疗事故纠纷、医疗侵权损害纠纷等。

（二）医患纠纷产生的根源及其类型

医患纠纷产生的原因很多，除了表现为医患双方沟通不畅、信息不对称、人员素质不高以及医疗水平、服务态度欠佳等自身原因之外，还有诸如看病难、看病贵、医疗资源不均衡以及医疗体制不合理等诸多社会深层次问题。对于这方面的调查和研究，常健、殷向杰在其发表的《近十五年来国内医患纠纷及其化解研究》一文中进行了详细概括。[2]主要有以下观点：①对医方的批评：医院的使命异化与管理僵化；医务人员的医德医风不正和专业技能不精。②对患方的指责：缺乏医学常识，容忍度低；感情化色彩浓厚与法律意识差。③来自于政府的责任：财政投入不足，导致以药养医现象丛生；没有建立合理的利益运行机制，对医务人员权益保护不够；医疗资源分配不公，以及在此基础上推进的医疗卫生市场化，都成为医患纠纷矛盾冲突的焦点。但若从法律层面解读，法律制度的二元适用与规则混乱，[3]以及缺乏有效的医患纠纷解决途径，导致双方久商不决，体制外维权方式盛行，甚至有时患方为寻求关注而制造事端，不惜采取一些过激手段来增加谈判砝码，也是当前医患纠纷多发、异变的主要原因。目前医患纠纷的解决途径主要有：医患

---

〔1〕李运午：《医疗纠纷》，南开大学出版社1987年版，第15~16页。

〔2〕参见常健、殷向杰："近十五年来国内医患纠纷及其化解研究"，载《天津师范大学学报》（社会科学版）2014年第2期。

〔3〕在医疗事故纠纷中，由于《医疗事故处理条例》并没有关于死亡赔偿的规定，在赔偿金的计算上，有些地方就参照《国家赔偿法》，而有些地方则按照《医疗事故处理条例》，这样就存在二元适用的问题。另外，对于医疗责任的认定也存在双轨制，如果认定为医疗事故责任，那么就适用《医疗事故处理条例》，而认定为医疗过错责任的，则适用《民法通则》，二者差距很大。法院审理医疗事故损害赔偿纠纷时，是否构成医疗事故是案件的突破口；而在审理医疗过错纠纷案件时，是否存在医疗过错则是该类案件的突破口。当然，自2010年7月开始实施的《中华人民共和国侵权责任法》虽然将医疗事故和医疗过错统一认定为"医疗损害责任"，但还是没有解决二元化适用的问题。

双方自行协商、申请卫生行政部门进行调解以及向法院提起诉讼等。在这些纠纷处理方式中，患方一般认为走行政和司法途径需要的程序多，周期长，人力、物力投入大，所以有相当一部分患者选择和院方协商解决。但由于双方之间必要的信任度极低，加之多数患者医学知识欠缺，故二者在责任划分、赔偿方式以及赔偿金额等重要环节上分歧极大，使协商过程变得异常艰难，久拖不决，从而导致因医患纠纷产生的次生问题、衍生问题不断增多、激化。

医患纠纷的类型有很多种划分方法，从成因上看，医患纠纷分为医源性医患纠纷和非医源性医患纠纷。所谓医源性医患纠纷主要是由医疗过失、医疗保护措施不力、医患沟通不到位、医护人员态度冷漠等人为因素或环境因素所致。非医源性医患纠纷主要是由患者缺乏医学知识或对医疗制度不理解、病员或家属的不良动机、工伤及交通伤害责任的转移、社会变革时期某些制度的不适应以及经济价值观念的转变等因素所致。[1]从病理学的角度看，医患纠纷可分为医疗事故纠纷与非医疗事故纠纷。医疗事故又可分为医疗责任事故和医疗技术事故；非医疗事故主要是指因疾病自然转化或者患者个体的隐性病灶所引发的医疗意外或医疗并发症等。从上述划分类型上可以看出，医患纠纷具有责任原因的不确定性、复杂性以及责任归属的模糊性，这也是造成这类纠纷处理起来相当棘手的主要原因。

此外，若从法律关系的角度看，医患纠纷又可分为医疗损害侵权纠纷与医疗合同违约纠纷。医疗损害侵权纠纷或称医疗损害责任纠纷，是指医疗机构及其从业人员在诊疗过程中，未尽到相关法律、法规及诊疗技术规范所要求的注意义务，由此导致患者生命、健康受到严重损害从而形成的民事纠纷。医疗合同违约纠纷，是指患方因医方违反相关法律、法规对于双方权利义务关系的规定（如侵犯患者知情同意权），导致患方权利受到侵害，而与医疗机构之间发生的纠纷。[2]医疗损害侵权纠纷与医疗合同违约纠纷的区别主要体现在：首先，举证责任不同。在违约之诉中，按照"谁主张，谁举证"的原则，受害人一般要举证说明对方的违约事实、损害结果以及二者之间的因果

---

〔1〕 周国朝等："医患纠纷的多重性研究与思考"，载《中国卫生事业管理》2012年第9期。

〔2〕 事实上，在医患合同纠纷类型中，医方因患方违反合同，如拖欠诊疗费用、丢弃病人等行为而发生的合同纠纷也时有发生。但在当前医患矛盾突出、多发的语境下，更侧重于从患方角度去界定医疗合同纠纷的原因。这仅是笔者的看法，并不代表其他学者的观点。

关系；违约方必须证明其没有过错。而在侵权之诉中，则实行举证责任倒置的规则。根据最高人民法院《关于民事诉讼证据的若干规定》（以下简称《证据规定》）第 4 条第 1 款第 8 项的规定："因医疗行为引起的侵权诉讼，由医疗机构就医疗行为与损害结果之间不存在因果关系及不存在医疗过错承担举证责任。"其次，二者的赔偿范围不同。违约责任主要是针对财产损失进行赔偿，不包括人身损害和精神损害赔偿。而侵权损害赔偿不仅包括财产损失，也包括人身损害和精神损害赔偿。正是基于上述区别，在我国医疗纠纷中，多数患者更倾向于选择提起医疗损害侵权之诉。

（三）我国医患纠纷的现状与现实危害性

近年来，随着医疗机构市场化色彩的加重，民众维权意识的增强，以及相关制度规定的滞后，医患纠纷正成为一种愈演愈烈的社会问题。据卫生部统计数据显示，截至 2012 年，全国每年发生的医疗纠纷逾百万起，平均每年每家医疗机构的医疗纠纷数量在 40 起左右。[1]尤其是近两年来，医疗纠纷案件明显上涨。《华西都市报》2012 年 3 月 5 日报道，全国人大代表、四川省卫生厅副厅长王正荣说，医疗纠纷发生率每年上升 20%。[2]国家卫计委 2014 年的统计显示，2013 年全国发生医疗纠纷 7 万件左右。虽然 7 万件医疗纠纷在就诊数量中的占比并不高，但每一起都会令眼下紧张的医患关系雪上加霜。[3]笔者试图找到第一手资料，以求证这些统计，无果。从学术研究与社会关注度上看，有数据显示，自 20 世纪 90 年代后期起，以医患冲突、医患纠纷、医疗纠纷为主题的相关文献数量出现了持续、迅猛增长，到 2010 年前后达到最高峰，虽然自 2012 年始略有回落，但在这 15 年间相关文献总数增长了 24 倍。[4]这也从一个侧面反映了医患纠纷冲突的日益激化及社会关注度的不断增高。与此同时，在医患纠纷此起彼伏的推波助澜下，"医闹"事件也不断升级，与此相关的暴力事件或群体性事件与日俱增，不时见诸报端。

---

〔1〕参见李小璐："医疗纠纷的举证责任问题"，载 http://court. gmw. cn/html/article/201302/05/118686. shtml，最后访问日期：2016 年 1 月 6 日。

〔2〕卫生部医改办、健康报社编制："治理医闹应强制医院买责任险"，载《医改快讯》第 28 期。

〔3〕"国家卫计委：2013 年全国发生医疗纠纷 7 万件左右"，载新华网：http://news. xinhuanet. com/gongyi/2014－04/08/c_ 126366391. htm，最后访问日期：2016 年 1 月 5 日。

〔4〕殷向杰："医患纠纷协同治理研究"，南开大学 2014 年博士学位论文，第 6 页。

据原卫生部统计，2010 年全国发生"医闹"事件 17 243 起，比 5 年前多了近 7000 起。[1]各种因素交织在一起，导致医患纠纷已经成为影响当今中国社会稳定的一个不容小觑的关键因素，也逐步演变为"政府闹心、社会揪心、患者伤心、医生寒心"的心腹大患。

医患纠纷的多发、突变，不仅干扰了医院的正常工作秩序，而且严重影响了社会的和谐稳定。目前，在医患纠纷中出现了太多带有阻碍、暴力色彩的行为，比如在医院设灵堂、放哀乐、烧纸钱、堵大门、打砸医疗设备或办公设备、围攻伤害医护人员等等。中华医院管理学会 2004 年对 326 所医院进行的调查结果显示，在发生医疗纠纷后，73.6% 的患者及家属曾实施过扰乱医院工作秩序的过激行为，其中 43.86% 最后发展成打砸医院，这些过激行为直接造成医院设施破坏的有 35.58%，导致医务人员受伤的有 34.46%。[2]由于目前医患纠纷解决机制的不畅通，以及一些新闻媒体的渲染报道，加上部分人的别有用心，这些因素共同作用促使医患纠纷不断发酵，导致单一的医患纠纷最终扩大化、激烈化，"医闹"现象愈演愈烈。更有甚者在专业"医闹"的组织下，纠集不明真相的群众聚集到政府机关进行上访、静坐、围堵，这些过激手段对社会公共秩序造成了严重危害，使得正常的规则、制度得不到很好的落实和遵从，导致社会管理处于无序状态，已经成为社会和谐稳定的一大隐患。

此外，还需要我们特别关注的是，医患纠纷的蔓延和激化，加重了人们对医疗行业的恐惧，也导致了医护人员行为逻辑的结构性改变。在 20 世纪八九十年代以前，穿上白大褂，就意味着跨入了社会精英阶层，也是无数家长和学子们的骄傲。但近年来，中学生尤其是一些优秀学生报读医学专业的热情出现了明显下降。全国政协委员、苏州大学副校长熊思东在全国两会上曾表示，"现在一流的高中生都不愿报考医学院校，医学生的第一志愿率非常低，只有 50%。"复旦大学上海医学院副院长、教授夏景林也指出，目前在我国不少地方，学生报考医学院的热情在下降，优秀学生不愿学医、从医，甚至越来越多的医护人员不愿让自己的孩子学医。一项针对上海医学院学生开

---

〔1〕 参见赵晓明："'医闹'、'房闹'考验政府社会管理水平"，载《中国社会报》2012 年 5 月 9 日，第 3 版。

〔2〕 黄劼："多方构建和谐医患关系初探"，载《中华医院管理杂志》2011 年第 2 期。

展的"职业认同度"调查显示，有 1/4 的学生认为学医辛苦、从医更辛苦，认为"今后的路不太好走"。[1]同时，医患纠纷的普遍化，也引发了医护人员行为和心理的质变。就医生而言，突出表现为防御性诊疗，以保护自己不受伤害为首要目标。为了不"惹是生非"，医生只能小心翼翼地保守医治，因此就热衷于借助各种仪器进行检查，因为这样可以降低自己误判的风险，更重要的是借助于客观的化验、检查指标，一旦发生纠纷，能够在证据上保护自己。长此以往，这种现象将严重影响我国医学事业的创新和发展，从而对全社会卫生健康整体水平的提高造成致命打击。

---

〔1〕　王聪聪："医学毕业生平均薪酬最低　学生报考医学人数下降"，载 http://hb. qq. com/a/20130524/003954. htm，最后访问日期：2016 年 1 月 26 日。

民事纠纷解决机制

第四章

民事纠纷解决机制的基本原理

一、纠纷解决概说

虽然社会冲突蕴含着一定的积极意义，但这并不意味着社会冲突越多越好，更不意味着社会不需要对它们实施任何调控措施。因为我们无法否认和无视，冲突与纠纷对社会正常秩序与利益关系所产生的冲击。正基于此，人类社会才会不断探索更为合理与有效的纠纷解决机制。如果说纠纷是社会主体之间所呈现的不协调状态，那么纠纷解决就是通过一定的程序和方式化解纠纷，从而使社会主体之间重新恢复或塑造一种新的协调状态的过程。英国法学家威廉·马白克（William Malbec）认为，解决一个纠纷就是作出一种权威决定，或是关于孰是孰非的具有约束力的决定，亦即谁的观点在某种意义上能够成立，谁的观点不能成立的一种判定。[1]

由于民事纠纷的发生主体、争执原因、所涉事实、复杂程度及其法律性质等诸方面迥异，面对纠纷，人们可能会受文化习惯、生活经历、社会背景等因素的影响，下意识地去寻求特定的纠纷解决途径。比如，不同的社会成员或群体很大程度上会认同不同的纠纷解决方式，以及它们的合法性。而作为解决民事纠纷的手段，纠纷解决机制也会因纠纷主体的不同，在纠纷解决程序、解决结果、反映意志等方面形成不同类型的纠纷解决方式。再如，我国民事调解制度一度经历过"从繁荣到衰落，再到复兴"的历史进程，这其

---

〔1〕［美］马丁·P. 戈尔丁：《法律哲学》，齐海滨译，三联书店 1987 年版，第 217 页。

中就包含着人们在不同社会发展阶段和时代变迁下对"情、理、法"的反思以及理念上的偏差。因此，任何一种纠纷解决机制都受特定的时代背景、利益格局的影响，并随着客观条件的变迁而不断演进。所以，民事纠纷要想得到有效解决，就需要将纠纷解决机制置于特定的时代背景与社会环境中进行研究，创设出针对纠纷自身特点并与解决纠纷核心问题相适应的纠纷解决机制。因此，研究纠纷解决机制，还有一个需要探讨的问题就是影响纠纷解决机制形成的要素。一般而言，建立一种纠纷解决机制通常需要考虑的因素包括：①纠纷主体（即纠纷双方当事人）。纠纷主体是构成纠纷解决机制的最基本要素。因为纠纷主体的不同，不仅直接导致对具体纠纷解决方式的认知度不同，还会导致对社会秩序破坏程度的不同。比如，农村村民一般对村民委员会调解的认知度比较高，而城市居民对行政机关调解比居民委员会调解的认知度要高。再如家庭纠纷、邻里纠纷、雇佣关系纠纷等通常会选择比较灵活的、不伤感情的解决方式；而医患纠纷、干群纠纷，由于纠纷双方之间的信任度极低，双方直接对话难以化解较为严重的冲突。但一旦形成了群体性纠纷，通常情况下权威性和强制性的司法解决会成为首选，同时这种纠纷对社会秩序的影响和破坏也是极大的，因此对这种纠纷的解决方式的选择往往都会格外慎重。②纠纷内容（即纠纷主体所争执的法律关系）。发生争议的法律关系就是纠纷解决的客体，争议的法律关系不同，其所对应的权利也不同，所归属的纠纷类型也不同。比如我们通常所说的纠纷类型有合同纠纷、侵权赔偿纠纷、知识产权纠纷、环境纠纷、继承纠纷、赡养纠纷等等。在实践中，纠纷类型的不同会直接影响和决定纠纷主体根据需要对纠纷解决途径的选择。据调查，无论在农村还是城市对于环境纠纷的解决，选择司法途径的比例都要高于其他途径。③纠纷解决主体（即解决纠纷的主导者）。在纠纷解决机制中，除私力救济方式之外，无论是公力救济还是社会型救济都需要借助于各种国家机关、社会组织或者民间力量等第三方，其通过斡旋、协调为当事人消除对抗性状态提供契机，或者直接作出强制性的决定以消解对抗。但这种对抗性的消除很大程度上取决于第三方的地位是否足够中立，作出的处理结果是否足够权威。④纠纷解决依据。指在纠纷解决过程中，指导纠纷主体和纠纷解决主体的行为方式，并使纠纷解决具有可控性、可预见性的法律规范以及公序良俗、道德习惯等。有的学者把法律看作是纠纷解决的外在制度，认为其具有权威性和强制性，通过代表国家公权力的法院对纠纷进行强制解决；把公序良俗等伦理规范看作是纠纷解决的内在制度，认为其从人类经验中演化而来，具有一定的模糊性，纠纷解决的确定性较低。[1]

在人类社会的发展过程中，实际发挥纠纷解决作用的方式多种多样，但按照日本学者的观点，正当的纠纷处理方式有两个必不可少的因素：①处理机关必须由中立的第三人所组成；②纠纷解决标准被社会认为是正当的。前者称为处理机关的中立性，后者称为解决标准的正当性。无论是审判上的纠纷处理方法，还是审判外的纠纷处理方法，在对这两点的要求上是完全相同的。[2]然而随着对纠纷解决原理的不断拓展和修正，避免自力救济，必须由中立第三人实施纠纷解决的尝试不断被突破，私力救济越来越被宽容和接纳，因为私力救济并不必然会给社会带来非正义和混乱，反而是越来越多的社会纠纷得不到及时解决倒成了社会秩序的最大破坏者。如此说来，正当的纠纷处理方法就只剩下一个必不可少的因素，即"解决标准的正当性"。所以，在法学视野中研究纠纷解决，关键就在于这一过程是否在法律框架内进行，且是否符合社会正义的标准。但这并不意味着公民只能局限于利用公力救济来解决纠纷。面对各种新型纠纷解决方式不断涌现及其作用日益彰显的情境，表明以司法为中心的纠纷解决制度的设计并非完全成功，"行动中的法"对"纸面上的法"的背离昭然若揭。正如"纠纷金字塔"理论所认为的那样，社会生活中人们总会有大量的怨情（complaints）和冤情（grievances），而事实上大多数不满或纠纷都会在基层得以解决，真正上升到正式法律程序即纠纷金字塔塔尖的是极少的。[3]所以，人类社会的纠纷解决方式一直都是多元化的，当然现代法治社会仍然需要多元化的纠纷解决机制。在这些多元化的纠纷解决机制中，当社会处于某一特定的历史时期时，总会有一种或几种纠纷解决方式占据优势地位。但无论如何，多元化的纠纷解决机制，同样存在

---

〔1〕 转引自程凯："社会转型期的纠纷解决研究——以马克思主义法律思想中国化为视角"，华南理工大学 2013 年博士学位论文。

〔2〕 ［日］小岛武司、伊藤真编：《诉讼外纠纷解决法》，丁婕译，中国政法大学出版社2005 年版，第 7 页。

〔3〕 W. Felstiner and A. Sarat, "The Emergence and Transformation of Disputes: Naming, Blaming, Claiming…", *Law and Society Review*, 1981 (15), pp. 631 – 654.

权威、规则和模式的交互作用，也必在一定框架下进行。[1]比如民间规范，由于长期的习惯与传统，它已经成为人们生活的一部分，因此，在没有其他生活方式对比的情况下，我们很难感觉到它的存在。但当外来力量（包括法律）试图重新规范社会生活时，这种民间规范就会通过民众对外来力量（包括法律）的种种不合作、规避法律、寻求"私了"而显示出来。[2]这表明，从制度的观念出发，纠纷解决制度就是关于什么样的纠纷应该如何解决的实体和程序上的规范体系。法律学就是专门针对这种规范体系（而且很多情况下仅限于明确表示出来的部分）进行描述和解释的。[3]从这一点出发，法学中对纠纷解决的研究可以等同于对纠纷解决法律制度的研究。因而在法学视野中，纠纷解决的最大特征在于，它所运用的是法律手段，而不是政治手段甚至是社会革命。所以笔者不能认同"在纠纷解决过程中，服务大局，以大局为重"的提法。

基于对纠纷解决制度的总体观察，西方学者认为现有的各种具体制度之间存在着一种类似于光谱的序列，这一序列按照当事人对程序的控制能力由强到弱进行排列，在序列的一端是谈判，谈判中的当事人对于程序有着最大的掌握度，除了受限于当事人之间的合意外，基本不受其他限制；在序列的另一端则是诉讼，当事人对程序的决定力降至最低限度，在司法系统中基本程序是固定的，当事人之间的合意基本不再发挥作用（如图4-1）。[4]按照这种看法，现有的纠纷解决制度都处于这一序列两端之间的某一位置。

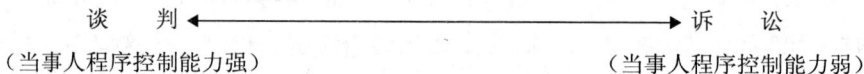

谈　判　◄──────────────────────►　诉　讼

（当事人程序控制能力强）　　　　　　　　　　　（当事人程序控制能力弱）

（图4-1）

---

〔1〕 参见刘志松：《权威·规则·模式——纠纷与纠纷解决散论》，厦门大学出版社2013年版，第22页。

〔2〕 参见苏力：《法治及其本土资源》（修订版），中国政法大学出版社2004年版，第58页。

〔3〕 参见［日］棚濑孝雄：《纠纷的解决与审判制度》，王亚新译，中国政法大学出版社2004年版，第4页。

〔4〕 Henry J. Brown and Arthur L. Marriott, *ADR Principles and Practice*, Sweet & Maxwell, 1999, pp. 15 - 16. 转引自范愉主编：《多元化纠纷解决机制》，厦门大学出版社2005年版，第104页。

从法律的规范程度出发，结合当事人的合意程度，棚濑孝雄提出了自己的类型轴理论。他认为，纠纷解决的类型化可以考虑由两条相互独立的基轴来构成。一条轴按纠纷是由当事人之间自由的"合意"还是由第三者有拘束力的"决定"来解决而描述；另一条基轴则表示纠纷解决的内容（合意或者决定的内容）事先是否为规范所规制，其两端分别为"规范性"和"状况性"。两条基轴组合，就构成了一个可以显示纠纷解决过程类型的坐标轴。[1]（如图4-2）

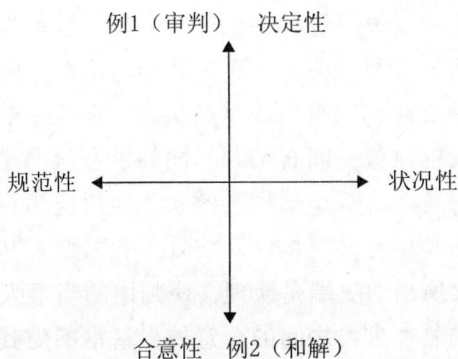

例1（审判）　决定性

规范性 ←——————→ 状况性

合意性　例2（和解）

（图4-2）

例1，当事人起诉，纠纷的解决过程以法院的"决定性"开始，随着法院审理过程的推进，经过法庭的事实调查、当事人的互相辩论，开始逐步认识到可以通过协商来解决纠纷的可能性，于是法院进行调解。此时，虽然诉讼仍在继续，但纠纷的解决过程已经从"决定性"过渡到"合意性"。当事人在法院的主持下，经过协商最终达成协议。此时，当事人可以选择通过法院对协议的确认，以法院调解的方式予以结案；也可以选择通过达成协议，令原告一方申请撤诉。在这个纠纷解决过程中，可以清晰地看出，"决定性—合意性"在这一基轴上的变化情况。此外，"状况性"和"规范性"也在发生变化，一旦当事人接受法院调解，在调解过程中，"规范性"的约束就会变得很弱，而"状况性"因素就会越来越多地发挥作用，即只要不为法律所禁

---

〔1〕［日］棚濑孝雄：《纠纷的解决与审判制度》，王亚新译，中国政法大学出版社2004年版，第7~10页。

止，当事人就可以自由协商协议的内容。

例2，和解。这种纠纷解决方式，是以当事人双方形成合意解决纠纷为基础的，在这一过程中"合意性"和"状况性"发挥着主导作用。但在这个过程中，会发生各种情况的演变，如果双方合意成功，则纠纷予以解决。一旦合意不成或者一方反悔，当事人就会选择其他具备"决定性"和"规范性"的解决方式。

棚濑孝雄以动态、过程的观点分析纠纷及其解决，他的这一理论为我们描述了一个纠纷从发生到发展的动态过程，这是研究纠纷解决与纠纷控制的关键要素。因为构建和完善纠纷解决机制无非就是着重从抑制纠纷的升级以及促成纠纷的缓和两个方面考虑的。纠纷运动理论在国内学者中有相当的影响力，是目前纠纷解决研究中难以逾越的论述。在这一框架下，各种纠纷解决体制都能找到自己的位置，同时结合不同的社会状况，这一框架可以用来预测各种不同的纠纷解决方式所适用的情景。但也应当指出的是，这一框架仍然是在法治社会的整体范畴之内，即便处于合意性与状况性的极端，也仍然没有超出笔者前文所指的法律规范的涵摄范围。

有关纠纷解决的基本理论中，另一个值得讨论的内容是，纠纷解决的效果。在这一点上，我国学者顾培东教授有非常深入的见解，在其《社会冲突与诉讼机制》一书中，他对纠纷解决的不同意义的层次作了如下分析：首先，纠纷的解决着眼于冲突的化解和消除，这意味着纠纷主观效果的全部内容从外在形态上被消灭，社会既定的秩序得到恢复，而不问纠纷解决的实体结果如何；其次，纠纷的解决要求实现合法权益和保证法定义务的履行，这是对纠纷解决实体方面的要求，它力图弥补纠纷给社会既有秩序带来的破坏；再次，纠纷的解决要求法律或统治秩序的尊严与权威得以恢复；最后，在最高层次上，纠纷的解决还要求冲突主体放弃和改变蔑视以至对抗社会统治秩序和法律制度的心理与态度，增强与社会的共容性，避免或减少纠纷的重复出现。[1]顾氏的四层次分析框架有其道理，它实际上是以"个人－国家"秩序为出发点所建构的理论。其中主要的出发点仍是社会或国家，第一、三、四层次重点的价值取向仍在于维护国家的统治秩序，只有第二层次论及了个体合法权益的实现。笔者基本同意顾氏的看法，但认为其也有所遗漏。在笔者

---

〔1〕 顾培东：《社会冲突与诉讼机制》，法律出版社 2004 年版，第 27～29 页。

看来，顾氏的理论没有注意到，纠纷解决的其他三层意义的实现正是基于对个体权益的保护。在公民与国家两端，公民固然需要服从国家与社会的基本秩序，但在法治社会，这种秩序的实现有赖于个体的认同，如果纠纷解决的目光始终流连于秩序这一端，要求通过纠纷的解决使冲突主体改变对社会秩序的藐视态度，可能就遗漏了纠纷的出现还具有对制度实施的信息反馈与修补完善作用。可以这样说，纠纷解决的过程，同时也是法律制度本身的反思过程。这种反思尽管是在个案中进行的，但仍然包含有对制度的关照。在纠纷解决过程中，纠纷的起因、动机与形态等都会逐一展现，透过对纠纷的解决，制度本身也会暴露出自身的弊端与缺陷，这种缺陷本身也可能成为纠纷的原因之一。因此，对纠纷的解决就有可能成为对制度进行反思与完善的契机。换言之，纠纷解决的意义不仅是面向个人的，也是面向国家的，这种意义绝不仅仅只是恢复一定的统治秩序、消除冲突主体的抵抗心理，更大的意义在于它对于国家是一种预警机制，在纠纷解决过程中国家发现现有秩序与制度的不足，并以此为契机进行改进，达到更加完善的统治状态。所以，国家解决纠纷、恢复社会秩序协调状态的过程，本身也是对制度自身进行反思的过程。

二、纠纷解决机制的功能

上述对于纠纷解决展开的多层面研究，为探究纠纷解决机制所具有的功能提供了理论基础。如果说纠纷解决的论述还只是停留在理论的思辨之中，那么纠纷解决机制的研究则已逐渐迈入经验层面。

在对纠纷解决机制的功能进行阐述之前，我们需要先厘清对"纠纷解决机制"概念的认识。对于纠纷解决机制一词，虽然学术界在论述民事纠纷解决制度的时候经常使用，但是对于其概念的表述却大有不同。有学者认为："各种纠纷解决方式、制度的总和或体系即为纠纷解决机制。"[1]也有学者认为："纠纷解决机制，是指争议当事人用以化解和处理纠纷的手段和方法。"[2]可以看出这两种概念在界定指向上有所不同，前者更加注重各种纠纷解决途径的整体性和系统性；而后者强调的是纠纷解决体系中的个体性。还有学者将两者统一起来认识纠纷解决机制，认为"纠纷解决的总体性制度构造以及

---

〔1〕　范愉主编：《ADR 原理与实务》，厦门大学出版社 2002 年版，第 47 页。

〔2〕　徐昕主编：《纠纷解决与社会和谐》，法律出版社 2006 年版，第 68 页。

各组成部分之间的相互关系与运行原理，即为纠纷解决机制"〔1〕。笔者认为上述概念的界定都有一定道理，但是"机制"一词最为核心的内涵是指"构造、功能及其相互关系"，所以还需要强调这些纠纷解决方式所应达到的社会功能，只有这样才能清晰地认识纠纷解决方式在国家制度中所处的地位和应发挥的作用。鉴于此，笔者认为，所谓纠纷解决机制，通常是指一个国家内部所承认的解决民事纠纷的各种方式或途径的构造、功能及其相互关系，以及这些纠纷解决方式产生影响、发挥功能和作用的过程。各种不同层级、不同取向、不同种类的纠纷解决方式共同构成了一个国家的纠纷解决机制。它"直接影响人类社会生活的质量和社会秩序的和谐稳定及发展，现代法治社会的社会控制或调整和治理都依赖于一个公正、合理和有效的纠纷解决机制"〔2〕。

对于纠纷解决机制的研究，学界主要有结构主义与功能主义两种不同的进路。结构主义理论的最主要特征在于对整体性的强调，结构主义认为，整体对于部分来说具有逻辑上优先的重要性。这种理论认为任何事物的组成部分都不是孤立的，对一个制度进行理解时，必须将部分放进整体之中，才能够清晰地看出部分在整体中的作用。〔3〕功能主义则认为社会是一个复杂的系统，它的各个组成部分协同工作，产生了稳定和团结。这种理论强调构成整个系统的组成部分之间的互动关系。只有通过各部分的相互联系、相互制约、相互作用才能实现系统的顺畅运作，实现整体大于部分之和的预期功效。要想研究某一社会实践或制度的功能，就要分析其对社会延续所做的贡献。功能主义思想曾经是社会学中的主要传统。〔4〕从这两种取向出发，对于纠纷解决机制功能的研究也有着不同的进路。需要指出的是，这些分析方法基本上都是社会学的方法，法学中并不存在像结构主义与功能主义如此清晰的区别。

〔1〕赵旭东：《纠纷与纠纷解决原论——从成因到理念的深度分析》，北京大学出版社2009年版，第63页。

〔2〕范愉、李浩：《纠纷解决——理论、制度与技能》，清华大学出版社2010年版，第20页。

〔3〕刘志松：《权威·规则·模式——纠纷与纠纷解决散论》，厦门大学出版社2013年版，第25~27页。

〔4〕［英］安东尼·吉登斯：《社会学》，李康译，北京大学出版社2009年版，第17~18页。

在法学方法论中存在三大流派：法教义学、法社会学与分析法学。虽然各有侧重，但涉及纠纷解决的问题时，多数学者还是以一种法社会学的视角来看。所以法学学者在这一问题上，受社会学的影响很大。其中，社会学学者罗伯特·K. 默顿（Robert K. Merton）基于功能主义所提出的，显性功能与隐性功能对于研究纠纷解决机制的功能有很大的参考意义。显性功能就是特定社会活动类型中的参与者所知晓并意欲的那些功能；而隐性功能就是参与者未曾意识到的那些活动后果。[1]从默顿的理论出发，笔者认为纠纷解决机制所具备的功能可以分为：显性功能与隐性功能。[2]

（一）纠纷解决机制的显性功能

1. 显性功能之一———化解冲突

化解冲突可以说是纠纷解决机制最基本的功能。如果说纠纷是社会成员之间在文化、价值、利益、信仰以及行为等方面存在不协调并寻求加以改变的状态，那么纠纷解决机制的基本功能就在于矫正或彻底改变这种状态。[3]人类社会在任何阶段都需要纠纷化解机制的存在，从血亲复仇到司法审判，这是人类社会得以延续和发展的基本需求之一。原因在于，社会主体之间的冲突如果不能得到良好的解决，其所积聚的负面影响最终会对整个社会秩序造成危害。冲突的化解，不仅在于使当事人之间的对抗状态从外在形式上被消灭，以恢复整个秩序的和谐状态，在更高层次上还要求能消除当事人对于社会秩序的抵触甚至仇视心理。因此，纠纷解决机制的目的就在于通过一定的有效运作使得冲突各方能够重新认可社会秩序。这种认可不仅要求当事人表明其对抗行为的消除，还期望于当事人情感上的接受。如果当事人仅仅出于对权威的畏惧而选择容忍与避让，并不能实现冲突真正意义上的化解。博登海默就曾指出：如果一个纠纷根本得不到解决，那么社会机体上就有可能产生溃烂的伤口。如果此纠纷是以不适当和不公平的方式解决的，那么社会机体上就会留下一个创伤，而且这种创伤的增多，又可能严重危及人们对令

---

〔1〕 ［美］罗伯特·K. 默顿：《社会理论与社会结构》，唐少杰等译，译林出版社 2008 年版，第 90 ~ 97 页。

〔2〕 运用默顿的理论，朱芒教授对上海行政处罚听证的分析就是一个成功的研究。参见朱芒："行政处罚听证制度的功能——以上海听证制度的事实现状为例"，载《法学研究》2003 年第 5 期。

〔3〕 范愉主编：《多元化纠纷解决机制》，厦门大学出版社 2005 年版，第 77 页。

人满意的社会秩序的维护。因此，形成与社会结构相适宜的纠纷解决机制是社会秩序建立的重要条件。[1]所以说，通过化解冲突以消灭社会秩序中的不协调状态仅仅只是纠纷解决的消极意义，而使冲突主体从内在心理和情绪上消除对社会制度的对抗，甚至获得认同，才是纠纷解决的积极意义所在。同时实现这两方面的意义，才是纠纷解决机制的理想目标，也是纠纷解决机制基本功能的体现。

2. 显性功能之二——维护权益

事实上，并非所有社会冲突的化解都能实现纠纷的真正意义上的解决，这就涉及纠纷解决的正当性问题。从价值取向上看，纠纷解决的终极目标是要维护当事人权益，实现其权益维护功能。这项功能的实现有赖于以纠纷当事人为关照对象而设立的某种制度，其目的在于实现被侵害权利的恢复、补偿或对权利的矫正。所以通常情况下，解决纠纷和维护权益的过程和目的是同一的。而且人们也越来越达成共识，即如何通过多元化的救济途径去维护权益，获得正义。而维护权益的概念和外延基本上也可以被纠纷解决所涵盖。所以，实现权利的多样化途径也正是纠纷解决方式多元化的合理性、必要性之所现。故笔者认为，正当的纠纷解决不仅应当体现当事人的意愿，而且还应体现社会正义，在维护法治社会尊严的情况下，最大限度地保护当事人的合法权益。

尽管在纠纷解决过程中，上述两个功能是融合为一体发挥作用的，但是从实践和价值的角度看，这两项功能又是可以彼此独立的。比如，在我国大多数农村地区，村民产生纠纷后，通常会优先考虑委托村中长辈或村委会从中斡旋调解。在这一过程中，纠纷是否能够顺利化解，往往要看调解者是不是够权威、立场是不是够公道，而法律层面的规范性约束就相应地较为宽松。虽然有时候纠纷最终得以化解，但却很难从法律层面上讲其是否真正实现了对当事人权益的充分保障。如果调解失败，或者导致矛盾升级，进一步发展为暴力冲突，而暴力冲突并不是纠纷的终点，此时就需要国家司法力量的强制介入。而这种司法介入与当事人自主诉讼有很大区别，前者由国家强制力主导，后者则受个人左右。此时，司法介入只能解决犯罪层面上的纠纷，而

---

〔1〕［美］E. 博登海默：《法理学：法律哲学与法律方法》，邓正来译，中国政法大学出版社 2004 年版，第 505 页。

原发性的民事纠纷并没有得到彻底解决，所以新的纠纷可能还会继续发生。正如我们经常听到的一句话："这事没完，等着瞧吧。"所以说，理想的纠纷解决机制需要同时实现这两方面的功能。一般而言，化解冲突的功能和权益维护的功能是通过纠纷化解行为的内在构成要件和纠纷解决方式对外部能否产生效果或者产生何种效果而实现的。例如，无论是公力救济方式（如诉讼、行政裁决），还是社会团体、非政府组织主导的社会型纠纷解决方式（如调解、仲裁），抑或是当事人自决的方式（如和解），如果纠纷双方在经过一定的程序之后，基本没有进入事后的救济程序（如不服一审提出上诉或调解失败提起诉讼），便是内在因素与外部效果统一的例证。

（二）纠纷化解机制的隐性功能

1. 隐性功能之一——安定秩序

纠纷的产生通常是由于社会主体之间的利益冲突或社会主体实现权利遇到障碍，两种情形都会明显或潜在地危害到正常的社会秩序。而且从实践来看，大部分纠纷的产生都是由于当事人的权利未能得到实现，或者是义务分配不合理。作为回应，纠纷解决机制在化解社会主体之间的冲突时，实际上也是在进行一个权利义务重组的过程。而权利义务的重组往往涉及对秩序的更改，对秩序的更改的最终目的在于实现秩序的安定。此时，实现秩序安定在纠纷解决中往往体现为两种形式：一是秩序的维护，二是秩序的完善。

秩序的维护是指，既定秩序在受到社会冲突的破坏后，通过纠纷化解机制得到恢复。它的关注点在于纠纷化解之后原有秩序能否回复到初始状态。从这一点来看，纠纷化解后的秩序在价值和构造上与原有秩序并无区别，这种化解机制是在不触及秩序结构的情况下将纠纷消弭于无形，在形式上化解不和谐、不协调的冲突状态。换言之，它的关键在于新的秩序安定状态与原有状态之间并不存在质的不同，它是对旧有秩序的维护，一般不涉及秩序的转变。这种情况下的纠纷化解过程往往表现得较为平稳、对秩序的伤害较少。在实践中，绝大部分的纠纷化解都属于这一类情况。

秩序的完善是指，不仅纠纷本身得到化解，而且秩序本身也有所改变。这一情况是秩序在纠纷化解过程中，发现自身的漏洞与缺陷，并以纠纷化解为契机，激活其修补机制，进而实现纠纷的化解与秩序的完善的双重目标。在这一情况中，纠纷的化解不仅恢复了秩序的安定状态，而且使秩序结构有所改变，通常是更进一步的完善。它的关注点在于旧秩序被打破之后，秩序和谐状态的再实现是通过秩序的调整来完成的，它确定了新的规则或方式来确保社会主体间的冲突得到消除。同时，这种情况往往也更能得到冲突主体的认同，从而从心理和情绪上消除对抗状态。比如，当年火车站候车厅如厕收费现象很普遍。1999 年 4 月 5 日，律师李晓虎向法院提起诉讼，要求萍乡火车站（后变更为"南昌铁路局"）停止候车大厅如厕收费，并在收费处张贴国家关于停止收费的告示，还提出赔礼道歉、赔偿财产损失和精神损害以及承担本案诉讼费用等诉讼请求。该案经萍乡市安源区人民法院一审和萍乡市中级人民法院二审，原告最终胜诉。如今，火车站候车厅如厕收费早已成为历史。再如 2006 年 6 月，上海市民邓维捷用建行龙卡在交通银行 ATM 机上进行操作时，意外发现卡上余额少了 0.3 元。经询问，国内主要商业银行，从 2006 年 6 月 1 日起对跨行查询收取每笔 0.3 元人民币手续费。2006 年 7 月 5 日，邓维捷将建行、工行、交行等三家银行和中国银联告上法院，认为银行卡跨行查询收费侵犯了她的合法权益，请求法院判令取消跨行查询收费，并返还 1.5 元已收费用。此举得到了包括全国人大代表在内的广泛支持，一时间，银联以及商业银行的"霸权"行为成了万人指责的对象。终于在 2007 年 4 月 13 日，中国银行业协会叫停 ATM 跨行查询收费。工、农、中、建、交五大银行统一在 4 月 20 日凌晨停止向客户收取每笔 0.3 元的跨行查询费。

纠纷化解的秩序安定功能也可以说是纠纷化解机制的社会功能。因为其着眼点在于国家与社会秩序的维持与平稳，相较于冲突化解是更高层次的功能。在实践中，并非每一个纠纷的化解都会明显地体现出这一功能，但在纠纷化解的积累过程中，这一功能的意义是十分重要的。无论是秩序的维护，还是秩序的完善，其最终指向是社会安定，与此同时也促进了法的安定性的实现。

2. 隐性功能之二——政策反馈

纠纷的解决，尤其是有国家介入的纠纷解决，一定程度上也是国家收集治理信息的过程。站在社会治理的角度看，纠纷的类别、数量与严重程度往往都与国家所实施的社会政策密切相关，化解纠纷也是国家实现社会治理的手段之一。这方面最典型的代表就是信访。信访制度是中国传统"登闻鼓"制度的现代化发展，而在国家的实际治理过程中，信访充当了地方治理的预警机制。因此，通过对纠纷的观察以及对纠纷化解机制的运行，一方面，政府能够在相当程度上了解到自身在社会治理过程中的问题所在；另一方面，纠纷解决机制在相当程度上也起到了政策实效"传声筒"的作用。据新京报报道，针对中国生物多样性保护与绿色发展基金会（简称"绿发会"）于2015年12月对腾格里沙漠污染提出的公益诉讼再审申请，最高人民法院于2016年1月29日作出最终裁定，要求重新受理腾格里沙漠公益诉讼，支持绿发会提出的腾格里沙漠污染公益诉讼的再审请求，并最终裁定，撤销此前宁夏两级法院所作的民事裁定，要求宁夏回族自治区中卫市中级人民法院重新立案受理。最高法认为，宁夏两级法院认定绿发会不具备主体资格，是对环境保护法、环境公益诉讼司法解释及环保内涵的不当理解所致，应予纠正。中国政法大学环境资源法研究所所长王灿发表示，这反映了最高法对环境公益诉讼的支持，用司法保障生态文明建设，并以公益诉讼为突破口推动环境司法建设。[1]再如，2005年9月，法学博士李刚以不具备对口腔保健品的认证资格和误导消费者为由，对"全国牙防组"提起诉讼。虽然最终法院驳回了诉求，但受理该案的北京市朝阳区法院还是向国家认证认可监督管理委员会、卫生部分别发出了司法建议函，建议两部门对"全国牙防组"依法作出处理。2006年11月14日，国家认证认可监督管理委员会向朝阳区法院函复表示，其已与卫生部共同作出停止"全国牙防组"开展口腔保健品认证活动的处理决定。

　　不难发现，纠纷解决机制的政策反馈功能与秩序完善功能有相似之处，但又有质的不同。这一功能的着眼点在于信息的传达，同时其接收主体是政府一方，而秩序完善功能指向的是社会秩序，完成修补过程的可能是政府，也可能是社会自身。从经验上来看，在实践中，政策反馈往往需要时间和案例的积累，它的功能实现需要一定的过程。而在这一过程中，个人的权益与社会的秩序常常都处于一种未实现状态，因为信息的反馈未必能够带来及时的政策响应。总体来看，这一功能是纠纷解决机制的附属功能，但却是国家治理不可忽视的一部分。

　　化解冲突、维护权益、安定秩序、反馈信息，这些都是纠纷解决机制在实践中所具备的实际功能。化解冲突和维护权益是纠纷解决机制的基本功能，安定秩序与反馈信息是纠纷化解机制潜在的社会功能。前者的实现是纠纷化解机制的主观目的，而后两者更多地属于客观上的附属功能。但这并不意味

---

〔1〕　信娜："最高法要求重新受理腾格里沙漠公益诉讼"，载 http://www.china.com.cn/legal/2016-01/30/content_ 37698842. htm，最后访问日期：2016年1月30日。

着后者的重要性低于前者,在某种程度上,良好的信息反馈所带来的完善的社会秩序也有利于冲突的最终化解。

三、纠纷解决机制的模式

所谓模式,是指事物的标准样式,它是从生产和生活经验中经过抽象和升华提炼出来的核心知识体系。因此,纠纷解决机制的模式,就是人们从化解纠纷的过程、结果和目的等多个层次进行考虑,对解决社会纠纷的各种方法进行归纳和总结,从而形成的一种指导,在这个指导下,设计纠纷解决的具体方案,从而达到解决问题的最佳效果。纠纷化解机制的模式有多种划分方式。如有的学者根据纠纷解决程序的启动是否需要当事人同意为标准,将其划分为强制性和选择性两大类;又以纠纷解决的方式为标准,划分为合意性与决定性两大类。[1]合意性,是指纠纷的解决以当事人的意思为准,它不是第三者强加于当事人的结果,而是出于当事人的自愿选择。合意性的典型表现形式是和解。决定性,是指纠纷的解决以第三者的最终决定为准,并且这种决定具有法律上的强制性。作为决定性的表现形式,诉讼中的判决最为典型,其次是仲裁裁决,它们都以纠纷的强制解决为基本特征。虽然和解是合意性最基本、最典型的呈现形式,但在调解、仲裁与诉讼中也都或多或少的存在着合意性因素。因此,较之于决定性,合意性的范围更为广泛,其表现形式也更为复杂。[2]

目前我国学术界大部分学者接受的是按照纠纷解决主体来进行划分,分为私力救济、社会型救济与公力救济三大类。[3]按照这种划分,不外乎和解、调解、仲裁、诉讼四种纠纷解决机制。和解也被称为纠纷的自我解决,指在纠纷发生后,通过当事人之间的直接交涉寻求纠纷的解决,一般没有第三者的介入,因此被称为私力救济的方式。调解与仲裁都是有第三者参与的纠纷解决方式,不过参与纠纷解决的第三者是经纠纷当事人选择或同意的,并且具有民间性的特点,所以被称为社会型救济的方式。而诉讼则以纠纷当

---

〔1〕 范愉主编:《多元化纠纷解决机制》,厦门大学出版社 2005 年版,第 102~103 页。

〔2〕 赵旭东:"论纠纷解决的合意性机制——以民事纠纷解决为重心",山东大学 2014 年博士学位论文,第 6 页。

〔3〕 徐昕:《迈向社会和谐的纠纷解决》,中国检察出版社 2008 年版,第 25 页。

事人享有法定诉权为前提，是当事人一方依法向国家审判机关提出请求，要求其运用国家公权力解决纠纷的方式，因此诉讼又被称为公力救济。[1]这一分类的特点在于它直观地揭示了当事人合意和社会公权力（即"合意性"和"决定性"）在纠纷解决过程中的参与程度，因而受到了多数学者的认可。笔者也接受这一说法。当然，这绝不是说其他分类没有意义，而是这一分类在一定程度上抓住了我国构建纠纷解决机制的关键。客观上，我国的纠纷解决机制是以公力救济为主导的，社会型救济与私力救济要么是发挥作用的空间有限，要么是不被政府认可。如何进一步完善我国多元化的纠纷解决机制，是我们必须面对的课题，而这一分类在一定程度上也凸显了这一时代的主题。

按照上面所述，我国现有纠纷化解机制的模式可以用图4-3表示。

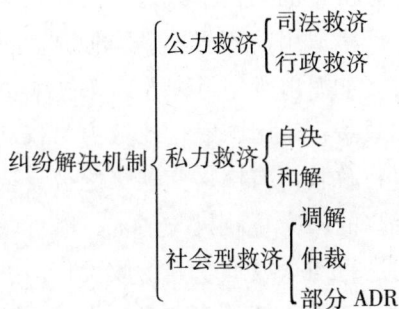

（图4-3）

（一）公力救济

公力救济是指由特定的国家机关运用国家公权力解决纠纷的活动。公力救济的实质是特定的国家机关，在纠纷主体的参与下，按照特定程序解决纠纷的一种最具权威和最有效的纠纷解决机制。公力救济有两个特点：一是国家强制性，即国家凭借强制力确定纠纷主体之间的民事权利义务，并以国家强制力迫使义务主体履行生效的裁判。二是严格的规范性，比如，诉讼就是在严格的法定程序规则指引下进行的纠纷解决活动。在公力救济过程中，国家公权力以保护当事人的合法权益为宗旨，在法的空间内严格按程序规则运作，并最终适用法律规范来解决案件。所以，纠纷解决整体上是一个由"决定性-

[1]　汤维建主编：《民事诉讼法学》，北京大学出版社2008年版，第4~14页。

规范性"起作用的过程。现代社会从理念上比较偏爱公力救济方式，因为它能够使纠纷得到最权威、最彻底的解决。但司法系统的专业性和正式性，在给纠纷解决带来更多可预期性和合法性的同时，往往也会提升纠纷解决的门槛，施加更高额的纠纷解决成本。所以，在实际案件中，人们把问题诉诸政府的百分比大大超过把问题诉诸法律的百分比——前者为21.2%，后者为13.3%。[1]

公力救济主要包括司法救济与行政救济两种。二者的共同点是都由国家权力介入来解决纠纷，前者是法院，后者是政府。不同点在于，两者在纠纷解决的依据、程序和效力等方面存在差异。[2]司法救济是指当事人通过向法院提起诉讼，由法官在严格法定程序中运用国家司法权并最终适用法律规范来解决纠纷。司法救济有民事诉讼、刑事诉讼与行政诉讼3种类型，其中民事诉讼是民事纠纷公力救济中的典型形式，它由权利受到侵害的一方当事人主动提出申请而启动，严格适用"不告不理"原则。行政救济是指当事人将纠纷提交国家行政机关（如派出所、司法所），由行政机关根据当事人的诉求结合国家法律、法规和政策，运用国家行政权力为权利受到侵害者提供救济的方法、手段的总和。行政救济有广义和狭义之分，狭义的行政救济仅指行政管理相对方依法向有权的国家行政机关请求，对行政主体的行政违法行为或不当的具体行政行为进行纠正或追求其行政责任的一种救济途径；广义的行政救济包括行政机关系统的内部救济和司法机关对行政相对人的救济，具体包括行政复议、行政调解、信访[3]、行政仲裁等。比如对于因打架斗殴或者故意损毁公私财物等违反治安管理而引发的民事纠纷，公安机关就可以进行调解；再如婚姻登记部门对离婚请求进行的调解等，这些都属于行政调解。必须指出的是，司法救济与行政救济虽然都属于公力救济，但在特征、效力与手段上却有明显区别。一般来说，在一国之内，司法救济是最终的救

---

〔1〕 程金华、吴晓刚："社会阶层与民事纠纷的解决——转型时期中国的社会分化与法治发展"，载《社会学研究》2010年第2期。

〔2〕 李俊：《社会结构变迁视野下的农村纠纷研究》，中国社会科学出版社2013年版，第301页。

〔3〕 应当说明的是，有关信访的性质与存废一直存在争论。有学者认为，信访可以解决纠纷，是我国社会转型期间多元化纠纷解决机制中的重要一环；还有学者认为，信访并不是一种救济手段，它只是起到下情上传的作用，根本无法解决纠纷，而是国家的一种治理方式。本书认同应星教授的意见，将信访看作一种特殊的行政救济。后文中还将有详细论述。

济手段，在救济效果上往往也是最具权威、最具规范性的救济；而行政救济往往更强调纠纷解决的便捷、高效、低成本、强专业性等特点，这一点上它不同于强调公平、公正解决纠纷并注重保护当事人权利的司法救济。甚至可以说，在某种程度上，同属于公力救济的司法救济与行政救济，由于主导机关性质的不同，二者在价值取向上有时是背道而驰的。行政机关追求便捷和高效，同时可能为此而牺牲公平；司法机关在最大限度内保障公平的同时，可能无法兼顾到效率。因此，二者可以互为补充。但现实情况是，我国法院的收案量一直持续上涨，而行政救济方式中除信访之外的其他方式却难以得到广大权利主体的认可，这是我国行政救济值得注意的地方。

在我国，公力救济在纠纷解决机制中占有绝对主导地位，人们也更倾向于诉诸法律来解决问题。据调查，目前所有社会阶层的中国公民更多地都愿意把纠纷诉诸法律途径。尽管在现实中，只有14.6%的纠纷解决是诉诸法律，但是有31.3%的被访者愿意把诉诸法律视为解决日常民事纠纷的首选渠道。[1]美国法社会学家唐·布莱克（Donald Black）运用"关系距离"（Relation Distance）[2]理论解释了这一现象。他认为关系距离与法的变化之间存在曲线相关：在关系较为亲密的社会群体中，诉诸法律和诉讼显然是被尽量避免的；而随着关系的疏远，法的作用也相应增大；但是当关系距离增大到人们完全相互隔绝的状态时，法律承担作用又开始减少。[3]"关系距离"也可以指原告和被告之间的亲密程度，他们是否是同一家庭的成员、朋友、同事、邻居，或者完全是陌生人。他认为，现代社会与传统社会的一个重要区别在于人口流动。传统社会人口流动很少，人们长期居住在一个地区，关系密切，适于用调解、协商、家长权威等非法律手段解决纠纷；而现代社会，随着交通工具与经济的快速发展，人们从一个地方搬迁到另外一个地方，从一个城市搬迁到另外一个城市成为可能，同时人们之间的关系也开始疏远，人与人之间都是陌生人，也就是说社会逐渐从熟人社会向生人社会转变。越是在生人社

---

〔1〕　程金华、吴晓刚："社会阶层与民事纠纷的解决——转型时期中国的社会分化与法治发展"，载《社会学研究》2010年第2期。

〔2〕　布莱克将社会的横向关系和分工、亲密度、团结性等人员分布状况的普遍变量称为"关系距离"。

〔3〕　参见［美］唐纳德·J.布莱克：《法律的运作行为》，唐越、苏力译，中国政法大学出版社2004年版，第47～56页。

会, 法发挥作用的潜力就越大。〔1〕这一观点, 也得到了苏力先生的支持, "人们之间的关系越紧密, 介入他们之间事务的法律越少。在市场经济条件下, 交换经常是跨地域、跨国度、跨文化的……交换双方不很熟悉、甚至完全陌生, 既无法在短期内建立足够的信任, 又无共同的习惯惯例可依……这时, 社会中原有的一些习惯仍然起到规范人们行为的作用, 但由于诸多原因, 这些习惯惯例的效力有限。……国家的制定法变得不可缺少。"〔2〕另外, 诉讼的多发通常也被归因于传统社会自治共同体的逐步衰落、国家权力和法律向社会各个领域的渗透和延伸, 以及个人权利意识的高涨等。布莱克同时还指出: "在纠纷处理上, 人们并不必然偏好选择法律而不是其他方式, 毋宁说是由于他们已逐渐别无选择。由于 (现代社会) 当纠纷出现时, 法律是唯一可以获得救济的方式, 人们就会毫不迟疑地使用这种方式。更准确地说, 法律的变化是与其他社会控制成反比的。这是法社会学的一个最有力的原理, 这个模式是法律在近几个世纪以来的发展中显示出来的, 也是通过大量纠纷处理的案件积累而得出的。历史表明, 法律将其领地逐步扩展到家庭、村落, 与此同时, 其他公共机构却在逐步衰落; 而在日常生活中, 在其他纠纷解决机制日益匮乏和短缺的情况下, 人们更加自动地求助于法律: 替代性方式越少, 法律就越多。而人们越是求助于法律, 他们对法律的依赖就越大。这样就形成了法律依赖的条件。在这个意义上, 法律就像是一种会令人上瘾的药物。"〔3〕

虽然公力救济在整个权利救济体系中发挥着重要作用, 但囿于其天生的滞后性和被动性, 多数情况下, 当事人的权利难以得到及时的保障和实现。另外, 诉讼结果的不确定、诉讼成本的高昂, 以及 "对审判的信任"〔4〕程度

---

〔1〕 参见 [美] 唐·布莱克: 《社会学视野中的司法》, 郭星华等译, 法律出版社 2002 年版, 第 9 ~ 13 页。

〔2〕 苏力: 《法治及其本土资源》, 中国政法大学出版社 2004 年版, 第 9 页。

〔3〕 [美] 唐·布莱克: 《社会学视野中的司法》, 郭星华等译, 法律出版社 2002 年版, 第 270 ~ 271 页。转引自范愉: "诉讼社会与无讼社会的辨析和启示——纠纷解决机制中的国家与社会", 载《法学家》2013 年第 1 期。

〔4〕 日本学者棚濑孝雄在其《对审判的信任和审判利用行动》一书中, 将 "对审判的信任" 分为两个方面: 一个是不包括自己主体努力在内的、相信审判制度或法院会给自己做主的依存性信任; 另一个是认为只要自己作出了主体性的积极努力, 审判制度或法院就不会使自己失望的主体性信任。转引自张镇勇: "提升司法信任的路径选择", 载《人民法院报》2010 年 10 月 20 日, 第 8 版。

等，都会成为人们在选择这一救济方式时必然要考虑的因素。事实也是如此，就普通老百姓而言，在对诉讼存在迷茫、无助以及担忧的情况下，人们会远离诉讼，转而采用诉讼以外的调解、私了等方式解决纠纷。据调查，农民在遇到纠纷时有33.1%的人选择忍让，46.8%的人选择双方沟通，采用这2种纠纷解决方式的人占了绝大多数。只有少量纠纷会涉及第三方，有6.3%的农民遇到纠纷时会求助于村领导，有3.6%的人会求助于政府部门，而选择司法途径（如诉讼）的只占1.8%。[1] 可见，在法治社会，虽然司法最终裁决被视为现代法治原则的基本要求，但公力救济普遍成为人们最后的选择。"尽管人们至今还认为法律对于维护社会秩序是必不可少的，但现代社会的确能够脱离繁杂的法律而良好存在"，[2] 社会秩序的安定也一直无法摆脱人们生活中的"活法"及民间秩序的存在。

（二）私力救济

私力救济又称自力救济。对于私力救济的研究，徐昕的《论私力救济》最具影响。他将私力救济界定为：当事人认定权利遭受侵害，在没有第三方以中立名义介入纠纷解决的情形下，不通过国家机关和法定程序，而依靠自身和私人力量，解决纠纷，实现权利。私力救济的首要特征是没有第三方以中立名义介入纠纷解决。[3]

依据解决纠纷的方式，私力救济可分为自决与和解。自决是指纠纷主体一方凭借自己的力量强行使对方服从；和解是指双方相互妥协和让步，协商解决纠纷。二者虽同属于私立救济，但不同的是，和解主要体现为当事人之间的主动妥协，而自决则含有一方对另一方的强制服从。根据法律性质，私力救济又可分为法定和法外的私力救济。法定的私力救济，指法律明文规定允许当事人采取的救济方式。比如刑法中规定的正当防卫和紧急避险就属于法定的自决形式。但遗憾的是，在民事法律规范中，却没有法定的自决形式。法外的私力救济指的是，法律规定之外的私力救济方式。如债权人拘押债务人、债权人雇佣人员进行收债等等，在法治社会，这种自决形式当然为法律

---

〔1〕　参见郭星华、曲麒翰："纠纷金字塔的漏斗化——暴力犯罪问题的一个法社会学分析框架"，载《广西民族大学学报》（哲学社会科学版）2011年第4期。

〔2〕　［美］唐·布莱克：《社会学视野中的司法》，郭星华等译，法律出版社2002年版，第95页。

〔3〕　徐昕：《论私力救济》，中国政法大学出版社2005年版，第102～103页。

所禁止。可见在我国，法定的依靠私力救济方式来解决民事纠纷的唯一合法路径就是和解。和解作为私力救济的一种形式，在规则适用上，具有高度的自治性和非规范性。纠纷发生后，当事人之间可以通过直接交涉来解决纠纷，在确定权利义务关系时也可不囿于法律范围，可在法律规定的边缘上随心所欲，实现个体意志。另外，和解在形式和程序上具有通俗性和民间性，即它通常是以民间习惯的方式或者纠纷主体自行约定的方式进行。通过和解来解决纠纷，往往不会伤害纠纷主体之间的感情，能够维持纠纷主体之间原有的关系。所以，和解不仅使社会矛盾在形式上、行为上，而且在心理上、情感上都能得到消解。和解典型地反映了人类社会自身消除冲突、实现利益平衡的自我恢复和整合功能。所以，和解一般是化解社会冲突震荡最小、成本最低的解决方式，从这层含义上讲，和解应该得到社会的充分肯定和大力提倡。但反过来讲，由于和解过程无需、甚至也不能严格遵守法律规则，它往往把冲突主体的意志置于判断规则、冲突主体行为正义性以及处置冲突关系的法律规则之上，因此，尽管和解能够使冲突得以消弭，但冲突对法律秩序，特别是对法律规则权威性的损害仍然未得到补偿。[1]

在人类历史上，纠纷解决存在着一个演变过程，即从私力到公力的演进，但这个转变是一个漫长的过程。虽然随着公权力的强化，公力救济在社会冲突的化解过程中占据主导地位，然而纠纷解决的私力救济方式并未完全被公力救济所取代，而仍然以其变相的形式在社会中发挥着影响力。[2]徐昕在其《为什么私力救济》一文中通过成本－收益的比较，展示了公力救济的缺陷：成本偏高，收益较低，成本占收益比例高，小额案件成本超过诉讼金额的情形普遍。而私力救济的收益可能是当事人希望的全部，故许多时候被视作司法的低成本替代方式。从效率、机制方面比较后得出：私力救济的成本有时可能相当或高于公力救济，但效率却远胜过公力救济，不少人选择私力救济主要因其快捷和简便；从制度设置上，当事人可以自行实施私力救济，而公力救济则一般都会涉及"入门"的问题。在功能的对比方面，私力救济可以替代补充和弥补公力救济功能的局限，对于被司法拒之门外的冲突，私力救

---

〔1〕 顾培东：《社会冲突与诉讼机制》，法律出版社2004年版，第33～34页。

〔2〕 刘志松：《权威·规则·模式——纠纷与纠纷解决散论》，厦门大学出版社2013年版，第50～64页。

济是一条排解渠道。因公力救济局限而产生的不公，私人可自行矫正；特定情形下私力救济更能吸收不满强化服从。在现代社会中，私力救济基于社会契约论仍具有一定的正当性，可以有限度地作为正义的一种实现方式。基于这些论述，他认为应当认真对待私力救济，发挥其积极功能，使私力救济成为多元化纠纷解决机制中的一个组成部分。[1]

然而，虽然私力救济对于纠纷解决和权利保障的作用不可忽视，但其本身仍存在诸多弊端。由于无规则约束，私力救济有时能使复杂纠纷简单化，但也可能让简单纠纷复杂化，如适用不当会进一步激发矛盾升级，导致"民转刑"的现象。尽管通过私力救济可能形成秩序，但那多为私人无意识行动的客观后果，许多情形也可能走向社会治理的反面。所以，法律应对私力救济的强度和方式作出规定，以不违背禁止性法律规定和公共利益为前提，并且必须建立在平等和真实意志的基础上，不得存在强迫、欺诈、显失公平和重大误解等，以规则之治向社会宣示私力救济的界限。应该说，任何社会总会为私力救济留下一定的空间。即便在法治国家，面对有限的司法资源和能力，公力救济无法也不必完全排斥私力救济，私力救济不可能、也不打算取代公力救济，它只在一定范围内发挥补充替代功能。这既是基于公权力行使的限度，也是基于现代社会对于个人权利的尊重。在不触碰国家禁止性原则的前提下，在适当情景中，私力救济的非程序性和非规范性可以发挥一定的作用。

（三）社会型救济

关于社会型救济，并没有一个通说定义，是因为这种救济类型夹杂在公力救济与私力救济之间，不仅在纠纷的解决过程中需要用到多种力量（国家的、民间的、私人的都可能运用到），而且它常常兼有多种性质，往往既有私力的因素，也有公力的因素。[2]比如，法院在民事诉讼案件的审理程序中设置了法庭调解，但法庭调解的运用有时不仅依赖于法院的权威，还依赖于多种民间力量，从而导致这些救济方式很难被归类。但是我们此处所界定的社会型救济有别于以国家机关为主导的公力救济，是由一定的社会组织或个人作为中立第三方，介入纠纷、解决纠纷、帮助实现权利的一种救济途径。

---

〔1〕　徐昕："为什么私力救济"，载《中国法学》2003 年第 6 期。
〔2〕　徐昕：《论私力救济》，中国政法大学出版社 2005 年版，第 317 页。

相较于前两种纠纷解决方式，社会型救济具有以下几个特征：①从纠纷解决的权威性上来看，它低于公力救济，而高于私力救济。②从纠纷解决运用的规则来看，它所使用的规则是多元化的。既包括法律规范，也包括社会规范，如习惯、章程、公约、行业标准等，但法律规范在其中发挥的作用往往较低。③从参与纠纷解决的主体来看，它的参与主体也是多元化的。一个纠纷的解决过程可能会动用专家、社会权威以及自治团体等多种力量，但往往在解决过程中没有一个能够作出终局裁决的主体。④从纠纷解决结果的效力来看，它的结果对当事人的认同感要求较高。由于其纠纷解决的主体权威性不如司法救济那样高，所以纠纷解决结果的达成及其效力，就要求当事人自身对这一结果有较高的认同感。⑤从纠纷解决的启动方式来看，对当事人双方的自愿性要求较强，任何一方的反悔或对当事人真实意思表示的违反都会导致该程序的终结或无效。依照上述五个标准，一般认为社会型救济包括：调解、仲裁以及狭义上的 ADR。

调解，是指第三者依据一定的道德标准、民间习俗、社会规范和法律规范居间调处，促使纠纷主体相互谅解、妥协，最终达成纠纷解决的活动。但需要强调的是，此处所讨论的调解不包括行政调解和法院调解。由于调解是在双方自愿基础上进行调和的结果，没有强制性，它既解决了纠纷，又不伤和气，争议双方都能够接受并自觉履行。所以，调解具有温和性、和谐性，符合社会和谐发展的要求，因此，作为解决社会纠纷的方式，其作用很大，应用极广。调解具有以下四个特性：①第三者的中立性。主持调解的第三者可以是社会组织、行业协会或个人，但是在调解中他们都是中立的第三方。这点与和解不同，和解没有第三方。②纠纷主体的合意性。在调解过程中，主持调解的第三方主体对于纠纷解决和纠纷主体不能施加任何强制力，只能通过沟通、说服、协调等方式促使纠纷主体达成纠纷解决的合意。③非严格的规范性。与仲裁和诉讼相比，调解并非严格依据程序规范和实体规范进行的，而是具有很大程度上的灵活性和随意性。④调解协议一般不具有强制执行力。经过调解达成的调解协议并不具有法律上的强制执行力，只有经过法定程序依法赋予其强制执行效力，方可申请强制执行。我国现有调解制度按照主持调解者的身份不同可以分为以下几种形式：一是人民调解。是指在人民调解委员会的主持下进行的调解。人民调解委员会是调解民间纠纷的群众性组织。根据我国《人民调解法》第 8 条第 1 款的规定："村民委员会、居民委员会设立人民调解委员会。企业事业单位根据需要设立人民调解委员会。"二是行政调解。是指国家行政机关根据法律规定，对属于国家行政机关职权管辖范围内的民事纠纷进行调解的活动。三是法院调解。是指在人民法院审判人员的主持下，对双方当事人进行教育规劝，促使其就民事争议通过自愿协商达成协议，以解决纠纷的活动。法院调解是人民法院在民事诉讼过程中行使审判权的一种重要方式，所以又称为诉讼调解。四是行业调解。诸如律师协会、会计师协会、医师协会、商会等对自身行业内发生的纠纷进行的调解。五是专业机构调解。这是最近几年才开始盛行的一种调解方式，比如由新娱乐和上海市司法局联合制作的《新老娘舅》栏目，就属于这种调解形式。但需要强调的是，行政调解与法院调解（或诉讼调解）不属于社会型救济中的调解形式。

仲裁，也叫公断，是指纠纷双方当事人在纠纷发生之前或纠纷发生之后，根据双方订立的仲裁协议，自愿将其争议提交由非司法机构的仲裁员组成的仲裁庭进行裁判，并受该裁判约束的一种制度。仲裁具有以下五方面的特性：①仲裁的民间性。仲裁机构不是国家机关，而是民间组织或社团法人。仲裁员亦非国家工作人员，仲裁员被指定为某一具体仲裁案件的仲裁员之后，其为仲裁所实施的行为不受任何机关（包括仲裁机构）、团体和个人的干涉。因此，仲裁员的仲裁行为是在法律规制下的私人裁判行为，是一种民间性质的行为。②仲裁的自治性。充分体现在仲裁程序中的当事人意思自治原则，已经成为支撑仲裁制度的理论基础。仲裁员仲裁所依据的实体性、程序性规范，均由争议双方决定，无不体现着仲裁的自治性。③仲裁的法律性。其一，仲裁活动应当遵守当事人选定或者法律规定必须适用的仲裁程序法和实体法；其二，仲裁裁决具有一定的稳定性，一旦作出，非经法定程序不得更改；其三，仲裁过程中的证据保全、财产保全以及仲裁裁决的执行等制度，具有"准司法性"。虽然仲裁机构无权实施强制性措施，但法律赋予仲裁机构可借助法院进行强制执行。调解和仲裁的共同点是，第三者对争议处理起着重要作用；不同的是，调解的结果更多地体现了纠纷主体的意愿，而仲裁的结果则更多地体现了仲裁者的意愿。④仲裁的保密性。仲裁的保密性指的是当事人或者其他程序参与人保证仲裁程序的内容、仲裁过程中展示的证据、仲裁裁决等信息不向与程序无关的人披露的状态。[1]仲裁程序的保密性通常被认为是仲裁的重要优点之一。⑤仲裁的专业性。现代民商事仲裁往往涉及特殊知识领域，会遇到许多复杂的法律、经济、贸易或有关技术性方面的问题。所以，与调解员不同的是，仲裁员一般都由具有一定专业水平和能力的专家担任，这是仲裁裁决公正性的重要保障。

ADR（Alternative Dispute Resolution）意指替代性纠纷解决机制，是所有非诉讼纠纷解决方法的总称。广义的 ADR 泛指一切非诉讼纠纷解决方式，而狭义的 ADR 则不包括仲裁和行政机关带有准司法性质的纠纷解决方式。主要包括个人之间的、一般组织或行政机构的管理性职能性活动、行政机关附带性纠纷解决工作等。狭义上的 ADR 主要指谈判、信访等。通常所说的谈判（Negotiation）也称为交涉，分为单纯的当事人之间的谈判（这种形式属于典型的"私了"）和有第三者促成的谈判。但这里的第三者并非以权威的调解者的身份出现，通常只是起协助作用或者作为一方当事人的代理人出现。[2]这是它区别于调解的核心所在。信访，顾名思义就是来信、来访的简称。根据我国《信访条例》的规定，信访是指公民、法人或者其他组织采用书信、电子邮件、传真、电话、走访等形式，向各级人民政府、县级以上人民政府工作部门反映情况，提出建议、意见或者投诉请求，依法由有关行政机关处理的活动。在创设之初，信访制度体现和满足的是信访人利益表达与政治参与的需求，是人民当家做主、参政议政的重要渠道。目前随着涉法、涉诉信访的高涨，其政治功能基本趋于弱化，取而代之的是权利救济、定纷止争。[3]随着对国家权力和公民权利的重新诠释，在民事纠纷解决领域，人们越发注意到了灵活简便、费用低廉、运转高效的替代性纠纷解决方式的这种"补充性"、"替代性"的优点和特色，这些方式也逐渐发展壮大起来。

从上述描述中可以看出，社会型救济基本上属于纠纷解决的民间模式，与公力救济的国家模式相比，其具有的自愿性、温和性、民间性和便利性，

---

〔1〕 胡玉凌："商事仲裁的保密性研究"，载《北京仲裁》2005 年第 4 期。
〔2〕 范愉：《非诉讼纠纷解决机制研究》，中国人民大学出版社 2000 年版，第 168～169 页。
〔3〕 孙彩虹："信访制度：意义、困境与前景——以涉法、涉诉信访为考察维度"，载《中国浦东干部学院学报》2012 年第 2 期。

使争议双方更易接受，因此在社会上应用极广。有学者指出，社会型救济与公力救济两种模式最大的区别是：在技术上，前者是向前看的，重视形成新的权利义务关系，忽略曾经的权利义务关系；而后者是向后看的，在于厘清曾经的权利义务关系。[1]但同时，社会型救济的非规范性与低权威性也是它的显著特点。

虽然从表现形式和救济主体的角度看，三种纠纷解决机制各行其是、各有利弊，但它们之间并非各自独立、互不相干。在实际的纠纷解决过程中，国家权力、社会力量与私力行为往往是相互影响、相互流动的。而且有时候是互相依赖、互为依托的，在特定情形下甚至是可以相互转化的。[2]一方面，和解固然是合意的结果，但在调解、仲裁与诉讼中，合意也常常占有一席之地。如大多数民事纠纷，尤其是发生在亲属之间、邻里之间或者是雇工雇主之间的纠纷，无论是在国家规范的纠纷解决程序中进行（如诉讼、仲裁），还是在非规范的纠纷解决程序中进行（如和解、调解），当事人都不希望通过不讲人情的、机械的方式解决，而是力求通过温和的、不伤感情的方式来解决。另一方面，社会救济与私力救济中也会有规范化的倾向，也经常会在法秩序的引导下运作。若想使纠纷得到最彻底、最权威的解决，有时还需要借助于国家力量。例如，为了保证调解协议的顺利执行，当事人就可以申请司法确认，以赋予调解协议以法律上的强制执行力。再如仲裁协议的强制执行，也需要有国家强制力作为保障。只不过从表面上看，国家与社会的交织与互动在纠纷解决的具体实践过程中往往体现得更为明显而已。所以应该说，纠纷解决机制之间产生的互动能够把所有纠纷都涵盖进去，才是一种理想化模型。

四、纠纷解决方式的选择

面对纠纷，当事人很可能首先去掂量自己所拥有的资源和能力，并在对各种纠纷策略的利弊得失进行理性分析之后，才有意识地去寻求特定的纠纷解决途径。于是，由于不同社会群体成员拥有不同的资源和行动能力，因而

---

〔1〕　刘志松：《权威·规则·模式——纠纷与纠纷解决散论》，厦门大学出版社 2013 年版，第 86 页。

〔2〕　参见汤维建：《民事诉讼法学》，北京大学出版社 2008 年版，第 15～17 页。

会采取不同的纠纷解决策略。据调查，在人们发生纠纷后，当面临有多种方式可以解决纠纷时，首选大多是花费少见效快的"与对方协商私了，或找中间人（指纯私人身份的第三者，如朋友、亲戚等）调解"方式。这一选择倾向在城市和农村地区差异并不明显，均达到60%以上。而选择"直接进行法律诉讼"的，无论在城市还是在农村其所占比例都比较低。在城市有5.3%的人选择了此项，城郊居民为4.3%，而农村则为2.8%。相比之下，城郊和农村村民对于基层人民调解委员会的认同度较高，在调查中分别有12.9%和18.2%的受访者选择了基层调解委员会的调解，仅次于"私了和找中间人调解"这一选择。而在城市，人们对于纠纷的解决除了协商和解之外，更倾向于找派出所民警解决纠纷，调查显示其所占比例比选择居委会调解高出近一倍。[1]可见，从整体上看，人们在发生纠纷后，更倾向于选择诉讼程序之外的纠纷解决方式。

当然人们也会根据具体的纠纷类型和性质来确定自己的应对策略。针对不同问题，他们会选择不同的解决途径和方式。就法律关系而言，解决因婚姻家庭关系、邻里关系、债权债务关系所引发的传统型社会纠纷，普通的规律是适用情理法则，或者和解或者找人调解。但从20世纪80年代开始，随着我国改革开放以及城市化进程的逐步推进，城乡居民的生产生活方式均发生了巨变，人际关系与交往规则也随之发生了变迁，土地纠纷、环境污染纠纷、拆迁纠纷、产品质量纠纷、干群纠纷等一些新型社会矛盾呈现出突飞猛进的趋势，社会冲突日益呈现出复杂化、规模化的特点，导致由过去单一的民事纠纷发展为民事纠纷、行政纠纷乃至刑事犯罪并存、多种性质交织在一起的综合性纠纷。此时，当程序之外的其他纠纷解决途径不能产生让其满意的结果时，人们开始倾向于选择更具规范性、专业性的解决途径，此时，行政救济以及司法救济就成为公认的最具权威的纠纷解决方式。另一个值得注意的现象是，城市居民发生纠纷后，选择向行政主管部门投诉，申请行政主管机关进行调解的偏好要大于向居民委员会申请调解；而在农村，请求村民委员会进行调解，仍然是当地人的首选，这说明在农村，村民委员会一直保持着较高的纠纷解决权威，村民委员会的调解至今仍是一种比较重

---

〔1〕 梁平："多元化纠纷解决机制的制度构建——基于公众选择偏好的实证考察"，载《当代法学》2011年第3期。

要的纠纷解决途径。按照有些学者的观点，其权威来源于两个方面：一是由于村民委员会是由村民选举产生的，村民相信这些村干部能够公正地解决其纠纷；二是村民委员会干部扮演的是国家政权在农村的"代理人"角色，这使得村组干部富有"科层权威"的色彩。[1]由此可以得出这样的结论，人们选择某种纠纷解决方式，表明他们相信这种解决方式中的力量对解决纠纷是有效的，因而从另一个侧面也反映了这种力量在维护社会秩序中可能发挥重要功能。如果人们优先选择运用法律途径来解决自己所遇到的纠纷，我们就可以将法律途径视为法律或法制权威，同时也反映了人们对法律权威的认同。如果人们优先选择向行政系统中的机构或干部申诉自己遇到的冤屈或纠纷，那么这在一定意义上说明人们更倾向于认同行政的权威。而如果居民在面对冤情或矛盾纠纷时，不愿意寻求第三方力量，而是选择私了或是忍让，则在一定程度上反映了人们对非正式权威或道义权威的认同，也就是说，非正式的权力或民间的某些规范促使人们自行解决冤屈或纠纷。[2]

对于纠纷解决方式选择的另一个具有权威性影响的理论是，萨拉特（A. Sarat）和费尔斯汀纳（W. Felstiner）提出的"纠纷金字塔结构"理论。该理论认为，人们解决纠纷的方式主要包括：双方协商、双方主张、找第三方仲裁和提起诉讼。现实社会中的纠纷解决具有金字塔的结构特征，即多数纠纷是在基层通过各种方式解决的，真正进入诉讼程序的纠纷构成金字塔的塔尖，为数很少。而且他们还提出了一个重要理论命题：基层纠纷解决途径越少，上升到法律系统的纠纷就会越多。[3]"纠纷金字塔"理论实际上倾向于将社会文化等结构性因素视为影响纠纷解决机制的主要因素，即强调社会文化中存在的替代性纠纷解决途径或机会的多少，影响着纠纷金字塔的结构形态。换句话说就是，如果让更多的人选择基层的纠纷解决方式，那么就会大大降低正式法律意义上的纠纷。另外，随着陌生人纠纷的明显增多，寻求

---

〔1〕 参见马静华、陈一鸣："柑村纠纷解决实践中的解纷主体——以川东北某村的考察为中心"，载徐昕：《纠纷解决与社会和谐》，法律出版社 2006 年版，第 188 页。

〔2〕 陆益龙："纠纷解决的法社会学研究：问题及范式"，载《湖南社会科学》2009 年第 1 期。

〔3〕 W. Felstiner and A. Sarat："The Emergence and Transformation of Disputes：Naming, Blaming, Claiming …"，*Law and Society Review*，1980（15），pp. 631 – 654.

司法救济的比例也明显上升。玛丽（S. Merry）在对美国邻里纠纷管理经验的研究中，提出观点即认为混杂的社会组织结构是多族群混居区居民乐意到法庭上解决邻里纠纷的重要原因。[1]

---

〔1〕 S. Merry, "Going to Court: Strategies of Dispute Management in an American Urban Neighborhood", *Law and Society Review*, 1979 (13), p. 891.

第五章

民事纠纷的多元化解决机制

一、多元化纠纷解决机制的概念阐释

无论是对域外制度的借鉴，还是对我国多元化纠纷解决机制的构建，都必须首先厘清一个问题，即当我们在谈论多元化纠纷解决机制时，此处的"多元"究竟是针对传统的单一诉讼制度以外的多元，还是包含诉讼制度在内的多元？关于这个问题，我国学术界存在两种不同的看法：一种是把"多元"化纠纷解决机制理解为"以多种多样的方式来解决社会纠纷的一种机制"，就是将这些多种多样的解决社会纠纷的方式解释为既包括正式的、以诉讼渠道解决纠纷的方式，也包括非正式的、以非诉讼渠道解决纠纷的方式，即既包括官方的纠纷解决方式，也包括民间的纠纷解决方式。学界与司法界多持这种观点。还有一种解释认为，"多元"化纠纷解决机制仅是指诉讼制度以外的非诉讼纠纷解决方式。范愉教授就持这种观点，她明确地把"多元化纠纷解决机制"定义为"非诉讼纠纷解决机制"，认为："多元化纠纷解决机制的理念不仅是描述性、解释性或反思性的，同时也是一种建构性的理论。无论在理论层面还是在制度层面，多元化纠纷解决机制在很大程度上都与非诉讼程序 ADR（Alternative Dispute Resolution）高度重合。"[1]从这个角度看，我国的人民调解、仲裁、信访等非诉讼纠纷解决方式，均符合当代国际比较法学家所概括的 ADR 的共同性特征，可以被涵盖在 ADR 的范畴之内，尽管它们

---

〔1〕 范愉、李浩：《纠纷解决——理论、制度与技能》，清华大学出版社 2010 年版，第 22 页。

都保持着各自的特殊性。[1]

以上两种观点，如果从实际研究内容的角度上看，第二种观点似乎更有道理。因为实际上，当我们在对多元化纠纷解决机制进行探讨时，一般只将现有的诉讼制度作为一个论述前提一带而过，而将更多的精力集中在非诉纠纷解决机制的讨论上。但第一种观点更全面，更符合多元化纠纷解决机制的字面含义，因此也被大多数学者所支持。总体来说，一个国家内部所有的纠纷解决机制，应当都属于多元化中的一部分，将司法所代表的诉讼机制排除在多元化之外是不科学的。杨富斌教授就对这样的定义提出了自己的不同看法：①这样定义可能会有意无意地抹杀或降低我国当前着力提出"多元化纠纷解决机制"概念和理念的重大现实意义，认为其不过是对国外制度的简单移植而已；②还可能会妨碍我们全面理解"多元化纠纷解决机制"的真正涵义，不能真正建立起具有中国特色的社会矛盾纠纷解决机制；③这样定义可能会使人有意无意地将"多元化纠纷解决机制"与诉讼方式对立起来，从而贬低以司法途径解决社会矛盾的价值；④可能会使我们轻视我国构建多元化纠纷解决机制的困难，认为这不过是在诉讼途径以外再辅之以其他多种纠纷解决方式而已。[2]

研究诉讼制度本身就是法学的核心内容，甚至说法学是围绕诉讼机制展开的学科也不为过。"多元化"本身就是针对单一诉讼机制所提出的概念，它的研究重心虽然不在司法机制上，但将多元化纠纷解决机制研究理解为替代性纠纷解决机制研究，即 ADR 研究，似乎过于片面。况且，近年来司法改革（尤其是审判制度改革）的研究亦是法学中最为热门的研究领域。所以，某种程度上，第一种含义更为周延，对我们论述的意义更大。因此，笔者认为，多元化纠纷解决机制是指，存在于一个社会之中、以诉讼制度为中心、以非诉讼程序为补充的各种纠纷解决方式、制度的总和，以及它们之间相互作用、相互协调、有机结合在一起的纠纷解决体系。所以，笔者所论及的多元化纠纷解决机制与 ADR 涵义不同，它既包括诉讼之外的调解、仲裁、和解等，也包括诉讼，而且是以诉讼制度为中心构建起来的多元化纠纷解决体系。

---

[1] 范愉："当代中国非诉讼纠纷解决机制的完善与发展"，载《学海》2003 年第 1 期。

[2] 杨富斌："多元化纠纷解决机制构建的法理基础"，载《北京政法职业学院学报》2008 年第 1 期。

　　现代社会的多元化纠纷解决机制具有以下特征：①纠纷解决方式的多元化。多元化纠纷解决方式是相对于单一方式而言的，即不把纠纷解决绝对化、单纯依赖于单一的诉讼程序，不排除来自民间和社会的各种力量介入纠纷的解决。由于每个纠纷的主体不同、纠纷性质不同、纠纷类型也不同，因此，纠纷主体在法律运用以及纠纷诉求上都存有差异，这些差异会影响和决定他们对纠纷解决途径的选择。因此，所有的民事纠纷都应当允许当事人通过诉讼方式来解决，也可以通过非诉讼的仲裁、调解等纠纷解决方式来解决。纠纷解决方式多元化的目的在于为人们提供多种选择的可能性，以满足不同社会主体的不同需求。因此可以说，现代的多元化纠纷解决机制既是在普遍主义的前提下为特殊性的存在所创造的一种自由空间，又是对普遍主义的一种反思和纠正。[1]②纠纷解决主体的多元化。多元化的纠纷解决主体既包括国家司法机关、行政机关，也包括各种社会组织、行业协会、民间团体或个人等。这些力量的介入对于纠纷解决来说非常重要，过于强调某一方面的力量是片面的，也不能满足社会主体对纠纷解决的多元化需求。③多元化并不意味着无序，也不是简单的并列，而是有层次的、有选择的。在多元化纠纷解决机制的体系中，各种纠纷解决方式之间不是互相抵触的，而是相互补充、和谐统一的，且处于有序和协调的状态，能够把所有纠纷都囊括其中，为当事人提供不同的纠纷解决途径，使任何纠纷都能够在其中找到对应的解决方法。

　　总之，我们研究多元化纠纷解决机制，首先在理论上就要强调以一个综合的、全面的视角去研究诉讼与非诉讼、法律机制与非法律机制、国家控制与社会自治、公力救济与私力救济以及社会型救济等各个部分与各种社会关系之间的协调与平衡；其次在制度建构和社会实践方面，我们需要构建的是一个动态的、多元化的、功能互济的诉讼与非诉讼程序有机衔接与整合的纠纷解决机制。

二、非诉讼纠纷解决机制的兴起

（一）诉讼程序的缺陷与非诉讼纠纷解决方式（ADR）的兴起

在民事纠纷的诸多解决机制中，公力救济属于最为权威也最为规范的方

---

〔1〕　范愉：《非诉讼程序（ADR）教程》，中国人民大学出版社2002年版，第10～16页。

式，尤其是以处理纠纷为日的的国家审判制度。通过审判处理纠纷的核心就是民事诉讼，而民事诉讼的特点一般都被认为在于它的公权性、中立性、强制性、规范性，以及当事人双方诉讼地位的平等性。民事诉讼的这些特点在保障公民接受平等审判的同时，也为解决民事纠纷提供了法律上的依据，保障了诉讼的权威。有学者指出，法律的基础正是因为权威的存在。[1]当然不可否认的是，权威的存在保证了纠纷的解决，但是权威并不代表公正。由于诉讼是在规则的范式下运作的，所以通常情况下它只关心纠纷是否在法律框架内得到解决，而对于解决的进程和结果往往毫不在乎。与此同时，诉讼法律关系、诉权、诉讼模式等制度建构也划定了审判功能的界限。虽然可以说，诉讼是解决民事纠纷的终局的、最权威的途径，但却不可以说诉讼是解决纠纷的唯一途径。在由法官组成的法院解决纠纷的情况下，由于法院制度是根据纳税人的负担来运作的，因而它意味着法官的数量有一定的限度。因此，如果很多案件都要求由法院来处理的话，诉讼迟延问题会越来越严重。另外，诉讼程序以公开主义为基础，并以公开的法庭为中心不断发展，这也是不希望普遍公开纠纷内容的当事人对提起诉讼产生迟疑的一个原因。[2]还有审级制度、实体法标准以及举证责任等问题的存在，都可能产生使当事人难以接受的判决，这样诉讼的结果反而游离于纠纷的实体。因此，通过诉讼解决纠纷的实践已经越来越明显地呈现出难以令人满意的局面。基于此，越来越多的理论和实践开始关注诉讼之外的纠纷解决方法和途径。

近年来各国对诉讼外纠纷解决方式的关注都呈现出明显的扩展趋势，究其原因基本雷同：①法院案件云集而导致的诉讼迟延现象的严重化，使人们深感减轻法院负担的必要性；②必须保证所有的社会成员都有实现法律正义的途径，这种平等的权利保护理念已经广泛地为人们所接纳；③通过审判解决纠纷的方式好像是零和游戏，最好能避免这种僵化了的解决方式，而采取使当事人双方都能高度满意的、具有统一性的处理方式；④随着全球化进程的加快，涉及外国文化的涉外法律纠纷不断增加，这些异化的多国间纠纷的

---

〔1〕［美］罗斯科·庞德：《法律史解释》，曹玉堂、杨知译，华夏出版社1989年版，第7页。

〔2〕［日］小岛武司、伊藤真编：《诉讼外纠纷解决法》，丁婕译，中国政法大学出版社2005年版，第8页。

解决，需要有一种法律文化中立性更强的非国家性的纠纷解决方式。[1]相较于已经制度化的诉讼程序，当事人可以结合案件性质和纠纷的关注点设计纠纷解决路线图的现实需求为非诉讼（诉讼外）纠纷解决方式的萌芽和发展提供了相当程度的生存空间。但如何解决非诉讼纠纷解决方式中处理机构的中立性和解决标准的正当性这两个问题呢？根据日本学者棚濑孝雄的观点，诉讼外纠纷解决方式的基础是"自律"。纠纷是由于当事人因为某种原因对现在的状态怀有不满并要求进行变更而产生的，[2]因此解决方式中也包括由于周围环境而无奈接受的方法，通过当事人的理解结束纠纷而使纠纷解决成为可能。从这个角度考虑诉讼外纠纷解决方式最重要的是，必须要以当事人找到自己能够接受的解决方法为前提。这不仅指在纠纷的最终阶段同意当事人提出的解决方案，在解决方案的形成过程中也必须由当事人掌握主导权。当事人介意什么、要求什么，不是第三人从局外就能简单把握的，而是要结合当事人所关心的问题形成程序。在解决过程中，当事人是以各种形式通过表现出的接受或者拒绝的动作来实际推动程序进行的，这个过程也就决定了第三人的地位和作用。[3]那么，解决标准的正当性内容又是如何体现的呢？日本学者伊藤真给出的理由是：①由于纠纷处理机构的组成人员不限于法官，因此可以对应于纠纷的种类在更广的范围内寻找成员。②因为程序不公开，所以有关隐私及经营、技术秘密的纠纷也能够通过非公开的程序得到解决。③程序保障理念自身也是适合诉讼外纠纷解决的，且其内容还能够得到更加灵活的运用。例如，对于当事人之间在感情上强烈对立的案件，可以不通过双方同时出席的方式，用轮流见面的方法来推动程序的进行。④只要是符合社会正当性的，在解决纠纷时就可以采用合乎实体法以外的道理作为解决标准，因此纠纷也就能够得到符合其实际情况的解决。此时，纠纷处理机构为了能拿出既合乎道理又符合实际情况的解决方案，就必须首先充分掌握作为纷争对象的事实关系，再根据事实关系适用道理（这里所说的道理综合了道德、

---

〔1〕［日］小岛武司、伊藤真编：《诉讼外纠纷解决法》，丁婕译，中国政法大学出版社2005年版，第1~2页。

〔2〕［日］棚濑孝雄："关系形成型调停的模式"，载《法学论丛》1994年第134卷第3~4号。

〔3〕［日］小岛武司、伊藤真编：《诉讼外纠纷解决法》，丁婕译，中国政法大学出版社2005年版，第16~17页。

常识和社会普遍的规范意识等）作为解决标准而追求对于事实关系的把握，以及道理的适用，这些都是法律所要求的，以此保障通过非诉讼纠纷解决方式解决纠纷的正当性。[1]另外，非诉讼纠纷解决方式实际上发挥着"审判的替代性取得"的作用，这是因为抢先在审判之前解决纠纷，可以使得不易通过审判解决的案件也能实现正义。此处的"正义"意味着遵照法律解决纠纷即为正义。这样当事人只要能够得到这样的信息，就可以不必花很高的成本也能够自力实现审判和正义，这被形容为"审判阴影下的谈判"。而且因为通过诉讼外的纠纷解决方式更容易进行以审判为意向的谈判，所以谋求正义的普遍化就是诉讼外纠纷解决方式的"途径·模式"。[2]由此，非诉讼纠纷解决方式由于上述正义与自律两个原理而获得了普遍的正当化。

目前国际上一般用英文"Alternative Dispute Resolution"（简称 ADR）来表述非诉讼纠纷解决方式，也译为替代性纠纷解决方式、选择性纠纷解决方式，但通常按其实质意义译为诉讼外纠纷解决方式。ADR 这一概念起源于美国 20 世纪 70 年代，最早是由法学教授弗兰克·桑德尔（Frank Sander）在美国 1976 年讨论"大众为什么会对司法行政不满"的国家会议上提出的，这被视为"非正式替代性措施合法化的决定性时刻"。[3]目前 ADR 一词被普遍理解为，诉讼以外的其他各种纠纷解决方式、程序或制度的总称。ADR 最早是针对民事纠纷发展起来的，在民事纠纷解决中取得了良好效果。但目前来看，ADR 早已不限于民事领域的纠纷解决，已经扩展到行政、刑事等更广阔的领域，并形成了较为完善的体系与机制。美国 1998 年《ADR 法》（Alternative Dispute Resolution Act of 1998）对 ADR 的定义是：替代性纠纷解决方式包括任何主审法官宣判以外的程序和方法，在这种程序中，通过诸如早期中立评估、调解、小型审判和仲裁等方式，中立第三方在论争中参与协助解决纠纷。美国法学家弗莱彻（Fletcher）认为："虽然从表面上看，替代性纠纷解决方式是一个有序体系，但事实上它只是一组供当事人任意选择用来避免对抗性

---

[1] ［日］小岛武司、伊藤真编：《诉讼外纠纷解决法》，丁婕译，中国政法大学出版社 2005 年版，第 8～9 页。

[2] ［意］卡佩莱蒂、盖斯：《通往正义之路》，［日］小岛武司译，转引自［日］小岛武司、伊藤真编：《诉讼外纠纷解决法》，丁婕译，中国政法大学出版社 2005 年版，第 13 页。

[3] ［英］西蒙·罗伯茨、彭文浩：《纠纷解决过程：ADR 与形成决定的主要形式》，刘哲玮、李佳佳、于春露译，北京大学出版社 2011 年版，第 60 页。

诉讼的办法。"[1]大陆法系国家的一些学者甚至还认为，不经法院审理的督促程序也都包括在 ADR 范围之内，并认为行政机关的纠纷解决程序也应属 ADR 之列。无论如何，不论处理的纠纷到底是何种性质，诉讼程序之外的纠纷解决方式与程序，按照广义的 ADR 概念都是可以被囊括其中的。

与诉讼方式相比而言，ADR 具有以下特征：①非规范性。诉讼制度所提供的是一种正统的、公开的、专门化的、程式化的操作程序，另外，诉讼所作出的判决应该具有严格的规范性。但 ADR 本质上是以当事人的自主合意为基础的，因此可以不必严格按照实体法和程序法的规定去认定事实，而是由当事人自主选择的地方习惯、行业惯例或其他社会规范作为解决纠纷的依据。同时，ADR 解决纠纷的程序没有制度化、程式化，所以更显简便快捷、灵活多样。②纠纷解决主体的非职业性。在 ADR 程序中，法官往往不直接介入纠纷，而通常是由来自于法院之外的律师、退休法官、相关行业专家或法院辅助人员，充当促进双方和解的中立人或者作出评价性判断或假定性裁决的"法官"。③可选择性。这种选择性既包括对纠纷解决程序可以进行选择，也包括对纠纷解决结果可以进行选择。即当事人可以选择适用自己认可或喜欢的任何方式去解决纠纷，也可以对纠纷处理结果涉及的权利义务关系进行实体上的处分。归根结底就是当事人可以根据多方面的考虑（可能基于成本效益，也可能根据情感和社会关系，或者可能基于对诉讼的回避等等）针对纠纷解决的方式、规范、程序和结果进行自主选择。多元选择机会既为当事人及时便捷地解决纠纷提供了可能，同时也大大缓解了法院审判的压力。④非强制性。适用 ADR 程序解决纠纷是建立在当事人自律和合意的基础之上的，因此纠纷的最终解决与秩序的恢复都来自于法律之外的非强制性。⑤非终局性。生效的法院判决或裁定具有终局性，这是司法权威和司法最终解决原则的要求。但通过 ADR 程序获得的结果通常是非约束性的，或者说 ADR 程序只是为当事人提供了评价性判断或参考性意见，当事人可以选择接受也可以拒绝接受并要求法院进行审理。⑥互补性。无论 ADR 与传统的诉讼制度相比具有何种特征，都无法忽视其解决纠纷的基本功能。基于这一功能，在现代社会中，形形色色的 ADR 与法院审判共同构成了多元化的纠纷解决机制。从解决

---

〔1〕　宋冰编：《程序、正义与现代化：外国法学家在华演讲录》，中国政法大学出版社 1998 年版，第 420 页。

纠纷的效能上看，诉讼与非诉讼机制各有优势和劣势，体现出明显的互补性。

虽然在美国及其他国家不断有学者针对，为了解决纠纷而妥协法律的实现以及合意的纯粹性而对 ADR 产生非议与质疑，但这并没有阻挡 ADR 在实践中的广泛运用。20 世纪 80 年代以后，以美国为策源地，当代社会进入了一个 ADR 的高速发展期。各国在不同程度上对 ADR 运动采取了积极认同的政策并进行了各种尝试。其中，美国、英国、日本、澳大利亚以及西欧和北欧等国家和地区都形成了具有鲜明特点的发展模式并初见成效，ADR 运动已经成为时代潮流，对 ADR 的重视以及多元化纠纷解决机制的合理构建也已成为当今世界各国共同关心的话题之一。

（二）非诉讼纠纷解决方式（ADR）兴起的成因解析

如前所述，非诉讼纠纷解决方式在世界各国都是普遍存在的，只是名称不同而已。其中既包括现代社会、源于西方国家的 ADR，也包括一些国家基于本国传统而建立、发展并纳入现代纠纷解决机制中的民间解决方法（如中国的调解制度、日本的调停制度）。但追究其产生根源，各国、各类非诉讼纠纷解决方式都是基于不同的时代背景和思想理念，针对不同的社会需求而产生的。

范愉教授将这种社会现象的合理性归因于社会主体对纠纷解决方式需求的多样性，并归纳为以下原因：[1]①利益和冲突的多元化。与法的发展一样，纠纷解决机制的样式最终也会受社会物质生活条件和发展的影响，人们会随着新的利益冲突和新的纠纷类型的产生，发现和创造出新的或更为有效的解决方式。自人类社会进入 20 世纪以来，社会发生了一系列重大变化，这些变化都带来了法与纠纷解决机制的新动向。在诉讼方面出现了以公害纠纷、人权保护等为代表的"现代型诉讼"，[2]这种新型纠纷不仅涉及多数人的利益，而且在法律规范上也没有明确规定，很大程度上依赖于法院的裁判。层出不穷的新型纠纷大量涌向法院，造成了司法上的巨大压力和危机，社会通

---

〔1〕 以下观点参见范愉：《非诉讼纠纷解决机制研究》，中国人民大学出版社 2000 年版，第 18～27 页。

〔2〕 日本学者守屋明对现代型诉讼所作的定义是："非对等的多数的当事人之间，为了确保事前的利益或进行价值确认的、非权威性的调整程序。"见［日］守屋明：《纷争处理之法理论》，东京悠悠社 1995 年版，第 230 页。转引自范愉：《非诉讼纠纷解决机制研究》，中国人民大学出版社 2000 年版，第 19 页。一般而言，现代型诉讼主要是指有关公害纠纷、违宪审查、人权等社会问题的新型诉讼。其特点是无法律规范的明确规定。

过司法诉讼方式处理这些纠纷的能力显得力不从心。在这种情形下，人们对纠纷解决手段多元化的要求愈发迫切。②社会主体关系的多元化。纠纷解决方式与主体之间的关系息息相关，社会主体之间的关系亲疏不仅影响着法的作用的大小，同时也引导人们根据关系距离来设计不同的纠纷解决机制。在古代社会，由于血缘性、亲缘性和地域性等特点，社会主体对于所属的部落、家族、宗族等类型的社会组织有很大的依附性，因此，与国家审判制度相比，社会组织内部的纠纷解决机制往往承担着更为重要的作用。到了近代，世界各国的法律和纠纷解决机制都呈现出一种多元化的状态，拥有教会法、庄园法、城市法、商法等众多法律体系，同时还存在诉讼、仲裁、调解、调停等各种社会纠纷解决方式，它们都有其独立的适用规则和运作机制。随着现代化进程的加快，传统的社会组织和人际关系发生了根本性变化，表现为一种以契约形式构成的、以权利义务关系为内容的人际关系，这种关系公平但却疏远，在这种关系下的社会主体利用法的程度达到最高，以至于某些法学家不仅认为诉讼是解决纠纷的最佳方式，甚至将通过诉讼实现自己的权利视为"使将来他的同胞获得不受侵害的保证而挺身而出的"一种社会义务。[1]今天的世界，无论是实现了高度法治的西方国家，还是正处于法治化建设过程中的发展中国家，由于人际关系和价值观的重构，人们又开始重新发现人与人之间关系的协调和对话的价值，开始对纠纷解决的自主性和机会合理性给予更多的重视，由非国家组织、社会团体、自治机构主导或介入的非正式、代替性纠纷解决方式日益壮大，再度呈现出一种多元化的趋势。③价值观和文化传统上的多元化。即便司法和诉讼已经成为社会公认的最具权威性的纠纷解决方式，也并不意味着其他纠纷解决方式没有存在的价值。因为社会主体在价值观和文化传统上的多元化倾向决定他们对诉讼抱有不同的态度和偏好。当法在社会生活中的作用和地位较高、诉讼运作机制效率也相对较高时，社会主体对利用诉讼往往抱有积极的态度。相反，一旦诉讼机制出现某种功能性障碍，社会主体就会表现出对诉讼的批评或规避心理，甚至导致对法的轻视或忽略。这两种情况分别映射出了"好讼"和"厌讼"两种不同的社会心理。所以，诉讼只是表明它在整个社会制度中所处的地位和对解决纠纷所

---

　　[1]　参见［德］鲁道夫·冯·耶林：《为权利而斗争》，胡宝海译，中国法制出版社2004年版。转引自梁慧星主编：《民商法论丛》（第2卷），法律出版社1995年版，第59页。

发挥的作用,它本身并不能作为社会法治化的标尺。显然,在不同的时代和不同的社会,人们对诉讼的评价和对诉讼的利用有明显的不同。但有一点是相同的,无论是东方还是西方,人们在承认诉讼在实现社会正义和公平方面所发挥的积极作用的同时,由于制度上的功能障碍,诉讼所表现出来的弊端和不尽人意,不免想说爱它不容易。基于这种观念和现实的考虑,人们总希望能有多种可供选择的纠纷解决方式。今天,在"诉讼爆炸"的美国,ADR 逐渐发展为解决纠纷的主要途径,这一事实也正好印证了多元化的必然性和合理性。

笔者认为,上述分析虽然未必全面,但有一定的合理性,也为我们提供了一种值得参鉴的论证和考察进路。对于 ADR 在世界上兴起的缘由,学者们还有以下几种归纳:

1. 后现代法学背景是 ADR 兴起的理论基础

后现代法学是继三大法学流派(新自然法学派、分析实证主义法学派和社会学法学派)之后的又一独具特色的理论思潮,它主要是指一种以通过"怀疑、解构、批判、否定"等逆向思维分析方法,批判、否定、超越现代主义的理论基础、思维方式、价值取向为基本特征的思想流派。后现代法学发端于西方社会 20 世纪下半叶,是基于对人类生存状况的不安和焦虑,以及对一个更为合理的物质和精神世界的渴求而向现代法学的基本理念发出挑战的。劳森(H. Lowson)就在其《反省性:后现代的困境》一书中指出,"后现代困境就是危机——我们的真理、价值以及各种尊崇的信念的危机。这危机源于反省性自身的根源,它的必然性和力量。"[1]后现代哲学的某些主张和方法进入法学后,动摇了人们曾经深信不疑的那些作为现代法学基石的理念,如理性、个人权利、社会契约、正当程序等等。人们开始质疑法律是超然和公正的吗?它是表现真理和真实的规则吗?法治在后现代社会还有可能吗?[2]而与这种质疑相呼应的是巨变的社会现实、国家政治制度以及对法律传统的信任危机。季卫东先生在为《转变中的法律与社会:迈向回应型法》作序时,就这样描述当时美国的社会背景:自 20 世纪 60 年代后期以来,美国社会发

---

〔1〕 参见［法］让·弗朗索瓦·利奥塔:《后现代状况》,岛子译,湖南美术出版社 1996 年版,第 225 页。转引自信春鹰:"后现代法学:为法治探索未来",载《中国社会科学》2000 年第 5 期。

〔2〕 信春鹰:"后现代法学:为法治探索未来",载《中国社会科学》2000 年第 5 期。

生了剧变，越南战争的扩大和挫折导致了社会的信仰危机，贫富分化、环境污染、城市荒废、犯罪激增、民权运动风起云涌……大量的社会问题导致了国家正统性的削弱，于是产生了用"软性法治"取代"硬性法治"的要求。美国学者 P. 诺内特（P. Nonet）和 P. 塞尔兹尼克（P. Selznick）所提倡的回应型法的模型，也正是对那一时代呼声的回应。[1]

后现代的主要表现是，对理性主义和科学主义的否定，反对用单一的、固定不变的逻辑和公式来阐释和衡量世界，方法论上则主张多元和差异性。后现代理论对司法领域的直接批判和否定，在于运用后现代法学的思维方式对法律运作过程所作的分析。人们会发现，在很多西方国家，法律是通过法官的解释来适用的，解释者不是"人民"，而是法官。随着司法能动主义的兴起，法院越来越成为公共政策的执行者或者公共政策的制定者。很多对现实政治有重大影响的判决虽然经常以各种效力的"解释"或立法者"初始意图"的方式出现，但是人们很难想象几百年前的立法者如何能为后世设计详尽的规则。而且，在很多情况下，法官是单个而不是多数。作为生活在现实中的个体，他的个人倾向和喜好可能会导致他在解读法律时掺杂个人情绪，还可能会把他的个人价值观强加给社会大众。而在大陆法系国家，虽然有规范的立法过程，但任何制定出来的规则都是在经过了不同利益集团的争斗之后，以法律名义掩盖的政治博弈而已。而那些生活在社会政治舞台上，但却不能有自己声音的阶层，是不可能通过法律来表达自己的意志和需要的。从这一角度看，理性的个人作为自治的法律主体是不存在的。真正的、戴着面罩的法律主体是政治权力的代表，是占主导地位的强大背景。施拉格（Schlager）就曾犀利地指出："承认和指出法律主体的问题不仅仅是解决法理学和我们的法律制度实践中某种错误的问题。纠正这个问题的第一步是承认我们所建构的法律主体是社会生活中不断被重复生产的虚假的审美概念。"而生产这个"虚假的审美概念"的程序是政治化的。这个政治化的程序"在塑造我们自己的同时，也塑造我们对虚假的审美概念的信仰"。[2]对于法律概念中的"公

---

〔1〕［美］P. 诺内特、P. 塞尔兹尼克：《转变中的法律与社会：迈向回应型法》，张志铭译，中国政法大学出版社 2004 年版，代译序。

〔2〕以上观点参见信春鹰："后现代法学：为法治探索未来"，载《中国社会科学》2000年第 5 期。

平"、"正义",后现代法学又是怎样看待的呢?让·弗朗索瓦·利奥塔(Jean François Lyotard)就指出,后现代社会是告别整体性和统一性的社会,所以类似于法律普遍性这样的宏观历史叙事已经完成了使命。每一个社会群体都有自己的主张,都有自己的关于什么是公平、正义和美好社会的观念。所以,单一的正义、公平观念不再存在,取而代之的是多元的、局部的、以多种方式存在的正义。不仅如此,每个领域还具有自己的"话语",宗教、科学、哲学、艺术,都是不同"话语"的表现。不同话语领域都有自己的价值、逻辑和模式,都生存在同一个空间。[1]

后现代法学以严厉、辛辣的态度和方式对现代法学所信奉的基本原则进行了重新审视,虽然主流法学家很是反感,并予以了强烈回应,但大部分学者对后现代法学持理解态度,他们认为:"我们不能由于畏惧这样的看法而堵塞探索的道路,即使他们觉得法学院对法律职业的训练是没有意义的。……学术自由的核心就是让另一方说话。"[2]但同时我们也应该承认,后现代法学所强调的法律是一个开放性结构,反对由社会中的一小部分人垄断对法律含义和本质的解释权,这些倡议在一定程度上也唤起了民众参与法律活动的积极性。与此同时,从现实的角度看,当原有的法律手段随着一个社会的发展、变迁已经不能解决当前实际生活中所面临的社会问题时,就应该找寻新的法律模式,摸索新的方法。如此,就迫使现代法学审慎反思 20 世纪 60 年代以来西方法治传统的变化以及社会特别是政治对法律领域的影响,并在此基础上竭力寻找适应这种变化的对策,美国伯克利学派[3]就是这一特殊历史时期的理论回应代表。该学派利用"伯克利观察法"将价值追求和经验实证结合起来,力求去说明法是怎样适应社会需求、解决现实问题的。学派领军人物诺内特和塞尔兹尼克在其 1978 年发表的《转变中的法律与社会:迈向

---

〔1〕 参见 [法] 让·弗朗索瓦·利奥塔:《后现代状况》,岛子译,湖南美术出版社 1996 年版。转引自信春鹰:"后现代法学:为法治探索未来",载《中国社会科学》2000 年第 5 期。

〔2〕 信春鹰:"后现代法学:为法治探索未来",载《中国社会科学》2000 年第 5 期。

〔3〕 伯克利学派(Berkeley School)是在 20 世纪 60 年代美国的"法与社会运动(Social Movement in Law)"中兴起的法律社会学流派,以 P. 塞尔兹尼克与弟子 P. 诺内特为代表,由加州大学伯克利分校"法与社会研究中心"的学者组成。该学派诞生于美国社会动荡之时,因其提出"通过改造法制来回应社会变革的需求",提倡构建"回应型"的法律模式而成名。因以塞尔兹尼克与诺内特为代表的学者都是来自于美国加利福尼亚大学伯克利分校,因此该学派被称作"伯克利学派"。

回应型法》一书中，提出了颇具影响的以"软性法治"取代"硬性法治"的主张。他们将社会上存在的法分为三种基本类型：即"压制型法"、"自治型法"和"回应型法"。第一种"压制型法"，是作为压制性权力的工具的法律。其主要特征表现在以下五个方面：①法律机构容易直接受到政治权力的影响，法律被认同于以国家利益为名的理由；②权力的维护是法律官员首先关注的问题；③诸如警察这类专门的控制力量变成了独立的权力中心，它们与那些起节制作用的社会环境因素相隔离，并且能够抵制政治权威；④"二元法"体制通过强化社会服从模式而使它们合法正当，把阶级的正义制度化；⑤刑法典反映居支配地位的道德态度，法律道德主义盛行。在这些特征中，作者认为"压制型法"最重要的特征是政法合体和放纵裁量。这种类型的法不可避免地导致了阶级性正义和对特权者的保护，从法治的角度看它必然是一种"人治"。同时，也就注定了这种类型的法带有不稳定性、正当化程度低的缺陷和局限。[1]可见，"压制型法"是作者对已经成为历史的法的描述。第二种"自治型法"，是作为一种能够控制并维护自己的完整性的特别制度的法律。这种类型法的主要特征表现为四个方面：①法律与政治分离；②程序是法律的中心；③法律秩序采纳"规则模型"；④"忠于法律"被理解为严格服从实在法的规则。其中，"以规则为中心"是自治型法的重要特征之一，它保障了权力获得的合法性以及法官的自由裁量权得到了规则的约束。但作者同时也指出了自治型法的弊端和局限：首先，在自治型法下，由于受到规则的严格约束，导致法条主义盛行，形式合理与实质合理之间的关系趋于紧张；其次，由于自治型法所尊奉的规则已预设了现实中所有事物的价值内容，这在很大程度上导致法律成为一个自我封闭的体系。而实际上，公共准则是在社会发展的动态选择过程中形成并不断发展的。[2]"自治型法"是作者对现行法制的描绘。第三种"回应型法"，则是作为一种回应各种社会需要和愿望的便利工具的法律。回应型法的基本特征有：①目的的权威在法律推理中得以加强；②目的可以缓和服从法律的义务，为民间性公共秩序的概念网开

---

[1] 参见［美］P. 诺内特、P. 塞尔兹尼克：《转变中的法律与社会：迈向回应型法》，张志铭译，中国政法大学出版社 2004 年版，第 46 ~ 58 页。

[2] 参见［美］P. 诺内特、P. 塞尔兹尼克：《转变中的法律与社会：迈向回应型法》，张志铭译，中国政法大学出版社 2004 年版，第 68 ~ 87 页。

一面；③使法制具有开放性和弹性，从而促进法制的改革和变化；④目的的权威性和法律秩序的整合性来自更有效率的法律制度的设计。[1]其实质是强调目的对制度和法的引导，根据社会的需要和要求缓和或解决法治的形式主义以及规则与价值的矛盾。"回应型法"是作者设定的符合社会变革需要的规范模式，也是作者提出的法治改革纲领。"如果说回应型法存在着一种典型功能的话，那么它就是调整而非裁判"。"解决争端不可能还是典型的关注对象，法律也不可能依靠这一过程去履行其责任……法律的能量应该贡献于诊断那些制度上的问题，贡献于重新设计那些制度上的安排"。[2]而 20 世纪后半叶兴起于西方社会的 ADR 运动正是以"回应型法"为理论原型的"软性法治"改革的具体表现。这一观念作用于纠纷解决领域，即意味着诉讼不再被学者们认为是解决纠纷的唯一路径，甚至在美国学者看来，法院本身也亟须改革以回应社会的呼声。ADR 的实践也正是通过试图削减法院在纠纷解决中所起的作用，从而不受法律形式主义的羁绊，扩大当事人的参与权和自我决定权，以追求纠纷解决过程中尽可能多的实质正义，从而实现"社会相互作用"的一种社会秩序。

在此需要特别指出的是，"软性法治"的回应型法模式虽然是回应后现代法学派中比较有代表性的观点，但并非唯一一种，在这一时期，西方法理学界发生了重大的理论转向，这些学术思潮都构成了 ADR 运动兴起的理论背景。

2. "诉讼爆炸"与诉讼成本高昂是 ADR 兴起的司法背景

20 世纪以来，现代 ADR 之所以能够在短时间内得到如此迅猛的发展和广泛的认可，其直接原因或推动力正是来自于诉讼与司法制度本身。"诉讼爆炸"导致诉讼程序过度迟延，诉讼费用高昂导致整个司法成本高企不下，以及诉讼本身的制度弊端，种种因素导致了严重的司法危机。人们开始怀疑，诉讼究竟能否承担起解决纠纷的任务？司法的公正性会不会因为这些积案如山的压力而受到影响呢？虽然这种现象在那个时期具有一定的普遍性，各国

---

〔1〕 参见［美］P. 诺内特、P. 塞尔兹尼克：《转变中的法律与社会：迈向回应型法》，张志铭译，中国政法大学出版社 2004 年版，第 93～115 页。

〔2〕 ［美］P. 诺内特、P. 塞尔尼兹克：《转变中的法律与社会：迈向回应型法》，张志铭译，中国政法大学出版社 2004 年版，第 129～132 页。

都面临着同样的遭遇，但是美国尤其具有代表性。

在美国，由于《民权法案》的通过和经济的迅速发展，20 世纪 60 年代以后民商事纠纷剧增。从案件总量来看，联邦法院 1971 年为 126 145 起，1980 年为 189 778 起，1985 年则猛增到 273 670 起，就案件增长率而言，从 1960 年到 1975 年的 15 年间，案件增长率高达 106%，且这种增长率还处于持续上升趋势。虽然美国人口增长率从 1984 年到 1990 年为 5%，但在这一期间内各州法院提起的案件增长率则为 18%。[1]一般而言，诉讼数量的多寡是一系列法律因素与非法律因素综合作用的结果，"一个社会中潜在的争端与人口升降和经济关系的变化有着错综复杂的关系，而这些潜在的争端能否成为诉讼又与人们对待法律的态度、诉讼费用、法律职业及其他社会结构和商业实践的特点有关。"[2]对于"诉讼爆炸"的原因，一般认为是美国经济高速增长的必然结果，奥尔森（Olson）指出是 20 世纪 60 年代以来美国民事诉讼程序的一系列变革，使人们的思想观念发生了深刻变化，导致滥诉现象与"好讼"之风盛行，他认为：（诉讼爆炸）"这种灾难性的尝试起源于一场观念上的革命。最初美国普通法传统就像其他每个伟大民族的法律传统一样，把诉讼视为一种恶，最多是一种必需的恶。……但到了 20 世纪 70 年代，法学院关于诉讼的时代思潮开始转变，先是表面上的中立，继而转向对诉讼的赞赏和支持。诉讼越来越多地被描述为'权利的主张'，这一进程到 1977 年达到了顶点。那一年联邦最高法院以五票对四票的决定正式承认不再将诉讼视为恶的新观念。"[3]"值得特别提及的是在民事法庭中发现的积案问题。这种状况已经持续多年了。由于不存在如检察官那样的人员对新案进行筛选工作，这一问题愈发严重。"[4]而与之形成鲜明对比的是，美国法院的规模却基本

---

〔1〕 汤维建：《美国民事司法制度与民事诉讼程序》，中国法制出版社 2001 年版，第 12 ~ 13 页。

〔2〕 C. W. Brooks, *Pettyfoggers and Vipers of the Commonwealth：The "Lower Branch" of the Legal Profession in Early Modern England*, p. 79. 转引自初庆东："近代早期英国'诉讼爆炸'现象探析"，载《史林》2014 年第 5 期。

〔3〕 Olson, Walter K., *The Litigation Explosion—What Happened When America Unleashed the Lawsuit*, Truman Talley Books, Dutton, 1991. 转引自范愉：《非诉讼纠纷解决机制研究》，中国人民大学出版社 2000 年版，第 110 页。

〔4〕 ［美］彼得·G. 伦斯特洛姆编：《美国法律辞典》，贺卫方等译，中国政法大学出版社 1998 年版，第 223 页。

保持不变，一时间诉讼量的激增，导致法院积案如山，诉讼程序大大延迟。在美国，无论是民事案件还是刑事案件拖延现象都在不断增长，特别是人口在 50 万以上的城市，很少有例外。至于因法律规定刑事案件优先审判而被推迟的民事案件，常常是 3 年以上才轮上审判。甚至有人指出，"在芝加哥法院审理的是 8 年前起诉的案件。在纽约，如果要及时审结所有的案件，每个案件只能审理 17 分钟。另外，由于刑事案件的增加，民事案件只能暂放一边。在过去的几年里，有 10 个州的法院不得不暂时停止审理民事案件，这样更加造成了民事案件的冗积。"〔1〕这对于一个有效率的司法制度来说，是一种致命的打击，严重的诉讼迟延无疑会削弱司法在纠纷解决中的功能，降低司法救济在民众心中的威望。因为"迟来的正义是非正义的"。面对这样的窘境，解决积案问题只有 2 条途径：一是扩大法院规模；二是促使案件分流到法院之外解决。出于维护法院权威、保证法官素质以及节约司法资源等多方面的考虑，美国从未采用过第 1 条途径。所以，能及时有效解决纠纷，分担法院压力的 ADR 就成为美国社会必然的、也是不得不为之的选择，因此 ADR 就因势就利，获得了蓬勃发展。在之后的 10 年间（1980～1990 年），美国诉讼爆炸的现象的确得到了部分缓解，这其中 ADR 的分流作用被公认为最重要的原因之一。

此外，诉讼成本高昂与诉讼本身的局限性也是促成 ADR 兴起的主要原因之一。诉讼成本在某种程度上与诉讼数量呈现出一定的反比例关系，诉讼成本下降会促使诉讼数量有一定的增长，而诉讼费用高企则被认为是抑制滥诉的调节器。美国的民事诉讼费用包括审理费用（costs）和律师费用（fees）两部分，其中，审理费用包括案件受理费、证人出庭费用、向法院书记员和部分当事人给付的费用等。司法运作需要成本，这也是社会为了维护正义所必须付出的代价。但问题是高昂的司法成本，能否保证人们获得世界上最好的司法制度的保护。美国学者德里克·博克（Derek Bok）曾尖锐地批评美国法院，指出"在公正和效率上（美国）引以为豪的法律制度，尽管运作成本

---

〔1〕 岑雅衍、金一波："ADR 的法律探析"，载《宁波大学学报》（人文科学版）1995 年第 3 期。

是世界上最昂贵的，却依然不能维护所有公民的权利"。[1]因为越来越多的案件，在越来越多的地方，受到了高昂诉讼费用的严重困扰。很多人由于打官司花钱太多，而被关在法院大门之外。美国律师协会就诉讼困难问题曾做过一项调查，美国70%的家庭1年的现金收入在15 000美元以下；87%的家庭各种收入在25 000美元以下。除非诉讼费用是由保险公司支付或者采取胜诉后再付的办法，否则一般人根本付不起诉讼费。[2]所以，自认为拥有世界上最好的司法制度之一的美国人民，并没有比其他任何国家的人民有更大的机会得到司法制度的保护。且高昂的诉讼成本很可能造成当事人在司法资源利用上的不平等，以至带来司法危机。越来越多的律师界和司法界人士都认为，一种司法制度使人花这样多的钱，就人为地让少数有钱人占了便宜，而使大多数人得不到公平合理的受审判保护的机会，由此会导致新的社会不公。普通民众因根本付不起诉讼费，而被剥夺了受法律保护的权利。对于小企业主来讲，一旦遇到纠纷更是腹背受敌，一方面，诉讼费用常常不允许他们为维护有效的权利而进行诉讼；另一方面，诉讼拖延不决又使资金和人员遭到冻结，最后由于经济上的需要只好接受一些缺乏保障的妥协办法。另外，律师们孜孜以求的复杂的诉讼程序，也是造成诉讼拖延和诉讼费用高昂的一个重要原因。此外，在对抗式诉讼模式下，诉讼程序完全由当事人来推进，各方当事人对案件事实负有完全的证明责任，与对抗式诉讼模式紧密相连的是证据开示制度（discovery）。所谓证据开示，是指民事诉讼中一方当事人或代理律师可以要求对方当事人出示其掌握的与案件有关的文件或证据，或者通过宣誓作证、书面质询等方法强制向当事人之外的知晓案件全部或部分信息的案外人收集证据的一种审前程序。尽管证据开示对保障诉讼公平起到了很大作用，但这种制度是以浩瀚的工作量为代价的，在具体实践过程中也不可避免地出现了一些弊端：首先是耗时；其次，由于美国律师费用基本上采取计时收费模式，相应的律师费也水涨船高；最后，由于证据开示的范围基本不受限制，因此就会有不少代理律师利用申请证据开示的权利故意拖延诉讼

---

〔1〕〔英〕西蒙·罗伯茨、彭文浩：《纠纷解决过程：ADR与形成决定的主要形式》，刘哲玮、李佳佳、于春露译，北京大学出版社2011年版，第59页。

〔2〕〔美〕列昂纳德·斯·贾诺夫斯基、韦田："美国律师协会向诉讼拖延和高昂的诉讼费用开战——减少诉讼费用和诉讼拖延行动委员会将提出一项使法院更加便利人民的计划"，载《环球法律评论》1980年第4期。

时间，达到拖垮经济实力较弱的当事人的目的。而作为民事诉讼程序基石的陪审团制度，又会导致法院判决具有高度的不确定性。这些因素一方面导致诉讼成本高昂和审理延迟等压力，另一方面这些压力又促成了当事人之间进行交易的动机。成本和收益的衡量，成为 ADR 的主要逻辑思维之一，这也为纠纷解决的市场化提供了契机。[1]时至今日，尽量避免对抗策略的使用和减少诉讼资源的浪费仍是美国司法改革的一大宗旨，刚刚生效的美国《联邦民事诉讼规则》修正案第 1 条就明确指出，联邦规则"由法院和当事人共同运用、解释和执行，以确保公正、高效、低成本地处理每一起民事案件"[2]。

3. 接近正义（Access to Justice）运动是 ADR 兴起的社会背景

接近正义运动始于 20 世纪下半叶，主要是针对保障公民充分利用司法和法院的权利而提出的口号和司法改革目标。这场运动发起的源动力主要在于应对西方国家因诉讼本身的功能障碍，诸如诉讼迟延、诉讼成本过高以及诉讼结果不确定等弊端而产生的司法信任危机。以美国纽约州布鲁克林区的红钩社区为例，1996 年和 1997 年，公众对法院持肯定态度的比例仅为 10% 和 30%，大多数公众将法院视为遥远、冷漠、带有种族偏见的机构，非裔美国人更认为法院对当事人缺乏尊重，是不公正的。[3]"让民众接近正义、让司法走近民众"，是接近正义运动的价值内涵。意大利著名法学家莫诺·卡佩莱蒂（Mauro Cappelletti）对接近正义进行了系统化研究，并提出了各国政府都有义务保护当事人的接受裁判权以及为当事人从实质上实现接受裁判权提供应有保障并扫清障碍的理论。[4]这一理论直接推动接近正义运动在两大法系一些主要国家走向高潮。美国的接近正义运动曾经掀起过 3 次浪潮，西方法学界将其归纳隐喻为 3 个"波"。第 1 "波"是 1965 年美国的经济机会办公

〔1〕 范愉主编：《多元化纠纷解决机制》，厦门大学出版社 2005 年版，第 13 页。

〔2〕 约翰·罗伯茨："美国联邦法院 2015 年年终报告"，蒋惠岭、黄斌、杨奕译，载《人民法院报》2016 年 1 月 8 日，第 8 版。

〔3〕 See Greg Berman and Aubrey Fox："From the Benches and Trenches Justice in Red Hook". 转引自高陈："美国纽约州法院接近正义运动观察及启示"，载《江汉大学学报》（社会科学版）2015 年第 1 期。

〔4〕 参见 [意] 莫诺·卡佩莱蒂：《福利国家与接近正义》，刘俊祥等译，法律出版社 2000 年版，序言第 4 页。

室（OEO）根据一家律师事务所的工作计划改革现行法律援助制度，旨在为贫困者提供法律服务；第2"波"是1970年由财团资助的公益法律事务所的出现和兴起，意图在消费领域和环保领域发展公益诉讼制度。可见，前两波运动有相同之处，主要解决了弱势群体能够享有司法公正审判的问题。与ADR运动有直接关系的是自20世纪70年代开始的第3"波"浪潮，旨在推动替代法院和正式司法程序的ADR制度的发展。第3波浪潮的基本理念是：一方面，通过程序的简化和便利，增加民众利用司法的机会；另一方面，将正义与司法区分开来，重新理解和解释正义的内涵，通过司法的社会化，使公民有机会获得具体而符合实际的正义，即解决纠纷的权利。[1]它的思路是改变法院在纠纷解决中的功能的狭隘认识，使法院不再作为纠纷解决的主要渠道，而是作为一种法律背景。在这个意义上，第3次浪潮就是通过司法或正义的扩大解释，把纠纷解决的功能从法院向社会化的ADR转移；通过ADR强化社会纠纷解决的能力，使更多的社会主体和当事人能够及时、便捷、经济、平和地解决纠纷，从而扩大了法律的作用范围和方式。ADR在理论上得到大力支持和赞赏的同时，其在实践层面的推行源自于1983年美国《联邦民事诉讼规则》第16条的修改，它要求法官考虑运用司法外程序解决纠纷的可能性。1990年颁发的《民事司法改革法》又使ADR在联邦地区法院获得了进一步认可。1998年克林顿政府签署《替代性争议解决（ADR）法》，要求每个联邦地区法院在所有民事案件中使用ADR，建立各自的ADR计划并制定相应的保障程序，这标志着美国ADR全盛时期的到来。对于西方社会"接近正义"运动的改革，学者们归纳了一些结论，包括：①各国法院对诉讼程序的一般性变革。如奥地利的诉讼制度改革、法国的废除法院费用改革、德国的法院改革等等。②用仲裁代替正规法院处理一般纠纷的改革。比如，法国的法官友谊仲裁制度、美国加利福尼亚州的任意仲裁制度、宾西法尼亚州的仲裁前置制度。在日本，有关调解的法律制度最为完善。由于现代社会纠纷增多，诉讼成本巨大，而通过第三人介入纠纷解决，以调解的方式化解矛盾是当事人的有益选择。与诉讼不同，调解的方式有利于查明发生纠纷的深层

---

〔1〕［意］莫诺·卡佩莱蒂：《福利国家和接近正义》，刘俊祥等译，法律出版社2000年版，第125～160页。

次原因，并能够修复复杂长期的关系。③设立专门的法院。[1]如加利福尼亚州设立的调解法院，利用调解作为代替审判程序的手段。

综上所述，笔者认为，非诉讼纠纷解决机制的兴起，不是偶然，而是社会发展过程中的自然回归，也是一个生命轮回。

（三）非诉讼纠纷解决机制的理念与功能

在现代法治国家，大家一般都认为通过法律程序、遵照法律的规定去解决纠纷即为实现了"正义"。那么通过诉讼外手段去解决纠纷又是如何被确定为"这样做是正确"的呢？①从宏观上看，这种理念，是通过各种媒介传递给纠纷当事人这样的信息：利用诉讼外手段可以抢先在审判之前解决纠纷，可以使那些不宜通过审判来解决的案件，不必花费很高的成本通过自力就实现审判和正义，且当事人还可以审判为意向进行谈判。在美国，审理前的强制仲裁和模拟辩论经过与审判相同的程序后所作出的判断也被赋予权威，甚至能够达到的审判预测程度之高，连作为当事人代理人的律师都难以预见。因此，非诉讼纠纷解决就这样被定位为一个在审判阴影下进行交涉的媒介，从当事人的角度看，意味着通过它能取得实现正义的解决。从社会的角度看，意味着通过这种媒介的恰当机能贯彻了法律的统治。[2]当然，为了更加提高评判性非诉讼纠纷解决的精确度和权威性，退休法官和律师就积极地参与进来，在程序的把控上尽量和审判相似，而且在法院进行。但是这种"一方面需要权威，而另一方面实现这个权威的权威赋予会威胁到其正当性情况，"招致了强烈批评，因为诉讼外纠纷解决的判断超越了当事人自发的承认而被重重地强加于当事人，被看作是"利用权威强加脱离正义的独立判断方法"。对此，也有学者解释说，实际上审判中也有这种情况的存在，"审判作为'说法'行为的权威，在任何人都不可能对法知之彻底的情况下，不得不转变为'法官所说就是法'这样的权威赋予，这种情况在我们的法律秩序中是根深蒂固的，对此不存在原理上的解决方法。"[3]②另一个理念就是"自律"。如果

〔1〕［意］莫诺·卡佩莱蒂：《福利国家和接近正义》，刘俊祥等译，法律出版社2000年版，第140页。

〔2〕［日］小岛武司、伊藤真编：《诉讼外纠纷解决法》，丁婕译，中国政法大学出版社2005年版，第15页。

〔3〕［日］棚濑孝雄："诉讼外纠纷解决方式的理念与实践"，载［日］小岛武司、伊藤真编：《诉讼外纠纷解决法》，丁婕译，中国政法大学出版社2005年版，第15~16页。

从"当事人拥有纠纷"这一命题出发，纠纷处理制度就需要接受"当事人持有多种纠纷以及对于纠纷解决的愿望千差万别"的现实，为了能够满足当事人的愿望，最好还是事先准备好多种菜单，让当事人从中选择最符合需要的，据此就得出了"多元化纠纷处理"的模型。这种理念在现实的 ADR 中被广泛应用。从小额审判，到限制证据开示，或者由特别支配人进行争论焦点的整理，再到强制仲裁和专家小组进行的早期评价等各种程序，让当事人进行自由选择的尝试在不断进行着。准备方便地使用程序，或是在程序中灵活地吸收当事人纠纷解决的需要，这才是以自律为理念的诉讼外纠纷解决的重要课题。[1]

由于其特殊的历史使命，一般而言，非诉讼纠纷解决机制具有以下主要功能：①纠纷解决功能。这是非诉讼纠纷解决机制的首要功能，也是其基本功能。无论是哪种形式的非诉讼纠纷解决方式，都是以解决当事人之间的纠纷为己任的，但这种非诉讼纠纷解决方式的主要特点在于它是通过促成双方的和解或妥协来达到纠纷解决目的的。因此，非诉讼纠纷解决方式是用一种较为温和，而非激烈对抗的方式去缓解社会矛盾和冲突。从这个角度看，它又可以起到改进社会关系，促进社会和谐的功能。②替代性功能。这是特指非诉讼纠纷解决方式替代法院审判或诉讼的功能。根据美国法律信息网对 ADR 所下的定义，其共同之处在于"代替"，是指每一种非诉讼程序都是对法院判决的一种代替。但需要强调的是，这种代替性并不意味着取代诉讼。因为"ADR 不准备，也永远不可能取代法治。法治是我们社会的基础，而且其价值将会继续决定社会的基本模式"[2]。③互补功能。非诉讼纠纷解决方式，无论是在解决手段上，还是在解决效果上，都表现出与诉讼制度较强的互补作用，它既可以节约司法资源，保证司法资源应用在更重要的案件审判上，同时又展示出非诉讼纠纷解决方式的柔性与诉讼制度的刚性相结合的特征，这也是功能上的互补。但是，对于非诉讼纠纷解决方式的选择性，[3]笔者并不认为这是其独有的功能体现。因为，无论有没有诉讼外纠纷解决途径，

---

〔1〕　［日］棚濑孝雄："诉讼外纠纷解决方式的理念与实践"，载［日］小岛武司、伊藤真编：《诉讼外纠纷解决法》，丁婕译，中国政法大学出版社 2005 年版，第 18 页。

〔2〕　Meyerson, Bruce E. & Cooper, Corinne ed. , *A Drafter's Guide to Alternative Dispute Resolution*, America Bar Association, 1991, p. 4.

〔3〕　范愉：《非诉讼纠纷解决机制研究》，中国人民大学出版社 2000 年版，第 12 页。

对于当事人而言，他都可以选择诉讼或者是选择忍让，只不过非诉讼纠纷解决方式的出现，为当事人呈现出了更多的选择机会而已。

三、国外 ADR 的理论研究与社会实践

（一）美国 ADR 的发展及其类型

今天 ADR 已成为美国多元化纠纷解决机制的重要标志，美国也当之无愧地成为现代 ADR 的发源地，其影响遍及世界。ADR 在美国从被否定、被忽视，到在夹缝中生存，再到全面复兴，经历了不同的发展历程，每一个阶段都有着一定的理念特征。

根据美国法学家舍曼（Sherman）的阐述，美国 ADR 的发展经历了以下几个阶段，同时也伴随着理念的更新。[1]①20 世纪 30 年代，美国劳资矛盾突出，纠纷不断，为了缓和双方的尖锐对立，维护社会利益，通过能够影响双方的局外的中立第三方介入纠纷解决过程，运用调解方式使双方妥协，这种方式叫做"社会干预"。②在劳资纠纷之后，美国开始在家事法领域推行调解。通过拥有心理学知识的人对婚姻双方进行心理上的疏导，解决感情危机，维系婚姻家庭关系。因这种调解手段通常是由具有心理学方面知识的人运用心理治疗方式进行，遂将这种"治疗"理念带入调解当中。③20 世纪 60 年代，在美国联邦政府的资助下，美国设立了全国性的"近邻司法中心"（Neighborhood Justice Center）作为替代性纠纷解决机构，与此同时在州政府、教会、慈善团体和其他地方组织的资助下，各地纷纷设立了社区调解中心。这些机构依靠社区民众通过调解解决纠纷，在调解过程中，调解人非常注意使用既无拘束性也非判断性的方式进行询问和交流，尽量避免将自己有关利益、价值观等的见解传递给当事人，实现自治体内的个人自治。后来这些自治组织逐步被专门成立的"纠纷解决中心"（Dispute Resolution Centers）所替代。但是这种"增强自治"和"当事人自己解决纠纷"的价值和理念一直发挥着重要作用。④20 世纪七八十年代，法院由于积案如山，就鼓励法官和职员积极管理案件，尽可能运用 ADR 手段在诉讼程序的早期阶段促成当事人和解以节约司法资源，与此同时也大大减轻了当事人的诉讼费用负担。这种做

---

〔1〕 参见［美］E. 舍曼：《ADR 与民事诉讼》，［日］大村雅彦编译，日本中央大学出版部 1997 年版。

法尤其得到了企业界的大力支持，在其主张下，设立了以大企业为成员的公共资源中心（Center for Public Resources），并由此创立并发展了诸如小型审判（mini‑trail）等的新型 ADR。在这一时期，"促成和解"理念得到了广泛的应用和发展，替代性纠纷解决方式也不再拘泥于原来的非指导性原则，而是主张可以适时利用强制性诱因以促成和解的达成。[1]至此，ADR 已经逐步被纳入主流纠纷解决体系中，其解决手段也开始从单纯运用心理学和社会学方法转向注重法律技术的应用。⑤到了 20 世纪 80 年代，"合作型问题解决"理念开始得到社会的重视。"合作型问题解决"本是日本产业界在企业经营过程中积极动员企业员工参与到产品生产、质量监督中的一种成功的管理方法。其被运用到纠纷解决领域，得益于费希尔（R. Fisher）和尤利（W. Ury）出版的小册子《开始说 Yes》。他们提倡让纠纷双方甚至所有"利害关系人"进行沟通、合作，寻找利益交叉点，从而达成一致的方式。纠纷双方和"利害关系人"在这个过程中可以发现相互的利益，从而寻求对双方都有利的解决途径。这种倡导"有原则、合作型"交涉的纠纷解决方式，从企业界开始，后被逐步广泛应用到有关公共政策领域的纠纷解决中。⑥进入 20 世纪 90 年代，诉讼附属型 ADR 的发展，要求调解人或者中立第三人对诉讼争议的法律问题应当具有一定的经验，因而就需要有具备专门法律知识的人士与当事人一起进行法律分析，对法院可能作出的判决进行预测。此时退休法官和专业律师便开始积极参与纠纷的评价工作，试图从权威人士的角度，对当事人诉讼的前景进行评估，为当事人选择纠纷解决途径提供参考。随着专业律师和退休法官的参与，一种新型的、"评价型"的纠纷解决程序应运而生。与传统的调解模式不同，"评价型"ADR 由受过专门训练的律师和经验丰富的退休法官作为中立第三人，其评价结果与法院判决相当接近，这样就与当事人选择诉讼解决纠纷的心理预期差别不大。在这一时期，还有一种与"评价型"理念不同的看法，就是"转变型"理念。这种观点反对调解人的指导，尤其反对调解人直接介入当事人关于利害关系和价值观的判断，主张发挥当事人的自主性，认为应该通过当事人自己的努力寻求解决纠纷的机会。而且这种观点还认为，应该把解决纠纷的方式看作是当事人发生转变的机会，即通过当事人的自律以及对对方所提观点和所持立场的承认，换取共鸣的感觉，最终达

---

〔1〕　范愉：《非诉讼纠纷解决机制研究》，中国人民大学出版社 2000 年版，第 98～99 页。

到"道德增进",实现道德自治的目的。虽然这种理念有一定道理,但是单纯依赖道德自治很难有效解决纠纷,它更适合与其他方式相结合来发挥作用。

从立法方面看,美国的法院附设 ADR 和强制型 ADR 的发展很快。1990年,美国颁布实施了《民事司法改革法》(The Civil Justice Reform Act of 1990,简称 CJRA),要求所有地区法院开展一个在地区内减少成本和程序迟延的特别计划,扩展并增加 ADR 的使用成为 CJRA 的一项基本原则。1996 年 10 月,克林顿总统签署了《行政纠纷解决法》(Administrative Dispute Resolution Act of 1996),允许政府部门利用 ADR 解决合同纠纷,承诺政府机构遵守仲裁协议的约束。1998 年 10 月,克林顿总统又签署了《ADR 法》(Alternative Dispute Resolution Act of 1998),进一步推动 ADR 的利用,并授权联邦地区法院制定具体规则。目前,许多州都已经制定了 ADR 法,ADR 已经成为美国多元化纠纷解决机制的重要标志。

美国的 ADR 组织形式多样,既有非营利型 ADR,如美国仲裁协会(American Arbitration Association,简称 AAA,在全国设有 35 个办事处);也有为解决商事纠纷而出现的营利型 ADR,如司法仲裁调解机构(Judicial Arbitration and Mediation Service,简称 JAMS);还有按行业和地域划分的 ADR,如紧邻司法中心等,不一而足。总之,美国的 ADR 类型有以下几种:

1. 法院附设调解

法院附设调解是指由当事人或法院选出的调解员来协助诉讼者达成和解协议,是澄清案件争议,消除误解,寻找妥协的一种途径。通常涉及婚姻家庭、邻里纠纷、小额或简单纠纷等案件,如若借助于法院附设的 ADR,能更加有效地解决纠纷。1996 年联邦司法中心和公共资源中心对联邦法院的调查显示,调解是法院附设 ADR 的最普遍形式。2002 年,美国律师协会和统一各州法律全国委员会通过了《统一调解法》。当前该法已在内布拉斯加州、伊利诺伊州、新泽西州和俄亥俄州施行。据统计,美国涉及调解的州法规和联邦法规已超过 2000 部。[1]几乎所有的州都有这样的共识:通过调解解决争议所体现的利益要高于把全部证据提交法庭而获得的利益。

根据是由当事人直接申请还是由法院指定进行,美国的法院附设调解分为任意型和强制型两种。如果调解是纠纷双方自愿选择采用的,调解员就不

---

〔1〕 齐树洁主编:《美国司法制度》(第 2 版),厦门大学出版社 2010 年版,第 199 页。

得将自己的意愿强加给双方当事人，其工作是促使双方保持交流，并推动双方向一致的意见迈进。尽管对于强制型法院附设调解这种形式，法院可以把调解规定为诉讼的前置程序，即诉讼前必须强制调解，但从本质上说，法院附设调解仍是通过当事人的合意解决纠纷的方式。提到美国的法院附设调解程序，就不得不介绍一下著名的被称为"丝绒锤"（The Velvet Hammer）的"密歇根式调解"（Michigan Mediation），比喻调解像丝绒锤一样，针对要求过高的一方当事人采取措施，迫使其降低要求。[1]此方式首先在密歇根州被采用。具体操作是，法院提供调解人名单，双方各选择一名调解人，再由调解人另选一名中立调解人。然后，调解庭安排调解听证时间、地点，通知双方于听证前10日将相关文件交给各自指定的调解员，并附上各自对案件事实和法律适用的简要叙述。提交材料后，于规定日期出席调解听证。调解时，律师可以为自己的当事人辩护，调解人在听证10日后必须作出决定，当事人双方必须在收到决定的20日内作出接受或拒绝的表示，逾期将视为接受。若双方都接受裁决，则由法院备案或作出正式裁决，产生法律效力；如果任何一方不接受，则进入诉讼程序，并将调解决定密封保存，等待法院判决结果。如果法院作出的判决数额不超过或不低于原决定的10%，调解及诉讼费用由各方自负；如果判决数额高于原决定的10%，所有的调解和诉讼费用甚至律师费用由被告承担；如果判决数额远低于原决定的10%以下的，则上述费用由原告承担。此规定的目的是惩罚拒绝调解的行为。最后需要说明的是，无论是当事人双方自愿提出调解，或由法庭提议调解，都允许当事人在特定时间内反悔该调解决定。可见，这种"强制型"和"自愿型"仅仅是描述案件如何进入调解程序的，而不是用来强调调解结果的类型。

2. 法院附设仲裁

仲裁在美国 ADR 体系中占有重要地位，其"更接近传统意义上的诉讼，即由一位中立第三方听取双方的辩论，然后作出一个最终对双方均有约束力的裁决，并且此裁决可由法院予以强制执行"。[2]美国仲裁法包括联邦法和

---

〔1〕［美］J. 弗尔伯格："美国 ADR 及其对中国调解制度的启示"，李志译，载《山东法学》1994 年第 4 期。

〔2〕［美］克里斯蒂娜·沃波鲁格："替代诉讼的纠纷解决方式（ADR）"，载《河北法学》1998 年第 1 期。

州法，联邦法以 1925 年制定的《联邦仲裁法》（FAA）为主，州法以 1955 年制定的《统一仲裁法》（UAA）为代表。自 1925 年颁布以来，FAA 只作过几次修改，保持了应有的稳定性，其中 1970 年和 1990 年的两次修改较为重要。当前的 FAA 共 3 章 31 条。FAA 的适用范围非常广泛，所有的海事和商事契约都可适用。虽然 FAA 并未规定详尽的仲裁规则，但其规定了从仲裁协议、仲裁员到当事人，以及仲裁裁决等事项的所有程序。近年来，修改 FAA 的呼声甚高，但何时修改仍无日程表。UAA 于 1955 年由统一州法全国委员会通过，1956 年修订过一次，最新修订是在 2000 年（修订后简称 RUAA）。其在美国各州发挥了重要的示范作用，有 49 个州在不同程度上采用了《统一仲裁法》。由于 FAA 相对简陋和滞后，UAA 对推动美国仲裁的发展发挥了极为重要的作用。

作为 ADR 的一种表现类型，法院附设仲裁不同于传统意义上的仲裁，它的启动不以纠纷双方订立仲裁协议为前提，且仲裁裁决对纠纷双方不具有约束力。法院附设仲裁的特点表现在：首先，由法院强制启动；其次，仲裁在法院的监督下进行，法官有权依职权撤销仲裁裁决；最后，仲裁裁决不具有终局性，当事人还可以提起诉讼。它的优点在于能够快速解决纠纷，提高工作效率，节约司法成本。这种 ADR 模式最早发源于宾夕法尼亚州东部地区和加利福尼亚州北部地区，后在其他州陆续得到推广。加州法院的做法是：标的在 10 万美元以下的民事案件，必须经过附设在法院的仲裁程序，即强制仲裁。仲裁在律所进行，仲裁员从律师和退休法官登记名册中选出 1~3 人，审理后 10 日至 14 日作出裁决并向法庭报告。如果当事人在作出裁决后 30 日内仍坚持要求开庭审理，则仲裁无效；若当事人未提出该要求，则仲裁裁决与法院判决有同等效力。与加州法院做法不同的是，宾州的仲裁是在法院的法庭上进行。最重要的区别是：如果申请开庭审理的当事人没有得到比该仲裁裁决更为有利的判决，则要负担对方当事人从申请审理以来的包括律师费在内的一切费用。但这种惩罚性的做法却受到质疑，比如认为缺少宪法根据。无论如何，在诸多 ADR 形式中，法院附设仲裁是最接近于审判的一种形式，它的目的不在于促进当事人的和解或提供建议性的裁决，而是作为法院用来在审理之前分流案件，提高工作效率的一种途径。[1]

---

〔1〕 杨严炎："美国司法 ADR 之考察"，载《当代法学》2006 年第 4 期。

3. 评价型 ADR

评价型 ADR 分为早期中立评价、中立专家事实发现以及简易陪审团审判三种类型。

（1）早期中立评价这种方式是于 1985 年由加利福尼亚州北部地区法院创建的，主要是指通过在诉讼早期阶段为当事人提供有关案件的评价以促进和解的程序。它是在中立第三方的主持下进行的，这个第三方一般由经验丰富、具备专业知识的资深律师来担任。评价报告对当事人没有约束力，只是一个指导。如果纠纷未能得到解决，当事人仍可提起诉讼。可见，早期中立评价实际上是为当事人提供了一次审理实验的机会。早期中立评价程序的积极意义在于，通过对当事人的主张是否正当、双方理由的强弱进行评估，帮助当事人知己知彼，尽快达成和解协议，节省诉讼费用。目前，早期中立评价的利用形式更加多样化，而且在多数法院附设的 ADR 中，都包含"评价型"要素。这也是与传统调解方式的最大不同。

（2）中立专家事实发现是主要适用于知识产权纠纷的一种非正式程序，由法院选任一名专家作为中立第三方进行事实调查并收集证据，最后作出一份书面的专家意见、报告或证明，或作为中立的专家证人出庭作证。这种中立的专家意见报告可以向当事人提供一个有关事实的客观评价，有利于发现事实，分清是非，促使当事人和解。

（3）简易陪审团审判是 1981 年俄亥俄州北部地区联邦法院法官朗布罗斯（T. Lambros）创立的，目前已有许多州法院和联邦法院采用了此程序。这种程序类似于正式审判，由法官、陪审团、当事人参加，通常在法院进行，一般是不公开的，通常在证据开示后、正式审判程序开始前进行。由律师向陪审团出示证据并进行事实的陈述，陪审团听完后退席评议并作出裁决。陪审团可以作出合意裁决也可以作出个别或单独裁决。律师可以要求将合意裁决视为一个有关是非曲直的终局决定，法庭可以以此为基础作出判决；也可以要求作出个别或单独裁决，以作为争议双方和解的基础。但陪审团的评价以及法官的裁量都没有强制性的约束力。简易陪审团审判实际上也是为当事人提供了一次无约束力的审判实验，预测法院的判决结果。如果能够和解则纠纷得以解决；如果达不成和解则进入审判程序。简易陪审团审判主要适用于侵权损害赔偿诉讼、多方当事人诉讼及反垄断诉讼。

4. 小型审判（或称企业家中心型 ADR）

与传统的审判不同，小型审判是由谈判交涉、中立评价、调解以及裁判等方法综合而成的，属于混合型 ADR。"小型审判"一词出自《纽约时报》（*New York Times*），是对 1977 年为解决两个企业间的纠纷而创立的一种和解促进方式的称谓。该程序由双方选任的退休法官或资深律师担任中立建议者，以当事人为中心，双方律师面向自己的被代理人和对方代表而不是面向法官、陪审团、裁判员提出证据，由双方当事人自己分析并判断证据和主张，以便于作出和解决定。由于这种程序专门针对企业之间的纠纷，所以也称为"企业家中心型 ADR"。这种程序的显著特征在于：①突出当事人的地位，当事人具有决策权，因此和解率及履行率较高；②整个过程是不公开的，故不会泄露企业的商业秘密。

5. 终局型 ADR

终局型 ADR 的显著特点是，由于事先有双方约定，因而结果具有终局性和法律上的强制性。它有两种类型：一是租借法官。此类型是当事人根据法院或法庭规则，经法庭决定在特定名单上挑选收取报酬的中立者进行裁判并解决争议的办法。通常是在双方的合意下，由法院指定一名退休法官主持与正式审判程序相似的审理过程，当事人举证辩论，法官作出一个包含事实判断与法律根据的判决，该判决是终局性的，当事人不服时只能通过上诉推翻它。二是调解－仲裁。这种程序将调解与仲裁相结合，中立第三方既是调解人，又是仲裁人。一般先进行调解程序，如果达成和解，则纠纷得到解决；如果调解失败，则进入仲裁程序，仲裁人作出的裁决具有终局性和强制力。在仲裁程序中，仲裁员可由原来的调解员担任，也可以重新聘任。"调解－仲裁"模式的优点在于实现了调解与仲裁的有机衔接，由中立第三人既作调解人又作仲裁员，更熟悉当事人之间争执的核心内容，有助于尽快解决纠纷。但在社会实践中，这种程序的意义并不十分突出。

6. 和解会议型 ADR

这一程序在法官的主持下进行，主持和解的法官通常不是该案的主审法官，有时法院会专门设立调解法官主持和解会议，或由聘请的退休法官或律师主持。

总之，美国的 ADR 形式多样，它们之间相互支持、相互补充，一起在纠纷解决中发挥重要作用。据统计，由于各种 ADR 的运行，目前在美国只有不到 5% 的起诉案件真正经过审判程序，大部分案件已经通过各种 ADR 得到解决。

（二）日本 ADR 的发展及其基本类型

日本是历史上唯一没有成为殖民地的亚洲国家，其在近代的法制发展历程中，既广泛吸收了欧美国家的先进法律制度，又尽可能地保留了自己的文化特色。日本在国际政治舞台上虽然被看作西方国家，但其文化仍以儒家思想为基础，立法实务也体现了较为浓厚的厌讼、和为贵的东方色彩。在 ADR 的发展中，日本结合自己的具体社会状况，发展出了独具特色的 ADR 制度。其中许多方面，对于我国构建多元化纠纷解决机制具有重要的借鉴意义。

日本的非诉讼纠纷解决机制主要由调停制度、仲裁、各种专门性 ADR、行政性 ADR 和民间性 ADR 等组成。其中，最具特色的就是调停制度，在日本的非诉讼纠纷解决机制中历史最悠久，发挥的作用也最大，并且有效地缓解了移植法与传统社会之间的矛盾。日本的调停制度一般是指由第三人站在纠纷当事人之间，居中协助使交涉顺利进行以促成纠纷解决的合意。在日本，调停除了包括依据民事调停法的民事调停和依据家事审判法的家事调停（即法院附设调停）以外，还包括各种公、私机构所进行的调停。但本书所论及的调停制度是指法院附设的调停制度，属于司法 ADR。日本调停程序通常因当事人申请而启动，受诉法院认为有必要可依职权停止民事诉讼程序，交由调停机关调停。这是一种非诉讼方式，不是一种行使国家司法权的审判方式，其程序通过《民事调停法》加以规范，实质上是将国家的部分司法权有条件地委托给专门的调解机构行使。这种制度既吸收了民间调解的简便、灵活、成本低廉等优点，又弥补了民间调解缺乏制度保障和规范性弱的缺陷。当然，除调停制度以外，日本社会的方方面面都在采用 ADR 方式解决问题，其 ADR 方式的多元化不亚于美国，而且实践证明其多元化的 ADR 方式的确适合日本社会和当事人的实际需要。

日本的 ADR 基本法对于其 ADR 的发展具有非常重大的影响，因此有必要重点介绍。2004 年 12 月 1 日，日本颁布了《促进裁判外纠纷解决程序利用法》，并于 2007 年 5 月开始施行，该法对 ADR 制度的规定颇为全面，因此又被誉为"日本 ADR 基本法"。该法的立法目的在于对 ADR 基本制度进行全面整合，使 ADR 成为与裁判并列的、有魅力的选择之一。早在 2001 年 6 月日本司法制度改革审议会提交的"意见书"中就建议，"下大力气充实司法的核心——裁判功能，同时对 ADR 予以扩充和激活，使之成为对国民而言能与裁判相并列的有魅力的选择。""ADR 基本法"第 3 条规定：裁判外纠纷解决程序作为依法对纠纷加以解决的程序，必须尊重纠纷当事人自主性地对纠纷进行解决的努力，必须公正而正确地实施，并努力反映专业性知见、切合纠纷的实际情况、实现对纠纷的迅速解决。从这一规定可以看出该法所确立的日本 ADR 的基本理念由两个方面的命题构成：①ADR 应当尊重纠纷当事人对纠纷加以自主性解决的努力；②ADR 应致力于反映专业性、切合纠纷实际、迅速解决纠纷的优势。[1]

为了给社会和利用者增加信赖感和信服感，日本 "ADR 基本法" 的另一个值得称赞之处在于它创设了认证制度，该制度是指由法务大臣依据民间 ADR 机关的申请，对其符合 ADR 法所规定的条件进行认证的制度。"ADR 基本法"以大篇幅对认证制度的主要内容包括认证的定义、基准、资格、程序、监管措施、法律效力等方面进行了详细规定。如 "ADR 基本法" 第 6 条规定了认证的基准，该基准对民间 ADR 机关的专业知识和能力以及在经营管理方面的实力提出了具体要求，同时规定了民间 ADR 机关的若干义务。第 7 条规定了认证的欠缺事由，除了对不具备相应行为能力的人（包括法人）进行排除以外，还专门对暴力集团成员进行了排除。第 11 条还规定了认证的公示制度。第 20 条和第 24 条规定了负责认证的行政机关对被认证民间 ADR 机关的监管权限和措施。这些规定对日本 ADR 的发展和规范起到了关键作用。

从运营主体来划分，日本的 ADR 机制可以分为司法 ADR、行政 ADR 以及民间 ADR，其中司法 ADR 和行政 ADR 最具日本特色。

1. 司法 ADR

在日本，调停制度是附设在法院的一种非诉讼纠纷解决机制，所以也被看作司法 ADR。作为日本非诉讼纠纷解决机制中历史最长、发挥作用最大的纠纷解决方式，调停制度的历史可以追溯到德川时期，现代民事调停制度的建立始于第二次世界大战之前制定的一系列调停法，这种 ADR 方式有效地缓解了移植法和传统社会间的不适与冲突，并在战后逐步完成了向现代 ADR 的转型。

---

[1] 王天华："日本 ADR 的新动向"，载何兵主编：《和谐社会与纠纷解决机制》，北京大学出版社 2007 年版，第 142~148 页。

日本的调停由 3 名以上人员组成的调停委员会（Conciliation Committee）负责进行，3 人中有 1 名须为法官，但其余人员都不能是从事法律工作的。调停分为家事调停和民事调停。家事调停只处理与家庭有关的问题，通常在家事法院进行，其他有关民事的问题则由民事调停来处理。家事调停是诉讼前的一个必经程序，不需要当事人提出申请。由家事调停员参与调停，若当事人能够自愿协商、达成协议，则调停成功，将协议内容记入案卷，与生效的判决具有同等法律效力。若调停不成功，则交由法院进行审理，但判决结果会充分考虑调停委员会的建议。民事调停一般由简易法庭和地区法院负责，调停程序一般有两种启动方式：一种是当事人申请，任何一方都可以提出；另一种是法院在认为有调停必要时，提议启动。如果调停成功，当事人达成谅解，应当将调停内容写入卷宗，法律效力等同于和解。如果调停不成功，法院在当事人的诉求范围内，以调停委员会的主张为依据作出决定。但该决定具有终局性，当事人可以在决定作出后的 2 周内提出异议。若当事人在期限内未提出异议，那么决定将具有等同于和解的法律效力。[1]

目前，在日本法院进行的调停是各式 ADR 中利用率最高的纠纷解决方式。根据 2002 年度的统计，日本法院处理的民事调停案件为 362 925 件（1993 年度为 93 828 件），调停成功率达 33.2%，只有 8.4% 的案件调停失败。作出其他决定的占 34.2%，撤销案件的占 20.9%。由于调停制度适应了日本民众和社会的需要，因此我们有理由认为，在今后的很长一段时间内该方式的使用率将居高不下。尽管日本国内法学界对该法褒贬不一，但是，从上述内容可以看到日本司法系统对 ADR 机制的重视及提供一切支持的态度。

2. 行政 ADR

除传统的民事和家事调停制度以外，日本的行政 ADR 也颇具特色。由于日本民族性格对权威和秩序有一种特殊信赖，并且日本民众历来对诉讼持回避或消极态度，因此行政方式特有的优势得到了高度重视。也可以说，行政机关对纠纷解决的积极参与成了日本当代纠纷解决机制的一个重要特点，被称之为纠纷管理型 ADR。

日本的行政 ADR 机构包括：国民生活中心、都道府县消费生活中心、公

---

〔1〕〔日〕中村英郎：《新民事诉讼法讲义》，陈刚、林剑锋、郭美松译，法律出版社 2001 年版，第 14~22 页。

害等调整委员会、建筑工程纷争审查会、都道府县劳动纷争调整委员会等。随着纠纷解决方式的多样化，这类纠纷解决机构也在不断增加，同时也更加强调政府在争议解决过程中的作用。其中，值得一提的是公害等调整员会（简称"公调委"）。公调委是依据《公害等调整委员会设置》建立的专门性纠纷处理机构，其是对环境纠纷进行独立调查、处理的准裁判机构，并拥有准立法权。这一机构的目标并非取代司法救济，但由于其涵盖了事后损害救济、迅速处理环境事件、协调环境政策和通过事先论证防止危害发生等多方面的功能，已经逐渐显示出其优越性。由于其程序的灵活性、和其他行政机构的密切合作性以及案件终结后的积极参与性等优点，其在日本的公害及其他环境纠纷的处理中发挥了良好的作用。该机构自 1972 年设立至今已有 40 多年的历史，处理过许多具有重大社会影响的案件，其中包括防滑轮胎、粉尘公害以及丰岛废弃物不法投弃案件等。日本法学界的学者认为，今后应致力于扩大其调整和管辖范围，并进一步开发出类似于公调委这样的 ADR 机构。

3. 民间 ADR

除了传统的调停制度和行政性纠纷解决机制之外，日本社会还存在着各种类型的民间 ADR 机构，但是由于日本人的"权力崇拜"意识根深蒂固，导致这些民间机构的利用率并不是太高。民间 ADR 机构，以仲裁为中心开展。其中，具有代表性的民间仲裁机构当属国际商事仲裁协会，2001 年度该机构处理案件 9 起，日本海运集会所受理案件 15 起，1999 年设立的曾风靡一时的日本知识产权仲裁中心在同一时期收案量只有 5 起。即便是律师协会仲裁中心，参与调停或诉讼的数量也要远远大于仲裁。除仲裁性质的 ADR 以外，还有一类 ADR 机制的主持者或创办者基本上属于社团或行业协会性质，例如生活消费领域、汽车、化工、家用电器等。这类 ADR 机构的数量尽管很多，但是就目前的形势来看，并没有得到充分利用。1996 年《产品责任法》制定后，各种 PL 中心相继成立，消费生活用品 PL 中心接受咨询 854 起，生活用品 PL 中心接受咨询 784 起，但是最终经过调停、斡旋等纠纷解决手段处理的案件分别只有 4 起和 1 起。由此可见，民间 ADR 的利用率远不及司法和行政 ADR。为了平衡司法、行政、民间 ADR 三者的社会功能，致力于创建一个自律、自治的市民社会，日本国内的当务之急是增强市民对民间纠纷解决机构的认同，同时增设中立性、市民化的 ADR，以增加国民对纠纷处理的选择机会。

（三）其他国家的 ADR

1. 英国的 ADR 及其发展

传统上英国的诉讼制度非常发达，同时国内也存有多种纠纷解决机制，诉讼制度、各种类型的行政裁判所（Administrative Tribunals）构成了英国社会的纠纷解决机制。由于英国长久以来限制扩大法院规模，为了保证司法的质量，它在纠纷解决方面的一个重要特征是，赋予行政机关准司法职能，因此就建立了形形色色的行政裁判所，发挥着独特作用。凡基于行政法规而发生的案件，都由属于行政机关的行政法庭审理。据统计，目前英国各类行政法庭有 2000 个，大致分为以下几类：①不动产方面，如土地法庭（Lands Tribunals）、农业土地法庭（Agricultural Land Tribunals）、租金裁定法庭（Rent Tribunals）等；②公民福利方面，如国民保险法庭（National Insurance）、工伤事故法庭、国民卫生服务法庭、医疗上诉法庭等；③运输方面，如交通管制委员会、运输法庭、铁路运河委员会（Railway and Canal Commission）等；④工业与就业方面，如工业法庭（Industrial Tribunals）、劳资法庭等；⑤外国人入境事务，如入境申诉法庭；⑥其他，如专利上诉法庭、商标上诉法庭、增值税裁判所、纪律处罚法庭（Domestic Tribunals）等。目前，各种行政法庭每年审理的案件数以百万计。行政法庭的成员往往不是法律专家，未受过专门的法律训练，但要求他们是所处理案件方面的专家，并由纠纷双方有关代表参与纠纷的处理。例如，农业土地法庭要求有地主和农民参加；医疗上诉法庭必须有医生参加等等。行政法庭程序简便、非形式化，审判较少拖延，费用低廉，因此受到当事人的青睐。行政裁判所在纠纷解决中主要适用行政法规，并拥有较大的自由裁量权，它们与普通法院在管辖权上没有严格明确的划分。然而，为了对这种行政性纠纷处理的裁量权进行制约，该制度允许当事人在不服行政法庭裁决时向高等法院上诉。此外，英国法院的和解率非常高，法院在促进和解方面的态度十分积极。

但在对待 ADR 的态度上，英国显然没有美国那么友好。在英国，非诉讼纠纷解决机制长期不被立法者、司法者和法律服务者所认可，甚至对它所起的作用表示怀疑。但随着诉讼案件增多、诉讼成本高企、诉讼迟延等问题日益严峻，对民事诉讼制度进行改革的呼声不断高涨，人们开始寻找其他的纠纷解决方式。20 世纪 90 年代中期开始的民事诉讼制度改革，转变了人们对非诉讼纠纷解决机制的态度。尤其是在 1994 年 3 月，英国司法大臣兼上议院议长迈凯勋爵（Lord Mackay）委任沃夫勋爵（Lord Woolf）对英格兰和威尔士的民事法院的现行规则和程序进行全面审视，其目的简而言之就是要简化诉讼程序、改革诉讼规则、简化专业术语、消除诉讼拖延、降低诉讼成本、增加诉讼的确定性、强化公正审判、促进社会公众对司法的接近。1995 年 6 月，沃夫勋爵提交了《接近司法》中期报告，1996 年 7 月，《接近司法》正式出版，同时出版的还有《民事诉讼规则草案》，其中建议制定一个最高法院和郡法院统一适用的规则，以取代《最高法院规则》（the Rules of Supreme Court）和《郡法院规则》（County Court Rules），这一草案便是英国现行《民事诉讼规则》的前身。沃夫勋爵指出，虽然数个世纪以来，英国民事司法制度改革不断向前推进，但由于民事诉讼实行过分的对抗制，导致诉讼程序复杂、诉讼成本高企、诉讼迟延现象盛行。他倡导，应尽可能避免民事诉讼；民事诉讼应少一些对抗，多几分合作；不要过于繁琐；诉讼周期更短；诉讼成本更低；诉讼结果更可预测以及更加实事求是。同时他建议，当事人（在经济上）应该处于更加平等的地位；司法和行政应有更清晰的划分；民事司法制度应进一步适应诉讼当事人的需要。英国这次民事司法制度变革的核心是诉讼文化的变革，即由传统的律师控制案件进程，转轨为法院对诉讼程序进行管理和控制。在这个背景下，英国的民事诉讼法有了一个重大变化——"沃夫勋爵的改革"（Lord Woolf's Reform），即法官在审理案件之前，应给当事人 28 天的时间，要求当事人先行调解，当事人可以选择机构调解，亦可选择专家调解，如果调解成功，双方达成和解协议，应提交法院，由法官予以确认，即发生法律效力。

自 20 世纪 90 年代以来的几十年间，英国根据自己的国内情况，同时结合传统文化，针对不同性质、不同类型的纠纷，也设置了不同的非诉讼纠纷解决机制。其实 ADR 在英国劳动争议领域发挥作用历史悠久。在英国，劳动争议纠纷多采用非诉讼纠纷解决机制来解决。目前，由专门的咨询调解仲裁机构（Advisory Conciliation and Arbitration Service，ACAS）负责解决个人和团体之间的劳动争议，并向当事人提供咨询建议，此方式已成为解决劳动纠纷的主要手段。在其他领域，英国近几十年一直没有中止对民事诉讼制度的革新，在英国，已有了专门从事 ADR 业务的机构，如争议解决中心（The Center for Effective Dispute Resolution，CEDR），设在伦敦国际仲裁院内的国际争议解决中心（The International Dispute Resolution Center）以及城市争议委员会

（City Disputes Panel）等。这当中，尤以争议解决中心，即 CEDR 最为重要。而沃夫勋爵的司法改革，对 CEDR 来说，无疑是一个莫大的福音，使其发展迅猛，声名远播。目前，CEDR 已是欧洲乃至全世界最具影响的 ADR 中心。据有关资料统计，1999 年 4 月～2000 年 3 月，CEDR 共受理了 550 个案子，其中 30% 为纯外国当事人，调解成功率在 85% 以上。案件受理范围涉及所有商业领域，如货物买卖、建筑工程、IT、电子通讯、金融、保险、雇佣合同、海事争议以及个人之间的伤害赔偿、机构之间发生的争议等。CEDR 建立了调解员数据库制度，即将英国和其他国家有一定专业背景和工作经验的人士的有关资料储存在数据库中，供当事人在个案中参考选用，但在具体调解案件时，则不限于数据库里的人士。对于世界上的知名企业，也输入数据库，并与他们保持经常性的联系，一旦它们之间发生争议，CEDR 就会成为它们的首选。CEDR 还在每年的夏季，对调解员进行培训（夏季培训计划），至今为止已经培训了来自 70 多个国家的 9000 多名调解员。[1]。现在，CEDR 的业务范围已不仅限于调解当事人之间的纠纷，他们的工作甚至会影响到英国政府乃至欧盟的决策。在白宫、世界银行和欧洲委员会上，也常常会发现 CEDR 的代表们正在演讲的身影。此外，调停在英国也有一席之地，调停主要用于解决家庭纠纷和商业领域的纠纷。解决婚姻纠纷时，在审判前起到承上启下作用的就是调停机制。根据英国《家庭法》的规定，如果对于分割夫妻共同财产、子女监护和抚养存在分歧，就可以让调停员提供一定的意见，但不是法律上的，以此达成调停协议，进而解决纠纷。除了解决家庭纠纷，调停机制还被用于解决商业领域的小额纠纷。

2. 德国的 ADR 及其发展

如果说美国是 ADR 的发源地，是当今 ADR 最发达的国家，而英国是后起之秀，在 ADR 问题上取得了举世公认的成就，那么与美英相比，德国要算 ADR 的落后国，其发展水平仍处于起步阶段。德国之所以被认为不重视 ADR 的发展，是由于以下几个原因：①德国非常重视保障公民诉讼权利的行使，国家提供比较充足的司法资源，关于法官与律师的数量、诉讼费用、律师费用等法律都有明确规定。为控制诉讼成本，德国建立了法律援助与诉讼保险

---

〔1〕 参见 http://www.cedr.com/skills/mediation - training/，最后访问日期：2016 年 5 月 24 日。

制度。②德国的民事诉讼采取职权主义模式，法官在诉讼进程中发挥积极主动的作用，法官有促成和解的义务，调解程序与审判程序相互协调，有利于尽快解决纠纷，实现当事人的权益。③作为成文法国家，职业法官根据法律规则断案，与判例法国家相比，当事人对于诉讼结果有比较高的预测。同时，由于实行强制律师代理制度，诉讼过程的理性化程度也较高。另外，德国的律师制度不像美国那样，他们为纠纷当事人提供服务的范围包括调停、调解和仲裁，但主要是国际商事仲裁。由于以上原因，德国并不存在所谓的"诉讼爆炸"现象，民事诉讼制度完全可以解决当事人之间的纠纷，法院没有来自于诉讼案件数量增加方面的巨大压力，所以，社会主体也就没有对非诉讼纠纷解决方式的强烈需求。

但自 20 世纪 70 年代始，美国 ADR 的发展引起了德国的重视。德国同样注重其在效益方面的利益（相对于诉讼），而且更多地考虑到 ADR 的保密性、非对抗性等内涵价值。更重要的是，ADR 在纠纷解决过程中着眼于未来和长远的关系及利益，能避免名誉和道德的损失，并可能获得双赢和更圆满的结果，这对他们来说是最有说服力和吸引力的。从 20 世纪 70 年代开始，德国政府开始倡导发展 ADR。1977 年、1981 年和 1982 年，德国连续举行了 3 次有关 ADR 的大型研讨会，并提出在现有的和解所、调解机关和仲裁所之外，再建立其他新的制度的提案，随后进行了一系列尝试。1990 年 10 月德国组建了仲裁程序法革新委员会，经过 7 年的讨论和准备，于 1997 年 12 月颁布了《仲裁程序修正法》。2000 年 1 月 1 日，《德国民事诉讼法试行法》第 15 条生效，这是德国第 1 条具有广泛效力、规范起诉前强制调解的法律，它的问世揭开了德国民事调解的新篇章，也标志着德国的 ADR 进入了一个新的发展阶段。

根据是否有法律的明确规定，德国 ADR 可分为正式的 ADR 和非正式的 ADR。正式的 ADR 又可分为强制性的和非强制性的。所谓强制性的 ADR 是指案件在提交法院审理之前，必须先经 ADR 程序。强制性 ADR 主要适用的情形有：解决著作权使用费纠纷的事先调解，发明专利纠纷的事先仲裁，不正当竞争纠纷由协商委员会先行处理，职业培训中的纠纷由特别行业委员会先行处理，以及按照德国《新民事诉讼法》规定，邻里纠纷和 1500 马克以下的小额诉讼案件等必须先行诉前调解。与强制性 ADR 不同，非强制性 ADR，是指按照法律规定 ADR 程序不是起诉前的必经程序，当事人可以选择适用。如选择仲裁程序，实行一裁终局。非正式的 ADR，主要包括以下类型：手工业者工会主持的非诉讼纠纷解决机制、工商协会内所设的有关电子出版物领域的非诉讼纠纷解决机制、医师协会所设立的非诉讼纠纷解决机制、建筑师协会的调解所、房地产租赁调解所和仲裁鉴定等。

3. 澳大利亚的 ADR 及其发展

在历史上，澳大利亚曾经是主要利用法院解决纠纷的国家。比如 1975 年，澳大利亚平均 1000 人中即有 62.06 个民事案件，法院是纠纷解决的最主要场所。但是，近年来，由于民商事纠纷的特殊性，考虑到诉讼费用的高昂，诉讼迟延以及长期商业伙伴关系的维持，社会主体也产生了对诉讼外纠纷解决方式的需求，各种 ADR 机构逐渐建立起来。比如，澳大利亚仲裁员协会、澳大利亚国际商事纠纷仲裁中心和澳大利亚商事纠纷解决中心。澳大利亚仲裁员协会于 1977 年成立于墨尔本，主要为建造和建筑行业提供仲裁服务，仲裁员包括建筑师、建筑咨询顾问、工程师和律师等。澳大利亚国际商事纠纷仲裁中心于 1985 年成立于墨尔本，主要为国际商事纠纷当事人提供服务，其工作方式包括调停、调解和仲裁，但主要是国际商事仲裁。其仲裁程序采纳伦敦国际仲裁庭的程序规则，当事人也可以选择其他仲裁程序规则，如联合国程序规则或澳大利亚统一商事仲裁法规则。澳大利亚商事纠纷解决中心于 1986 年成立于悉尼，主要为国内商事纠纷当事人提供服务。该中心为解决商事纠纷提供各种形式的 ADR，但主要运用调解方式解决纠纷，服务范围逐渐扩展至经济生活的各个领域。随着自身的发展，其在国际商事纠纷解决方面也在逐渐发挥一定的作用。

四、ADR 制度的局限性

目前 ADR 制度虽然在世界各国遍地开花，一派繁荣，但是它一直是伴随着批评和质疑而发展起来的，无论在认识上，还是理论上，一定层面上都反映出 ADR 制度本身固有的缺陷。我们今天探讨它、审视它，目的在于尽量避免将这一制度推向极端化，最终使其得以完善。学者对 ADR 制度的批评和质疑大多集中在以下几个方面：①ADR 与实体法规则的问题。在利用 ADR 解决纠纷的过程中，实体法规则是否与在诉讼程序中一样具有约束力呢？实际上我们都知道，当事人自己在解决纠纷时，只要根据双方的合意来解决就可以了，在这种情况下可以说基本用不上实体法规则。即便是法院附设 ADR 程序，无论其使用哪种手段，都不会像法院判决那样以分出黑白为目的，主要还是依靠当事人互相让步来解决纠纷。也正因如此，ADR 才能对审判程序注意不到的地方予以充分考虑。比如可以根据情况强调感情因素，从而去寻找不拘泥于法律的落脚点，这也正是 ADR 程序的优点。但是对 ADR 持保留态度的人则认为，法院的主要职能在于宣示和运用法律，并且按照实体法标准确定一定的尺度来衡量当事人之间的权利和义务，这一功能也只有通过真实的案件和把争议诉至法院的真实的当事人才能实现，如果大量的当事人不通过法院解决他们的争议，或者法院建议当事人到法院外解决纠纷，那么法院就无法实现它的这一主要职能。所以，基于解决纠纷而妥协法律的实现和解决过程中合意的纯粹性，使 ADR 饱受争议。②ADR 与正当程序理念的问题。这个问题源于对 ADR 是否应当给予"正当程序"保护的讨论，尤其是在司法 ADR 程序中。支持者认为，即便在司法 ADR 程序中也允许当事人拒绝中立人的建议，继续进行诉讼，因此并没有剥夺当事人获得审理的机会。然而在不少司法 ADR 专业规则、地区法院规则中仍有很多对当事人诉讼权利的限制以及惩罚措施。有学者就提出了"ADR 是否对当事人接近法院构成了不合理的障碍"这样的宪法性问题。美国学者鲁本（Reuben）认为，虽然要求 ADR 完全遵守联邦证据规则和联邦民事诉讼规则可能会损害 ADR 机制的价值和目的，但是如果司法 ADR 想要经得起宪法审查，那么这些规则中基本的公正原则必须体现于 ADR 程序中。鲁本还建议以严格的方式将宪法价值运用于 ADR 程序中。但这一严格的方式仍可为每种机制留下有效运行的空间。[1]笔者认为，即使 ADR 不是国家行为，正当程序价值也为我们提供了一个起点，去思考 ADR 究竟需要体现哪些公平准则才能更加符合司法支持的程序，才能更加体现正当性。③ADR 的制度成本和资金保障问题。无论是利用法院审判解决纠纷还是利用 ADR 解决纠纷都会有成本的投入和支出。这些成本大致可以分成两种：一个是利用这种纠纷解决方式产生的成本，[2]一个是制度方面产生的成本。制度方面产生的成本又可进一步划分为固定成本和可变成本。前者

---

〔1〕 Reuben, "Developments in the Law: The Paths of Civil Litigation", *Harvard Law Review*, 2000（113），p. 1871.

〔2〕 关于法学中的成本和利益的定义，参见［日］和田仁孝："司法运营的成本"，载《法学家》第 971 号，第 79～83 页。

指无论是否有纠纷发生都会产生的费用。如法院所占用的土地、建筑物的维护管理、设备费用以及薪酬开支等等。可变成本包括解决纠纷所占用的时间精力、对纠纷解决人的培训教育费用以及随着案件增加需要新添人手所支付的工资等等。无论是法院审判解决纠纷还是通过 ADR 解决纠纷，这些费用一大部分都不是由使用者来负担的，而是由政府从国家税收中支出。虽然如律师会的仲裁中心、场所、建筑物、事务员等都由律师会补助，同时仲裁人等纠纷解决人也是作为志愿者或只收取象征性的报酬，这也是相关律师进行的一种内部补助。同行业团体设置运营的纠纷解决制度和投诉处理中心（PL 中心）等也是如此。[1]但由于纠纷解决的获益者不仅仅只有利害关系人，利害关系人以外人的意志也会在部分裁判决定中被反映出来，此时纠纷解决就具有了外部性。尤其在如公益诉讼这样的"现代型诉讼"中，外部性就更加显而易见。它的正当化正是因为司法服务的公共性。[2]正因如此，无论是通过诉讼还是非诉讼解决纠纷，我们都需要考虑其成本核算问题，因为花的都是纳税人的钱。前面只是解决了 ADR 成本负担的正当性问题，还没有说明与诉讼程序相比而言，ADR 程序一定是"廉价的、经济实惠的"这一问题。大多数通过 ADR 解决的案件并不具有终局性，很多只是给当事人提供一种评价建议，当事人还可以进一步选择进行诉讼。如此这样，就不能将利用 ADR 和利用审判之间进行简单的对比。因为如果过分强调 ADR 程序的廉价和迅速，带来的后果只能是无限制的简化程序。还有一个制约 ADR 的瓶颈问题就是资金保障，即国家和社会是否能够投入足够资金来保证其正常运作。ADR 制度的补助主要是依靠社会捐赠和募集，但由于会受到经济状况变动的影响，其补助有很大的不稳定性。因此，为了保证 ADR 的正常运转，政府补助制度化就成为 ADR 运作及实效性发挥的影响因子。④ADR 与强制合意的问题。对 ADR 程序提出质疑的学者认为，在 ADR 解决过程中，纠纷解决人往往会结合法律规范和社会规范，针对纠纷的争议焦点，提出一个"好的解决方案"，然后"说服"当事人接受。在这种情况下，当事人不是与对方当事人，而是与纠纷

---

〔1〕［日］太田胜造："诉讼外纠纷解决的成本"，载［日］小岛武司、伊藤真编：《诉讼外纠纷解决法》，丁婕译，中国政法大学出版社 2005 年版，第 163～164 页。

〔2〕［日］太田胜造："诉讼的利益享受与费用负担：诉讼成本该由谁来负担?"，载《自由与正义》第 41 卷第 12 号，第 43 页。

解决人进行交涉，由于争论焦点已经被限定，因此当事人就不能自由地进行解决纠纷的交涉。在与对方当事人的关系上，当事人也没有机会通过与对方讨论纠纷的内容来改变对纠纷的认识。当事人不一定完全知道什么是"好的解决"，就迫于纠纷解决人的人品和热情而接受和解方案了。所以，客观上ADR 存在强制合意的问题。对于这个问题，日本学者棚濑孝雄有过这样的阐释：现实中进行的 ADR 程序有两种形式，一种是程序主宰者在审判规范的范围内对照自己的真知灼见试图实现"好的解决"的判断型解决，一种是共同体内（不光是地区共同体，还有工作单位等）有影响的人士依据共同体规范进行说服的教化型解决。但表面上看到的都是第三人的判断型，很难关注到当事人之间交涉的实际情况。所以说理论与实践之间的鸿沟也掩盖了 ADR 实践中的程序问题。但即便是"被迫合意"，积极引导出通往社会生活中存在的合意的契机的行为在某种意义上也是作为诉讼外纠纷解决本来的功能存在着的。〔1〕

---

〔1〕 参见 ［日］棚濑孝雄："法治化社会的调停模式"，载《法学论丛》第 126 卷第 4~6号，第 122 页；［日］棚濑孝雄："诉讼外纠纷解决方式的理念与实践"，载 ［日］ 小岛武司、伊藤真编：《诉讼外纠纷解决法》，丁婕译，中国政法大学出版社 2005 年版，第 19 页。

第六章

我国当前民事纠纷解决机制现状

第一节　我国当前民事纠纷解决机制现状评析

尽管法院的收案量不能全面呈现出中国实际的社会纠纷总量，但是仍然具有一定的代表性。2015 年 4 月 30 日《人民法院报》提供的数据显示，2014 年全国法院收案总量突破 1400 万件，其中民商事诉讼（一审、二审、再审）案件 906.8 万件。各省市区法院的收案量普遍上升，超半数省市区法院的收案量以两位百分数增长。在民商事一审收案中，合同纠纷案件 458.9 万件（占民商事一审案件的比重为 55.2%，下同），同比上升 11.4%，增幅较 2013 年扩大 2.3 个百分点。婚姻家庭继承纠纷案件 163.5 万件（比重为 19.7%），同比下降 1%（2013 年同比下降 2.1%）。权属侵权及其他民商事纠纷案件 208.3 万件（比重为 25.1%），同比上升 3.7%（2013 年同比上升 8.4%）。（如图 6-1）截至 2014 年底，全国法院审执结案件 1379.7 万件，全年审结 8 750 735 件，上升 7.29%，同比上升 6.6%，增幅比 2013 年扩大 2.2 个百分点。其中民商事案件全年审结 875.1 万件，同比上升 7.29%。结案总量创历史新高。（如图 6-2）但与此同时未结案总量逼近 200 万件，同比上升 46%。其中尚有未结民商事案件 121.8 万件，同比上升 35.38%。这种收案、结案、未结案的同升现象，历史上只有 2003 年出现过。[1]由于收案增幅较大，致使

---

〔1〕　黄彩相："全国法院收结案数量再创新高　审判工作取得新进展——2014 年全国法院案件情况分析"，载《人民法院报》2015 年 4 月 30 日，第 5 版。

在结案不断增长的情况下，未结案仍然居高不下。全年来看，新收民商事案件占各类案件总数的 63.06%，比上年上升 7.41%，占诉讼案件的 86.97%。随着我国全面深化改革的逐步推进，同时社会结构也在快速转型，利益关系面临重新调整，在这些过程中，法律适用问题与社会矛盾相互交织，预计未来在较长一段时期内，将会有更多的矛盾纠纷以民商事案件的形式涌入法院，各级人民法院面临的审判任务和压力还有进一步增大的趋势。（图 6 - 3）

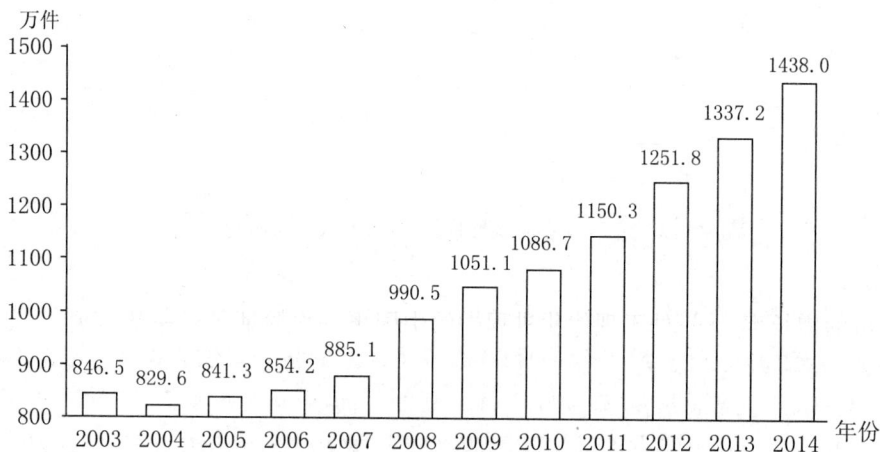

图 6 - 1　全国法院 2003 ~ 2014 年收案情况趋势图

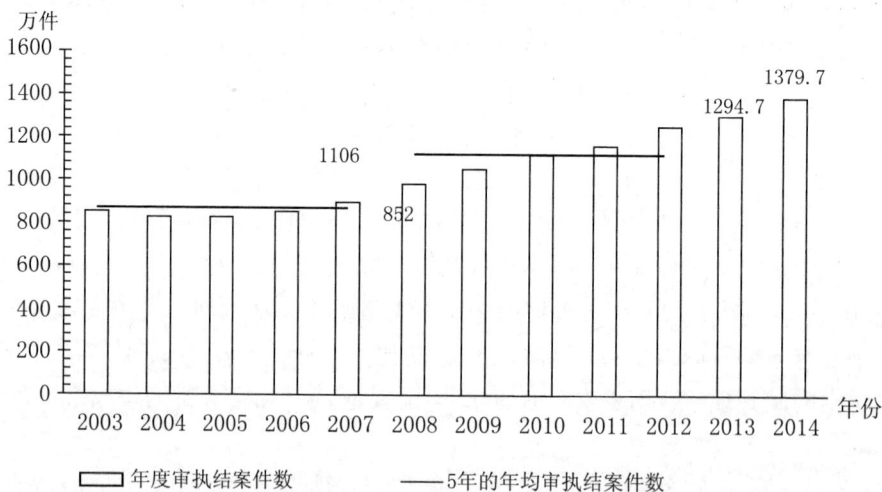

图 6 - 2　全国法院 2003 ~ 2014 年审执结案件数对比图

万件

1000.0

900.0

900.0

900.0

900.0

900.0

900.0

　906.8

844.2

794.0

722.7

671.5

643.6

597.3

518.8

475.7 481.7 483.8

2004　2005　2006　2007　2008　2009　2010　2011　2012　2013　2014

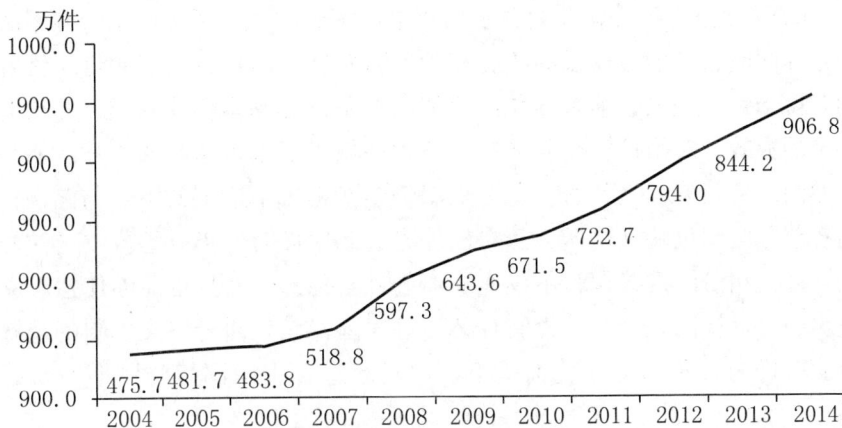

图6-3　2004～2014年民商事收案情况图[1]

客观讲，纠纷数量增长是社会现代化过程中的普遍现象。近现代以来，世界各国的诉讼量都在逐年递增，而且这种增长的速度常常快于人口和国民经济的增长率。[2]处于现代化进程中的中国再一次验证了这一基本规律，而且提供了一个很有代表性的样本。中国自十一届三中全会以来，进入了全面转型时期。规模宏大、变化急剧的社会转型不仅导致了法律自身在治理规则、治理范围和治理方式等方面的巨大变化，同时也使法律在应对社会变化、治理社会矛盾、调处转型危机、维护转型秩序等方面遇到了在社会常态下无法比拟的难题与挑战。[3]但社会纠纷的多发突变，势必会对社会稳定和社会秩序构成严重的威胁。为了维护社会稳定与经济发展，政府不能听任各种矛盾持续积压，否则，到了一定程度，整个社会就有陷入动荡、混乱的可能性。世界上一些处于现代化进程中的国家，由于不能顺畅地化解社会的内生矛盾，而逐渐陷入了发展停滞状态。一个显例即是"拉美陷阱"。[4]为了吸取教训，

---

〔1〕 摘自中国国际贸易促进委员会官网，载 http://www.ccpit.org/Contents/Channel_3528/2015/0519/462132/content_462132.htm，原载最高人民法院官方微信。

〔2〕 范愉：《非诉讼纠纷解决机制研究》，中国人民大学出版社 2000 年版，第 110 页。

〔3〕 刘金国、蒋立山：《中国社会转型与法律治理》，中国法制出版社 2007 年版，第 2 页。

〔4〕 所谓"拉美陷阱"是指，20 世纪 70 年代，拉美国家由于城市化发展失衡造成环境恶化、失业人口增多、两极分化、公共服务不足等现象。过度城市化不仅没有推动拉美经济持续发展，没有解决其农村农业问题，反而使拉美各国都陷入了更为棘手的城市危机之中。拉美国家的过度城市化已成为发展中国家的前车之鉴。

我国从 20 世纪 90 年代就开始着手构建更加完善的纠纷解决机制，并不断进行整合。同时，也借鉴成熟的欧美经验不断发展我国自身的多元化纠纷解决机制。应当说，我国目前多元化纠纷解决机制已经基本构建完成，并且取得了一定的成效，对维护社会稳定与经济发展做出了不可小觑的贡献。但是面对日益涌现的新型社会纠纷，这一机制仍然暴露出了诸多的不足与漏洞，机制内各部分之间也缺乏协调，相对国外先进制度而言，仍有亟待改进与修复之处。社会纠纷的妥善化解不仅能够促进社会稳定，而且也能够使执政党获得更多的民众认同。为此，我们有必要对我国多元化纠纷解决机制的现状进行全面梳理与评价，并在此前提下，构建起适合中国国情的民事纠纷解决机制。

一、主要成就

（一）多元化纠纷解决机制已初步形成

尽管在研究多元化纠纷解决机制时，学者们通常都很少论及诉讼制度，但无论如何诉讼制度在纠纷解决机制体系中的主导地位都无法被动摇。尽管在诉讼制度出现之前，人类社会出现的其他纠纷解决方式已经使用且发挥主导作用，但有一点是需要肯定的，即"诉讼的出现使纠纷的解决能够在和平、公正的环境下进行，由于有了公权力机关的主导，诉讼程序更加专业化，纠纷解决的结果也更加确定，执行更有保障"[1]。当人们尝试使用诉讼来解决纠纷之后，诉讼这道最后的防线，至少让人们明白了之前使用过的非诉讼纠纷解决方式未能发挥应有的效用。从我国现在及未来的发展趋势看，尽管在纠纷解决过程中非诉讼解决方式的运用有增多趋势，但随着我国依法治国理念的逐步深入，法治手段的运用将更多也更加规范，诉讼制度也必将成为法治方式的重要标志之一。所以说，一味夸大诉讼的局限性与否认诉讼在多元化纠纷解决机制体系中的重要地位，肯定是不合理也是不现实的。问题的关键在于，如何扬长避短，真正发挥其在多元化纠纷解决机制中的"领头羊"作用。

近年来，为了更加有效地保障公民通过诉讼获得权利救济，实现维护社会稳定、推动社会主义法治建设等目标，进一步深化司法改革，针对诉讼制

---

〔1〕 齐树洁主编：《纠纷解决与和谐社会》，厦门大学出版社 2010 年版，第 15 页。

度存在的缺陷，国家从立法层面推行了多项改革举措，包括加大法律援助力度、重视公益诉讼、扩大案件受理范围、降低立案门槛、强化法官释明义务等。在司法实践层面，以简易程序、小额诉讼程序、调解制度等为载体，倡导简易、快捷、低成本、便民、利民的程序运作，拉近司法与民众的距离。在定位当事人之间以及当事人与法院之间的关系上，强调"协作与对话"，不再将诉讼视为"当事人之间的一场竞技"，主张通过法院在当事人之间架起对话的桥梁，通过对话促进纠纷的圆满解决。正如有些学者所言："法治国家中的民事诉讼之模型是以'作业共同体'为特征的。这种法院与当事人之间的协力既可构成一种行动倾向，亦可将其主义化为'协同主义'。"[1]它是在充分尊重当事人辩论权和处分权的前提下，针对诉讼程序复杂化和专业化所造成的当事人行使诉讼权的困难和不便，以及因主体滥用程序权而导致的诉讼迟延和高成本等弊端，为促进案件真实的发现，为节约有限的司法资源，而确定法官与当事人必须协同行使诉讼权利和履行上述义务的一种诉讼模式。[2]此外，在社会转型的大背景以及学术思潮的推动下，全国各级法院也在纷纷尝试各种制度创新，如江苏省海安县人民法院打破坐堂问案的工作方式，强化司法能动作用，创设"片区法官"制度。所谓"片区法官"制度是指，将法官分片区配置到辖区村居，定期深入基层，开展法制宣传，接受法律咨询，及时协调争议，参与综合治理，努力提升基层组织的矛盾协调能力，帮助群众就地化解争议，促进群众法治意识提升的制度。活动开展以来（2010～2013年），片区法官已累计下乡5456人次，化解矛盾纠纷2931件次，尤其是在第一时间处理40余起群体性矛盾、突发性事件，避免了事态的进一步发展，这一工作切实加强了法院与基层组织的协调配合，促进了多元化纠纷化解机制的建立。[3]该制度已陆续被多地法院推广实施。[4]

---

〔1〕〔德〕瓦塞曼：《社会的民事诉讼——社会法治国家的民事诉讼理论与实务》，〔日〕森勇译，东京成文堂1990年版，第118页。

〔2〕田平安、刘春梅："试论协同型民事诉讼模式的建立"，载《现代法学》2003年第1期。

〔3〕海安县人民法院："关于片区法官制度的调研报告"，载江苏法院网：http://www.jsfy.gov.cn/llyj/dybg/2013/08/21151749115.html，最后访问日期：2016年2月16日。

〔4〕参见《人民法院报》2015年9月12日，第5版；中国法院网：http://old.chinacourt.org/html/article/201201/05/472932.shtml；云南法院网：http://www.gy.yn.gov.cn/Article/Print.asp?ArticleID=38816。

就我国的非诉讼纠纷解决机制而言，从具体形式来看，既有传统中国及改革开放之初就已普遍存在的纠纷解决方式，如当事人之间的和解、人民调解委员会的调解，也有伴随着社会不断发展而出现的一些新型的纠纷解决方式，如行政裁决、民商事仲裁、劳动争议仲裁、人事争议仲裁、非政府组织的调解等。[1]从体系结构上看，已经初步形成了解决常态纠纷的非诉讼纠纷解决体系。这一体系既有解决专业性与行业化纠纷的机制，如解决消费纠纷与环境纠纷的机制，也有能容纳不同诉求与纠纷性质各异的纠纷解决机制，如警察纠纷解决、人民调解与信访。从纠纷解决主体的职能属性看，这一体系既有专司纠纷解决的机构，如人民调解委员会、劳动仲裁委员会，也有附带解决纠纷的机构，如派出所、拆迁办公室。从纠纷解决主体的性质属性看，这一体系中既有包含民间性与社会性因素的纠纷解决机制，如人民调解、消费者协会解决，还有行政性的纠纷解决机制，如警察纠纷解决、信访。[2]面对民事纠纷的解决压力，近年来调解又被作为维护社会和谐的一项司法政策推至优先适用的地位，并形成司法调解、人民调解与行政调解之间"三调联动"甚至更多纠纷解决机制之间相互协作的"大调解"局面。2012 年修改后的《民事诉讼法》在特别程序的规定中专门增加了双方当事人依照人民调解法等法律申请司法确认调解协议的程序，并在第 122 条新增了"当事人起诉到人民法院的民事纠纷，适宜调解的，先行调解"的规定，这标志着调解优先的司法政策进一步上升为立法理念。对于调解在民事纠纷解决中的广泛运用，多数学者持肯定观点。必须承认的是，大调解与替代性纠纷解决机制的出现都是出于缓解法院审判压力的需要，从而能更好地满足多层次纠纷解决的需求，减少诉讼程序的对抗性，有利于维护当事人双方的长远利益和友好关系。与此同时，多元化纠纷解决机制的推进也列入了最高人民法院司法改革的整体思路里。最高人民法院公布的《人民法院第三个五年改革纲要（2009～2013 年）》将建立健全多元化纠纷解决机制作为健全司法为民工作机制的任务之一；为贯彻党的十八大和十八届三中、四中全会精神，进一步深

---

〔1〕 吴卫军、樊斌等：《现状与走向：和谐社会视野中的纠纷解决机制》，中国检察出版社 2006 年版，第 19 页。

〔2〕 参见左卫民："常态纠纷的非司法解决体系如何和谐与有效——以 S 县为分析样本"，载《法制与社会发展》2010 年第 5 期。

化人民法院各项改革，最高人民法院于 2015 年 2 月公布的《人民法院第四个
五年改革纲要（2014～2018 年)》又明确提出"健全多元化纠纷解决机制"，
要求"继续推进调解、仲裁、行政裁决、行政复议等纠纷解决机制与诉讼的
有机衔接、相互协调，引导当事人选择适当的纠纷解决方式。推动在征地拆
迁、环境保护、劳动保障、医疗卫生、交通事故、物业管理、保险纠纷等领
域加强行业性、专业性纠纷解决组织建设，推动仲裁制度和行政裁决制度的
完善。建立人民调解、行政调解、行业调解、商事调解、司法调解联动工作
体系。推动多元化纠纷解决机制立法进程，构建系统、科学的多元化纠纷解
决体系"[1]。这些纲领性文件的出台，一方面将有助于加快和推动我国多元
化纠纷解决机制制度化的顶层设计，另一方面也必将使我国在纠纷解决机制
的变革上迈向更高台阶。

　　和大部分国家类似，我国多元化纠纷解决机制的构建，也是通过立法确
定的。以非诉讼纠纷解决机制中最受重视的人民调解与仲裁为例。在人民调
解制度的设置上，涉及人民调解方面的法律、法规或规范性文件主要有：
1989 年国务院颁布的《人民调解委员会组织条例》、1990 年司法部发布的
《民间纠纷处理办法》、1991 年通过的《民事诉讼法》、2002 年《最高人民法
院、司法部关于进一步加强新时期人民调解工作的意见》、2002 年司法部公布
的《人民调解工作若干规定》、2002 年最高人民法院通过的《最高人民法院
关于审理涉及人民调解协议的民事案件的若干规定》、最高人民法院和司法部
先后于 2004 年、2007 年联合下发的《关于进一步加强人民调解工作切实维护
社会稳定的意见》和《关于进一步加强新形势下人民调解工作的意见》、2007
年财政部与司法部联合下发的《关于进一步加强人民调解工作经费保障的意
见》，最终由全国人大常委会于 2010 年通过的《人民调解法》。有关仲裁方面
的法律主要有：1995 年实施的《仲裁法》、2006 年发布的《最高人民法院关
于适用〈中华人民共和国仲裁法〉若干问题的解释》等。除此之外，还有一
些关于其他非诉讼纠纷解决方式的法律法规：2008 年实施的《劳动争议调解
仲裁法》、1993 年发布实施的《企业劳动争议处理条例》[2]等。关于非诉机

---

　　[1]　"最高法发布全面深化人民法院改革的意见"，载新华网：http://news. xinhuanet. com/
legal/2015－02/26/c_ 127520462. htm，最后访问日期：2016 年 2 月 16 日。
　　[2]　该法规已于 2011 年 1 月 8 日废止。

制与诉讼机制的对接，2009 年最高人民法院通过了《关于建立健全诉讼与非诉讼相衔接的矛盾纠纷解决机制的若干意见》（以下简称《纠纷解决若干意见》），对诉讼与非诉讼纠纷解决机制的相互衔接提供了制度保障，促进了各种纠纷解决机制的发展与完善。目前，很多地方的人大、政府、法院等也依据本地的实际情况，制定了一些地方性法规、政府规章和其他规范性法律文件。如 2005 年 10 月福建省厦门市人大常委会制定的《关于完善多元化纠纷解决机制的决定》，北京市司法行政机关出台的《关于进一步加强律师参与社会矛盾纠纷调处工作的指导意见》等一系列规范性文件和《律师参与信访工作规程》、《政府法律顾问工作指导意见》等工作制度。

整体上看，在制度规范层面上，我国的多元化纠纷解决机制已初步形成"以审判权为中心，仲裁、调解以及其他非诉讼纠纷解决方式相互衔接"的格局。在此需要特别关注的是《纠纷解决若干意见》。《纠纷解决若干意见》的出台标志着我国多元化纠纷解决机制在制度建构和技术操作层面都迈出了实质性的一步，同时它也向社会发出了一个强烈的信号：纠纷解决绝不是法院一家的事情，来自于社会各方面的力量均可以成为纠纷解决的主体。"促进各种纠纷解决方式相互配合、相互协调和全面发展，做好诉讼与非诉讼渠道的相互衔接，为人民群众提供更多可供选择的纠纷解决方式，维护社会和谐稳定，促进经济社会又好又快发展"是我们的主要目标。该意见基本确立了这样一个框架：保障当事人依法处分自己的民事权利和诉讼权利是前提；发挥审判权的规范、引导和监督作用是纲领；完善诉讼与仲裁、行政调处、人民调解、商事调解、行业调解以及其他非诉讼纠纷解决方式之间的衔接是原则；完善多方参与的调解机制是宗旨，政府支持是支撑，促进非诉讼纠纷解决机制的健康发展是目的，建立健全诉讼与非诉讼相衔接的纠纷解决机制是最终目标。但遗憾的是，从法律规范的效力上看，调整非诉讼纠纷解决方式的法律仍然以规章、司法解释为主，效力不高，这在一定程度上限制了非诉讼纠纷解决机制的发展。

综上所述，我国多元化纠纷解决机制已然成形，虽然部分制度之间可能还缺乏相应的协调与衔接，但至少机制架构是比较完整的。初具规模的多元化纠纷解决机制，不仅形成了比较完整的体系架构，而且这一架构建立在多层次、多位阶的法律规范中，具备一定的实用性。

（二）非诉讼纠纷解决机制的运行取得了良好的社会效果

就中国社会而言，尽管存在着种种不和谐因素，但从总体上看，社会秩序整体稳定，国民经济发展也一直稳步前进。这至少在某种程度上说明，暴增的社会纠纷并没有从根本上危害到社会秩序的正常运转。这其中多元化纠纷解决机制尤其是诉讼外纠纷解决机制起到了关键的"调节器"和"安全阀"的作用。在我国，由于非诉讼纠纷解决方式符合中国人传统的无讼理念，方便、经济、及时，所以在规范社会关系上一直发挥着无可替代的作用。比如，交通事故发生后，当事人一般会选择由交警部门组织行政调解，调解不成的，才会诉至法院。据交警部门统计，交通事故行政调解率高达90%以上。以人民调解为例，截至2013年，全国共有人民调解组织81.7万个，各类人民调解员428万人；近年来，全国人民调解组织调解矛盾纠纷数量逐年增加，每年达八九百万件，调解成功率均在96%以上。为了探索在行业或专业领域开展人民调解工作，司法部先后与卫生部等多个部门联合下发文件，指导各地在医疗卫生、道路交通、物业管理、互联网等领域开展人民调解试点工作，仅2012年就调解各类行业性、专业性矛盾纠纷114.6万件。据统计，2012年全国人民调解组织调处矛盾纠纷926.6万件，经人民调解委员会调解达成协议的890万件，当事人反悔后起诉至法院的8286件，仅占调解纠纷总数的0.09%。我国人民调解制度充分发挥了维护社会和谐稳定的"第一道防线"作用。[1]这些数字至少证明各种诉讼外纠纷解决机制在相当程度上为收案高企的法院分担了一部分压力。同时，为了能够更好地解决具体问题，在实践中调解也产生了很多具有中国特色的模式，比如将人民调解、行政调解与司法调解三大调解机制进行有效衔接的"莆田模式"；在乡镇普遍设立司法调解中心的"陵县模式"；积极构建镇内人民调解、行政调解、劳动调解、信访司法联合调解紧密衔接的"东莞模式"；还有令人耳目一新的河南"社会法庭"。[2]根据一些学者的调研，这些充满中国基层智慧的诉讼外纠纷解决机制，在实践中对纠纷化解起到了不可小觑的作用。这是因为与诉讼制度相比，

---

〔1〕周斌："人民调解法实施三周年每年调解八九百万件成功率达96%以上——哪里有矛盾纠纷哪里就有人民调解"，载《法制日报》2013年8月26日，第1版。

〔2〕陈奎、梁平：《论理与实证：纠纷、纠纷解决机制及其他》，河北大学出版社2011年版，第229~274页。

尽管规范性较低，但是各种非正规的纠纷解决方式仍在某些方面具有一定的优势。比如，乡镇司法所助理员所具备的知识和技能可能比法官的更能契合基层民间纠纷解决的需要。由此可见，尽管在具体制度方面改进的空间还很大，但我国多元化纠纷解决机制确实在实践中发挥了一定作用，较好地解决了社会中发生与积聚的纠纷矛盾，对社会秩序的稳定运转起到了不可忽视的效果。

二、不足与缺陷

虽然我们肯定了多元化纠纷解决机制目前已经取得的成效，认识到了它的积极影响，但进一步审视后还是会发现现有体系依然存在着诸多的不足与缺陷，这些缺陷在实践中也多有反映。比如完全依赖公力救济来解决社会现实中形式多变、情况复杂的各种纠纷，不仅在理论上缺乏说服力，实践中也缺乏可操作性；私力救济体系尚不完备；人民调解机制一直不甚清晰，收案数也曾经历直线下滑。这些都值得我们去认真反思。这其中既有纠纷解决机制内各个相对独立制度自身的缺陷，也有制度间缺乏相互协调的问题。总体来看，我国多元化纠纷解决机制整体上仍不够成熟。具体包括以下几个层面的问题：

（一）诉讼制度的差强人意，加剧了司法危机和困境

1. 积极的"法民"关系制约着司法公信力

"法民"关系是指，法律人与普通人围绕法律解释权的分配而形成的主体间关系。理论上构筑的"法民"关系有两种类型：一是以法官和律师为核心的、法律职业共同体主导的"消极法民关系"；二是以当事人和法官为核心的、法律职业共同体与普通民众主导的"积极法民关系"。[1]在我国，由于受传统文化的影响，长期以来并未形成一个边界清晰且固定的法律职业共同体，加上我国长期主张司法大众化、依靠群众原则，因此与西方国家消极的法民关系不同，积极的法民关系不仅定义了中国法治的理想内容，也制约了中国法治实践的具体形态。对于普通人而言，如果他们不能接受法律人的司法裁判，那么出路往往有 2 个：要么是用自己的或者其他法外的力量来干预

---

〔1〕 参见凌斌："当代中国法治实践中的'法民关系'"，载《中国社会科学》2013 年第 1 期。

法律人的司法决策：要么就是放逐法律和法律人，以寻求其他替代性救济机制，从而导致司法功能被边缘化。从"孙志刚案"、"刘涌案"、"许霆案"、"邓玉娇案"、"药家鑫案"等刑事案件，到发生在四川泸州的"二奶继承案"[1]、"南京彭宇案"及"淮安老太拾金案"[2]等民事纠纷，这些案件的主体范围远远超越了本案的司法者和当事人，各主体之间的交互作用也远远超过了个案当中的具体博弈。尽管并非所有法律人和普通人都参与到了案件的法律实践之中，但整个社会舆情所形成的强烈攻势足以影响一些司法人员的思维乃至整个案件的进展。虽说司法的过程需要处理好与民意的关系，但如果这种积极的法民关系足以抵消司法者对法律边界的诠释，导致其不能中立思考；或者出现权力寻租，而不能中立审判，都会对司法权威的树立造成冲击或威胁。如何妥善处理这种积极的法民关系，如何消除冲突、实现法律效果与社会效果的统一，是当前理论界和司法实务部门亟须解决的首要问题。

2. 司法应对"现代型诉讼"[3]的能力不足

在当今我国社会转型期，各种新型诉讼形态不断涌现，如产品质量侵权诉讼、虚假广告诉讼、环境公害诉讼、医疗事故损害赔偿诉讼等，这些纠纷往往具有专业性强、发生率高、涉及面广以及当事人之间地位不平等的特点，学理上称之为"现代型诉讼"。现代型诉讼的当事人往往会将维护社会公共利益直接作为诉讼理由，进而引发全社会对这类案件的强烈关注，即在现代型诉讼中，"原告不仅主张自己的利益（多数场合中是很小的权利），而且还尝试排除与原告处于同一立场的利益阶层的人们的扩散的片断性利益侵害，这是该诉讼的特点所在。换言之，这种诉讼的对象不是以私人权益为中心的私

---

[1]　2001 年四川泸州男子黄永彬在去世前将自己的全部遗产赠与了第三者（张学英），而没有留给自己的配偶蒋伦芳。由于妻子蒋伦芳实际控制着财产而拒绝交付，被张学英告上了法庭。这一案件经过媒体的频繁报道，迅速成为舆论关注的焦点。该案经泸州中级人民法院终审确认遗嘱违背了民法通则"公序良俗"原则，因而无效。该案判决后引起了很大的争议，击节叫好者有之，而批评指责者亦有之。该案也被贴上了"二奶继承案"的标签。

[2]　2009 年 11 月 6 日早晨，淮安卖豆饼的 59 岁老太周翠兰捡到 1700 元现金，几经周折找到失主后，对方却坚称丢了 8200 元，坚决要求她返还另外的 6500 元。11 月 25 日上午，周翠兰与一位目击者王长玉收到法院的传票，失主周继伟将他们一起告上了法庭。最终该案以原告周继伟撤诉收场。

[3]　"现代型诉讼"一词源自日本，一般是对环境公害诉讼、消费者诉讼等纠纷形态的泛称；美国则称之为"公共诉讼"或"公益诉讼"。

人之间的纠纷，而是当事人针对某种公共政策的存在方式的不服。"〔1〕近几年，在我国接连发生的"郝劲松发票案"、"松花江环境污染案"、"银联卡跨行查询收费案"、"三毛钱如厕案"等一系列纠纷，一次又一次吸引了社会大众的眼球，但同时也暴露出了我国民事诉讼制度应对现代型纠纷时所面临的困境。在我国，与现代型诉讼理念相适应的民事诉讼制度安排是极为匮乏的，已有的制度设置也存在着结构性缺陷。自20世纪80年代末起，我国对民事诉讼基本模式和基本结构进行了颠覆性的变革。作为司法改革的重要成果之一，辩论主义成为调整法院与当事人之间关系的基本准则之一。但是机械式地贯彻辩论原则却有可能进一步强化双方当事人原本就不平等的诉讼地位，因为"作为（被假定的）平等主体之间的竞争规则虚构了当事人机会平等和武器平等的前提，而没有关注这些实际上是否能够实现"〔2〕。而事实上，对于那些不精通法律又基于种种原因没有委托律师代理人的当事人，尤其是在对方有律师代理的情况下，这些诉讼权利就有可能成为"很容易伤害到其自身的武器。因为当事人不知道如何使用这些武器，所以当他希望运用这些武器成功地反驳对手时就常常会伤害到自己"〔3〕。制度供给的不足，一方面制约了人民法院对于纠纷解决手段的选择（法院为了解决现代型纠纷，不得不更多地寻求调解。因为法院调解可以奉行协同主义而非辩论主义原则，也不必严格遵照诉讼程序所规定的有关举证责任及证明标准的要求，因此法院调解一定程度上掩盖了制度供给不足的内在缺陷）；另一方面也抑制了诉讼的效果。因为，许多在实体法上确有权利的潜在当事人仅因欠缺必要的证据而不得不放弃依诉讼程序实现其权利的努力。当这些诉讼的提起被抑制时，其所影响的不仅是那些潜在原告的私人利益，更重要的是实体法所欲实现的公共利益也将受到极大的挑战。〔4〕

---

〔1〕〔德〕H. 盖茨："公共利益诉讼的比较法鸟瞰"，载〔意〕莫诺·卡佩莱蒂编：《福利国家与接近正义》，刘俊祥等译，法律出版社2000年版，第66页。

〔2〕〔德〕鲁道夫·瓦瑟尔曼："社会的民事诉讼"，载〔德〕米夏埃尔·施蒂尔纳编：《德国民事诉讼法学文萃》，赵秀举译，中国政法大学出版社2005年版，第86页。

〔3〕〔德〕鲁道夫·瓦瑟尔曼："社会的民事诉讼"，载〔德〕米夏埃尔·施蒂尔纳编：《德国民事诉讼法学文萃》，赵秀举译，中国政法大学出版社2005年版，第91页。

〔4〕黄国昌：《民事诉讼理论之新开展》，元照出版公司2005年版，第60页。

3. 司法在社会控制过程中承担过多的政治任务，抑制了其法律评判功能的发挥

法律评判功能是司法的基本功能，它是指法院通过对个体行为的合法性与否进行审理，并以裁判的形式作出具有权威性的评价。法院通过诉讼解决纠纷就是实现其法律评判功能的基本途径，因此，理论上讲，法院不仅具有处理纠纷的权力，也应该有解决纠纷的义务。但现实情况是，目前我国法院在整个社会调控体系中所处的实际地位，加之一些纠纷的特殊性以及双方当事人所处的特殊环境，导致法院很难严格依照法律程序来处理这些纠纷。像民工讨薪、农村土地承包、医患关系、房屋拆迁、土地征用等诸如此类的纠纷，即使法院严格依法审理，可能也不利于对弱势群体的保护，更为严重的是或许会在社会上激起更大范围的不满情绪，由此引发大规模的群体性纠纷。所以，遇到这种类型的案件，虽然法律有明确规定，但如果处理结果涉及不特定群体利益并有可能造成重大社会影响的，或纠纷的产生或处理结果相当程度上受行政权制约和主导的，法院意识到即使受理，司法权也不能彻底解决问题，那么就会干脆不予立案。或者是法院受理之后，强调此类案件通过和解或者调解解决。

4. 我国审级制度固有的弊端，影响了审判职能的发挥

审级制度是司法制度的重要内容，不论在刑事诉讼、行政诉讼抑或民事诉讼中，审级制度都体现着程序制度的基本理念，实现着对程序公正性的保障。民事诉讼中的审级制度是指按照法律的规定，一个民事案件需要经过几个不同级别的法院审理，裁判才产生既判力的制度。[1] 在现代法治国家，司法等级制度皆呈现金字塔结构，分别由初审法院、上诉法院和终审法院构成，不同审级法院在司法等级制度中根据不同的设置目的，分别行使不同的职能。然而现代意义上的法院审级构造的职能分层在我国法院系统并不存在，我国虽实行四级两审终审制度，但四级人民法院都履行着初审法院的职能，不同审级法院之间缺乏职能分工。在司法实践中，"不打一审打二审"的现象颇为普遍，这也直接导致一审程序功能被虚化。此外，无限扩张的再审程序，一方面忽略了上诉制度在维护法制统一和逐步完善司法体系方面的功

---

〔1〕　杨荣新、乔欣："重构我国民事诉讼审级制度的探讨"，载《中国法学》2001 年第 5 期。

能,另一方面也严重破坏了司法终局性,消解了立法对审级构造的价值和意义。还有不得不提的我国法院上下级之间的"请示"与"指导",使得审级制度被架空,审级关系被弱化,同时也变相地剥夺了当事人获得二审救济的权利。

(二)民间纠纷解决机制的"社会性""民间性"特征不明显

理论上认为,民间纠纷解决机制作为社会型权利救济途径,与公力救济最为主要的区别在于没有国家权力介入纠纷解决,因此具有明显的"社会性"、"自治性"和"民间性"。但是从全国各地基层民间纠纷解决机构的运行情况看,民间纠纷解决机制的"国家性"与"社会性"、"民间性"的关系严重失衡,突出表现在以下几个方面:①民间纠纷解决机制的政治化倾向明显,多元化功能发挥受到限制。"由于对不稳定因素估计过于严重,政府不仅形成了一种稳定压倒一切的思维定势,而且维护稳定,消除不稳定因素也成了各级政府重要甚至首位的工作任务"。[1]出于这种考虑,各级党委、政府都十分重视基层组织建设,希望把矛盾纠纷解决在当地、化解在萌芽,以筑牢维护稳定的第一道防线。在这种背景下,民间纠纷解决机制与国家正规法律机制一样扛起了"服务大局"的大旗,几乎所有的纠纷解决机构(无论是官方的还是非官方的)都把维护社会稳定作为基本的行动指南,并以获得党委与政府的肯定为首要行动目标。这种运作模式,一方面会造成我国民间纠纷解决机制的自治性与协商性难以充分地获得培育与发展,导致先天发育不良;另一方面会造成多元化纠纷解决机制的价值取向出现严重的同质化或混同现象,势必会影响到多元化功能的发挥,难以满足当事人不同的纠纷解决需求。②纠纷解决机制内部结构与运作的行政化色彩明显。与国外 ADR 机构的多元化、自治性特征相比,我国自治型民间纠纷解决机构一直面临体制、机制、法制、经费、人力等诸多方面的困境,弱不禁风却又行政化倾向明显,离真正的主体地位还有很大距离,呈现浓厚的行政化、依附化色彩。由于历史等原因,我国的社会组织培育和发展暴露出诸多问题:结构上,总量偏少,发展不均衡;规模上,大型、枢纽型、公益型社会组织数量偏少;性质上,具有官民二重性,独立性不足;运作上,服务社会效率低,社会公信力不足。

---

〔1〕 孙立平:《重建社会:转型社会的秩序再造》,社会科学文献出版社 2009 年版,第 5 页。

一些行业协会、商会长期以来基本上都是由政府主办、主管，或挂靠在行政机关、部门，存在着政会不分、管办一体、治理结构不健全、自律性不强等突出问题。[1]③社会自治型解决机制的正当性也未得到充分认同，各种自治性组织的自治能力、社会认同度相对较低。有学者曾对人们选择纠纷解决方式的偏好做过调查，统计显示，"向行政主管部门投诉，请求行政主管机关调解"的占比 17.4%；"申请基层司法所调解"的占比 16.9%；"申请派出所民警调解"的占比 14%；"申请居民委员会调解"的仅占比 6.7%。[2]可见，公众相当注重纠纷解决机构的权威性，往往更期望借助于国家权力来处理纠纷，这就造成对公力救济的需求远远大于社会自治组织。近年来，随着城市化的推进，传统意义上的社区日益社会化，城市居委会的自治功能已经依附于政府赋予的行政管理功能，人们对居委会调解的低比例需求表明，居委会在纠纷解决机制中的地位正在被边缘化，自治功能逐渐在弱化，无法引导纠纷当事人通过自治共同体内部的控制来化解纠纷。④民间纠纷解决机制带有较强的权力中心主义倾向。比如在劳动争议仲裁机构中，仲裁庭与独任仲裁员基本都是由劳动局下属的劳动仲裁科指定的，具体仲裁中的一些实质性环节也需要履行行政审批手续。而且很多纠纷的解决方案大多也都是由解决纠纷的主持人提出并竭尽全力去说服当事人接受（有些时候甚至是强迫），当事人很少能够直接参与到交涉和协商的过程中，这不仅导致当事人的意愿在很大程度上被漠视，也使民间纠纷解决机制的合意性与协商性大打折扣，蒙上很强的"被迫合意"的色彩。这些因素的存在使我们很难判断民间救济方式究竟是一种社会型的纠纷解决机制还是官方的纠纷解决机制。

---

〔1〕　值得期待的是，国家发改委在 2016 年 2 月 17 日举行的春节后首场新闻发布会上宣布，2016 年将扩大全国性行业协会商会脱钩试点工作。随着国务院简政放权部署的进一步加快，我国近 7 万家行业协会商会将与其主办、主管、联系、挂靠的各级行政机关脱钩。《行业协会商会与行政机关脱钩总体方案》规定，全国性行业协会商会脱钩试点工作分三批进行，2015 年下半年开始第一批试点，2016 年总结经验、扩大试点，2017 年在更大范围试点，通过试点完善相应的体制机制后全面推开。2015 年 11 月，已确定并公布了参加第一批脱钩试点的 148 家全国性行业协会商会名单，目前正在进行试点实施方案的制定和核准批复工作。地方行业协会商会脱钩试点工作也已经同步展开。

〔2〕　梁平："多元化纠纷解决机制的制度构建——基于公众选择偏好的实证考察"，载《当代法学》2011 年第 3 期。

（三）多元化纠纷解决机制发展失衡

在我国，多元化纠纷解决机制中各种纠纷解决方式的发展很不均衡。由于诉讼制度一直比其他纠纷解决机制承担着更大的职责和更加繁重的任务，因此，诉讼制度也一直处于强势的垄断地位，不仅在人、财、物的使用权上享有非诉讼机制无法比拟的优越性，而且在有国家意志和公权力作为保障的前提下，人们对诉讼的热度有增无减。相比之下，非诉讼机制中的一些纠纷解决方式不仅没有获得很好的社会声誉（比如，无论是当事人还是法官，思想观念上总会抱有一种鄙视，认为"调解都是水平低的法官才干的事情"），而且在相应的机构设置、人员配备、财力投入上都明显的发育不良。就我国目前非诉讼纠纷解决机制的运行状况看，最为成熟、运作效率最高的是仲裁与人民调解。就仲裁来说，由于具有半官方半行政的色彩，它的地位相对较高，但随着行政化倾向的出现，其却偏离了原本追求公正解决纠纷和效率的轨道。素有"东方经验"美誉的调解方式，也是直到 2010 年才有《人民调解法》的颁布，可见调解的法制化建设步履迟缓。此外，在实践中，大部分调解任务是由承担多种纠纷解决机制功能的基层"综治办"或"司法所"等单位完成的，但这些单位由于长期没有受到应有的重视且投入建设不足，一直处于人员流失、机制弱化的"空壳"或虚化状态，更谈不上应对复杂多变的纠纷解决。其他非诉纠纷解决方式，如社会中介组织的调解、行政机关的调解与裁决、人事争议仲裁与信访等，也都不同程度地存在规范化程度低，发育不成熟，实施效果不尽如人意的现状。各种纠纷解决制度发育程度的不均衡，必然会引起一定的机制冲突，也会制约各种制度的良性发展，从而影响多元化纠纷解决机制的整体成效。"当社会把纠纷都推向法院时，最先受到危害的往往正是司法本身：劣质司法会彻底毁掉法院的权威和公信度，正在走向成熟的法官队伍也可能会被急功近利的超负荷使用所腐蚀。"[1]

（四）各种纠纷解决机制的运作基本呈分散独立状态，缺乏有机衔接

多元化的纠纷解决就表明不是单一纠纷解决机制的单打独斗，而是各种纠纷解决机制之间互相协调、互相融合、互相补充、相互协作。日本学者棚濑孝雄就指出，无论是根据合意的纠纷解决还是根据决定的纠纷解决，实际

---

〔1〕范愉："小额诉讼程序研究"，载《中国社会科学》2001 年第 3 期。

上多种因素的融合已经使纠纷解决机制难以截然分开，而且"混合的程度随纠纷当事者、利害关系者以及社会一般成员的利益所在、他们相互间的力量对比关系、与其他纠纷解决过程的关联等情况的不同而多种多样"[1]。表面上看，我国多元化纠纷解决方式呈现出多样性和多功能性，实际上由于各种机制之间缺乏有机衔接，甚至彼此矛盾，相互抵牾，以至于公民在进行权利救济时往往呈现出无序状态，各种救济途径形同虚设。典型的情形就是老百姓"告状无门"、信访不信法、越级上访等。除了公认的诉讼机制与非诉机制之间存在的不协调之外，在实践操作中，各种非诉纠纷解决机制的运作也基本呈分散独立状态，相互之间少有常规的互动与沟通。在全国多地的调查中我们都会发现一种普遍现象，如果当事人向当地派出所请求解决纠纷时，遇到了派出所解决不了或者不属于派出所管辖范围的情况，处理该纠纷的负责人就会向当事人告知：你可以到×××去解决。而很少有见到直接移送纠纷（如果构成刑事案件，直接移送公安、司法机关处理，不在笔者所论范畴），或者偶有遇到派出所主动移送，那也是基于派出所的单方行为，并不存在与其他纠纷解决机构事先沟通的情况。由于信访的特殊性，各地信访部门与相关行政机关的互动合作还算比较普遍，但由于信访机制本身并不具有纠纷解决能力，所以它必须与其他机关沟通与协作才能发挥作用。即便如此，这也是临时性的、非制度化的机制。除此之外，还存在着制度间的交叉与重合，造成适用上的混淆与机制上的空转，比如《劳动法》中所规定的劳动仲裁与现行人事仲裁之间就存在制度上的交叉与重复。这些互相交叉重复的规定，表明立法者在进行制度设计时，缺乏构建多元化纠纷解决机制的宏观思维。所以，从动态角度来观察我国的多元化纠纷解决机制，缺乏稳定的、规范的制度化协作、互动与衔接应该是我国当前纠纷解决体系呈现出来的"硬伤"。这种现象不能不让我们担忧，多元化纠纷解决机制非但未给当事人提供多种选择的可能，还很容易基于部门利益的权力扩张而造成各种纠纷解决机制之间的无序与竞争，或者遇到"出力不讨好"的纠纷时，有些纠纷解决机构就干脆予以回避或推诿，最终破坏整个纠纷解决机制的有序发展和平衡，使我们本就发育失衡的纠纷解决体系"雪上加霜"。

---

〔1〕［日］棚濑孝雄：《纠纷的解决与审判制度》，王亚新译，中国政法大学出版社2004年版，第18页。

第二节　国外 ADR 对完善我国多元化纠纷解决机制的启示

今天的西方社会，在接受了规则和普遍性的统治之后，又开始重新审视人与人之间关系的协调与直接对话的价值，对纠纷解决的自治性、合意性与机会合理性等方面都给予了更多的重视；随着社会变迁，人们对于国家权力行使、法律规范界限与制度约束等层面的内容和标准又有了新的评价，而这些变化都会影响和决定人们看待诉讼的价值观。对于建立多元化纠纷解决机制而言，理念上的转变、民间自治的重新审视以及对以司法为中心的各种纠纷解决机制的重新解构，都是我国在完善多元化纠纷解决机制时必须考虑的因素。"他山之石，可以攻玉"，国外先进的、成功的理论探求和实践尝试都为我国完善纠纷解决机制提供了大有裨益的经验与参考。

一、理念上的转变

（一）ADR 会弱化司法权吗

构建纠纷解决机制，首先需要解决的理念问题是：遇到纠纷时应该鼓励人们积极地利用司法还是尽量地寻求司法程序之外的纠纷解决方式？说到底就是司法权应该被强化还是弱化的问题。西方社会 20 世纪 60 年代经历的诉讼爆炸所带来的司法危机，可以为我们的思考带来逻辑起点。牛津大学阿德里安·A. S. 朱克曼（Adrian A. S. Zuckerman）教授在其《危机中的民事司法》一书中这样描述："民事诉讼制度不能满足社会的需求已成为一个普遍现象。这一现象似乎超越了国家和文化的疆界，出现在许多不同的国家——无论是普通法国家还是大陆法国家。进入司法、获得正义（access to justice）受到诉讼的高额成本和长期拖延的不利影响如此之强烈，以至于许多法院不再能够为那些寻求权利保护或谋求诉讼解决的人们提供充分的救济场所。"[1]在西方社会的概念中，"正义"、"司法"、"法院"这三个词义是等同的。按照这一逻辑，法院外的纠纷解决或多或少地意味着非正义或至少是非法律的。但自 20 世纪 70 年代后期西方国家掀起司法改革浪潮起，人们就开始重新理解

---

〔1〕　［英］阿德里安·A. S. 朱克曼主编：《危机中的民事司法：民事诉讼程序的比较视角》，傅郁林等译，中国政法大学出版社 2005 年版，序言第 1 页。

和解释"正义"的内涵，认为"应该将正义和司法（法院）区分开来，通过司法的社会化，使公民有机会获得具体而符合实际的正义，即纠纷解决的权利"〔1〕也是社会正义的应有之义。所以，西方社会的 ADR 是与解决诉讼本身的局限性、应对司法能力不足以及司法危机的现实需求相伴而生的，同时也与西方国家在司法改革中所贯穿的"接近司法"（或"接近正义"）理念密切相连。但至少在我们现有文献资料的考察基础上，并不能得出西方各国对 ADR 的重视是要削弱司法的地位、抑制司法的作用，反而是希望借助于现代 ADR 使传统司法制度重新焕发生机，使之更易于为当事人所利用。

目前在我国法学界，就有人担心多元化纠纷解决机制的盛行，会削弱司法权，冲淡司法权威。认为中国的司法权只能向不断强化的方向而不是相反的方向迈进；特别是在中国法律制度"先天不足"的历史条件下，增强法治观念、健全法律制度、强化司法权威应该是我们努力的方向。所以，应当积极地、主动地发挥司法权在纠纷解决和社会控制方面的能动作用，以充分显示司法对于实现社会正义的重要价值。〔2〕诚然，中国应当实行法治，中国也正在走向法治。但通常情况下，在人们的思维逻辑中，我们习惯于将法治观念的强化与选择用法律的方法来解决纠纷联系在一起。近几年来，各种各样前所未闻的诉讼案件不断出现，例如父亲告儿子不陪其聊天、观众状告演员侵权，〔3〕等等，对此，人们会将这种变化归为公民法律意识的提高，将协商解决视为没有法律意识从而坚持将一元钱的纠纷诉诸法庭。事实上，一个国家诉讼率的高低或法院解决案件的多少并不足以说明其法治现代化的程度。诉讼率是一个综合的、客观的指标，它既可以反映出一个国家诉讼制度的开放度与普及性，也可以反映出该社会对诉讼的价值观；既可以反映出诉讼在整个纠纷解决机制中的地位，也可以反映出该社会发生纠纷的频率和强度。但我国当前在高调推崇诉讼和"维权"的同时，法律对滥讼和恶意诉讼的限制却付之阙如，法院对此的无奈昭然若揭。诚然，诉讼率在一定程度上可以反映出该社会成员的权利意识和法律意识，但它同时也能映射出社会道德规

---

〔1〕　范愉：《纠纷解决的理论与实践》，清华大学出版社 2007 年版，第 168 页。

〔2〕　赵旭东：《纠纷与纠纷解决原论：从成因到理念的深度分析》，北京大学出版社 2009 年版，第 180 页。

〔3〕　北京晨报："观众起诉赵薇在电视中瞪他　最高法：浪费资源"，载 http://news.sohu.com/20150610/n414731443.shtml，最后访问日期：2016 年 2 月 15 日。

范、传统习俗以及共同体内的自我调节功能的强弱。诉讼本身并不能提高司法权威和公信力，制度和程序设计也无法消除其固有的风险与代价。倡导多元化纠纷解决机制，突出纠纷解决中国家权力与民间自治、法律规则和社会规范、正式制度与非正式机制之间的协调互补，以达到社会控制与纠纷解决的和谐与平衡，这种理念不是弱化司法权，也不是淡化法治意识，更不是无视司法权威，这也是司法通过保障"谋求正义的普遍化"[1]进而实现司法权威的过程。当然我们也反对将司法的积极性与诉讼的自治性对立看待的观点，认为"法院的权力过于宽泛，干预越多，就意味着对当事人意志的不尊重，也会损害诉讼的民主性；还有可能助长法官专横，损害法院形象以及造成诉讼效率低下"。[2]因此，我们不赞成在纠纷解决机制的构建中弱化或排斥司法权，甚至鼓吹法律虚无主义的倾向，这种倾向也不是我们提倡非诉讼纠纷解决方式的初衷。但目前国内一些 ADR 研究中存在明显的单一化倾向，表现为仅仅以司法的需要作为发展 ADR 的动机。

在社会发展过程中，人们对于司法和诉讼的期望会随时代的变迁而发生变化。在社会转型期，人们更加希望通过司法程序确认新的社会关系、重新分配社会资源、制定新的政策乃至调整利益关系。所以，法院和诉讼程序的功能就要发生转移，纠纷解决方面的功能要相应减弱，而司法具有的影响公共政策形成的功能要越来越突出，这项功能对于培育人们的法律意识和法治观念至关重要，同时也是维护法律权威的重要前提。但却不能简单地将诉讼与正义等同起来，否则会导致民众在心理和行为上的扭曲，以至摧毁社会治理的根基。

（二）对法律功能的重新认识

在西方法治国家，虽然法律健全、正当程序理念厚重、公民法律认知度高，但是社会各界都能清楚地认识到法律所具有的局限性。唐纳德·J. 布莱克（Donald J. Black）从实证研究的角度指出了法律的局限性。认为：①对于法律的过分依赖将导致人们处理问题能力的退化。②对于法律的过分依赖可能

---

　　〔1〕"因为用诉讼外纠纷解决方式更容易进行以审判为意向的谈判，所以，谋求正义的普遍化就是诉讼外纠纷解决方式的'途径·模式'。"参见［意］卡佩莱蒂、盖斯：《通往正义之路》，［日］小岛武司译，中国政法大学出版社1981年版，第108页。

　　〔2〕常怡主编：《民事诉讼法学》，中国政法大学出版社2002年版，第71页。

会增加不法行为发生的可能性。公民放弃他们维护社会秩序的责任而将其完全交给法律官员管理，这便为许多不法行为创造了有利条件（原因是监管机制的失效），使追捕罪犯变得更加困难（因为一般公民已经不再参与协助追捕），同时惩罚犯罪的力度也降低了（因为法律比公民惩罚要仁慈得多）。因此，过分依赖法律会降低对犯罪的威慑力。③对于法律的过分依赖可能使纠纷激化。律师在鼓励人们维护自己的权利、参与调解纠纷的同时，会改变冲突的社会结构，从而使冲突扩大化。例如律师的干预会加大冲突双方的社会距离，如婚姻双方、雇佣双方或商业纠纷，以至于使非官方的解决更不可能实现。〔1〕美国法学家博登海默也指出："尽管法律是一种必不可少的具有高度裨益的社会生活制度，但它像人类创建的大多数社会制度一样也存在着某些弊端，如果对这些弊端不引起足够的重视或者完全视而不见，那么它就会发展成为严重的操作困难。"〔2〕我国自提出"依法治国"方略之后，法的作用也被推到了历史最高地位，法的重要性已逐步为人们所认识，认为一切社会矛盾都可以用法律或法治来解决。事实确实如此吗？当然不是。因为法总有作用不到的地方，比如情感思想问题。另外，法的稳定性与社会的变动性永远是一对无法调和的矛盾，这就必然导致法带有一定的滞后性。在社会瞬息万变的今天，为了能够更好地解决法的抽象性、稳定性与社会发展的客观需要之间的问题，就必须借助于各种解释，而解释得过多、过滥又会带来法的混乱。同样表现在司法方面，"在法治现代化过程中，很多国家都曾希望尽可能把纠纷解决统合在国家权力之下，出现过试图由司法垄断纠纷解决和法律适用的一元化倾向，表现为：国家限制各种民间社会团体参与纠纷解决；原则上对民间自治性纠纷解决方式及'私力救济'的作用予以否定。这种倾向，一方面来源于对国家权力的迷信，认为只有国家权力机构、特别是立法机关制定的法律规则才是至高无上的；另一方面，则是出于对法律机制及司法机关的权威和能力的过高预期。"〔3〕事实上，在民事纠纷解决领域，对法的过度依赖也并不完全符合当事人的利益与愿望。尽管司法解决对当事人来

---

〔1〕 [美] 唐·布莱克：《社会学视野中的司法》，郭星华等译，法律出版社 2002 年版，第 87 页。

〔2〕 [美] E. 博登海默：《法理学：法律哲学与法律方法》，邓正来译，中国政法大学出版社 2004 年版，第 388 页。

〔3〕 范愉：《纠纷解决的理论与实践》，清华大学出版社 2007 年版，第 232 页。

说是权威的、彻底的，但法律要求的严格、规范的程序会使原本简单的问题复杂化。我们就经常听到这样的抱怨："难道就因为我们当时一时疏忽没留下证据，法院就不分青红皂白判我们败诉吗？"或者听到这样对法院的误解："对方法院里有熟人，肯定走关系了！"这样的质问无疑增加了司法运作过程中当事人的精神成本和机会成本（指当事人经受的压力、紧张，以及因为打官司而丧失的其他可以得到的利益等）。因此，对于当事人而言，如果有一个途径不必付出很大的代价就能实现"审判"和正义的话，那么一旦发生纠纷，提起诉讼就不再是当事人的第一选择。对于某些问题的处理（如民间借贷纠纷、侵权纠纷、家事纠纷等），通过诉讼外解决也许效率更高。所以说，并不是在任何情况下司法解决对于任何类型的纠纷都是最合适的方式。

（三）构建现代法治社会下的"法民"关系

在西方社会，由于法治理论预设在民众对法律和法官高度信任并严格服从的基础上，故其"法民"关系的构筑聚焦在以法官和律师为核心，提出了法律职业共同体的概念，并认为法律职业共同体的形成与发展是一个法治国家赖以存在的基础。法律职业共同体的概念源于美国科学史和科学哲学家托马斯·S.库恩（Thomas S. Kuhn）关于"科学共同体"的定义，德国著名社会学家马克斯·韦伯将法律职业界定为一个"法律职业共同体"。根据他的学说，法律职业共同体是基于职业的特定内涵和特定要求而逐步形成的。法律职业共同体的特征具有同质性，这种同质性以出生、政治、道德、宗教信仰、生活方式或职业等社会因素为表现；但其中职业道德的传承是其重要特征。虽然学术界对于法律职业共同体涵义的认识并不统一，但普遍理解为：法律职业共同体是以法官、检察官、律师、法学家为核心的法律职业人员所组成的特殊的社会群体。在现代社会，随着社会分工的日益精密，人们已不再可能生活在单靠某一个价值体系或道德规范来维系的社会秩序中，随之而发生的变化是社会关系日益错综复杂，各类矛盾冲突激化、数量和规模不断扩大，社会对于解决纠纷的人员数量及专业化程度的要求也随之提高，法律职业专业化、行业化趋势成为必然。在尊崇法治理念的时代，法律精神无疑已成为呼应法治时代的最强音。伯尔曼（Harold J. Berman）的名言——"法律必须被信仰，否则形同虚设"成为判断社会是否已具有法律精神的内涵标准。他所说的法律信仰是指诉诸"仪式、传统、权威和普遍性"以及"权利与义务的观念，公正审判的要求，对适用法律前后矛盾的反感，受平等对待的愿望，忠实于法律及其相关事物的强烈情感，对于非法行为的痛恨"等，伯尔曼将这种法律信仰的养成寄希望类似于宗教仪式的"正义的蒙眼布"。〔1〕问题的关键在于，"蒙眼如何成为信仰"？〔2〕这些威仪程式不能蒙上民众"雪亮的双眼"，于是"看得见的正义"——正当程序理念就成为司法取得民众信仰、通过对严格程序的遵守实现司法权威的过程了。于是乎，以司法为中心的法律现实主义就把太多的注意力集中在法官身上。在那里往往看不到法律人以外的世界，而只有一个聚光灯下的舞台，由法官主持，由律师表演。普通的官员百姓大都只是看客，最多充当一下群众演员，在证人席或陪审席，展现一个好公民的守法意识。归根结底，西方的法治理论，是基于法官和律师这一以法律共同体为唯一法律主体的法民关系，构造了法治的价值理想与制度设计。〔3〕但这并不意味着在西方法治社会下就不存在相对紧张的"法民"关系，美国南北战争〔4〕以及洛杉矶骚乱，〔5〕就都源自司法裁决所激化的"法民"关系。

在我国，党的十八届四中全会通过的《中共中央关于全面推进依法治国若干重大问题的决定》（以下简称"党的十八届四中全会《决定》"）指出："全面推进依法治国，总目标是建设中国特色社会主义法治体系，建设社会主义法治国家。"建设社会主义法治国家，实现社会主义法治，让每一个关心国家前途和命运的人都对未来充满了新的期许，社会对公正司法的能力要求也越来越高。按照西方国家的法治理念和标准，法治社会要求法律具有最高的

---

〔1〕　[美] 伯尔曼：《法律与宗教》，梁治平译，三联书店 1991 年版，第 28～39 页。

〔2〕　冯象：《政法笔记》，江苏人民出版社 2004 年版，第 152 页。

〔3〕　凌斌："当代中国法治实践中的'法民关系'"，载《中国社会科学》2013 年第 1 期。

〔4〕　美国独立后，南方和北方沿着两条不同的道路发展。在北方，资本主义经济发展迅速，在南方则继续实行奴隶制度。南方奴隶制度严重窒息了北方工商业的发展，南北矛盾和斗争自 19 世纪起日趋激烈。北方资产阶级极力主张废除奴隶制度，南方奴隶主主张用武力把奴隶制扩张到美国西部。1857 年奴隶主又利用斯科特判决案企图把奴隶制扩展到美国全部领土，导致约翰·布朗起义，这也成为美国内战爆发的一个导火索。

〔5〕　事情起因于 1991 年 3 月 3 日，罗德尼·金与两名乘客在东湾岸高速公路上发生追逐，并且连闯多个红绿灯，遭到警察追捕。由于罗德尼·金拒捕，警察使用武力手段强行逮捕。整个拘捕过程被市民拍摄并公之于众，引起舆论哗然，并强烈指责警察滥用权力。洛杉矶地方检察官遂起诉 4 名涉嫌殴打攻击罗德尼·金的警员，但 1992 年 4 月 29 日，经陪审团裁定 4 名警员无罪，并未过度地使用武力逮捕嫌犯，4 名警员随即被法院释放。当天（4 月 29 日）下午 3 点 45 分，大量民众在洛杉矶地方法院外进行抗议，随后引发一系列的暴乱。

权威，而法律权威的树立就需要一个独立且中立的法律科层，因此中国法律职业共同体的形成与建设法治国家的路径无疑是吻合的；而法律职业共同体的存在与否及水平也反映了一个社会法治化的成熟度。于是就有学者强调"中国司法要成其为司法，就不可能大众化"。[1]但我们的问题是：提倡司法的大众化，是否真的会影响法官的职业化与司法的专业化，是否就会干扰我国法治化建设的进程？西方法治是要绝对地排斥司法大众化、民主化吗？从西方社会认可的陪审制度就可以看到司法大众化的一个侧面。在我国，纠纷解决提倡法院调解，多数情况下，一方面体现了执法者对社会规范、道德规范等民间法的回应，另一方面也有可能是对立法缺陷的一种纠偏。再比如我们一旦谈到"信访不信法"现象，就经常会被解读为是老百姓不相信法律，而实际上是不相信法官。信访人也有自己所信奉的法律，也有自己所理解的正义，所以就寄希望于某位"青天大人"能为他伸张正义。我们解释这些，主要是为了说明，在我国不存在西方社会的"消极的法民关系"，而是一种根深蒂固的"积极的法民关系"。用中国法官的话说就是："在中国当法官，最为重要的是，要有与人打交道的能力，要有做当事人思想工作的能力。"所以在中国这片土地上，由于内在文化基因的作用，即使法槌、法袍，乃至法庭、法律都和西方相同，中国的法律人也与马歇尔、霍姆斯、卡多佐、波斯纳相去甚远。不论中国的法学专业化和司法职业化走得多远，马锡五、宋鱼水乃至狄仁杰、包拯和海瑞，仍然是中国法官的精神导师和人格榜样。[2]所以，在社会纠纷的解决过程中，借助于诉讼之外的所有手段来达到解决纠纷、恢复秩序的目的，并不意味着受过法律专业训练的职业化法官和律师，在这些场合中就没有了用武之地，而是中国司法尚未完全具备解决各种社会矛盾、社会冲突的能力和实力。在当前的社会背景下，任何想在理论上一劳永逸地利用形式主义法来解决中国转型期社会问题的企图都是徒劳的。

二、重视和发挥社会团体的自治作用

由于现代法治将纠纷解决集中于国家司法权的管辖之下，于是一旦纠纷

---

[1] 张千帆："司法大众化是一个伪命题"，载《经济观察报》2008 年 7 月 28 日，第 48 版。

[2] 凌斌："当代中国法治实践中的'法民关系'"，载《中国社会科学》2013 年第 1 期。

进入诉讼领域，"私法自治"原则就会受到很大限制。一方面，根据司法消极主义原则，法官只能在法律规范的调整下进行裁判，而不能积极地促成和解；另一方面，社会又对当事人在纠纷解决中的自治能力及其正当性抱有怀疑态度，这就导致非诉讼纠纷解决方式长期处于非正当、低级的地位，很长一个时期，纠纷解决成为被法律职业共同体垄断的领域。西方自19世纪后半叶开始出现处理劳资争议的调解制度，这一方面表明了国家对私权介入纠纷解决的默认，另一方面也表明国家开始承认当事人双方通过协商或者交易的方式解决纠纷的正当性和合理性。此后，这种纠纷解决方式被陆续运用到更广泛的纠纷领域，与此同时各种各样的民间性纠纷解决组织也如雨后春笋般涌现出来。德国著名社会学家尤尔根·哈贝马斯（Jürgen Habermas）是这样解释的："社会的国家化和国家的社会化是同步进行的，正是这一辩证关系逐渐破坏了资产阶级公共领域的基础，亦即国家和社会的分离。从两者之间，同时也从两者内部，产生出一个重新政治化的社会领域，这一领域摆脱了'公'与'私'的区别。它也消解了私人领域中那一特定的部分，即自由主义公共领域，在这里，私人集合为公众，管理私人交往中的共同事务。"[1]今天在西方乃至世界，随着私人生活走向公共化，人们又以新的方式联系起来，社会中开始出现社区、行业协会、社会团体等自治性组织机构。社会组织作为连接政府和个人的枢纽，通过平等对话、沟通、协商、协调等办法参与社会管理，缓解社会矛盾，增强社会弹性，是矛盾的"缓冲层"，能较有效地缓解社会转型期发生的矛盾。美国也经历过长达40年（1932～1972年）的社会转型期，与此同时美国也有逐步完善、健全、发达的社会组织，从而平稳度过了这个矛盾叠加的社会危险期。西方现代民间ADR组织就属于这种新型的社会关系和组织结构。这些组织既包括以财团法人或基金形式运作的专门机构，例如日本的交通事故纷争处理中心（财团法人）；自发成立的民间团体或社团法人机构，例如美国的邻里司法中心；也包括受国家指导和资助的准行政性组织，例如我国的人民调解组织和仲裁机构；毫无疑问还包括那些以各种形式存在于民间社区的松散的纠纷解决组织。[2]

---

〔1〕［德］尤尔根·哈贝马斯：《公共领域的结构转型》，曹卫东等译，学林出版社1999年版，第171页。

〔2〕范愉：《非诉讼纠纷解决机制研究》，中国人民大学出版社2000年版，第383页。

自我国改革开放以来，随着政府职能的转变和企业社会职能的脱离，大量"单位人"向"社会人"特别是"社区人"转变，大量与公民相关的社会公共事务要由各种社会组织来承担。根据民政部官方统计，截至 2015 年 3 月底，我国共有社会组织 61.3 万个，同比增长 10.9%。其中社会团体 31.2 万个，基金会 4190 个，民办非企业单位 29.7 万个。[1]如果仅从量上衡量，增长速度的确很快，但与发达国家相比，我国社会团体的发育还很不健全，法制还不完善，管理上也存在不少问题。当前我国正大力推动简政放权、放管结合、优化服务改革，各级政府要把不该管、也管不好的事交给社会，实现行业协会、商会等"去行政化"，还原社会组织的社会属性。当然社会组织在社会治理中所发挥的润滑作用，已引起党和国家的高度重视，在《中共中央关于加强党的执政能力建设的决定》中指出："……高度重视和维护人民群众最现实、最关心、最直接的利益……健全正确处理人民内部矛盾的工作机制，完善信访工作责任制，综合运用政策、法律、经济、行政等手段和教育、协商、调解等方法，依法及时处理群众反映的问题。建立健全社会利益协调机制，引导群众以理性合法的形式表达利益要求、解决利益矛盾，自觉维护安定团结。……发挥基层党组织和共产党员服务群众、凝聚人心的作用，发挥城乡基层自治组织协调利益、化解矛盾、排忧解难的作用，发挥社团、行业组织和社会中介组织提供服务、反映诉求、规范行为的作用，形成社会管理和社会服务的合力。"[2]党的十八大报告重申："加快形成党委领导、政府负责、社会协同、公众参与、法治保障的社会管理体制。"

国家一再强调把社会矛盾纠纷消灭在萌芽状态，解决在基层。所以，近年来，越来越多的基层组织开始尝试建立以乡村精英、贤士为核心力量的社会组织来参与乡村治理，以此应对各种基层社会治理问题和弥补村民自治的不足。如山东新泰市依托平安协会化解乡村冲突事件并参与村庄事务协商，广东云浮市依托乡贤理事会、揭阳市揭东县依托公益理事会和民主监事会推动农村公共事业建设，重庆市巫溪县在农村成立以"五大乐和"为主要职能

---

〔1〕 载 http://news.sohu.com/20150429/n412100867.shtml，最后访问日期：2016 年 2 月 20 日。

〔2〕 本书编写组：《〈中共中央关于加强党的执政能力建设的决定〉辅导读本》，人民出版社 2004 年版，第 24~25 页。

的乐和协会广泛参与乡村治理等。这种社会组织不同于民间自发形成的社会组织，而是由政府积极扶持和培育并且广泛参与乡村治理事务，是一种新型社会组织。[1]此外，一些地方还建立了劳资矛盾调解组织，通过社会组织参与调处劳资矛盾，也积累了一些经验。如浙江义乌的劳资纠纷一度激化，[2]义乌在2010年10月成立了义乌市职工法律维权协会。截至2010年底，义乌职工法律维权协会共受理投诉案件4708起，调解成功率达93.6%；免费为职工出庭代理仲裁案件225起，代理诉讼案件317起；为当事人追讨工资及挽回经济损失2339万元。当然，在这方面我们仍然还有很长的路要走，首先需要转变观念，树立新的社会关系观，给予各种民间自治组织足够的发展空间，并从各方面支持与鼓励它们参与纠纷解决；其次是完善制度，对各种民间纠纷解决机构的法律地位、处理结果的法律效力以及与其他纠纷解决机制之间的互动关系从制度上给予合理界定；最后还要落实监督，对于民间纠纷解决机构的组成、规章制度、运作程序、纠纷解决过程等建立必要的监督制约机制，落实相应的责任追究和惩戒措施，最终目的是保障当事人在纠纷解决中的主导地位。

三、坚持多元化的发展方向

多元化的纠纷解决机制从来都不是现代社会所独创的，在任何一个社会形态中，都天然地存在着多种多样的纠纷解决方式。社会发展水平不同，利益格局以及社会矛盾的类型不同，决定着人们对纠纷解决方式的需求和偏好也不尽相同。但随着司法压力和司法危机的出现，司法中心主义与法律一元主义主导下的纠纷解决体系已在实践中遭遇重大困境，其背后的各种弊端也在现实中有不同程度的显现。与此同时，社会主体对多元化纠纷解决机制的需求和认识也经历了一个从自在到自觉的过程。[3]基于对司法中心主义与法律至上法治理论的反思和纠正，以及现代社会对利益多元、冲突多元、价值

---

〔1〕　参见徐晓全："新型社会组织参与乡村治理的机制"，载中国社会组织网：http://www.chinanpo. gov. cn/1835/79846/yjzlkindex. html，最后访问日期：2016年2月20日。

〔2〕　沈锡权、岳德亮、商意盈："警惕劳资矛盾向'劳政矛盾'演变"，载《经济参考报》2011年7月4日，第5版。

〔3〕　参见范愉：《非诉讼纠纷解决机制研究》，中国人民大学出版社2000年版，第17～27页。

多元和文化传统多元的主动选择，目前主要法治国家呈现的趋势是，"无数其他机构担当非司法、准司法或超司法机构，对实际上的民事事项进行裁决并作出裁决，而这类裁决只在很少的情形下受制于法院的全面复审。"[1]这种趋势显示出现代社会对多元化纠纷解决机制的强烈需求和理性选择。

前文已述，西方发达国家非常重视多元化纠纷解决机构尤其是民间 ADR 的作用，并积极发展与建构各种纠纷解决机制。在中国历史上，由于传统的厌讼观念，非诉讼纠纷解决方法在民间一直发挥着举足轻重的作用，不仅积累了丰富的经验，而且形成了整套的制度，是世界法制史上少有的。[2]非诉讼纠纷解决机制与正式的司法制度一起构成了我国多元化的纠纷解决体系。而且也可以预见，我国未来不仅会出现数量众多且无既定规则调整的新型利益冲突，还会出现一些冲突剧烈的群体性纠纷。这些纠纷与冲突势必超出了现行诉讼机制的纠纷解决能力，因此，坚持和进一步完善多元化纠纷解决机制乃是我国未来建构纠纷解决体系的发展方向。在这里需要特别强调的有以下几点：①妥善处理诉讼与 ADR 的关系。这个关系的处理依赖于：其一，在充分发挥各种 ADR 的功能和优势的同时，还要特别关照当事人的自治和自律，防止对 ADR 程序的滥用；其二，在最大限度地减轻法院收案压力、实现效益最大化的同时，还要切实保障当事人合意的正当性，谨防披着合意外衣之下的"强制合意"；其三，当需要司法提供基本的程序保障时，不能因为过多的程序规制而制约 ADR 灵活性的发挥；其四，为保证民众利用司法的机会和权利，不能因为程序的过于简化和便利，而造成对司法乃至法治的破坏和威胁。②重视行政性纠纷解决机构的作用。非诉讼纠纷解决机制，不单单只有民间 ADR，行政性纠纷解决机构在当今社会仍具有较强的权威与动员能力。西方法治发达国家也一直很重视政府在纠纷解决中的作用，比如英国的行政裁判所模式和美国的行政法官模式就是很好的例证，它们都发挥了令人满意的纠纷解决作用。据统计，在英国，行政裁判所每年受理的案件都在 60～100 万件，纠纷范围大、数量多，但绝大多数纠纷基本上通过行政裁判所都能得

---

[1] [意]莫诺·卡佩莱蒂：《比较法视野中的司法程序》，徐昕、王奕译，清华大学出版社 2005 年版，第 308 页。

[2] 张晋藩：《中国法律的传统与近代转型》，法律出版社 1997 年版，第 197 页。

到很好的解决，只有极少数案件（约 5000 件左右）提起上诉。[1]考虑到目前中国已经失衡的利益格局以及并不健全的利益表达机制在短期内不会发生根本性的改变，部分群体与个人仍将处于弱势地位，因此，充分利用行政权在平衡与保障利益方面的优势，灵活采用各种便宜性与裁量性的处置措施有效化解纠纷，绝不是应景之作，而是作为构成一个社会纠纷解决体系的基础部分，重要的不仅在于数量，更重要的在于提高社会纠纷解决的整体质量。③夯实纠纷解决机制的系统化、制度化建设。一个国家的纠纷解决机制无论是多元化的还是一元化的，其各个部分或各方式之间都需要保持有序协调与平衡，它们之间的关系既不是"志同道合"也不是"单打独斗"。这就要求：在观念上，明确各种纠纷解决机制在整个纠纷解决体系中所体现的不同的价值取向，以满足社会主体对纠纷解决的不同需求；在制度构建上，要充分考虑不同纠纷解决机制之间的有效衔接，以形成一套相互补充、相互协调的纠纷解决体系。关于这个问题的阐释，笔者非常同意左卫民教授所提出的"联动机制"。如果提高纠纷解决机制之间的协调性更多是基于多元化纠纷体系内在发展规律的话，那么强调纠纷解决机制之间的联动性则是根据中国未来社会纠纷与矛盾的复杂性而做出的选择。就未来中国社会冲突与矛盾的复杂性而言，这一现实意味着单一的纠纷解决机构或纠纷解决手段可能并不足以应对部分复杂纠纷。因此，在建构未来的纠纷解决体系时必须考虑其整体的联动性：不仅各种纠纷解决机制需要互相支持与配合，形成联动的整体，而且各种纠纷解决手段也需要综合运用。当然，这种联动也需要形成稳定的制度机制，以实现联动的规则化、正式化与经常化。作为实践对这方面的探索，现在各地推行的"大调解"模式值得关注。[2]

---

〔1〕　应松年："构建行政纠纷解决制度体系"，载《国家行政学院学报》2007 年第 3 期。
〔2〕　左卫民："常态纠纷的非司法解决体系如何和谐与有效——以 S 县为分析样本"，载《法制与社会发展》2010 年第 5 期。

我国多元化纠纷
解决机制的构建

　　构建多元化纠纷解决机制，就是要对各种具体的纠纷解决方式进行有效整合，使之形成一个整体，在各种解决方式之间建立起有机联系，使其相互补充，相互协调，而不是简单地将其拼凑在一起。同时，还应当根据不同历史时期社会纠纷的不同类型及特点，对多元化纠纷解决机制不断加以创新和完善，使之更加适应社会的实际需要。对于诉讼与诉讼外制度的关系，日本学者小岛武司有过精彩的描述，他提出了以诉讼为中心的纠纷解决的理想状态的两个方面，即由诉讼向诉讼外波及的方面和由诉讼外向诉讼提升的方面。（如下图所示）[1]

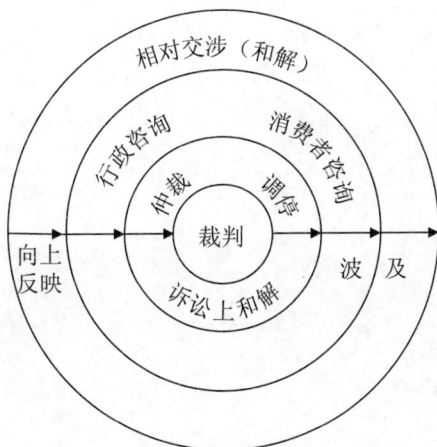

　　这种逻辑方式是把诉讼作为整个纠纷解决体系的中心（或顶点）进行思考的。对于这种"以解决标准为基轴的诉讼中心"主义，也有学者表达了不同看法，认为：程序胜于标准，要抛弃把诉讼置于金字塔顶端的观点，将诉讼视为众多纠纷解决方式中的一种来看待。同时还指出，为了顺应时代的要求，"审判程序就必须从一直以来审判的固定形象中自我解放出来，该吸收ADR优点的地方吸收优点，把审判程序变成一个易懂易使用的程序。同时，ADR最好也能继续突出自己的优点，并学习审判所特有的理念，特别是有序、

---

　　[1]　[日]小岛武司："纠纷解决制度的整体构造"，载《讲座民事诉讼①》1984年。转引自[日]小岛武司、伊藤真编：《诉讼外纠纷解决法》，丁婕译，中国政法大学出版社2005年版，第211页。

公正的程序理念，努力克服自己的缺点。从分立的思想，通过审判与 ADR 或 ADR 相互间宽松的竞争，走入共荣共存的时代。民事审判中小额程序的特则和仲裁中心等就是实例。究竟利用哪种就由利用者决定。"〔1〕通过这样的融合，以实现审判制度的灵活化和 ADR 的制度化、充实化，这个设想应该是我们摸索整合和优化多元化纠纷解决机制的理想状态。

〔1〕 参见［日］井上治典："诉讼与诉讼外纠纷解决制度的关系——超越严格区别论"，载［日］小岛武司、伊藤真编：《诉讼外纠纷解决法》，丁婕译，中国政法大学出版社 2005 年版，第 211~212 页。

第七章

我国纠纷解决机制中的诉讼制度

第一节　诉讼制度与法院附设 ADR 机制

一、诉讼制度与纠纷解决

传统意义上，利用法律手段解决纠纷就是以诉讼的形态进行，表现为法官通过对一般性法律规范的适用来裁定具体的纠纷，这个过程也称之为司法。可以说，在当前多数国家的国内法体系中，法律体系的变迁是以诉讼制度为中心形成和发展的，诉讼制度也是整个司法制度的核心。正因如此，在法学研究中"诉讼"与"司法"的概念经常互换使用。但当我们研究诉讼制度当今所面临的问题状况时，就必须从一个更加广泛的角度去理解诉讼，即诉讼是被认为具有法律权威的第三人在听取对立的当事人等相关人员的主张后解决具体纠纷的制度。[1]有学者认为，广义的诉讼不仅包括作为国家机关的法院通过适用法律作出具有法律约束力的终局性的司法裁定（司法性诉讼）的程序，还包括仲裁、调停等现在区分为准司法程序的制度。[2]与此相应的观

---

〔1〕〔日〕兼子一：《实体法与诉讼法》，转引自〔日〕田中成明："诉讼制度与纠纷解决"，载〔日〕小岛武司、伊藤真编：《诉讼外纠纷解决法》，丁婕译，中国政法大学出版社2005年版，第221页。

〔2〕〔日〕田中成明："诉讼制度与纠纷解决"，载〔日〕小岛武司、伊藤真编：《诉讼外纠纷解决法》，丁婕译，中国政法大学出版社2005年版，第221页。

点认为，审判者不仅指法官或司法者，泛指以各种方式裁断处置纠纷的第三方，也可以包括古代的官吏，还可以包括今天正式制度化的调解者、仲裁者以及其他处置纠纷的人。[1]但笔者此处所论是指狭义上的诉讼概念，即由诸多法官构成的法院系统和司法程序。作为司法解决纠纷的手段，诉讼是以国家宪法为基础，从"标准"、"对象"和"程序"三个方面进行制度性规定的：①"标准"上适用"要件·效果"模式，以实体法规范的法律要件来判断具体纠纷事实是否符合该实体法的要求（即事实认定），最终采用判决形式作出承认与否（即法律适用）的判定。②"对象"是指特定的对立当事人之间过去发生的、与具体权利义务相关的纠纷。但民事诉讼绝不是、也不可能以解决全部的现实纠纷为目标，它只是对纠纷中涉及法律内容的部分作出裁定。正因如此，社会上出现的各种各样的纠纷就不能期待得到干净利落的法律裁定。即便有了最终的法律裁定，也不一定能够最终地解决整件纠纷。③"程序"上严格遵循诉讼原则。处在现代法治社会的国家，无论采用当事人主义模式还是职权主义模式，各国民事诉讼法都规定了公开原则、辩论原则、审判公正原则、直接原则、证据裁判原则等，以保障双方当事人接受平等审判的权利，同时也是其合法性、正当性的制度保障。在此，笔者借用一位日本学者的话来概括当今社会诉讼制度与纠纷解决的关系："整体上看，虽然现行的诉讼、诉讼程序对于所有的法律纠纷来说并不是最完善、最合理的，但比较衡量其优缺点后，在理论上应该承认它是个能运用明智的法律意见并确保纠纷解决合理性与公正的珍贵且通用的体系。"[2]

在我国，诉讼作为当今社会纠纷解决的主导方式，被置于纠纷解决体系的中心位置，其审判结果的权威性和强制执行力也使当事人更偏好于选择这种纠纷解决途径。尤其自改革开放以来，司法权日趋变得统一集中，司法制度也在不断完善，通过诉讼方式来实现权利救济有较为显著的效果，这也提高了诉讼在整个社会纠纷解决体系中的地位。但从世界范围看，在完善的多元化纠纷解决机制中，司法程序只是众多纠纷解决方式中的一种，也是最后一个选择，只有当其他纠纷解决机制解决不了矛盾纠纷时，才采用诉讼机制。

---

[1] 苏力："司法制度的合成理论"，载《清华法学》2007年第1期。

[2] ［日］田中成明："诉讼制度与纠纷解决"，载［日］小岛武司、伊藤真编：《诉讼外纠纷解决法》，丁婕译，中国政法大学出版社2005年版，第223页。

故才有"司法是解决矛盾纠纷的最后手段，但并非唯一手段"之说。"这意味着在价值层面上，社会中发生的几乎任何一种矛盾、争议，经过各式各样的决定仍不能得到解决并蕴含着给政治、社会体系的正统性带来重大冲击的危险时，最终都可以被诉讼、审判所吸收或'中和'。"[1]然而，诉讼主要通过启动国家司法资源，依赖国家强制力发挥作用，合法性是其正当和权威的主要基础。可当事人在诉讼中除了对是否选择诉讼途径拥有决定权外，基本无法掌控诉讼过程和结果。此外，人类社会在设计任何一种制度时都会考虑到成本投入，国家在推动诉讼制度发展的过程中更要投入大量人力和财力。经济分析法的结论告诉我们，法律根植在经济生活中，不仅要有维护社会公平的功能，还应促进实现资源的有效配置。诉讼作为一种高成本的纠纷解决机制，频繁启动会使本就有限的社会资源变得更加紧缺，同时也会造成"滥讼"的局面。司法机关工作人员面对积案如山的巨大压力，即便每日超负荷办公依然可能会导致诉讼延迟。而对于当事人来讲，除去要忍受诉讼上相对繁琐的程序外，更要支付较为昂贵的费用，这都是对当事人承受能力的极大考验。如何在公正的前提下以最小成本实现司法资源的最优配置仍是现实中的重要课题。正因如此，目前很多国家开始关注并重视法院附设替代性纠纷解决机制，以此来避免诉讼的缺陷，减轻法院的案件负担，提高纠纷解决效率与节省司法资源及当事人费用。当然，不同国家有不同国情，由于历史原因，我国法院系统除了大量具备法律专业知识及法律素养的专业法官之外，尚有大量的法官辅助人员。在这样的人员配置下，如能通过案件分流来实现纠纷解决方式的各得其所，一方面能够化解法院的案件负担，另一方面通过让不同类型的法官分别负责不同类型的案件处理，能够实现法院资源的优化，不失为妥善之举。在美国，许多法官已开始尝试运用他们作为法官的角色来推动案件和解，将案件导向调解或其他替代性的纠纷解决方案，雇用法院委任的助手以建立案件处理机制。可见，法院不仅要根据法律和事实来决定案件，而且还要保障有限的司法资源在所有寻求司法、正义的人们之间公正地进行分配。[2]当前我国民事司法制度在很多方面已不能适应社会不断转型的要

---

[1] 王亚新：《社会变革中的民事诉讼》，中国法制出版社2001年版，第225～226页。

[2] ［英］阿德里安·A.S.朱克曼主编：《危机中的民事司法：民事诉讼程序的比较视角》，傅郁林等译，中国政法大学出版社2005年版，第45页。

求，作为民事司法制度核心的民事诉讼制度也已滞后于民事纠纷解决的程序正义和实体正义的需要。[1]为适应社会发展的需求与国际化、现代化的需要，我们需对司法制度进行全面变革。这些变革包括：实现民事诉讼体制的转型、审判理念的转换、民事诉讼原则的调整、审级制度的改革、立案制度的改革、建立和完善审前程序、庭审方式的改革、证据制度的改革、法院调解制度的改革、完善和解制度、民事裁决制度的改革、上诉制度的改革、再审制度的重构、低成本诉讼体制的建构、民事执行制度的改革、替代性纠纷解决方式等。[2]其中构建法院附设替代性纠纷解决机制亦是司法改革中扩大诉讼功能的一个重要环节。

二、法院附设替代性纠纷解决机制的制度建构与地方性探索

（一）法院附设替代性纠纷解决机制的特点

法院附设替代性纠纷解决机制（以下简称"法院附设 ADR"，又称"司法 ADR"），是由法院作为主持机构或者在法院指导下解决纠纷的一种方式。但法院在纠纷解决过程中起到的作用仅仅是主持人，裁判人或调解人通常是由来自于法院之外的律师、退休法官、相关行业专家或法院的辅助人员担任。从广义上讲，ADR 的解决也被定位为"法律"解决，一方面诉讼中当事人的合意能起到重要作用，另一方面诉讼程序的强制性也以各种形式发挥着作用。可见，从理论上讲，法院附设 ADR 在优化司法资源的基础上，可以最大限度地发挥替代性纠纷解决机制的优点，同时还可以在最大程度上保持诉讼程序本身的运作规律和基本原则。正因如此，法院附设 ADR 的制度设计被许多西方国家所推崇。与民间 ADR 和法院诉讼制度相比，法院附设 ADR 具有典型的准司法性。

（1）与民间 ADR 不同，法院附设 ADR 具有司法性。表现在：①法院附设 ADR 与法院的诉讼程序之间有着制度上的联系，在一定条件下是诉讼的前置阶段。[3]②法院附设 ADR 属于司法体系的组成部分，其程序与民事诉讼程序相互衔接，作为非审判的纠纷解决途径与审判程序相辅相成。③法院附设

---

[1] 张卫平等：《司法改革：分析与展开》，法律出版社 2003 年版，第 172 页。

[2] 参见张卫平等：《司法改革：分析与展开》，法律出版社 2003 年版，第 174~309 页。

[3] 范愉：《非诉讼纠纷解决机制研究》，中国人民大学出版社 2000 年版，第 377 页。

ADR 的程序一般都由相关立法或法院规则予以确立。包括组织机构、人员设置、基本原则、管辖范围以及具体的运作程序等，都较为严格和规范。[1]④法院可对其进行司法审查、监督和管理。比如根据美国《ADR 法》的规定，每个联邦法院应当指派一位在 ADR 程序方面富有经验的雇员或司法官员来执行、管理、监督和评价法院的 ADR 程序，他们还负责招收、考查和培训在司法 ADR 程序中充当中立人和仲裁人的律师。

（2）与正式的诉讼程序相比，法院附设 ADR 又具有非司法性。表现在：①合意性。法院附设 ADR 解决纠纷主要依赖于当事人的合意，比起以国家强制力为背景的法院裁判，这种载体的运作是以不同意见和利害关系的人们在公正的程序下通过自主交涉和理性讨论进行行为调整的柔软功能为基轴的。[2]②非规范性。按照传统的审判程序裁决案件，法官必须严格遵守"要件·效果"模式进行事实认定和法律适用；而法院附设 ADR 则可以由当事人自主选择所适用的社会规范、风俗惯例等。③与法院作出的生效判决不同，通过法院附设 ADR 程序获得的调解结果或者仲裁裁决通常不具有约束性，它只是为当事人提供了评价性判断或参考性意见，当事人可以接受，也可以要求法院重新审理。所以法院附设 ADR 的结果是非终局性的。

总之，法院附设 ADR 程序增加了当事人解决纠纷可利用的程序选择，同时也最大限度地发挥了各种程序的自身优点，较诉讼程序来说具有灵活性、随意性、自如性、自主性等诸多特征。但与此同时，也不能将这种自主性任意放大至不受任何约制，否则将失去程序的本质，也将失去正当性。

（二）法院附设 ADR 有助于实现我国法院的功能分层

日本学者棚濑孝雄指出：审判制度的首要任务就是解决纠纷。[3]也可以说，妥善地解决纠纷是法院的基本功能或直接功能。但除此之外，法院还有许多延伸性功能，如控制功能、权力制约功能和公共政策的制定功能等。[4]

---

〔1〕范愉：《非诉讼纠纷解决机制研究》，中国人民大学出版社 2000 年版，第 378 页。

〔2〕[日] 甲中成明："诉讼制度与纠纷解决"，载 [日] 小岛武司、伊藤真编：《诉讼外纠纷解决法》，丁婕译，中国政法大学出版社 2005 年版，第 227 页。

〔3〕[日] 棚濑孝雄：《纠纷的解决与审判制度》，王亚新译，中国政法大学出版社 2004 年版，第 1 页。

〔4〕参见左卫民、周长军：《变迁与改革——法院制度现代化研究》，法律出版社 2000 年版，第 88 ~ 105 页。

而在整个法院体系内部，通常是以审级制度来实现功能分层的。"按照现代民事法律审级制度的原理，数量众多的初审法院居于金字塔的底层，是为了方便人民群众进行诉讼和方便法院对案件进行审理。数量较少的上诉法院居中，是为了保证法律适用的统一。"[1]前文也提到，我国审级制度存在功能划分不清、程序配置失衡等方面的问题，这些问题导致矛盾不断后移、程序随意倒流，致使终审不终，增加了法院的审判压力。我国基层法院的设置初衷是为了便民、低成本、高效率地参与诉讼，因此，在设置上就不能完全按照高等法院的模式进行。根据最高人民法院 2015 年发布的《关于调整高级人民法院和中级人民法院管辖第一审民商事案件标准的通知》，进一步加大民商事案件"下沉"力度，大大提升了高级人民法院和中级人民法院的一审受案标的额，确定了"婚姻、继承、家庭、物业服务、人身损害赔偿、名誉权、交通事故、劳动争议等案件，以及群体性纠纷案件，由基层人民法院管辖"的原则。如此一来，基层人民法院对大多数民事案件有一审管辖权。针对现实生活中，尤其在农村，小额诉讼较多，有学者主张将基层人民法院改造为专门处理简易小额诉讼的初审法院。[2]从实践的角度看，简单民事案件和小额诉讼案件日益增多，设立专门处理简易小额诉讼案件的机构确实有必要，但是如果单设小额法院势必要对现行法院体制作出重大变革，而且也很难说在实然层面上一定会更有益于化解当前中国的司法困境。因此，笔者认为，可以在基层法院内部设立简易法庭，结合基层地域性自治组织或专门的 ADR 机构专门处理小额诉讼案件，这样将一部分较琐碎的纠纷从法院管辖中排除或分流出去，不仅能达到快速结案的目的，还可以保留法院对这些案件的司法控制权。这样的好处在于：其一，简便易行，对现行法院体制不会造成太大冲击；其二，可对基层法院法官进行分流以实现法官的分层。目前基层法院有为数不少的非法学专业法官，可将他们统一划归入简易法庭。

（三）我国法院附设 ADR 的制度构想

在我国，由于受传统文化的影响，调解一直被视为我国纠纷解决的传统方式，即便进入诉讼程序，许多当事人也比较倾向于选择诉讼调解来解决纠纷。我国《民事诉讼法》也规定了"能调则调，当判则判，调判结合，案结

---

〔1〕章武生："我国民事审级制度之重塑"，载《中国法学》2002 年第 6 期。

〔2〕参见章武生："我国民事审级制度之重塑"，载《中国法学》2002 年第 6 期。

事了"的审判原则，将诉讼调解作为鼓励创新和化解人民内部矛盾的重要审判制度。但在司法实践中，法官无法将案件类型化，这一方面影响了调解效率，另一方面也使调解背离了其中立性。因此，笔者认为要建立适合我国国情的法院附设 ADR 机制，需要从以下几方面进行制度完善。

1. 对现有制度进行改革和创新

包括我国现有法院调解制度和诉讼和解制度。在此，首先需要澄清一个认识，以表明笔者的观点。在我国，学者们对于我国法院调解和诉讼和解制度究竟符不符合现代的法院附设 ADR，还有不少争议。按照理论上对法院附设 ADR 制度的解构，我国法院调解制度还不是一种严格意义上的法院附设 ADR。因为从性质上来讲，国外的法院附设调解通常是诉讼的前置程序，是一种由调解人员或法官与调解人员共同主持、附设于法院的非诉讼调解。而我国法院的调解则是贯穿于诉讼的全过程，由法官主导且属于法院行使审判权的一种纠纷解决方式。从这个意义上讲，我国各地法院开展的"诉调对接"模式更加符合这一标准。而我国的诉讼和解制度就更难与法院裁判切割清楚，在诉讼过程中，只要双方自愿和解并达成和解协议，均可终结诉讼：要么双方当事人向人民法院申请确认并制作调解书；要么向法院申请撤诉。笔者也承认，无论是法院调解，还是诉讼和解都与西方社会所指的现代法院附设 ADR 制度不同，但从应对司法危机与现代法院功能转型的角度看，我国的法院调解、诉讼和解与西方社会的法院附设 ADR 制度在价值取向上却是殊途同归的。所以我们不妨"舍小异而求大同"，对于一直都处在动态发展中的诉讼与非诉讼的界限关系，我们现在给出的未必就是终极答案。那么接下来就讨论一下我国现有的这两项制度的运行状况及其完善方向。

我国法院调解制度可以有很多种区分，根据主持者的身份不同，可以分为特邀调解员调解、法官助理调解和律师调解等；根据法官是否参与主持调解，又可以分为委托调解和协助调解；如果将调解程序以法院正式立案为分界点分割，还可以区分为立案前调解或称诉前调解和诉讼中调解两大类。当然，在具体的调解程序中，不同的调解方式也存在着交叉。可以说从技术层面上，我国法院调解机制已较为成熟，但是从实际的运作情况和效果上看，它的纠纷解决作用却相对有限。尤其是在法律规定模糊、责任不明的情形下，法院调解很难起到预期的功效，大多数情况下法院调解是以"一方漫天要价，另一方坐地还钱"而无疾而终。美国著名法律经济学家理查德·波斯纳（Richard A. Posner）就指出："法律越不确定，以谈判解决纠纷的比率就越低。"〔1〕此外，根据调查，凡涉及特殊类型的社会纠纷，比如知识产权纠纷、医患纠纷、劳资纠纷、商事纠纷以及涉外纠纷等，也是众口难调。面对如何提高法院调解的效能问题，笔者认为，首先，将案件进行类型划分。针对不同群体、不同诉求还有事实和法律要件的情况，对案件进行类型化处理。通过这样的案件筛选和分流，一方面可以提高法院的调解率，另一方面也可以节约诉讼时间。其次，借鉴西方国家的做法，根据案件性质将调解分为强制性调解与自愿调解。如在日本，《民事调停法》规定的诉前调解是非强制性调解，而《家事审判法》规定的调停则属于强制性调解。

在这里，需要特别关注的是我国修改后《民事诉讼法》第 122 条的规定，对于"当事人起诉到人民法院的民事纠纷，适宜调解的，先行调解，但当事人拒绝调解的除外"。这是我国立法首次规定先行调解制度。此处的"先行调解"，不属于法院调解的范畴，而是一种诉讼外调解。因为，从时间上看，它不是发生在诉前（当事人起诉之前），也不是发生在诉讼中（当事人起诉、法院立案之后），而是在当事人起诉之后、法院立案之前；从主持者的身份上看，先行调解不是由审判法官来主持调解，而是由设置在法院内的专门调解人员负责进行。所以，先行调解是对我国法院调解机制中调审合一制度的改革以及对调审分离的立法探索，是修改后《民事诉讼法》增设的一种替代性纠纷解决机制。应该说，先行调解进一步丰富和完善了我国法院调解制度，使调解覆盖了第一审程序中的各个阶段：在"起诉与受理"阶段，有立案前的先行调解；在"审理前的准备"阶段，有第 133 条第 1 款第 2 项规定的立案后开庭前的审前调解；在"开庭审理"阶段，有第 142 条规定的法庭辩论终结后法院作出判决前的调解。尽管先行调解制度有了立法上的支持，但第 122 条的规定却较为原则，很难说是一个成熟的制度设计。为此法学界也提了不少质疑，包括：先行调解究竟是何种性质的调解？它的调解主体是谁？调解协议的效力如何？适宜调解的纠纷有哪些？调解程序如何启动？调解中遇到特殊情况（比如被告一方面同意参与调解，另一方面又向另一有管辖权的

---

〔1〕 ［美］理查德·A. 波斯纳：《法理学问题》，苏力译，中国政法大学出版社 2002 年版，第 79 页。

法院就本案的争议提起了诉讼）如何处理？等等。[1]对于这些问题的回应，可谓仁者见仁智者见智。结合文中所提建议，笔者认为，如果将先行调解的性质定位为立案前调解，那么接下来的问题就迎刃而解了：先行调解宜为在法院主导下，委托人民调解委员会等专业机构或组织进行的调解，其主体是人民调解委员会等专业机构或组织；调解的效力应同于一般民间调解。但关键问题在于，先行调解的案件范围和启动程序。这两个问题可以说是有牵连性的，如果将先行调解的启动界定为法院的职权，即将先行调解视为诉讼的前置程序，那么就需要明确先行调解的案件范围。理由有二：其一，如果法律本身未规定哪些纠纷属于适合调解的纠纷，按照第122条的规定，是不是除"当事人拒绝调解的"案件之外所有的纠纷都适宜调解呢？显然不是。那么，关于"哪些案件适宜先行调解"这一辨识和判断问题势必要交给法院和法官，如此宽松的自由裁量权，自然会引起当事人对法官的误解以及对法官滥用判断权的担忧。其二，从世界范围看，虽然不能说是国际惯例，但国外大多数国家的做法为我们提供了可参考例证。如在美国，一般而言，涉及婚姻家庭、邻里纠纷、小额或简单纠纷，以及其解决必须借助其他机构或专家的专门性纠纷，调解就被设置为诉讼的前置程序。[2]日本法也有类似的规定。所以，我国先行调解制度要想发挥与诉前调解和诉讼中调解不同的功能，

---

〔1〕对于《民事诉讼法》第122条规定的先行调解制度，李浩教授提出了以下质疑：先行调解究竟是何种性质的调解？它是立案前的调解，即通常所说的诉前调解还是受理后的调解，即进入诉讼后的调解或者说诉讼中的调解？不同答案将影响甚至决定对以下问题的处置：①诉讼费的交纳。如果是诉前调解，原告无需缴纳案件的受理费；如果是诉讼中的调解，则需预交案件受理费，调解成功则减半交费。②调解的主体。如果是诉前调解，法院可主要采用委托人民调解委员会等机构、组织进行调解；假如是受理后的调解，虽不排除某些情况下委托调解，但多数情况下要由法院自己进行调解。③对调解协议效力的处理。如果是诉前调解，就需要适用此次修法新设立的确认调解协议案件程序进行司法确认；如果是受理后的调解，法院就可以直接把调解协议制作成调解书。④调解失败时程序的发展问题。如果是诉前调解，需要考虑采用适当的方式将纠纷的处理与诉讼相衔接，而假如是受理后的调解，这一问题根本就不会发生。⑤调解中特殊情况的处理问题：被告一方面同意参与调解，另一方面又向另一有管辖权的法院就本案的争议提起了诉讼，如果是诉前调解，由于此时并不存在"一事不再理"的障碍，另一法院完全有权受理被告提起的诉讼，而一旦另一法院受理了该诉讼，先行调解的法院就要把案件移送到另一法院审理；如果是受理后的调解，诉讼系属所产生的效力将阻止另一法院再受理此案件。李浩："先行调解性质的理解与认识"，载《人民法院报》2012年10月17日，第7版。

〔2〕范愉主编：《ADR原理与实务》，厦门大学出版社2002年版，第467页。

就需要根据案件性质，将调解划分为强制性调解与自愿调解。

相对于法院调解制度轰轰烈烈的改革，诉讼和解制度却显得波澜不惊。从各地法院的革新措施来看，大都集中于法院附设调解的种类上，如委托调解、协助调解、法官助理调解等，还尚未听说对诉讼和解制度有过瞩目的改革尝试。诉讼和解是指民事诉讼当事人在诉讼过程中，通过自行协商，就双方争议的问题达成协议，从而终结诉讼程序的制度。诉讼和解制度历来为我国司法所承认，其适用范围也十分广泛。从纠纷的性质看，无论何种性质的法律关系发生争议，都可以通过和解解决；从和解的时间看，和解既可以在诉讼过程中达成，也可以在诉讼外达成（当然还有执行和解，但不在笔者所论范围）。诉讼外和解又称庭外和解，诉讼中的和解又称庭内和解。一般认为，和解通常是不通过公权力或社会力量的介入而由双方当事人自由协商达成协议，故这种方式也是私力救济的一种。但当事人和解的过程并非仅以自己的意愿和其掌控的资源为基础的自由谈判，在美国的民事诉讼中，和解有当事人自行和解和法院主持的和解。对于前者，双方当事人达成和解后要想终结其系属的正在进行的诉讼程序，须根据联邦民事诉讼规则第 41 条第 1 款（1）项的规定，向法院书记官提交双方当事人签署的撤回诉讼的书面协议书，以此终结诉讼程序。[1]在法院主持的和解中，和解会议是一项重要程序。依美国联邦法院的裁判看，其所呈现的趋势是鼓励和解讨论。根据联邦民事诉讼规则第 16 条之规定，所有的当事人都必须在审判前举行一次和解会议。[2]不仅在美国，德国的诉讼和解率也相当高，"大量诉讼并不是以判决结束，而是以和好解决而结束。"[3]法国《民事诉讼法》也规定，小审法院应当努力促使当事人进行和解。而在日本，其新《民事诉讼法》分别在第 264 条和 265 条设立了两种方法促使当事人更易于达成和解。可见，和解制度在世界范围内都较受欢迎。但与国外相比，我国和解制度却不尽如人意。①在立法态度上，除去执行和解的条文外，我国《民事诉讼法》仅用了一个条文，即第 50 条规定"双方当事人可以自行和解"。反观其他国家，都用了较多条款对诉讼

---

〔1〕 白绿铉：《美国民事诉讼法》，经济日报出版社 1996 年版，第 113 页。

〔2〕 ［美］史蒂文·苏本、玛格瑞特·伍：《美国民事诉讼的真谛》，蔡彦敏、徐卉译，法律出版社 2002 年版，第 206 页。

〔3〕 ［德］奥特马·尧厄尼希：《民事诉讼法》，周翠译，法律出版社 2003 年版，第 251 页。

和解的种类、程序、效力等内容作了规定。如英国在《民事诉讼规则》第36章中用3个条文共11个条款对诉讼和解的程序、效力等作了规定。法国除《民事诉讼法》第829~844条共16个条文外，还在《法国民法典》第2044~2058条对和解作了全面规定。德国《民事诉讼法》第279条、第794条以及《德国民法典》第779条也是对和解制度进行的法律规定。即便在日本，虽然和解并不太受当事人欢迎，但其对和解的法律规定也比较完备。日本《民事诉讼法》第89条规定："无论诉讼进行到什么程度，都可以尝试和解"，第267条规定："和解成立并在笔录中记载，则具有与确定判决相同的效力"。②在司法实践层面上，我国诉讼和解制度有被"边缘化"的迹象。这与我国对诉讼和解制度的立法与认识不无关系，无论是实务界还是理论界，大多数人没有将和解视为同调解一样属于纠纷解决的一个程序或制度，而是把它当作一种手段或策略。由于我国立法没有赋予当事人和解协议任何的法律效力，当事人达成和解协议后，应当按照何种程序结束民事诉讼，以及法院如何对和解协议进行确认，法律都没有规定。相关规定的不完善，导致诉讼和解制度在司法实践中缺乏有力实施的基础。对于诉讼和解，实践中的通常做法有两种：一是转化为撤诉。双方达成和解协议后，由原告向法院提出撤诉申请，经审查法院认为撤诉符合法律规定的，裁定准许撤诉，并结束诉讼程序。但这种做法存在不小的问题。由于撤诉之后，当事人还可以再行起诉，这无疑会给当事人带来讼累，也会造成法院司法资源的浪费。二是转化为法院调解。当事人达成和解协议后，共同请求法院以调解书的形式确认他们的和解协议，经审查法院可以将和解协议的内容制作成调解书，从而结束诉讼程序。虽然这种做法可以保证当事人协议的强制性，但实际上又是通过法院调解的规定来实现的，是法院调解在发挥实质作用。因此，诉讼和解制度在我国司法实践中并没有得到充分的实施。如何借鉴国外有关诉讼和解制度的科学操作，完善我国诉讼和解制度，是法学界面临的一个重要课题。笔者认为，首先应该完善对诉讼和解制度的立法规定，明确和解的种类、和解的程序、和解的规则以及和解的效力；其次，保障和解协议的执行力，增设惩戒措施；最后，应该端正对和解制度的态度，改变重调解、轻和解的观念，给诉讼和解营造一个发挥功用的空间。

2. 扩展法院附设ADR的种类

在世界范围内，各国由于诉讼文化、司法环境以及法律传统等诸多因素的区别，法院附设ADR的种类也各有不同。在美国，有法院附设调解、法院附设仲裁、简易陪审团审理、早期中立评估、诉讼和解等形式；在英国，有诉前议定书制度、诉讼和解制度等；在日本，主要有民事调停和诉讼和解制度；在法国，则有司法调解和诉讼和解。如果从技术特征上分析，目前我国的法院调解制度与西方国家流行的法院附设 ADR 制度比较接近。尤其是在2004 年最高人民法院公布并实施了《关于人民法院民事调解工作若干问题的规定》（以下简称《调解规定》）后，我国法院调解制度被赋予了全新的内涵，该规定对法院调解从程序到主体再到效力等多方面都作了重要的制度性安排，并且也丰富了法院调解的种类，规定了协助调解人制度、独立调解人制度、和解协调人制度和调解协议（和解协议）司法确认制度。对此，有学者直接将《调解规定》中的法院调解理解为法院附设 ADR 机制，[1]也有学者认为，协助调解人制度与独立调解人制度可以看作是法院附设调解的中立人类型，而和解协调人制度与和解协议司法确认制度似乎放入诉讼和解来理解更为妥当。[2]但无论如何，法院调解制度经过这样的制度改造后，越来越多地体现出与诉讼的异质性，而呈现出与法院附设调解机制的同质性。此外，这几年我国仲裁机构受理案件势头不减，越来越多的纠纷当事人愿意选择仲裁机构处理争议，尤其是涉及经济领域的纠纷，如商事纠纷、知识产权纠纷、股权纠纷等，获得了较好的社会效果，反映出仲裁的影响力在日益提升，社会认可度也在逐渐提高。因此，当前我国建立法院附设仲裁这一纠纷解决形式亦无不可。笔者认为，目前我国已经具备了这样的社会基础，如果通过相应的立法将一定数额以下的案件强制性地引入仲裁程序，并由仲裁员独立作出裁断，不仅能够达到节约司法资源、迅速高效解决纠纷的效果，而且也是我国未来仲裁制度逐渐走向完善并被广泛运用的美好愿景。

3. 界定我国法院附设 ADR 程序的适用范围

由于 ADR 程序是根据当事人合意来解决纠纷的，所以理论和实务一般都把法院附设 ADR 程序的适用范围限定在当事人可就权利义务关系进行自由处分的民事纠纷。如婚姻家庭纠纷、相邻关系纠纷、一定数额之下的财产权利

---

〔1〕 参见蒋惠岭："法院附设 ADR 对我国司法制度的新发展"，载《人民法院报》2005 年1 月10 日，第 1 版。

〔2〕 参见辛国清："法院附设替代性纠纷解决机制研究"，四川大学 2007 年博士学位论文，第 174 页。

纠纷、交通事故或医疗纠纷等。而一些涉及适用非诉程序及有关身份关系确认的案件就不宜适用法院附设 ADR 程序。笔者认为，立法应当明确界定法院附设 ADR 程序的适用范围，首先将不宜适用 ADR 程序解决的案件排除在外；在此基础上，对于那些适宜 ADR 程序解决的案件，划分为强制性适用和非强制性适用。此外，法院在采用非诉讼手段解决纠纷的过程中，还需要将诉讼程序与非诉讼程序进行分离，在诉讼程序之外设置独立的非诉讼部门与程序，如果双方当事人同意非诉讼解决，则案件转入非诉部门，由其他法官或调解员进行诉讼外解决。

4. 明确主持者的任职资格与责任

从各国的司法实践来看，主持者有着不同的运作模式并且对其要求也不尽相同。日本的民事调停由调停委员会主持，调停委员会由 1 名法官与 2 名选任的民事调停委员构成，民事调停委员是法院里的非专职工作人员，享受法定的补助。美国模式大概有 5 种：职员中立人模式、法院与提供中立人的非营利组织签约的模式、法院直接给提供中立人服务的个人或者公司付酬的模式、法院组织个人提供无偿中立人服务的模式、法院将当事人转介至按照市场价格收费的私人中立人模式等。[1]从我国法院调解的实践来看，目前大部分地区采取的是调解员聘任制，由法院面向社会公开聘任调解员并给付相应报酬；也有的法院并没有设立专门的调解员制度，而是将案件临时委托给人民调解委员会或者其他相关专业技术机构进行调解。笔者认为，为规范和约束主持者的行为，在程序运行中，法官应实时进行监督和管理，如发生主持者违背职责要求及有违法的情形，从而导致程序没有必要继续进行或程序违法时，法官有权作出终止调解或和解的决定。经核实，对于情节严重者法院还有权取消其主持者的任职资格。如果当事人发现主持者的行为有损国家、社会及当事人合法权益的，也有权拒绝其继续主持程序。

5. 规范我国法院附设 ADR 程序的效力与程序救济

为保障实现法院附设 ADR 机制的功能，赋予其相应的法律效力以及相应的救济途径是应有之义。关于法院附设仲裁制度，由于我国《仲裁法》已对仲裁的法律效力及救济程序都作了基本规定，所以该问题只涉及法院附设调

---

〔1〕　［美］斯蒂芬·B. 戈尔德堡等：《纠纷解决——谈判、调解和其他机制》，蔡彦敏、曹平、刘晶晶译，中国政法大学出版社 2004 年版，第 422 页。

解与和解制度的效力与救济。在双方当事人经法院附设 ADR 程序达成协议后，法院应对协议进行审查，审查内容主要包括：是否侵害国家利益、社会公共利益及案外人的合法权益；是否违反法律、法规的禁止性规定；是否违背当事人的真实意思等。经审查，法院认为协议不违反上述规定的，就可以制作法院民事调解书，向当事人送达，以赋予其与判决相同的法律效力。调解书在经法院附设 ADR 程序作出之后，如果当事人发现其有无效或可撤销的事由，可先向原法院提起宣告调解（和解）无效或撤销调解（和解）之诉，法院审理后宣告调解无效或撤销调解时，应一并就原已调解（和解）的案件进行裁判，从而实现最终的司法救济。

（四）法院附设 ADR 的地方性探索——以上海模式为例

我国现行《民事诉讼法》第 122 条规定："当事人起诉到人民法院的民事纠纷，适宜调解的，先行调解，但当事人拒绝调解的除外。"这是我国首次将先行调解制度予以法典化。实际上，在《民事诉讼法》修改之前，最高人民法院先后于 2004 年和 2007 年发布了两个司法解释，强调调解在纠纷解决中的地位和作用。[1] 随后，各级法院积极响应，结合自身实际，纷纷制定了相关的制度规范。[2] 此前，虽然一直没有明确的立法规定，但鉴于调解的天然优势，各地法院都在踊跃尝试。如 2003 年 6 月上海市长宁区人民法院与长宁区司法局合作，率先在上海于法院办公区域内设立了"人民调解窗口"，2009年 4 月"人民调解窗口"发展为"诉调对接中心"。诉调对接中心是在法院主导下处理各类纠纷的工作平台，采取"诉前调解 + 速裁"的工作模式。对于进入中心的涉诉纠纷，法院在受理前先委托专门的资深调解员或者有关调解组织进行诉前调解，诉调对接中心的法官进行实时指导。调解成功的案件，

---

〔1〕 最高人民法院于 2004 年发布《最高人民法院关于人民法院民事调解工作若干问题的规定》，首先提出诉讼调解这一理念，并设置了委托调解制度。2007 年发布《关于进一步发挥诉讼调解在构建社会主义和谐社会中积极作用的若干意见》，确立"能调则调，当判则判，调判结合，案结事了"的审判工作指导方针。

〔2〕 如 2005 年福建省莆田市中级人民法院《关于建立诉讼调解与人民调解衔接机制，发挥人民法庭调处农村矛盾纠纷主力军作用的工作意见》、2006 年上海市高院与市司法局联合制定的《关于规范民事纠纷委托人民调解工作的若干意见》、2007 年江苏省苏州市吴中区人民法院与区司法局联合制定的《关于委托人民调解工作机制的意见（试行）》、2008 年重庆市渝中区人民法院与区司法局共同制定的《关于建立"诉调对接"机制的试行工作方案》、2008 年东莞市中级人民法院与市司法局联合制定的《诉调对接工作规程》等。

由法院直接出具相关的民事法律文书，无需再进入复杂的诉讼程序；调解不成的案件，法院可为到场的原告即时办理立案手续并视案件具体情况，由诉调对接中心的法官进行快速裁决，从而经济、迅捷地解决各类民商事纠纷。据《人民法院报》报道，自上海市长宁区法院与长宁区司法局于 2003 年 6 月联合设立"人民调解窗口"至 2013 年 4 月期间，在法官"零距离"直接指导下，人民调解员诉前化解纠纷共计 44 413 件，占同期受理的民事案件总数的 45.50%；每个纠纷平均化解时间为 14 天，比民事案件的平均结案周期缩短了 18 天；与诉讼收费标准相比，优惠收费办法为当事人节省开支共计近 2500 万元。[1] 目前，这种以"诉调对接中心"为平台的诉前调解模式已在上海及全国多家法院挂牌运作。浦东新区人民法院地处上海市金融中心，业务量居全市基层法院之首，年收案量持续突破 10 万件。自 2006 年开始探索诉前调解和非诉调解协议司法确认，2008 年被最高人民法院确定为"多元化纠纷解决机制改革试点法院"，2009 年成立诉调对接中心。在既有实践的基础上，自 2014 年 8 月起，浦东新区在政法委指导支持、司法局推动和街镇积极配合下，以法院为引领和支点，构建"三级四层"诉调对接模式。2015 年被最高人民法院确定为"多元化纠纷解决机制改革示范法院"。所谓"三级四层"诉调对接模式中的"三级"是指，诉调对接工作的三级机构，按照距离"纠纷源"的近远等，分为：街镇诉调对接工作站、法庭诉调对接分中心和法院诉调对接中心；"四层"是指矛盾纠纷化解的四层平台，即三级诉调对接工作机构加上法院审判业务庭（见图 7 - 2）。[2] 作为中国（上海）自由贸易试验区，浦东法院自贸区法庭受理涉及投资、贸易、金融、知识产权等商事争议的总数量呈不断增长态势，尤其是 2015 年以来，涉外商事争议持续增多，各类市场主体对纠纷解决多元化和便利化的需求越发强烈。在此背景下，为了建立健全上海自贸试验区商事争议解决机制，为自贸区内各类市场主体提供多元化和便利化的商事争议解决渠道，进一步拓展深化"三级四层"诉调对接机制，2015 年 11 月 4 日"浦东法院诉调对接中心自贸区商事争议解决分中

---

〔1〕卫建萍、章伟聪："办得好、办得快，还少花钱！"，载《人民法院报》2013 年 8 月 1 日，第 5 版。

〔2〕张斌、李鹏飞："诉调对接机制的实践困境与完善路径——基于浦东'三级四层'纠纷解决网络建设的研究"，载 http://www.pdfy.gov.cn/pditw/web2011/xxnr_view.jsp? pa = aaWQ 9NjkxNzYmeGg9MQPdcssPdcssz，最后访问日期：2016 年 2 月 26 日。

心"正式揭牌成立,自此形成了与区内行业调解、行政调解、商事调解、人民调解、仲裁等各类纠纷解决途径相衔接的"一门式"格局。[1]与此同时,浦东新区人民法院勇于尝试、不断开拓,在全国率先试水"网上调解",为当事人开启远程视频调解直通车,也进一步推动了诉前调解的制度创新。[2]

纵观全国,各地法院的制度创新与大胆尝试不可谓不积极,种类不一而足。但遗憾的是,各地法院开展的改革,大多无章可循,带有明显的地域性和分散性,没有统一的规则与尺度。

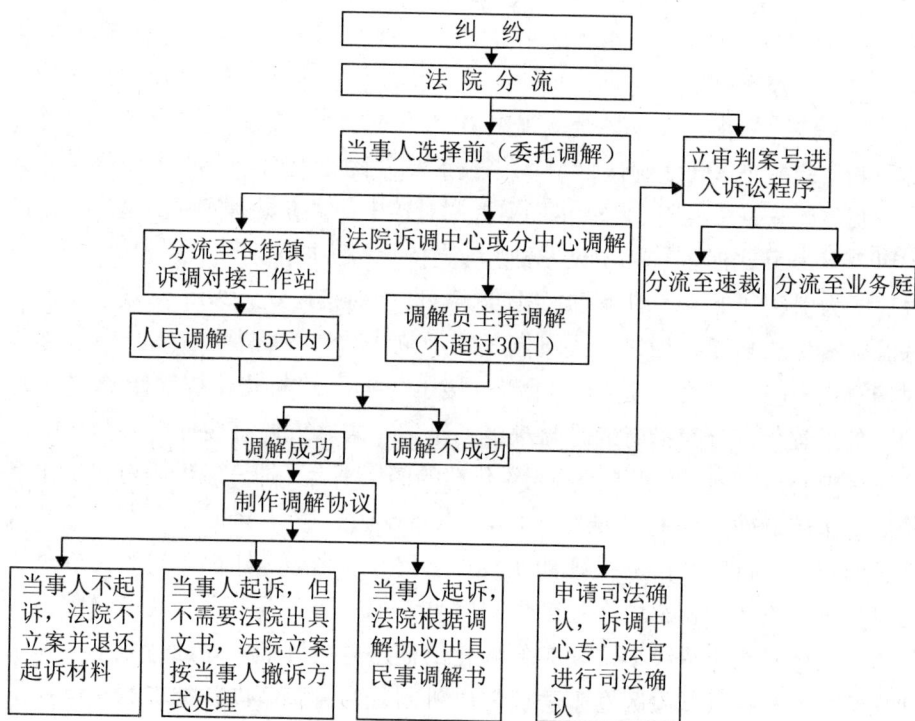

图7-2 浦东法院"三级四层"诉调对接模式流程图

〔1〕 张斌、李鹏飞:"诉调对接机制的实践困境与完善路径——基于浦东'三级四层'纠纷解决网络建设的研究",载 http://www.pdfy.gov.cn/pditw/web2011/xxnr_view.jsp? pa = aaWQ9 Njg3MjcmeGg9MQPdcssPdcssz,最后访问日期:2016年3月1日。

〔2〕 张斌、李鹏飞:"诉调对接机制的实践困境与完善路径——基于浦东'三级四层'纠纷解决网络建设的研究",载 http://www.pdfy.gov.cn/pditw/web2011/xxnr_view.jsp? pa = aaWQ9 Njg3MjcmeGg9MQPdcssPdcssz,最后访问日期:2016年3月1日。

第二节　法院调解制度

一、法院调解制度概述

（一）法院调解的定义与特征

我国法院调解制度，是指在人民法院审判人员的主持下，在双方当事人自愿的基础上，促使其就所争议的民事权利、义务通过友好协商达成协议，以解决民事纠纷的活动。我国法院调解制度是以当事人行使诉权为基础、当事人意思自治为条件、当事人依法行使处分权为内容的。因为它发生在民事诉讼的过程中，因此也被称为诉讼调解。从制度建构上，对当事人而言，法院调解是当事人通过友好协商而处分实体权利和诉讼权利的一种表现，并以此换取纠纷的解决；对法院而言，法院调解不仅是当事人之间的合意，也是审判人员在充分尊重当事人行使处分权的基础上解决民事纠纷的一种职权行为，是法院行使审判权的一种方式。因此，我国法院调解制度呈现出以下鲜明的特征：[1]

（1）广泛的适用性。从适用的法院来看，各级各类人民法院审理民事案件都可以进行调解；从适用的审理阶段来看，开庭审理前可以进行调解，开庭审理后、判决作出之前也可以进行调解，调解贯穿于民事审判的全过程；从适用的程序来看，除了特别程序、督促程序、公示催告程序等一些非诉讼程序之外，在第一审普通程序、简易程序、第二审程序和再审程序中，均可以适用法院调解；从适用的案件来看，凡具有民事权益争议性质且具备调解可能的案件，在当事人自愿的基础上都可以进行调解。

（2）自愿性。我国《民事诉讼法》第9条规定："人民法院审理民事案件，应当根据自愿和合法的原则进行调解；调解不成的，应当及时判决。"由于法院调解更多体现为当事人对私权的处分，因此自愿原则体现了法院调解过程中当事人拥有的一项基本权利，包括当事人对调解程序和调解结果都必须完全自愿，但不能含有被欺骗、威胁、引诱、误导的因素，这是法院调解与法院判决的重要区别之一。一般来说，在法院组织调解过程中特别是对于

---

〔1〕参见潘牧天、孙彩虹：《民事诉讼法理论与实务专题研究》，苏州大学出版社2016年版，第76～77页。

调解成功的案件，双方当事人都需要互谅互让，放弃自己的一部分权利主张，才能达成协议，结束诉讼程序。因此，无论是调解程序的启动和进行，还是调解协议的达成，均应当本着双方当事人自愿的原则，法院不能以判代调，人为压制当事人，强迫当事人接受调解过程，违反当事人的意愿。

（3）法院职权的指引性和强制性。法院调解是法院行使审判权的重要方式，调解的过程也是法院行使审判权的过程。法院的审判人员在调解中扮演着积极、主动的角色，起着指挥、组织和监督的作用，一方面要对当事人进行教育和引导，另一方面还要对整个调解过程进行监督，以保证所达成调解协议内容和形式的合法性。同时，调解内容应当遵循当事人的意思表达，是当事人合意的结果。最后，经法院调解达成的协议，必须经法院确认才发生法律效力。由人民法院制作的生效调解书，与法院判决书具有同等的法律效力，对于具有给付性内容的法院调解书，一方拒不履行义务的，对方当事人有权申请法院强制执行。

（二）法院调解与诉讼外调解、诉讼和解的区别〔1〕

1. 法院调解与诉讼外调解的区别

诉讼外调解主要包括仲裁机构的调解、行政机关的调解和人民调解委员会的调解等。虽然法院调解和诉讼外调解都是建立在当事人自愿基础上的解决纠纷方式，但两者却有着明显的区别：①性质不同。法院调解是在人民法院审判人员的主持下进行的，是人民法院行使审判权的一种体现，是审判组织对案件进行审理的有机组成部分，具有司法性质。诉讼外调解的主持者是仲裁机构的仲裁员、行政机关的工作人员或者人民调解委员会的调解员，诉讼外进行的调解活动不具有司法性质。②法律依据和程序要求不同。法院调解以《民事诉讼法》为依据，诉讼外调解以《仲裁法》、《人民调解法》、行政法规等为依据。两者在程序要求上也不完全相同，法院组织调解需要一定的程序，而诉讼外调解则比较灵活，不像法院调解那样规范和严格。③调解结果的效力不同。通过法院调解达成的协议经由双方当事人签收或者签名后，无论是制作的调解书还是只记入了调解笔录，都与生效判决具有同等法律效力，其中有给付内容的调解书具有执行力。同时，当事人签收调解书，或者

---

〔1〕 参见潘牧天、孙彩虹：《民事诉讼法理论与实务专题研究》，苏州大学出版社2016年版，第77~79页。

在调解笔录上签名或者盖章后，诉讼即告结束。在诉讼外调解中，只有仲裁机构制作的调解书对当事人具有约束力，与法院生效判决的法律效力相同。而其他的诉讼外调解，例如人民调解委员会的调解，只具有民事合同的效力，没有强制执行力，一方当事人反悔或者不履行调解协议的，另一方当事人可以就诉讼外调解协议向人民法院提起诉讼。但修改后《民事诉讼法》专门增设了调解协议的司法确认程序，第194条规定："申请司法确认调解协议，由双方当事人依照人民调解法等法律，自调解协议生效之日起30日内，共同向调解组织所在地基层人民法院提出。"第195条规定："人民法院受理申请后，经审查，符合法律规定的，裁定调解协议有效，一方当事人拒绝履行或者未全部履行的，对方当事人可以向人民法院申请执行；不符合法律规定的，裁定驳回申请，当事人可以通过调解方式变更原调解协议或者达成新的调解协议，也可以向人民法院提起诉讼。"

2. 法院调解与诉讼和解的区别

法院调解与诉讼和解都发生在民事诉讼过程中，都以达成协议的方式解决纠纷，且在一定条件下，诉讼和解可以转化为法院调解。但两者也存在以下不同点：①性质不同。法院调解是人民法院行使审判权，审理民事案件的一种方式，调解活动本身就是法院对案件的一种审理活动；而诉讼和解则是当事人对自己享有的实体权利和诉讼权利的自行处分。②参加的主体不同。参加法院调解的主体包括双方当事人和人民法院的审判人员，由审判人员主持进行，是一种三方诉讼结构；而参加和解的主体只有双方当事人，是一种两方结构。③效力不同。通过法院调解达成协议而制作的调解书生效后，诉讼归于终结，有给付内容的调解书具有执行力；诉讼和解却不能作为法院的结案方式，不能直接终结诉讼程序，通常都是另外通过原告申请撤诉或者转化为法院调解来终结诉讼程序。同时，通过诉讼和解达成的协议只能依靠当事人自觉履行，不具有强制执行力。

二、我国法院调解的制度变迁

（一）我国法院调解制度的繁荣期：从"调解为主"到"着重调解"的转变

在中国传统社会里，调处是主要的结案方式，但一直是在法外进行，直到1930~1931年国民政府制定《民事诉讼法》时才正式将法院调解制度写入法律条文之中，但却规定仅适用于特别微小的民事案件。传统的调解制度是在陕甘宁边区时期被赋予新的内容和功能并被大量运用的，是新民主主义革命时期司法制度的一大特色，其中马锡五审判方式的确立和推广就是现代法院调解制度的载体。但由于受特定环境的影响，革命根据地时期形成的调解机制具有很大的局限性，无法建立和实施一套完善的法律规范体系和司法制度。其功能一方面是利用传统资源解决民间纠纷；另一方面是积极地补充法律空白；同时，在发展和运作中又被赋予了种种政治和意识形态功能。包括组织教育民众、宣传普及政策法律等。[1]新中国成立后，法律制度尚不健全，在解决纠纷方面，调解制度继续受到党和国家的重视，"调解为主"成为人民法院解决民事纠纷的主要途径。1982年我国《民事诉讼法（试行）》第6条规定："人民法院审理民事案件，应当着重进行调解；调解无效的，应当及时判决。"自此正式确立了我国民事诉讼"着重调解"的原则。虽然表面上看立法者对待法院调解的态度从"调解为主"转变为"着重调解"，但实际上在整个20世纪80年代到90年代初期，调解结案率仍高得惊人，有资料表明超过60%～70%的民事案件达成调解。[2]

（二）法院调解制度的衰落期："自愿、合法"的调解原则与民事诉讼模式的现代化转型

1991年4月我国《民事诉讼法》正式公布并实施，随之也将"着重调解"原则修改为"自愿、合法"的调解原则，规定"人民法院审理民事案件，应当根据自愿和合法的原则进行调解；调解不成的，应当及时判决。"同时，在市场经济条件下，社会结构、民众的价值观、法律意识等方面都发生了深刻变化，法官的被动中立性、当事人的平等性与审判的公开性等现代诉讼"正当程序"理念越来越深入人心，从而导致法院调解制度愈发与现代司法理念相冲突，逐渐暴露出诸多弊端与不足，加之自20世纪80年代末开始推行民事审判方式改革和"一步到庭"制度，这都促使诉讼这一纠纷解决方式受到了前所未有的关注和重视。从1994年到1996年最高人民法院连续三年召开全国法院工作会议，讨论改进民事审判方式，提出要大力推行审判方

---

〔1〕范愉："调解的重构（上）——以法院调解的改革为重点"，载《法制与社会发展》2004年第2期。

〔2〕参见彭文浩："中国调解制度的复兴：法院调解"，载强世功编：《调解、法律与现代性：中国调解制度研究》，中国法制出版社2001年版，第350页。

式改革。这场改革以实现审判程序的规范化运作为重点，借鉴当事人主义的审判模式，目的是增强当事人在诉讼中的对抗性，进一步限制法官的职权行为，而为法院调解预留的空间却越来越小。与此同时，强调互谅互让、彼此和谐的调解制度不断受到质疑与批判，一时间，"缺乏程序规则"、"和稀泥"、"不能有效保障当事人的权利"等特征成为法院调解的代名词，民事审判方式也出现了由"调解型"向"判决型"的转变，法院调解开始走向衰落。一审民事案件调解率由 20 世纪 80 年代中期的 70% 左右，骤降至 2003 年的 29.94%（见表 7 - 1）。[1]至于法院调解衰落的原因，范愉教授归纳为：司法政策及法院评价机制的变化、程序设置、法官对调解的认识和态度、当事人与社会的评价和期待以及法学界的抨击等诸多方面的因素。[2]

表 7 - 1　1991 ~ 2003 年全国法院一审民事案件审结情况统计表

年份	收案总数	结案总数	调解结案	占结案百分比	判决结案	占结案百分比
1991	1 880 635	1 910 013	1 128 465	59.10%	456 000	23.90%
1992	1 948 786	1 948 949	1 136 970	58.30%	460 932	23.70%
1993	2 089 257	2 091 651	1 224 060	58.52%	487 005	23.28%
1994	2 383 764	2 382 174	1 392 114	58.44%	547 878	23.00%
1995	2 718 533	2 714 665	1 544 258	56.89%	658 187	24.25%
1996	3 093 995	3 084 464	1 672 892	54.24%	815 741	26.45%
1997	3 277 572	3 242 202	1 651 996	50.95%	955 530	29.47%
1998	3 375 069	3 360 028	1 540 368	45.84%	1 115 849	33.20%
1999	3 519 244	3 517 324	1 500 269	42.65%	1 257 467	35.75%
2000	3 412 259	3 418 481	1 336 002	39.08%	1 328 510	38.86%
2001	3 459 025	3 457 770	1 270 556	36.74%	1 417 625	41.00%
2002	4 420 123	4 393 306	1 331 978	30.32%	1 909 284	43.46%
2003	4 410 236	4 416 168	1 322 220	29.94%	1 876 871	42.50%

---

〔1〕　数据来自于中国法律年鉴编辑部：《中国法律年鉴（1991 ~ 2003 年）》。注：法院总结案数 = 调解 + 判决 + 其他。"其他"包括撤诉、驳回起诉、终结诉讼以及移送案件等情况。

〔2〕　参见范愉："调解的重构（下）——以法院调解的改革为重点"，载《法制与社会发展》2004 年第 3 期。

（三）法院调解制度的复兴期：和谐社会的大背景与 ADR 制度的兴起

在我国非诉讼纠纷解决机制不断萎缩之时，西方国家面对诉讼爆炸所引发的司法危机以及在"接近司法正义"运动的推动下，开始将非诉讼纠纷解决方式作为化解司法危机、缓解司法压力、实现正义的一个重要途径，开始朝着建构多元化纠纷解决机制的方向发展。在我国，由于传统民事诉讼模式长期以来忽视庭审的功能，现代性审判从理念到程序都相去甚远，以"一步到庭"为标志的审判方式改革旨在实现民事诉讼模式的现代化转型，解决审判机能弱化、法院判决质量低等问题，并树立公平程序的理念，因此是具有历史意义的，所提出的当事人主义程序理念也是可取的。然而，这一司法政策中出现的另一种导向，即所谓从以调解为主转变为以判决为主的思路却存在矫枉过正之处。[1]在实践中轻视法院调解的弊端也很快显现出来。法院面对日益增加的海量诉讼，案件判决比例不断提高的同时，上诉率、再审率却居高不下，使社会对司法权威和公正性产生了极大的信任危机，也给法院带来了巨大的审判压力，判决缺乏既判力和终局性成为我国司法最严重的问题之一。与此同时，随着经济的高速发展，我国也进入"矛盾凸现期"，新型社会矛盾不断发生、激化。党的十六届四中全会适时提出构建社会主义和谐社会的战略目标，并将其作为加强党的执政能力建设的重要内容。在这样的政治大气候下，司法领域也积极跟进，将调解作为缓解司法压力、构建和谐社会的有效机制，大力推动其恢复和发展。随着司法理念从理想主义向现实主义的回归，法院调解也呈现出发展的新转折，即有由冷转热之势。一般认为，我国法院调解复兴期的拐点发生在 2002 年 9 月，以最高人民法院颁布《关于审理涉及人民调解协议的民事案件的若干规定》，认可人民调解协议的法律效力为标志。随后，最高人民法院相继于 2003 年和 2004 年出台了《最高人民法院关于适用简易程序审理民事案件的若干规定》和《最高人民法院关于人民法院民事调解工作若干问题的规定》，[2]使法院调解走出了 20 世纪 90 年代

---

〔1〕 参见范愉："调解的重构（下）——以法院调解的改革为重点"，载《法制与社会发展》2004 年第 3 期。

〔2〕《最高人民法院关于适用简易程序审理民事案件的若干规定》于 2003 年 9 月 10 日公布，同年 12 月 1 日起实施。其第 14～17 条以及第 25 条均涉及对法院调解的规定；其中第 14 条第 1 款规定："下列民事案件，人民法院在开庭审理时应当先行调解：①婚姻家庭纠纷和继承纠纷；②劳务合同纠纷；③交通事故和工伤事故引起的权利义务关系较为明确的损害赔偿纠纷；

的低谷，调解率也开始反弹上扬。（见表7-2）随后，最高人民法院相继出台文件，提出"调解优先、调判结合"的司法政策，并要求将调解工作贯穿到法院的全部工作。至此"中国法院调解生态系统"已经形成。[1]直到今天，调解仍是我国民事审判权的主导性运作方式，我国的民事审判方式在构造上仍是"调解型"的。[2]

表7-2　2004~2014年全国法院一审民事案件审结情况统计表

年份	收案总数	结案总数	调解结案	占结案百分比	判决结案	占结案百分比
2004	4 332 727	4 303 744	1 334 792	31.01%	1 754 045	40.76%
2005	4 380 095	4 360 184	1 399 772	32.10%	1 732 302	39.73%
2006	4 385 732	4 382 407	1 426 245	32.54%	1 744 092	39.80%
2007	4 724 440	4 682 737	1 565 554	33.43%	1 804 780	38.54%
2008	5 412 591	5 381 185	1 893 340	35.18%	1 960 452	36.43%
2009	5 800 144	5 797 160	2 099 024	36.21%	1 959 772	33.81%
2010	6 090 622	6 112 695	2 371 683	38.80%	1 894 607	31.00%
2011	6 614 049	6 558 621	2 665 178	40.64%	1 890 585	28.83%
2012	7 316 463	7 206 331	3 004 979	41.70%	1 979 079	27.46%
2013	7 781 972	7 510 584	2 847 990	37.92%	2 316 031	30.84%
2014	8 307 450	8 010 342	2 672 956	33.37%	2 921 343	36.47%

④宅基地和相邻关系纠纷；⑤合伙协议纠纷；⑥诉讼标的额较小的纠纷。"《最高人民法院关于人民法院民事调解工作若干问题的规定》，于2004年9月16日公布，同年11月1日起实施，共24个条文，内容涉及调解范围、调解启动、调解方式、调解组织、调解协议内容、和解协议和调解协议的确认、调解书的生效和执行等方面。

〔1〕史长青："裁判、和解与法律文化传统——ADR对司法职能的冲击"，载《法律科学》（西北政法大学学报）2014年第2期。

〔2〕参见王亚新："论民事、经济审判方式的改革"，载《中国社会科学》1994年第1期。

三、我国法院调解制度重构

(一) 走出法院调解的认识误区[1]

对于法院调解制度的存废问题，法学理论界一直存在激烈争论，但无论是存是废，关键的问题在于人们对法院调解制度的某些方面至今仍存有认识上的误区，这严重影响了对法院调解的评价与定位。这些误区主要体现在以下几个方面：①普遍存在调解结案优于判决结案的认识。在司法实践中，大多数法官抱有一种调解结案优于判决结案的思维定式，而我国《民事诉讼法》第9条[2]的规定同样隐含着调解优于判决的立法思维。可以说，一定程度上，这种认识上的误区成为某些审判人员"重调轻审"的思想根源。笔者认为，在某些特殊历史条件和司法环境下，适度采用"调解结案"的方式值得提倡，但应理性地限定其适用范围，明确界定"调解结案"与"判决结案"的边界，以避免使具有普适价值的"国法"异化成张弛无度的"家法"，丧失法律的尊严。②将法院调解置于非程序化的地位。很多学者认为"法院调解的实质，是进行法制宣传教育和思想政治工作，其目的是促使当事人达成协议，从而解决纠纷。因此，方式是多样的，形式是灵活的，一般没有严格要求"[3]，强调"调解需要一种高于'运用法律'能力的特殊技巧。尽管我们期望坚持公正标准，但调解过程比起我们所习惯的民事诉讼有一种更强的流动性和非正式性的特征"[4]。可见，这种认识一定程度上将法院调解置于非程序化的地位。对此笔者不敢苟同。尽管我国民事诉讼的相关立法没有明确规定法院调解的具体程序，但《民事诉讼法》第9条明确规定，法院调解应当根据自愿和合法的原则进行。这种"合法"原则不仅包括实体合法，还必须包括程序合法，调解必须严格按照《民事诉讼法》规定的法院调解的组织、方式、步骤等进行。如果过分强调"方式上的多样、形式上的灵活"、"更强的流动性和非正式性"，必会然损害法院调解所应遵循的程序上的合法，

---

〔1〕 参见潘牧天、孙彩虹：《民事诉讼法理论与实务专题研究》，苏州大学出版社 2016 年版，第 83~86 页。

〔2〕《民事诉讼法》第 9 条规定："人民法院审理民事案件，应当根据自愿和合法的原则进行调解；调解不成的，应当及时判决。"

〔3〕 杨荣新：《民事诉讼法学》，中央广播电视大学出版社 1995 年版，第 293 页。

〔4〕 [美] 马丁·P. 戈尔丁：《法律哲学》，齐海滨译，三联书店 1987 年版，第 223 页。

这将造成法院调解具体操作上的副效应。③一定程度上对法院调解与国外诉讼和解存在等同认识的模糊意识。不可否认，作为终结诉讼、解决纠纷的手段，二者的确存在许多共同之处，但二者在协商的主持主体是否由法院审判人员担任、采取和解的意愿的主动权归属以及协商可适用的诉讼程序等许多实质性内容上均有截然不同的区别，将二者等同的认识会对正确理解我国法院调解的立法及审判实践中的操作造成认识上的狭隘。④过于强调调解是法官的一项职权，甚至将其作为与审判权并列的职权来看待。对于这一问题，笔者认为，调解的本质应在于对当事人处分权的充分尊重。但根据我国《民事诉讼法》第93条的规定，"人民法院审理民事案件，根据当事人自愿的原则，在事实清楚的基础上，分清是非，进行调解。"即使法院决定促使双方当事人达成调解协议，也必须要以查清案件事实、分清双方是非责任为前提，这就凸现了审判的功能，而忽略了调解自身的特点。

为了探求一条有效的改良途径，以最大限度地发挥我国法院调解制度对民事审判活动所独具的重要作用，就需要走出认识上的误区。

1. 作为法院调解的重要补充，完善当事人和解制度

首先，从立法上看，我国《民事诉讼法》共用了7个条文对法院调解加以规定，而对诉讼和解却仅用1个条文，即第50条"双方当事人可以自行和解"这一原则性的规定。其次，在民事审判实践领域，半个多世纪的民事审判实践培育了法院调解在民事审判中的优越地位，而诉讼和解却显得先天不足。这种立法与司法实践对法院调解的高度重视成为我国民事诉讼领域长期以来重法院调解轻当事人自行和解的症结所在，也一定程度上纵容了法院调解的专横与强制。因此，二者必须在现有的民事诉讼立法框架内予以改良和协调，以完善的诉讼和解制度作为法院调解的重要补充，弥补当事人和解的条件、启动方式、运行程序、和解期限、和解协议的审查以及明确和解效力等方面的立法缺陷，这不失为完善法院调解、遏制其副效应的有效途径。

2. 正确处理当事人的处分权与法院职权之间的关系

在我国，调解与判决都是法院行使审判权的方式，但二者在性质上又存在明显差异，这就导致它们长期处于紧张和冲突的关系当中。法院调解的现实状况与立法者设置调解制度时的预期产生了严重断裂，同时又造成了诉讼制度的变异，造成实体法与程序法对审判活动约束的双重软化，使民事诉讼

的实际情况与我国民事诉讼制度的预定目标出现较大偏离。[1]这种批评揭示出我国法院调解制度的弊端在于，将调解仅作为与审判权并列的法院职权，而忽视了当事人在调解中的主导地位，这就存在着强迫调解的嫌疑。我们知道，在我国有多种调解形式，诸如法院调解、社会组织调解以及行政调解等，但这些调解形式的不同主要体现在主持者的身份不同，而调解的实质基础都是一样的，即都是在充分尊重当事人的处分权的基础上解决纠纷，这也构成了调解与法院判决在本质上的区别。由于法院调解发生在诉讼当中，又是在法官的主持下进行的，这就会产生法院调解中法官职权主义与当事人处分权的交织。那么，如何合理配置法官职权与当事人的处分权，以调动当事人的积极参与和自主性的充分发挥，使程序中的特定价值得以体现呢？美国法学家罗伯特·S. 萨莫斯（Robert S. Summers）和迈克尔·贝勒斯（Michael Bayles）都曾对程序价值作过系统论述。前者归纳的程序价值包括：参与、正统性、和平、人道、个人隐私的保护、合意主义、公平、理性、及时、终局性；后者提出的程序价值要素是：和平、自愿、参与、公平、可理解、及时、止争、可信任。孙笑侠教授对二者的同异点作了比较，指出他们的共同点或相似点是：参与、和平、合意（自愿）、公平、及时、终局性（止争），并非常准确地将其称之为当事人角度的程序公正论。[2]

3. 加强对法院调解工作的监督，构建切实可行的监控机制

之所以强调监控机制对法院调解实际操作的重要作用，是因为"再没有人比法官更需要进行仔细监督了，因为权势的自豪感是最容易触发人的弱点的东西"[3]。但我国立法与司法实践普遍缺乏对这一问题的应有重视。从审判实践来看，在法院调解的过程中，法官为了自身利益，盲目追求办案效率，不同程度地存在强制调解、违法调解、无调查调解等现象。而我国《民事诉讼法》仅以2个条款规定了对法院调解的监督手段，即第14条"人民检察院有权对民事诉讼实行法律监督"的规定，以及第201条："当事人对已经发生法律效力的调解书，提出证据证明调解违反自愿原则或者调解协议的内容违

---

〔1〕 江伟主编：《中国民事诉讼法专论》，中国政法大学出版社1998年版，第398页。

〔2〕 转引自范愉："调解的重构（下）——以法院调解的改革为重点"，载《法制与社会发展》2004年第3期。

〔3〕 ［法］罗伯斯比尔：《革命法制和审判》，赵涵舆译，商务印书馆1965年版，第30～31页。

反法律的，可以申请再审。经人民法院审查属实的，应当再审。"在立法已预先取消了当事人对调解书行使上诉权的前提下，仅用这 2 个原则性的条款是无法实现对法院调解的实际运作合法与否的监控的。对此，笔者认为，首先应从立法层面上进一步严格法院调解的程序规定；其次还要加强法院内部的监督机制，建立一系列监督检查措施，发挥庭长、院长、合议庭、审判委员会以及上级法院的业务监督职能；最后还应将当事人监督、检察院监督以及同级人民代表大会监督落到实处，使法院调解在完备的监控体系中得以良性运转。

（二）完善法院调解的制度配置

1. 完善法院调解的法定程序，杜绝法院调解操作层面的随意性

适当的程序保障既能消除当事人及社会公众对调解的疑虑，又有利于实现调解效益的最大化。由于我国《民事诉讼法》对法院调解的规定尚缺乏较强的程序设置，致使在实际运用过程中，法官依职权随时启动调解的现象普遍存在。这使得调解与判决这两种截然不同的结案方式在运作程序上混杂不分，更多体现为审判人员的职权主义。因此，我国《民事诉讼法》应在以下几个方面完善法院调解的程序性规定：调解的时间、调解的主体、调解的启动方式、调解案件的范围、调解的措施、调解应遵守的期限、调解中当事人的权利保障、调解的终结以及调解程序与诉讼程序的衔接与转换等。

2. 实行调审分离制度

调审分离是针对调审合一而言的，意指将审判权与调解权予以分离，分别设立审判法官与调解法官，各司其职，达到审判与调解互不影响的效果。实际上，在实务界，早在 2000 年上海市法官协会就组织了对法院调解制度改革的研究。上海市第一中级人民法院的研究报告建议在立案庭设立专门的调解机构，由法官担任调解机构的成员；第二中级人民法院的研究报告则建议设立庭审前调解程序，从主体上分离调解权和审判权。足见，理论界对调审分离的主张对法院的影响是很大的。目前各地法院在实践中的做法基本上不外乎以下两种：一是推行诉前调解机制，完全交给专门的调解组织进行诉讼前调解；二是在诉讼中尝试主审法官委托调解的做法。但有一点需要强调，笔者所提倡的调审分离并不是机械的、没有变通的强制性规范或制度，而是应当作为法院调解的一项原则予以确立。这一点也在最高人民法院印发的《关于落实 23 项司法为民具体措施的指导意见》中被特别强调：调解可以在

任何一个阶段进行，法院不得以调审分离拒绝当事人进行调解的正当请求。人民法院可以邀请人民陪审员以及其他具有专门知识或者特定社会经验，有利于调解的组织或者人员协助调解工作。

3. 设立救济措施及程序

由于调解过程相对灵活，调解程序也具有非正式性，所以调解协议和调解书往往也会出现实体上或程序上的各种瑕疵。除符合我国《民事诉讼法》第201条关于"调解违反自愿原则或者调解协议的内容违反法律的，可以申请再审"的救济途径之外，对于一些虽然不影响当事人的意愿和行为，但却会埋下新的纠纷隐患，有时还会导致执行困难的小的瑕疵，为了减少对当事人造成的不便与障碍，应该设立一种必要的补救措施或程序，允许当事人申请法院裁定补正。对于未尽事宜或者遗漏事项未调解或未具体调解的情形，应适当允许当事人自主选择申请法院再调解，而不必再另行起诉。

第三节　诉讼与非诉讼纠纷解决方式的衔接机制

现代社会，日益倡导多元化的纠纷解决机制，将诉讼纠纷解决方式和非诉讼纠纷解决方式有机结合成为一种必然的选择。而多元化纠纷解决机制的建构不仅仅是做一道简单的加法题，而是要使各种纠纷解决机制之间互相协调、互相融合、互相补充，形成一个共同协作的有机体，其最高价值理念在于各个部分或方式之间的协调与平衡。在我国，非诉讼纠纷解决方式主要包括人民调解、行政调解和仲裁。正常情况下，民事主体就某一具体民事权利义务关系发生争议后，从当事人纠纷解决途径的选择偏好看，非诉讼纠纷解决机制可以成为过滤民事纷争进入诉讼程序的"第一道防线"；从纠纷解决功效看，多元化纠纷解决机制应该满足当事人不同层面的纠纷解决需求。因此，一个机制完备、富有实效的多元化纠纷解决体系，一方面能够很好地发挥对民事纠纷的过滤和分流作用；另一方面，在整个纠纷解决体系中，各种纠纷解决机制的内在功能与价值取向应该是各有侧重并相互补充的。然而，我国现行纠纷解决机制中司法资源的配置以及诉讼程序与非诉讼程序之间的分工与衔接仍不够合理，导致纠纷解决成本过高，各自为政。值得肯定的是，近年来，我国法院积极承担了推动多元化纠纷解决机制的制度建构和创新的使命，无论是立法还是司法实践，在纠纷解决机制的制度变革上都迈出了实质性的一步。2009 年 7 月最高人民法院会同各相关行政主管部门，调解、仲裁等实务机构，社会团体和行业协会，制定颁布了《关于建立健全诉讼与非诉讼相衔接的矛盾纠纷解决机制的若干意见》（即《纠纷解决若干意见》），对各种纠纷解决方式的有效整合提供了整体性的框架和有效的制度平台，同时它也是最高人民法院对各地实务部门建构多元化纠纷解决机制的积极探索和大胆尝试给予的肯定和鼓励。这一规范性文件对现行法律作出了一系列重要突破，极大地促进了非诉讼纠纷解决机制的发展及其与司法程序的衔接。[1]

一、《纠纷解决若干意见》对诉讼与非诉讼衔接机制的立法设计

（一）确立主要目标和任务

《纠纷解决若干意见》第 1 条规定了建立健全诉讼与非诉讼相衔接的矛盾纠纷解决机制的主要目标，即：充分发挥人民法院、行政机关、社会组织、企事业单位以及其他各方面的力量，促进各种纠纷解决方式相互配合、相互协调和全面发展，做好诉讼与非诉讼渠道的相互衔接，为人民群众提供更多可供选择的纠纷解决方式，维护社会和谐稳定，促进经济社会又好又快发展。

第 2 条规定了建立健全诉讼与非诉讼相衔接的矛盾纠纷解决机制的主要任务，包括：充分发挥审判权的规范、引导和监督作用，完善诉讼与仲裁、行政调处、人民调解、商事调解、行业调解以及其他非诉讼纠纷解决方式之间的衔接机制，推动各种纠纷解决机制的组织和程序制度建设，促使非诉讼纠纷解决方式更加便捷、灵活、高效，为矛盾纠纷解决机制的繁荣发展提供司法保障。同时《纠纷解决若干意见》还明确要求，在建立健全诉讼与非诉讼相衔接的矛盾纠纷解决机制的过程中，必须紧紧依靠党委领导，积极争取政府支持，鼓励社会各界参与，充分发挥司法的推动作用；必须充分保障当事人依法处分自己的民事权利和诉讼权利。从《纠纷解决若干意见》提出的要求可以看出，多元化纠纷解决机制的建构应以"充分保障当事人的处分权"为基本前提。

（二）明确法院在多元化纠纷解决机制中的定位

鉴于法院审判权行使的被动性以及审判权的局限性，法院在推动多元化

---

[1]　范愉："诉讼与非诉讼程序衔接的若干问题——以《民事诉讼法》的修改为切入点"，载《法律适用》2011 年第 9 期。

纠纷解决机制的建构时会受到很多制约。因此《纠纷解决若干意见》要求，"充分发挥审判权的规范、引导和监督作用……"这一规定可以理解为：法院从来不是、也不可能是解决纠纷的唯一途径。所以，在社会纠纷的解决过程中，人民法院不能永远冲锋在第一线，要充分发挥多种市场主体解决纠纷的积极性，鼓励和支持各种社会力量参与到纠纷解决当中，以"丰富人民群众参与社会管理和公共服务的途径"。但在这个过程中，人民法院要发挥好"规范、引导和监督的作用"，同时要为非诉讼纠纷解决提供必要的司法支持。其中"规范"和"引导"职能的发挥，在于注重个案裁决的社会指引作用以及加强对人民调解组织的业务指导；"监督"职能关键在于态度的支持和尺度的把握，对各类非诉讼调解协议除严格执行《纠纷解决若干意见》关于无效调解协议的规定外，应尽量趋向形式审查，避免过多的自由裁量和不当干预。

（三）顺应大调解机制的时代需求

2005 年中共中央办公厅转发《中央政法委员会、中央社会治安综合治理委员会关于深入开展平安建设的意见》，要求各地"……强化社会联动调处，将人民调解、行政调解和司法调解有机结合起来，把各类矛盾纠纷解决在当地、解决在基层、解决在萌芽状态"。随之，各地区县层面纷纷建立社会矛盾纠纷调解工作领导小组和指导委员会，在各区县街镇普遍设立"社会矛盾纠纷调处中心"。[1]《纠纷解决若干意见》进一步强调，"完善诉讼与仲裁、行政调处、人民调解、商事调解、行业调解以及其他非诉讼纠纷解决方式之间的衔接机制"，可见，大调解机制采取的是多方参与、协同作战、有机衔接的互动模式。改变了原先人民调解、行政调解、司法调解各弹各的调、各吹各的号的状况，从单向调解转变为联动调解，从单打独斗转变为整体联动。[2]

（四）肯定非诉讼前置的制度设计

事实上，在《纠纷解决若干意见》出台之前，我国很多基层法院已经开始"诉前调解"、"诉调对接"的实践尝试，如前文所提的上海"长宁区法院诉调对接中心"、"浦东新区法院诉调对接中心"等，当然全国其他省市的地

---

〔1〕吴英姿："'大调解'的功能及限度"，载《法制资讯》2009 年第 2 期。
〔2〕王怀臣："构建'大调解'工作体系 有效化解矛盾纠纷"，载《求是》2009 年第 24 期。

方法院都有很好的经验。《纠纷解决若干意见》第 14 条规定："对属于人民法院受理民事诉讼的范围和受诉人民法院管辖的案件，人民法院在收到起诉状或者口头起诉之后、正式立案之前，可以依职权或者经当事人申请后，委派行政机关、人民调解组织、商事调解组织、行业调解组织或者其他具有调解职能的组织进行调解。当事人不同意调解或者在商定、指定时间内不能达成调解协议的，人民法院应当依法及时立案。"事实也证明，最高人民法院对于地方法院的大胆探索所给予的支持，也在 2012 年新修订的《民事诉讼法》第 122 条中得到了立法者的积极回应。

（五）确保非诉讼调解协议的法律效力

在我国，实践中非诉讼纠纷解决机制的最大障碍莫过于协议的自动履行率偏低，进而影响到非诉纠纷解决机制在社会上的认同度。因此，如何确保非诉调解协议的执行力和约束力就成为建立诉讼与非诉讼纠纷解决衔接机制的关键环节。《纠纷解决若干意见》将所有经非诉讼调解达成的调解协议的性质定义为"民事合同"，规定"经行政机关、人民调解组织、商事调解组织、行业调解组织或者其他具有调解职能的组织调解达成的具有民事合同性质的协议，经调解组织和调解员签字盖章后，当事人可以申请有管辖权的人民法院确认其效力。当事人请求履行调解协议、请求变更、撤销调解协议或者请求确认调解协议无效的，可以向人民法院提起诉讼"。可见，只有经过司法确认的调解协议才能产生相当于生效判决的强制执行力。《纠纷解决若干意见》最重要的贡献之一，就是将所有由具有相应资质的调解机构主持达成的调解协议都纳入司法确认的范围。

二、实践中存在的问题及几点完善建议

（一）《纠纷解决若干意见》在具体实施过程中所凸显的问题

1. 非诉讼纠纷解决机制社会认同度不高，实施效果有限

从统计数据看，客观上非诉讼纠纷解决方式在化解社会纠纷方面的确为人民法院分担了不少司法压力，这让我们看到了制度创新所带来的实惠。但是在整个理论界和实务界上上下下都忙于构建多元化纠纷解决体系的火热表象下，我们却无视了当事人的迷茫与律师的缺席。一方面，由于诚信的缺失，大多数当事人不太愿意相信依赖个人自律就能实现权利救济，而是更加倾向于依靠有国家作为后盾的诉讼方式；即便在纠纷解决机构的劝说和引导下，

有些当事人选择了诉讼外解决，但也会出于双重保险的考虑，一边选择调解，一边向法院起诉，这样就会造成更大的资源浪费。而另一方面，不知是因为律师界对非诉讼纠纷解决机制的抵触，还是立法界和实务部门对律师们的冷落，在当前我们建构的多元化纠纷解决体系中，律师几乎游离出了所有的制度框架，难觅其踪影（但不包括一些公职律师、国资所律师参加的公益调解）。而在美国，无论是司法 ADR 还是民间 ADR，律师都是制度里面的主要成员，在各种纠纷解决机制中发挥着重要作用。对于我国的这种现象，有学者指出是由于"个人利益的驱使"才导致律师对非诉讼纠纷解决机制保持冷漠，一方面律师缺乏通过理性分析引导当事人寻求恰当纠纷解决方式的动力。律师担心当其"知无不言、言无不尽"地为当事人选择正确的纠纷解决途径后，自己却"形同弃履"。另一方面鉴于大多数法律服务是有偿的，而目前律师利用 ADR 解决纠纷却没有明确的收费依据，按时收费又得不到当事人的认同，因此律师在推行 ADR 时面临着生存考验。[1] 笔者也较为认同上述看法，笔者所接触的律师对非诉讼纠纷解决机制的全面推广确实颇有微词。但笔者认为，除此之外，还有一个方面的原因不容回避，那就是横亘在律师界和实务部门间的信任鸿沟。在我国，历朝历代的官府对律师都是不待见的，律师被冠以"讼棍"之称。而在当下，也有不少法官认为当事人热衷于诉讼，其中不乏律师的鼓动。而律师们却觉得，凭借他们对法律的精通和依照经验进行的判断与衡量，尽可能通过法律途径为当事人寻求最接近正义的解决方案才是"正义"的体现。由此观之，要想在我国推动多元化纠纷解决机制的壮大和发展，培育非诉讼纠纷解决机制的社会认同度是首要任务。

2. 司法确认程序的立法缺陷导致实践操作的困惑

《纠纷解决若干意见》的最大贡献和最大亮点在于提出了司法确认程序，为此，2012 年修订的《民事诉讼法》第 15 章"特别程序"中新增了"确认调解协议案件"。但这些规定都较为原则，虽然 2015 年颁布实施的《民诉法解释》对此作了必要的细化和完善，但在具体实施过程中仍存有不少难题。首先，由于《纠纷解决若干意见》将所有由具有资质的调解机构所出具的调解协议均纳入司法确认的范围，这就会导致一些内容不完全合法的调解协议

〔1〕 梁平、杨奕：《纠纷解决机制的现状研究与理想建构》，中国政法大学出版社 2014 年版，第 127～128 页。

进入司法确认程序当中，如在当事人出具的调解协议书上，经常会出现这样的约定，"此协议达成后，×方承诺今后不再提出任何新的主张"、"×方在得到赔偿后，自行将户口迁出"等等。对于这样的调解协议内容，法院是整体不予确认还是部分不予确认呢？其次，法律对司法确认程序的审理期限也没有明确。最后，司法确认程序也缺乏必要的监督与相应的救济机制。这些立法空白，不仅会造成司法确认程序具体实施上的困惑，也会因操作不当而带来负面影响。

3. 整个多元化纠纷解决体系缺乏合理规划与整合

多元化纠纷解决机制意味着不是唱独角戏，而是各取所长，只有这样才能实现司法改革的两大程序理念：正义和自律。但在我国，对于多元化纠纷解决机制的建构似乎出现了一边倒的倾向，即只注重调解，而很少关注和解、仲裁等非诉讼方式。在实践中，从从业人数，到案件受理量，再到社会关注度，调解似乎成了诉讼外纠纷解决方式的代名词。另外，在多元化纠纷解决机制的培育上，我国也表现得过于急功近利。比如为了应对不断涌现的各种新型纠纷，理论界与实务部门就开始纷纷探求新的解决模式，不断提出新的要求与理论设想。但笔者仔细拜读后认为，除去一些宣传噱头外，其中并无过多新意，反而导致纠纷解决机制的一些原有功能不能得到很好的发挥与完善，有些甚至被闲置休眠。

（二）完善诉讼与非诉讼衔接机制的几点建议

1. 统一制度的建立

目前在我国实务界流行很多"××模式"的提法，如上海模式、北京模式、东莞模式等，但这些模式大多带有很强的地方色彩，缺乏流动性，难以在全国范围内进行普遍推广。虽然这种地方模式能够更多地体现地方特色，满足多样化需求，但也会带来操作上的不统一，容易导致当事人迷惑。笔者认为还是建立统一的制度为宜。首先，规定非诉讼纠纷解决的基本原则和规范，提高其正当性和一致性；其次，合理界定各种非诉讼纠纷解决机构的权限与受案类型；最后，规范各种非诉讼纠纷解决机构的组成。

2. 尝试设立证据互认制度

当当事人对以非诉讼方式解决纠纷的结果不满意时，通常情况下会选择先调解后诉讼。而按照严格的诉讼程序进行审理，法院就需要通过证据来确定案件事实，以此证明程序的正当性和结果的可接受性。虽然这体现了正当程序的理念，但却不是对司法资源的最合理分配，也会给当事人增加不少成本投入。为了节约司法资源，简化诉讼程序，减轻当事人的负担，笔者建议，可以尝试建立证据互认制度。对于有调解资质的正规调解组织在调解阶段合法取得和收集的证据材料经法院审核确认后，当事人如果没有相反证据予以否定，在诉讼中可作为法院调解或裁判的事实证据直接予以采纳，并可作为裁判的依据。

3. 建立相应的激励机制和惩戒措施

为鼓励当事人积极运用非诉讼纠纷解决方式解决纠纷，单纯向当事人描绘其好处有时并不会真正起到作用，反而落个"口惠而实不至"的负面印象。我们可以效仿国外的一些经验做法，制定切实可行的激励机制以及相应的惩罚措施，引导当事人理性选择纠纷解决方式。具体可以如下设置：如果当事人在立案时就选择非诉讼方式解决且最终也是以非诉讼方式结案的，那么诉讼费用可以减半收取；但如果一方当事人不接受对方提出的和解或调解方案而坚持诉讼，且其在后续诉讼中又没有获得比和解或调解方案更好的结果，则其不仅要承担相应的诉讼费用，还要承担对方应付的诉讼费用及其他必要费用。

4. 鼓励律师积极引导当事人和解，尝试建立律师和解制度

在西方法治国家，律师对于调解的态度和行为也经历了一个从坚决反对、到善于利用，再到积极参与提供和解服务的发展过程。[1] 为了发挥律师的法律专业优势，应鼓励律师积极参与，促成当事人和解。可借鉴国外做法，将积极促成当事人和解列为律师的职业规范，并建立相应的奖励机制。如美国科罗拉多州和夏威夷州均修改了本州的律师职业行为规范，规定在涉及或者可能涉及诉讼的代理事项中，为了解决法律纠纷或者达到合法目的的需要，律师应该就可能的替代性纠纷解决途径向当事人提出建议。新泽西州的最高法院规则亦规定，律师应该熟知可供利用的 CDR（Complementary Dispute Resolution，补充性纠纷解决），并把这些信息告知其当事人。德克萨斯州最高法院也已经采取了某个"律师信条"，其中规定：我将会告知我的当事人关于应

---

[1] 范愉："调解的重构（下）——以法院调解的改革为重点"，载《法制与社会发展》2004 年第 3 期。

用调解、仲裁以及其他纠纷解决途径的信息。[1]在德国民事诉讼程序的运行中，如果律师促成当事人和解结案，代理律师可以获得一份额外的和解费。[2]除此之外，笔者也建议在多元化纠纷解决机制中设置律师和解制度。

第四节　民事纠纷与行政纠纷交织案件的处理机制[3]

在我国司法实践中，经常会出现民事争议与行政争议相互交叉重叠的案件，特别是民事诉讼中出现行政附属问题的案件，由于现行法律与司法解释对此类案件如何审理尚无一个十分明确具体的规定，导致司法实务中各地法院的做法极不统一，理论界对此也见仁见智。

一、民事诉讼中的行政附属问题

（一）如何界定民事诉讼中的行政附属问题

附属问题概念源于王名扬先生的专著《法国行政法》，意指一个案件本身的判决依赖于另一个问题，后面这个问题不构成诉讼的主要标的，但决定判决的内容，称为附属问题。民事诉讼中的行政附属问题，是指民事争议案件的审理和解决是以与之相关的行政行为的正确认定为前提的，该行政行为并非民事争议案件的诉讼标的或者争议的民事法律关系，但它决定着民事案件的性质或裁判结果。[4]可见，民事诉讼中的行政附属问题实际上是以审理民事纠纷的民事诉讼为主，但在审理民事纠纷的过程中附带涉及相关的行政争议，而该行政争议的处理结果又是该案件民事争议裁判的前提和基础，所以也可把这种诉讼形式称为关联诉讼。这类案件当事人诉讼的目的往往是要解决民事争议，行政主体与行政行为相对方的纠纷并非案件的主要焦点。在司法实践中，此类案件具有以下特点：①诉讼由民事纠纷而非行政行为引起；②法院最终对该民事纠纷的处理一定程度上依赖于行政行为是否合法这一前

---

[1]　参见［美］斯蒂芬·B. 戈尔德堡等：《纠纷解决——谈判、调解和其他机制》，蔡彦敏、曹平、刘晶晶译，中国政法大学出版社 2004 年版，第 331 页。

[2]　Dagmar Coester：“律师在德国民事诉讼中的角色”，载［德］米夏埃尔·施蒂尔纳编：《德国民事诉讼法学文萃》，赵秀举译，中国政法大学出版社 2005 年版，第 465 页。

[3]　参见孙彩虹："民事附属行政诉讼制度分析"，载《法学杂志》2011 年第 8 期。

[4]　杨荣馨主编：《民事诉讼原理》，法律出版社 2003 年版，第 731 页。

提，即如果不解决行政行为合法性问题，民事审判就很难进行；③当事人对民事诉讼中的行政决定有异议，并且在民事诉讼中提出；④行政争议对于民事争议来说，具有一定的独立性，意指即使不存在民事争议，当事人对行政决定不服的，也可以单独寻求行政救济，可以申请行政复议或者提起行政诉讼。可见，民事诉讼中行政附属问题的最显著特征是行政争议与民事争议的交织存在。这种交织在司法实践中往往表现为民事争议与行政争议双轨并行，但无论民事争议是由于行政决定而引起还是因行政决定的介入而变得更加复杂，都导致法院在审理民事纠纷的同时还要审理行政行为。另外，在民事诉讼中出现的行政决定，有很多都是可以作为核心证据出现的，法院对其认定与否，直接决定着案件的判决结果。

（二）构成民事诉讼行政附属问题的条件

事实上，司法实践中出现行政争议与民事争议的交织是常有现象，但并非一旦出现交织就一定构成民事诉讼中的行政附属问题，这还要取决于二者的关联度。民事诉讼中的行政附属问题，要求民事争议与行政争议必须有紧密的关联性。判断行政争议与民事争议的关联性要从以下几方面着手：①在民事争议中出现的行政行为是否构成民事诉讼审判的前提，这是构成民事诉讼行政附属问题的首要条件。而要构成民事诉讼审判的前提，行政行为必须属于作为的行政决定。因为行政不作为没有明确的意思表示，也就不可能涉及对民事权利义务的处理。因此，不作为的行政决定通常不会与民事纠纷形成交织。②作为附属问题出现的行政决定在民事诉讼中的证据能力的关联性。证据能力的"关联性"是指作为证据，必须在逻辑上与案件中的待证事实存在必然的、客观的联系。[1]那么要具有关联性，该行政行为必须是已经对存在争议的民事法律关系作出了一个先决的处理决定，而该处理决定在民事诉讼中不仅可以以公文书证的形式出现，且能对民事争议的案件事实起到实质性的证明作用。③民事诉讼中的诉讼请求与行政处理决定之间的关联性。作为民事诉讼附属问题的行政行为与民事诉讼中诉讼请求的内容必须具有内在的关联性，这种关联性体现在二者虽是基于不同性质的请求，但均发自于同一法律事实，即行政相对人要求行政机关确认的法律关系或法律事实同样属于民事诉讼中双方当事人提出的诉讼请求内容。当然，这种关联性并不代表

―――――――――――――――

〔1〕 孙彩虹：《证据法学》，中国政法大学出版社 2008 年版，第 73~74 页。

完全的一致或重合。

二、现有民事诉讼中行政附属问题的解决模式及评析

随着我国城市化进程的加快，原本的民事纠纷会因行政权的介入而变得复杂，当争讼的一方以行政行为作为抗辩理由时，民事纠纷与行政争议交织纠结在一起成为不可避免的事实，且这类案件呈逐年递增之势；加之我国相关制度缺失，理论上又没有统一的标准，造成司法实践中做法各异，使得处理民事诉讼中行政附属问题成为一个棘手的难题。那么，当前我国司法机关在处理相关案件时，有哪些可供选择的解决模式以及理论支撑呢？其合理性又如何？在司法实践中，对于民事诉讼中出现的行政附属问题，处理方式有以下几种：①在民事诉讼中将行政行为作为证据来对待，只审查其来源的真实性和形式的规范性，不审查其实质的合法性。即只要能证明作为证据的行政行为具有真实的来源且具有符合法律要件的形式，从证据法的角度讲，该行政行为在民事诉讼中就具有了证据的客观性、合法性以及关联性，从而具有证明力，法院将其作为定案依据就顺理成章了。然而，虽然行政行为具有效力先定性的特点，但并不代表所有行政行为都是合法有效的，一旦据以定案的行政行为被依法撤销，那么法院的裁判就成了无源之水、无本之木，进而就会影响到司法的公正与权威。②当事人分别提起民事诉讼和行政诉讼，民事庭与行政庭互不干涉"内政"，各自独自审理。但由于民事诉讼和行政诉讼在适用原则、证据制度以及审判程序上存在诸多区别，势必会导致裁判结果大相径庭甚至相互矛盾。③中止民事诉讼，建议当事人另行提起行政诉讼，待有结果后再恢复民事诉讼。这虽然便于区分案件性质，较好地保证民事裁判的准确性，但缺陷也是非常明显的。由于实践中一些当事人不敢与行政机关对簿公堂，从而导致当事人不敢诉讼而非不愿诉讼的结果。若就此而终止民事案件的审理，那么当事人的民事权利该如何保护？④回避民事诉讼中行政行为的合法性审查问题，径行运用民事法律规范裁判案件。其理由是，行政纠纷不属于民事管辖范围，如果对行政行为的合法性进行审理，即构成司法权对行政权的过度干预。其实这样做最大的好处在于可防止矛盾裁判的发生，但该种方案并没有使纠纷得到实际解决，故也不可取。

针对以上种种弊端，为了寻求理论上的突破，有学者提出了"直接移送

制度",〔1〕即先中止民事诉讼,由民事审判庭将本案涉及的行政纠纷直接移送本院行政审判庭进行处理,待行政审判庭处理完毕后再由民事审判庭依据行政裁判结果审理民事纠纷。当然"直接移送制度"的确有其合理的一面,因为行政审判庭本来就是审查行政行为合法性的法定机构,当民事诉讼中涉及行政附属问题时,由行政审判庭对该行政行为是否合法作出裁判,既符合民事管辖的规定,同时又可避免行政诉讼和民事诉讼并轨进行而导致矛盾判决的发生,另外对当事人来讲还可省去起诉程序之累赘。但是从诉权理论上分析,该设计却违反了"不告不理"原则。在当事人没有行使行政诉权的前提下,行政审判庭接受案件移送并进行审理的依据何在?因此,"直接移送制度"存在不尊重当事人自由行使行政诉权之嫌。

由于上述理论存在难以克服的窘境,又有学者提出了"行政主体作证制度"。〔2〕行政主体作证制度意指在民事诉讼中对附属的行政问题进行程序性审查和判断,审查的对象是民事争议中涉及的由行政机关作出的行政行为,审查的性质属于民事诉讼中的事实认定,审查的形式属于民事诉讼中的证据审查。此时行政机关不是以诉讼当事人或第三人的身份而是以证人的身份出现,其任务是对行政行为从法律层面和事实角度进行"证明",以达到"释明"的目的。作证采用出庭作证方式,法庭首先要求行政机关就其作出行政行为的事实依据进行连贯性陈述,然后再要求行政机关接受审判人员和诉讼当事人的发问。通过行政机关出庭作证,实现审判机关对附属行政行为进行合法性审查和正确判断的目的。诚然,"行政主体作证制度"的设计似乎更符合诉讼效益的要求,既能避免因分开审理而导致出现矛盾判决,又可免于陷入直接移送案件时于法无据的困境。但"行政主体作证制度"就是最理想的制度安排吗?非也!首先,在诉讼中行政行为本身在一定意义上就是民事争议发生的相关事实之一,其合法性仍是需要运用证据加以证明的待证事实,因此,它是证明对象而不是证据本身,而用一个待证事实去证明另一个待证事实本身就是荒谬的。其次,从证据的法定分类来看,由于行政主体在民事诉

---

〔1〕 参见薛刚凌:"处理行政、民事争议重合案件的程序探讨",载《法律科学》1998 年第 6 期;张晓茹:"多种法律关系引起的纠纷与诉讼程序的适用",载《河南省政法管理干部学院学报》2002 年第 3 期。

〔2〕 参见张瑞强:"民事诉讼行政附属问题研究与解决——兼论行政主体作证制度的建立及完善",载《审判研究》2001 年第 2 期。

讼中不是当事人，因此，其证据种类就不属于"当事人陈述"。那么行政机关是不是证人呢？根据我国《民事诉讼法》的有关规定，只有知道案件情况的人才有作证义务。证人陈述的内容一般是自己感知的事实，但是不包括对事实的判断，证人不得对这些事实进行主观上的评价。然而行政主体出庭作证必然是要证明其作出的行政行为是符合事实的、有法律依据的公正执法，而对某种行为是否合法的判断恰恰是法庭而非证人的职责。因此，行政主体出庭作证也不是证人证言。

三、构建民事附属行政诉讼制度的理论依据

从上文分析可见，目前审判实务中及理论设计中有关民事诉讼行政附属问题的几种具体解决模式，在制度上与理论上都存在难以突破的局限，而仅仅依靠民事诉讼或行政诉讼中任何一种诉讼程序都难以化解处理民事诉讼行政附属问题时的矛盾与冲突。从民事诉讼与行政诉讼之间的协调的角度考虑，民事附属行政诉讼制度对于解决民事诉讼中的行政附属问题是比较理想的制度选择，既可防止判决之间的矛盾、提高诉讼效率，又可防止问题处理的复杂化。

民事附属行政诉讼是指在民事案件的审理过程中，对于关涉民事裁判的行政行为的合法性可以通过民事诉讼一并进行审理并作出裁决的诉讼制度。需要明确的是，审判机关对行政行为的合法性进行的审查并非该案件所要解决的主要矛盾，但却构成民事裁判的前提。其实，民事附属行政诉讼并非标新立异的命题，之前就有学者指出，鉴于民事争议与行政争议在处理上难以割裂的关系，"民事诉讼可以附带行政诉讼"，这更"符合诉讼经济的要求"。[1]虽然同为关联诉讼，但民事附属行政诉讼制度与刑事附带民事诉讼和行政附带民事诉讼都是有区别的。不管是刑事诉讼附带的民事诉讼，还是行政诉讼附带的民事诉讼，作为附带部分的责任性质，其实都是因同一主体的同一行为而造成的侵害，从而形成了两种法律责任的竞合，并且这两种法律责任的处理没有先后顺序的限制，任何一个诉讼的处理都不构成对另外一个诉讼的先决问题。这就是所谓的附带诉讼本身的"可分离性"。但是，民事附属行政诉讼中的行政问题则是民事审判的前提，即不解决行政行为合法性问题，民事

〔1〕 马怀德、解志勇："行政诉讼第三人研究"，载《法律科学》2000年第3期。

审判就无法进行。可见，这里的民事诉讼与附带的行政诉讼之间具有"不可分离性"。为了区别与刑事附带民事诉讼和行政附带民事诉讼，在此我们应该称之为"民事附属行政诉讼"。[1]

从域外国家看，英美法系采用一元裁判体制，即所有的案件均由一个法院审理，也没有民事审判庭和行政审判庭之分，行政诉讼基本上是按照民事诉讼程序进行的。在审理民事案件的过程中，即使碰到行政行为的效力问题，普通法院就可以直接解决，因此不存在先决问题。可见，英美法系国家，由同一审判组织对行政争议与民事争议一并解决，类似于我国的附带诉讼。大陆法系虽有公法与私法之分，但当碰到行政行为构成民事诉讼的先决问题时，即使在普通法院与行政法院严格区分的法国，遇到普通法院管辖的诉讼存在行政附属问题时，只要某具体行政行为的违法性质十分明显，且由受诉法院审查不具困难就可由受诉法院自己直接决定。在德国，当行政行为成为民事诉讼的先决问题时，如果该行政行为已经行政法院判决确定，民事法院应受其判决拘束；若未经行政法院判决，民事法院应当自行作出判断，如果当事人已起诉至普通法院，不得再就此先决问题请求行政法院确认其是否违法。我国台湾地区基本沿袭了德国的做法，民事法院可以直接否定无效行政行为，无须提交行政法院。总之，对于行政案件，许多国家和地区不排除由民事审判庭附带审理。

四、民事附属行政诉讼的制度设计

在具体制度设计上，如果当事人先行提起民事诉讼，在审理中发现又涉及行政诉讼的，则作为民事附属行政诉讼进行审理；如果当事人先行提起行政诉讼，在审理中发现涉及民事诉讼的，则作为行政附带民事诉讼。也可以实行更为机动的制度，即如果案件主要是因民事纠纷而引起的，则实行民事附属行政诉讼；如果案件主要是因行政纠纷而引起的，则实行行政附带民事诉讼。这种制度设计避免了"小马拉大车"的局面。在民事附属行政诉讼中，原告是受害人，民事诉讼的被告是加害人，行政诉讼的被告是行政机关。两种诉讼尽管性质不同，但当事人所争议的事实有法律上的联系，法律责任有时也需要加害人和行政机关共同承担，所以为了在一个案件中解决相关的所

---

〔1〕 孙彩虹："民事附属行政诉讼制度分析"，载《法学杂志》2011 年第 8 期。

有争议，两种诉讼合并审理是完全可行的。

　　当然，民事附属行政诉讼制度和刑事附带民事诉讼、行政附带民事诉讼制度一样，需要符合一定的构成条件：①附属的行政诉讼不能脱离民事诉讼单独提出，只能在提出民事诉讼的同时，或者在民事诉讼的进程中提出。如果脱离民事诉讼而单独提出，则不是民事附属行政诉讼，而是独立的行政诉讼。②民事附属行政诉讼要以民事诉讼为"主"，以行政诉讼为"附"。③民事附属行政诉讼以民事诉讼为先，当事人要先提起民事诉讼，再提起行政诉讼，民事诉讼成立，附属的行政诉讼才随之成立。在民事附属行政诉讼中，法院可对行政行为的合法性进行审查，如果行政行为合法，那么接下来就是单纯的民事案件的审理；如果违法，可由同一审判组织适用行政诉讼程序来解决行政争议，并遵循行政诉讼的审理规则。

第八章

我国民事纠纷解决体系中的非诉讼
纠纷解决机制

第一节　充分发挥我国人民调解制度的作用

一、人民调解制度的功能定位

人民调解制度是我国新民主主义革命时期中国共产党在革命根据地创建的，是依靠群众解决民间纠纷，实现群众自治的一种政治制度。而现代意义上的人民调解，是指在人民调解委员会的主持下，以国家法律、法规、规章和民间习惯等社会规范为依据，对纠纷双方当事人进行说服教育、规劝疏导，促使他们互相谅解、平等协商，自愿达成协议，以消除纷争的一种纠纷解决方式。以人民调解制度为代表的我国民间 ADR 在化解矛盾纠纷、维护基层社会稳定、构建和谐社会等方面发挥了不可替代的作用。与诉讼制度相比，人民调解制度有以下 2 个突出特点：①与诉讼制度定位于"对抗"和"向后看"不同，人民调解是一种"非对抗"及"向前看"的制度设计，它不仅考虑到纠纷解决结果的公正，还考虑到矛盾解决以后双方的合作与发展问题；②人民调解不仅仅有解决纠纷的功能，而且还能产生预防纠纷的效应，它能够及时把纠纷消灭在萌芽状态，避免矛盾的进一步恶化。目前全国共有人民调解组织 80 余万个，2014 年全国人民调解组织共排查各类矛盾纠纷 293.7 万余件，化解纠纷 933 万件，防止因民间纠纷转化为刑事案件 4.6 万余件，防止群体性上访 6.8 万余件，防止群体性械斗 1.5 万余件。[1]但是随着经济社会的发展，调解制度自身在制度设计、运行规则等方面存在的弊端不断凸显，严重影响了其功能的充分发挥，与当今人们对多元化纠纷解决方式的需求越来越不相适应。法治社会是强调权利保护的社会，与此同时为权利而自愿协商解决纠纷的要求也在不断增强，人民调解制度若能克服障碍、弥补缺陷，必将焕发新的生机。

早先人民调解发挥效用的基础是司法和行政的强政治意识形态化，这构成了调解的权威来源，也是我国司法习俗化的表现形式。而如今在司法改革和法制现代化背景下，人们对法律权威的逐渐认同，挤压了人民调解的制度空间。在 2008 年最高人民法院再次明确"调解优先、调判结合"的工作原则后，关于调解是否会损害司法权威的问题在学界曾一度引发争论。学者们争议的焦点问题在于：调解是否会损害司法权威、调解与司法的界限在哪里。与西方法律理念中的公民权利保护原则相适应，西方国家强调社会调解的市场化运作、社会力量的自愿参与、自主管理，调解组织表现为非营利性、自主性和中立性的特征。而我国传统法律观念认为发生纠纷后，首要任务在于解决纠纷而不是保护权利，所以"社会"或"民间"自行解决纠纷就成为优先选择，而不是由法院出面处理。戴尔蒙特（Neil J. Diamant）就指出，亚洲国家对调解的偏好，以往的研究往往认为是由于受儒家文化的影响，而"现在，有些学者争议说纠纷当事人'避开'法庭其实并非因为'社会规范'，而是因为'制度'在结构性地不鼓励诉讼。"[2]转型期的中国社会，利益冲突加剧，社会矛盾凸显多变，纠纷形式也呈多样化、复杂化；与此同时，我国社会组织的结构和组织体系也发生着重大变化，原有以地域或者单位作为社会组织单元的结构迅速被新型人际关系所重组；而权利意识的日渐高涨，也使越来越多的人学会了理性思考和法律审视，希望通过诉讼来解决与他人之间的纷争。如此种种，仅仅依靠国家有限的司法资源显得捉襟见肘，单一的诉讼方式已经无法适应如此庞大的市场需求。而人民调解作为纠纷解决方

---

〔1〕　法制日报："去年（2014 年）全国人民调解组织化解纠纷 933 万件"，载 http://www. legaldaily. com. cn/index/content/2015 - 03/05/content_ 5988644. htm，最后访问日期：2016 年 3 月 7 日。

〔2〕　Ronda Roberts Callister and James A. Wall, Japanese Community and Organizational Mediation, *Journal of Conflict Resolution*, No. 2, 1997 (41), p. 314.

式之一能够及时缓解诉讼压力，并与诉讼、仲裁一起构成我国多元化纠纷解决体系，筑起避免各种社会矛盾进一步激化的第一道防线，确保当今中国不至因社会重大转型而发生时局混乱，这也是人民调解制度的重要价值所在。但毫不讳言地说，我国人民调解功能确有被滥用、被夸大之嫌。一方面，在有些基层部门，为了维系"稳定"局面，出现了一边倒、一刀切的现象，那就是凡解决民事纠纷就一个字——"调"，导致当事人合法的利益诉求成为追求社会稳定有序的牺牲品；而另一方面，在我国大部分农村地区，当发生土地、债务、婚姻及其他民事纠纷时，人们往往比较依赖政府来解决问题，因为政府能使问题得到迅速且较为满意的解决。这些做法都不值得称赞。首先，选择何种途径解决纠纷最终应尊重当事人的意愿，要充分保障当事人诉权的合法有效行使；其次，无论运用诉讼途径还是诉讼外途径解决纠纷，各有其适用领域，但均都要在法律框架内进行，因此对于调解不易持有过高的、不合理的期待。

二、我国调解制度的法治化进程

人民调解虽然是一种自治性的社会型纠纷解决方式，但在实现息诉止争的过程中，其机制的建构与运作必然也与法治息息相关。1954年3月，我国政府颁布了《人民调解委员会暂行组织通则》，以法规的形式在全国范围内确立了人民调解制度。1982年，人民调解作为群众自治的基本制度载入宪法。1989年，国务院颁布了《人民调解委员会组织条例》，对人民调解工作进行了法律化、系统化建设。2002年9月5日，最高人民法院通过了《关于审理涉及人民调解协议的民事案件的若干规定》，第一次以司法解释的形式明确人民调解协议具有民事合同的性质和效力，增强了人民调解协议的法律效力，提升了人民调解工作的权威性和公信力。同年9月11日，司法部制定了《人民调解工作若干规定》，第一次以部门规章的形式加强和规范了人民调解工作。2002年9月24日，中共中央办公厅、国务院办公厅下发的《关于转发〈最高人民法院、司法部关于进一步加强新时期人民调解工作的意见〉的通知》，要求各级党委和政府切实加强对人民调解工作的领导和指导，促进人民调解工作的改革与发展，为维护改革发展稳定大局做出积极的贡献。2011年1月1日《中华人民共和国人民调解法》（以下简称《人民调解法》）开始施行，预示着我国人民调解工作步入法制化、规范化的发展轨道。

《人民调解法》对人民调解的性质、任务、原则、组织形式、调解员的选任、调解的程序和效力等问题都作了明确规定，所取得的立法成果也是值得肯定的。①坚持和巩固了人民调解的群众性、民间性、自治性的性质和特征。②进一步完善了人民调解的组织形式。同时，为乡镇、街道人民调解委员会及一些特定区域，如依托集贸市场、旅游区、开发区设立的人民调解组织和基层工会、妇联、残联、消协等群众团体、行业组织设立的新型人民调解组织保留了制度空间。③进一步明确了人民调解员的任职条件、选任方式、行为规范和保障措施，规定人民调解员应接受业务培训；同时规定人民调解员从事调解工作应当给予适当的误工补贴，在人民调解工作岗位上致伤致残或牺牲的人民调解员及其家属可以享受国家救助和抚恤。④进一步体现了人民调解的灵活性和便利性，避免人民调解程序司法化的倾向。⑤确认了人民调解与其他纠纷解决方式之间的衔接机制，规定基层人民法院、公安机关对适宜通过人民调解方式解决的纠纷，可以在受理前告知当事人申请人民调解。人民调解委员会对调解不成的纠纷，应当告知当事人依法通过仲裁、行政、司法等途径维护自己的权利。⑥进一步明确了人民调解协议的效力和司法确认制度。这部法律首次通过立法确立了对人民调解协议的司法确认制度，即对经人民调解委员会调解达成调解协议后，双方当事人认为有必要的，可以自协议生效之日起 30 日内共同向人民法院申请司法确认；人民法院确认调解协议有效，一方当事人拒绝履行或者未全部履行的，对方当事人可以向人民法院申请强制执行。这是近年来人民调解工作的一项重要制度创新，是运用司法机制对人民调解给予支持的重要保障性措施。⑦加强了对人民调解工作的指导和保障。法律规定，国家鼓励和支持人民调解工作，县级以上地方人民政府对人民调解工作所需经费应当给予必要的支持和保障，规定了司法行政机关对人民调解工作的指导管理体制，明确基层人民法院对人民调解委员会调解民间纠纷进行业务指导。[1]

但由于粗线条的立法惯例，《人民调解法》未能解决民间性纠纷解决机制的整体建构问题，如人民调解受理纠纷的范围有哪些、人民调解的行政化问题如何解决、专业化的调解组织如何成立和运作、非公益性民间调解组织的

---

[1] "盘点人民调解法七大亮点"，载新华网：http://news.xinhuanet.com/politics/2010 - 08/28/c_ 12494162.htm，最后访问日期：2016 年 3 月 2 日。

法律地位如何、调解员的资质如何取得、人民调解的经费如何保障以及如何监督，等等。上述问题还有待于通过今后的实践和其他立法加以解决。

三、新时期的"大调解"纠纷解决模式

日益分化的社会利益结构，不断增强的公民权利意识，日趋频繁和便利的信息沟通都使得大众对个体知情权、表达权、参与权和监督权的要求比以往任何时期都更强烈，而作为社会治理创新的重要组成部分，以人民调解为基础、以行政调解为主导、以司法调解为保障的"大调解"机制就成为社会综合治理在纠纷解决领域中的一个必要延伸。大调解有广义与狭义之分。狭义上的大调解是指市、县、乡、镇近年来成立的调解中心；广义上的大调解是指在党委、政府的统一领导下，由政法综合治理部门牵头协调、司法行政部门业务指导、调解中心具体运作、职能部门共同参与的调解，其目的是通过整合各种调解资源，最终实现对社会矛盾纠纷的协调处理。[1]可见，大调解机制的核心要素是"加强联动"。但是如何定位大调解机制的功能、如何发挥长效机制作用、如何探索和建立一个长期的、规范化运作的大调解工作体系，这就需要对各种纠纷解决主体在这个大调解体系中的角色、责任承担、具体运作、工作机制等进行进一步的完善和明确，并形成制度。

（1）从功能定位上，应严格限制附加在大调解制度上的其他功能，将其区别于小调解（指人民调解），尽量单纯化设计其功能，即只要求其保证及时化解矛盾、妥善解决纠纷。

（2）在大调解机制中，人民调解的自主性、司法调解的强制性与行政调解的行政性，决定了三者之间必然存在着一种天然的张力关系。因此，如何处理好三者之间的关系便显得尤为重要。根据《人民调解法》及相关法规、文件等的规定，基层人民法院与基层人民调解组织之间是业务上的指导关系，而不是行政上的隶属关系。因此，在开展人民调解实践时，应加强基层人民法院与基层人民调解组织之间的联系、沟通与配合，使这种"指导"关系真正发挥作用。由于行政机关的"固有权威"，在实践中，行政调解拥有比较高的社会认同度，有调查数据显示，当事人发生纠纷后，诉诸行政机关调解的

---

〔1〕 章武生："论我国大调解机制的构建——兼析大调解与 ADR 的关系"，载《法商研究》2007 年第 6 期。

比例高于诉诸司法。[1]但目前我国对行政调解制度设置的法律规制并不多，为了避免行政权对当事人权益的侵蚀，应全面完善各种行政调解的程序性规范，杜绝任意性，防止行政机关在当事人"自愿"的掩盖下，通过行政强制等方式对当事人施加影响，从而造成事实上的不公平。应该说，当今我国大调解机制在实践中已经摸索出不少值得肯定和推广的经验，[2]大调解的法律框架已具有一定的规模。但为了更好地应对多种类型的纠纷，使大调解机制在实践中运用得越来越得当，笔者认为，以下几个方面对今后进一步开展工作尤为重要：①应充分体现灵活性，不拘泥于对法的机械性适用，活用专业知识；②牢记尊重当事人的主体性，明确调解的核心是"当事人的合意"，以保证其正当性地位；③最大程度保障程序的公平性，在对当事人保持高透明度的同时推动双方的平等对话；④在确保中立的前提下，为防止双方力量、资源、地位等方面的不对称，应尽量促进当事人之间的信息沟通。

　　（3）对于大调解机制尤其是民间调解组织的运作效果，关键因素在于确保经费来源。在我国，基层调解组织的经费来源一直是调解组织发展中面临的难题。目前，全国共有人民调解组织81.1万个，其中村（居）调委会67.8万个，乡镇（街道）调委会4.2万个，企事业单位调解组织6.5万个，行业性、专业性人民调解组织2.6万个，共有各类人民调解员433万余人，其中专职人民调解员82.9万人。[3]面对如此巨大数量的调解组织和人员，如果仅靠公共财政来保证其享有足够的经费来源，则必将对公共财政构成巨大挑战。因此，有必要借鉴国外社会调解组织的运作方式，将人民调解推向市场，以人民调解取得的收入来部分解决、补充和平衡组织运营所需的资金缺口。比如鼓励一些有条件的行业性、区域性人民调解委员会发展为类似于国外"调解公司"性质的专业化民间调解机构，由相关行业出资筹建财团法人性质的

---

　　[1]　梁平："多元化纠纷解决机制的制度构建——基于公众选择偏好的实证考察"，载《当代法学》2011年第3期。

　　[2]　如在全国2013年人民调解工作经验交流会上，河北省高级人民法院介绍的"廊坊经验"（参见"不断深化'廊坊经验'创新指导民调"，载 http://www.chinacourt.org/article/detail/2013/08/id/1056792.shtml，最后访问日期：2016年3月9日）；此外，还有2011年1月20日光明日报刊文介绍的"南通经验"（参见"大调解的南通样本"，载 http://legal.gmw.cn/2011-01/20/content_1558664.htm，最后访问日期：2016年3月9日）。

　　[3]　赵阳、曾敏："全国有人民调解组织81.1万个"，载《法制日报》2012年10月30日，第1版。

调解委员会（比如由医院提供资金筹建医疗纠纷调解委员会）等。

（4）调解人员的自身素质问题。在人民调解工作中，专业调解人员不足已经成为制约人民调解制度发展的短板。2014年司法部发布了《关于进一步加强行业性专业性人民调解工作的意见》，提出了进一步加强行业性、专业性人民调解组织和队伍建设的任务。[1] 重视调解人员的职业培训，提高调解人员的调解能力，培养专业型、高素质的调解人才是推进调解制度市场化、高效化的主流选择。对此笔者有几点建议：①基层法院可以聘请人民调解员担任陪审员，或邀请调解员旁听法院公开审理的案件，直观有效地提高人民调解员理解和运用法律的水平，改进其调解技巧；②聘用一些退休法官或法律从业人员作为调解员，以提高调解队伍的整体水平；③专业性民间调解机构可以聘请行业协会的委员或律师担任调解员；④强化职业培训，可以依托一些大专院校共同开展人才培养计划，建立人才培养基地。

四、诉调对接机制

关于诉调对接机制前文已有论及，为防止挂一漏万，此处予以必要补充。诉调对接机制是为了提高纠纷解决效率、最大限度地利用社会资源、减轻当事人的诉累，而将调解（主要是但不仅限于人民调解）与诉讼予以有机对接的一种机制。遗憾的是，我国《民事诉讼法》和《人民调解法》均未对诉调对接的案件范围、手续要求、程序步骤等规定统一的标准。而在域外国家或地区一般都有关于调解前置的相关规定。如美国针对涉及简单纠纷的案件规定了调解前置程序；日本法规定，凡是涉及家事纠纷的案件，调解前置；我国台湾地区也设立了特定案件的调解前置程序。虽然调解不是诉讼的必经程序，不能一味地将所有纠纷都置于诉前调解范围，但也应当有一个类型化的划分，设置特定案件的人民调解前置程序。在此，笔者认为，我们可以借鉴德国法的做法，将一些争议标的较小的经济案件、家事纠纷和邻里纠纷等纳

---

〔1〕 该意见强调，要进一步加强行业性、专业性人民调解工作法制化、规范化建设。善于运用专业知识，借助专业力量化解矛盾纠纷，提高调解成功率、协议履行率和人民群众满意度；善于运用法治思维和法治方式化解矛盾纠纷，确保矛盾纠纷得到科学公正处理，实现定分止争、案结事了；同时指出，要切实把加强行业性、专业性人民调解作为新形势下人民调解工作的重要任务。参见"司法部出台意见加强行业性专业性人民调解工作 运用法治思维方式化解矛盾纠纷"，载《人民调解》2014年第11期。

入"强制调解"的范围，即这类案件必须经过人民调解处理后，才能进入诉讼程序。根据国家统计局公布的 2014 年调解民间纠纷的分类看，婚姻家庭、房屋宅基地、邻里、损害赔偿等纠纷位居前 4 位。[1]因此，我们可将调解前置的案件范围规定为：婚姻家庭纠纷、宅基地和相邻关系纠纷、诉讼标的额较小的侵权纠纷等。这些纠纷的特点是人际关系强，权利义务明确，标的不大，适宜通过人民调解来化解。当然，当事人也可以自愿选择调解前置程序的解决方案。此外，为了限制当事人任意反悔，还应当明确调解前置程序的期限。

另外，还需要考虑效率问题。比如，对于调解前置的案件，如果调解失败，在诉讼中法院是否还有必要继续主持诉讼调解呢？笔者认为，为了使人民调解和诉讼更好地衔接，同时也为了提高效率，对于当事人在前置程序中调解失败的，在诉讼中不宜再运用调解来处理案件，而应依据事实和法律及时作出判决，以免造成程序的重复和资源的浪费，同时也可避免降低法官的权威。

诚然，诉调对接机制还需要考虑设立相应的救济程序。如果当事人或案外人对确认有效的调解协议提出异议，应该怎样救济呢？根据《民事诉讼法》第 198 条的规定："各级人民法院院长对本院已经发生法律效力的判决、裁定、调解书，发现确有错误，认为需要再审的，应当提交审判委员会讨论决定。最高人民法院对地方各级人民法院已经发生法律效力的判决、裁定、调解书，上级人民法院对下级人民法院已经发生法律效力的判决、裁定、调解书，发现确有错误的，有权提审或者指令下级人民法院再审。"此处的调解书应该包括，法院调解和经司法确认的调解协议书。除此之外，立法是否可以考虑设立申请撤销司法确认程序。当事人或者案外人认为人民法院确认有误、侵害其合法权益的，可以提出撤销确认裁定的申请，人民法院仍适用特别程序对当事人撤销确认裁定的申请进行审查，以决定是否撤销原确认裁定。

五、完善人民调解司法监督机制

人民调解是我国多元化纠纷解决机制的重要组成部分，在纠纷解决中具

---

[1]　中国统计年鉴编委会：《中国统计年鉴（2014）》，载 http://www.stats.gov.cn/tjsj/ndsj/2014/indexch.htm，最后访问日期：2016 年 3 月 26 日。

有独特的、不可替代的作用。但调解协议的有效执行更多地依赖于当事人的自律，比较缺少制度性的制约，而调解协议的自觉履行除了建立在整个社会诚信的基础上，还有赖于调解协议本身的公正性和正当性。由此可见，人民调解制度的健康发展，离不开科学有效的监管机制。作为人民调解的司法保障，人民法院对于人民调解工作的健康发展同样发挥着不可或缺的监督作用。针对当前在实践中人民法院监督能力不足的问题，笔者认为需要从以下几个方面予以完善：①完善人民调解司法监督的互动反馈制度。基层人民法院及其派出法庭承担着审理申请司法确认调解协议案件的职能，司法确认过程中，对于其发现的人民调解工作中存在的问题，应当及时通过司法建议等方式，通知人民调解委员会和司法行政部门，以帮助人民调解委员会及时总结经验教训，查找问题，不断提高调解质量，将人民调解司法监督职能落到实处。比如浙江省司法厅和浙江省高院联合出台的《关于进一步加强对人民调解工作指导的若干意见》，就确立了"涉及人民调解协议的民事案件审理的反馈制度"，在该制度中，调解协议被人民法院裁定变更、撤销或确认无效的，法院会将相应生效的裁判文书以副本方式通知当地司法行政机关，并告知调解协议被变更、撤销或确认无效的原因。[1]②加强培训力度，帮助提升人民调解员的专业素质。这方面的做法，可以参考北京地区和浙江省枫桥镇的经验，开发一些针对特殊纠纷的、具有专业性和行业性的新型调解组织，并完善调解组织的梯队建设，使纠纷解决具有一定的组织性、层级性，不再杂乱无章。同时，还要加强对法官的法律业务培训，因为法官业务素养的高低直接影响着人民调解司法监督的质量。③建立适当的奖惩机制。法院可以定期或不定期地对人民调解工作进行考核，对优秀调解人员可以给予精神奖励和物质奖励。但对于调解中违反法律的行为，应当及时纠正；后果严重者，还要给予通报批评甚至追究其相应的法律责任。

---

〔1〕"浙江省司法厅联合省高院建立七项制度加强对人民调解工作的指导"，载《人民调解》2006年第2期。

第二节　仲裁制度的完善与创新

一、仲裁制度概述

（一）仲裁[1]的概念与特征

"仲裁"（Arbitration）一词来自拉丁文，关于它的概念，中外学者有不同的定义和解释。如英国学者艾伦·雷德芬（Alan Redfern）和马丁·亨特（Martin Hunter）认为，仲裁是"两方或者两方以上的当事人，面临着他们不能自行解决的争议，同意某个私体的个人来帮他们解决争议。如果仲裁走完全程，那么争议就不是通过妥协而是通过决定来解决的"。[2]美国学者格雷·B. 博恩（Gray B. Born）认为，仲裁是根据当事人之间的自愿协议，由一个无利害关系的非政府的决定者确定地解决争议的一种方法。按照博恩的观点，首先，仲裁是合意性（consensual）的，即各方当事人同意用仲裁方式来解决他们之间的争议；其次，仲裁是由非政府的决定者（non‐governmental decision makers）解决争议，仲裁员不是政府的代理人或代言人，而是当事人选定的私人；最后，仲裁产生确定的和有约束力的裁决（definitive and binding award），裁决可以通过国家法院予以执行。[3]此外，法国学者盖拉德（Emmanuel Gaillard）以及菲利普·福盖德（Philippe Fouchard）对仲裁的定义也都基本相同，一是强调仲裁员的角色受制于合同，即仲裁员解决争议的权力来源于当事人的共同意愿；二是仲裁是用来解决两个或两个以上当事人之间的利益问题的工具。[4]《牛津法律大辞典》将仲裁定义为：仲裁是排除法院的管辖将纠纷交由他人裁决的纠纷解决方式；《布莱克法律词典》将仲裁定义为：仲裁是由当事人共同约定由中立的第三方居中判定争议的纠纷解决机制，

---

〔1〕　本书所指仲裁，仅指民商事仲裁，不包括劳动争议仲裁和农业承包合同纠纷仲裁等。

〔2〕　Alan Redfern and Martin Hunter, *Law and Practice of International Commercial Arbitration*, 2nd Edition, Sweet & Maxwell, 1991, p. 2.

〔3〕　Gray B. Born, *International Commercial Arbitration in the United States*, Commentary & Material, Kluwer Law and Taxation Publishers, 1994, p. 1.

〔4〕　Emmanuel Gaillard and John Savage, *Philippe Fouchard on International Commercial Arbitration*, Kluwer Law International, 1999, p. 11.

该判定对当事人产生法律效力。在中国语境下，"仲"是指"人居于中间"，"裁"则是"评判是非、作出裁断"的意思。因此在我国法学界，一般认为，仲裁（亦称公断）就是由双方当事人将其争议交付第三者居中评判是非，并作出裁决，且该裁决对双方当事人均具有拘束力。[1]或者强调，仲裁是根据当事人的合意（仲裁契约），把基于一定法律关系而发生或将来可能发生的纠纷，委托给法院以外的第三方进行裁决的纠纷解决方法或制度。[2]

可见，从上述中外学者对仲裁所下的定义可以看出，他们都在关注仲裁所具有的以下特征：①仲裁是基于当事人之间的合意，自愿选择的一种纠纷解决方法；②仲裁是由不同于法官身份的中立第三者主持的一种争议处理方式；③仲裁所作出的裁决是有法律约束力和执行力的；④仲裁是不同于法院诉讼的一种纠纷解决机制。但外国学者普遍着重强调，仲裁权属于私权而非公权，即仲裁是一种私人的争议解决方式，故仲裁员也是以私人的身份进行仲裁的。笔者认为，这种理念对于我们当前正确认识和处理仲裁与调解、仲裁与司法的关系是有帮助的。

（二）仲裁的类型

关于仲裁类型的划分，有多种标准，相应地，仲裁也有很多种类型。这里笔者只简单介绍几种比较有代表性的划分类型。

1. 国际仲裁（或涉外仲裁）和国内仲裁

国际仲裁又称国际商事仲裁，凡是具有涉外因素的仲裁都属于国际仲裁。至于哪些方面属于涉外因素，通常认为包括主体涉外、客体涉外和内容涉外等。实际上最能体现仲裁制度优势的就是国际仲裁。

2. 制度仲裁和个别仲裁

制度仲裁是指仲裁机构和仲裁程序规则都已制度化，因此这种仲裁也称为依法仲裁；而个别仲裁则是根据每个案件来决定仲裁机构和程序规则，仲裁庭可以不依据严格的法律规范，而是由当事人依协议约定临时程序或参考某一特定的仲裁规则或授权仲裁庭自选程序，故个别仲裁也称为友好仲裁或随意仲裁。

---

[1] 韩德培主编：《国际私法》，高等教育出版社、北京大学出版社2000年版，第484页。
[2] 范愉：《非诉讼纠纷解决机制研究》，中国人民大学出版社2000年版，第192页。

3. 机构仲裁和临时仲裁

机构仲裁是指根据双方当事人达成的仲裁协议，将纠纷提交给约定的某一常设仲裁机构所进行的仲裁。临时仲裁是相对于机构仲裁而言的，是指双方当事人可以自愿达成协议，将纠纷提交给由双方当事人选定的仲裁员组成的临时仲裁庭进行仲裁。由于临时仲裁的灵活性更强，目前我国学者也有探讨设立临时仲裁制度的可能性。[1]

二、仲裁与调解、仲裁与司法的关系

现代意义上的仲裁制度发端于欧洲中世纪，兴盛于13、14世纪的地中海沿岸，随着商事贸易的日益频繁，各种民商事纠纷大量增加，为了有效解决纠纷从而保证商事贸易的正常进行，商事仲裁开始活跃起来。到了14世纪中后期，仲裁已经成为欧洲解决民商事纠纷的主要手段之一，但此时仲裁制度最显著的特征是其自治性。此后经过两个世纪的发展，仲裁制度得到了更大的完善，标志之一就是英国制定了第一个仲裁法案，到了1889年英国颁布了第一部仲裁法，由此仲裁进入法律调整的新阶段，仲裁的性质也由一元属性转化为兼具自治性和法律性的二元属性。

（一）仲裁与调解的结合

仲裁的自治性特征，使其表现出很多与调解的相似之处。首先，在性质上，仲裁和调解一样，都属于非诉讼的纠纷解决方式；其次，在正当性的来源上，二者都是基于当事人的合意而取得；最后，在主持者的身份上，二者都是由不同于法官身份的中立第三者负责进行。但仲裁与调解又存在着极大的差异性。施米托夫（Clive M. Schmitthoff）教授认为，调解与仲裁这两种程序有着不同的目的。如果当事人同意调解，就意味着他们希望在作为调解人的第三者的积极协助下友好地解决争议，或者他们至少希望能够友好地解决

---

[1]　参见林志和："我国临时仲裁的构建及运行机制探微"，载《河海大学学报》（哲学社会科学版）2005年第3期；陈芳："我国承认临时仲裁的应然性分析"，载《理论观察》2006年第4期；陆炯："对临时仲裁制度的法律思考"，载《仲裁研究》2005年第1期；张心泉、张圣翠："论我国临时仲裁制度的构建"，载《华东政法大学学报》2010年第4期；李晓郛："我国海事仲裁应引入临时仲裁制度——以上海国际航运中心的建设为视角"，载《河北科技大学学报》（社会科学版）2011年第1期；刘晓红、周祺："我国建立临时仲裁利弊分析和时机选择"，载《南京社会科学》2012年第9期；等等。

争议。然而，如果他们同意仲裁，那么他们就会采取相反的态度，即要求对他们之间的争议作出裁决，尽管此项裁决是由他们自己选择的私人裁判员而不是由国家指定的法官作出的。因此，仲裁比调解更加接近于法院的诉讼程序。[1]当然，除此之外还有：二者的法律效力不同，调解只有在双方当事人采纳时才对他们有拘束力，而仲裁裁决一旦作出即具有拘束力；二者的规范程度也不同，虽然二者在程序设置上与诉讼相比都较为简便，但与调解相比，仲裁的程序性与法规的约束性相对更强。可见仲裁与调解有同有异，因此也就各具优劣。为了取长补短，更好地发挥各自的纠纷解决功能，就出现了仲裁与调解相结合的复合型模式。一般情况下，我们在探讨仲裁与调解制度相结合时，关注点往往在于如何快捷经济地处理纠纷，而很少去关注在纠纷当事人一方或双方为多数人的情况下，由于受仲裁协议约定的内容所限，在仲裁过程中很可能出现仲裁程序不统一而无法并案处理的情形。因此，仲裁与调解相结合制度除了能够实现成本效益之外，还可以很好地兼顾到国内与国际仲裁中当事人人数众多案件的协调处理。

1. 我国的"调-裁"结合制度

在我国，利用仲裁与调解相结合的方法处理民商事纠纷不算新鲜，《仲裁法》第 51 条规定："仲裁庭在作出裁决前，可以先行调解。当事人自愿调解的，仲裁庭应当调解。调解不成的，应当及时作出裁决。调解达成协议的，仲裁庭应当制作调解书或者根据协议的结果制作裁决书。调解书与裁决书具有同等法律效力。"第 52 条规定："调解书应当写明仲裁请求和当事人协议的结果。调解书由仲裁员签名，加盖仲裁委员会印章，送达双方当事人。调解书经双方当事人签收后，即发生法律效力。在调解书签收前当事人反悔的，仲裁庭应当及时作出裁决。"2014 年 11 月 4 日，中国国际经济贸易仲裁委员会颁布了最新的《中国国际经济贸易仲裁委员会仲裁规则》（以下简称《仲裁规则》），进一步发展了仲裁与调解相结合制度，而且增加了适用过程中具体的程序性规则。《仲裁规则》第 47 条规定："①双方当事人有调解愿望的，或一方当事人有调解愿望并经仲裁庭征得另一方当事人同意的，仲裁庭可以在仲裁程序中对案件进行调解。双方当事人也可以自行和解。②仲裁庭在征

---

〔1〕〔英〕施米托夫：《国际贸易法文选》，赵秀文译，中国大百科全书出版社 1993 年版，第 663 页。

得双方当事人同意后可以按照其认为适当的方式进行调解。③调解过程中，任何一方当事人提出终止调解或仲裁庭认为已无调解成功的可能时，仲裁庭应终止调解。④双方当事人经仲裁庭调解达成和解或自行和解的，应签订和解协议。⑤当事人经调解达成或自行达成和解协议的，可以撤回仲裁请求或反请求，也可以请求仲裁庭根据当事人和解协议的内容作出裁决书或制作调解书。⑥当事人请求制作调解书的，调解书应当写明仲裁请求和当事人书面和解协议的内容，由仲裁员署名，并加盖'中国国际经济贸易仲裁委员会'印章，送达双方当事人。⑦调解不成功的，仲裁庭应当继续进行仲裁程序并作出裁决。⑧当事人有调解愿望但不愿在仲裁庭主持下进行调解的，经双方当事人同意，仲裁委员会可以协助当事人以适当的方式和程序进行调解。⑨如果调解不成功，任何一方当事人均不得在其后的仲裁程序、司法程序和其他任何程序中援引对方当事人或仲裁庭在调解过程中曾发表的意见、提出的观点、作出的陈述、表示认同或否定的建议或主张作为其请求、答辩或反请求的依据。⑩当事人在仲裁程序开始之前自行达成或经调解达成和解协议的，可以依据由仲裁委员会仲裁的仲裁协议及其和解协议，请求仲裁委员会组成仲裁庭，按照和解协议的内容作出仲裁裁决。除非当事人另有约定，仲裁委员会主任指定一名独任仲裁员成立仲裁庭，由仲裁庭按照其认为适当的程序进行审理并作出裁决。具体程序和期限，不受本规则其他条款关于程序和期限的限制。"

理论上认为，这种在仲裁程序中运用调解解决纠纷的模式实为狭义上的"调–裁结合"模式。但总体来说，目前国内的仲裁机构在仲裁与调解相结合模式的探索中取得了很大的进展，这也是中国仲裁的一个重要特色。

2. 国际上流行的其他"调–裁"结合模式

从国外的实践经验中，还可以总结出下列结合形式：①先调后裁。先调后裁是指当事人先选择调解程序，如果调解失败，再启动仲裁程序。但也有调解成功之后再选择仲裁以确保调解方案最终执行的。②"影子调解"（Shadow Mediation）。与前者不同的是，这种形式是先启动仲裁程序，在适当的时机选择调解，由调解人员对当事人的争议进行调解。如果调解成功，则终结程序；如果调解失败，则转入仲裁程序以保证争议的最终解决。在这种形式中，调解与仲裁是两个平行的程序，互不交叉。"影子调解"与"先调后裁"的相同之处在于，调解与仲裁分别由两个不同的机构负责，调解员和仲裁员也分别由不同的人员担任。③调解－仲裁（Mediation－Arbitration）。在这种程序中，一般由同一位第三方先作中立调解人，帮助当事人达成双方可接受的和解结果。一旦调解失败，便进入仲裁程序，中立者再作为仲裁员作出具有约束力的终局性裁决（当然，当事人也可以另外聘请一位新的仲裁员）。但即便调解失败，仲裁庭仍可根据双方当事人提供的两种方案选定一个，使这种方案产生效力。这种形式为美国仲裁协会所采用。它的好处在于，操作上方便，即使调解不成功，纠纷也能在一个程序中得到最终解决。但现实中，由于仲裁已经吸收了调解的功能，因此，这种衔接意义不大。④"调解仲裁共存"模式。这种形式是一种混合体，它融合了调解、小法庭和仲裁制度的因素。它的具体运作是，将调解员与仲裁员相分离，他们都能参加小法庭听证。但仲裁员不参加调解员的私下会晤，调解员可以向仲裁员披露其在调解中所获悉的秘密。随着仲裁程序的发展，调解员旁听全过程，并可在适当的时候对当事人进行调解。[1]⑤"仲裁后调解"。是指当事人在仲裁程序终结后利用调解解决仲裁裁决的执行问题。虽然这也是仲裁与调解结合的一种形式，但却有别于前面几种形式的功能取向，与执行和解并无两样。

（二）仲裁与司法的关系

显然，仲裁与司法有着明显的区别：司法是由法官行使的公权力，而仲裁是由仲裁员以私人身份进行的非司法行为；司法判决可以上诉，而仲裁裁决虽然允许进行司法审查，但从制度设计上是以追求终局性解决为目的的。即便如此，在多元化纠纷解决机制中，仲裁是与审判最为接近的一种纠纷解决方式，被称为准司法行为。整个仲裁过程都体现着司法的权威性：其一，仲裁庭必须依法成立，通过一定的程序，根据法律的规定作出仲裁裁决；其二，仲裁程序尤其是仲裁的裁决结果，都要接受司法的必要审查和控制。由此可见，仲裁与司法有着天然的不可切割的关系。但在人类社会法治进程中，仲裁的历史发展也经历过否定之否定的过程。时至今日，在我国仍不同程度地存在着对仲裁作为纠纷解决替代机制的怀疑态度，甚至忽视仲裁的应有作

---

〔1〕 瓦格纳："运用调解和其他可选择性争议解决方式（ADR）解决国际商事争议"，载中国国际商会仲裁研究所编译：《国际商事仲裁文集》，中国对外经济贸易出版社1998年版，第197～207页。转引自王生长："仲裁与调解相结合制度研究"，对外经济贸易大学2001年博士学位论文，第57页。

用，曾经有段时期，仲裁与司法的关系还一度趋于紧张。在传统司法体制应对诉讼爆炸所带来的司法危机时，仲裁成为解决民事纠纷、缓解诉讼压力的重要渠道。应该说，司法为仲裁提供了保障和支持，而仲裁是司法的必要补充和辅助。但由于仲裁程序具有极强的自治性，一定程度上它排除了法院审判权的干预，同时它也伴随着当事人对诉权的放弃。因此，对仲裁契约有效性的判断以及对仲裁的司法审查需要特别慎重，特别是在双方当事人力量悬殊、资源不平衡的情形下。所以，仲裁制度又并非完全和国家审判程序毫无干系，一个国家对仲裁制度的法律政策能够反映出仲裁程序与司法的关系，但这在每个国家都是不同的。

　　为了确保仲裁功能的实现，我国《民事诉讼法》和《仲裁法》规定了一系列的程序和制度以保障我国司法机关对仲裁的支持和监督。如《仲裁法》第28条第1、2款规定："一方当事人因另一方当事人的行为或者其他原因，可能使裁决不能执行或者难以执行的，可以申请财产保全。当事人申请财产保全的，仲裁委员会应当将当事人的申请依照民事诉讼法的有关规定提交人民法院。"《民事诉讼法》第101条规定："利害关系人因情况紧急，不立即申请保全将会使其合法权益受到难以弥补的损害的，可以在提起诉讼或者申请仲裁前向被保全财产所在地、被申请人住所地或者对案件有管辖权的人民法院申请采取保全措施。申请人应当提供担保，不提供担保的，裁定驳回申请。人民法院接受申请后，必须在48小时内作出裁定；裁定采取保全措施的，应当立即开始执行。"还有，《仲裁法》第46条规定："在证据可能灭失或者以后难以取得的情况下，当事人可以申请证据保全。当事人申请证据保全的，仲裁委员会应当将当事人的申请提交证据所在地的基层人民法院。"《民事诉讼法》第81条第2款规定："因情况紧急，在证据可能灭失或者以后难以取得的情况下，利害关系人可以在提起诉讼或者申请仲裁前向证据所在地、被申请人住所地或者对案件有管辖权的人民法院申请保全证据。"《仲裁法》第62条规定："当事人应当履行裁决。一方当事人不履行的，另一方当事人可以依照民事诉讼法的有关规定向人民法院申请执行。受申请的人民法院应当执行。"《民事诉讼法》第237条第1款规定："对依法设立的仲裁机构的裁决，一方当事人不履行的，对方当事人可以向有管辖权的人民法院申请执行。受申请的人民法院应当执行。"笔者之所以详细列举我国《仲裁法》与《民事诉讼法》的上述相关规定，目的并不在于颂扬司法为仲裁提供了哪些支持，而在于我们要详细研判一下我国司法究竟为仲裁制度营造了一种什么样的运行环境？又为仲裁制度发挥自身优势提供了哪些后方支援？但从上述规定中我们不难看出，这些规定实则"口惠而实不至"。但反观司法对仲裁的监督，却显得过于宽泛和严厉。[1]尽管对仲裁程序设立司法审查制度进行制约是必要的，但通常要以一般性的不违反强制性法律为审查限度。但根据我国《仲裁法》及《民事诉讼法》的有关规定，人民法院不仅对仲裁的程序有权监督，而且对仲裁的事实认定及证据、法律适用等实体问题也有权监督。这种全面审查原则，很早就有学者提出了批评，认为：有可能成为当事人为逃避仲裁裁决确定的义务而制造借口的法律依据，也有可能为仲裁的不当司法干预留下制度上的漏洞。[2]从世界范围看，多数国家对仲裁的司法审查实行的是程序性审查原则，而对实体内容的监督则仅限于"公共秩序保留"，目的是保证仲裁公平、高效进行。

中国的仲裁制度可以形容为"襁褓中的仲裁"，不知是"不能长大还是不愿长大"。为什么这样说呢？我们从上面的规定可以看出仲裁在我国受到的司法制约很多，但另一个现象是仲裁的诉讼化倾向明显。仲裁程序的诉讼化是指，简单照搬诉讼的程序设置，诉讼程序中的大量规则被引入仲裁当中，使仲裁程序的运作越来越靠近诉讼。我国现行仲裁程序从申请受理到仲裁庭组成再到开庭和裁决，与民事诉讼中的一审程序几乎没有实质区别，而体现仲裁特色的程序设计却毫无踪影。在仲裁的证据制度中，有关证据的规定仅用了4个条文（《仲裁法》第43~46条），涉及举证、鉴定、质证和证据保全4个方面，其余有关证据的问题都参照《民事诉讼法》中的证据制度解决。仲

---

〔1〕 如《仲裁法》第20条第1款规定：当事人对仲裁协议的效力有异议的，可以请求仲裁委员会作出决定或者请求人民法院作出决定。一方请求仲裁委员会作出裁定，另一方请求人民法院作出裁定的，由人民法院裁定。另外，《仲裁法》第58条至第61条规定了撤销仲裁裁决的事由与程序。《民事诉讼法》第237条第2、3款规定：被申请人提出证据证明仲裁裁决有下列情形之一的，经人民法院组成合议庭审查核实，裁定不予执行：①当事人在合同中没有订有仲裁条款或者事后没有达成书面仲裁协议的；②裁决的事项不属于仲裁协议的范围或者仲裁机构无权仲裁的；③仲裁庭的组成或者仲裁的程序违反法定程序的；④裁决所根据的证据是伪造的；⑤对方当事人向仲裁机构隐瞒了足以影响公正裁决的证据的；⑥仲裁员在仲裁该案时有贪污受贿，徇私舞弊，枉法裁决行为的。人民法院认定执行该裁决违背社会公共利益的，裁定不予执行。

〔2〕 杨荣新：《仲裁法理论与适用》，中国经济出版社1998年版，第205页。

裁的诉讼化倾向一方面削弱了仲裁程序简便性、灵活性的优势，使仲裁程序显得过于刻板；另一方面也反映出仲裁对司法的依赖，造成对当事人意思自治原则的背离。

仲裁与司法的张弛关系，是保障仲裁效率与公正的试金石。无论放弃效率，抑或丧失公正，都将使仲裁制度遭受致命打击。因此，如何在司法与仲裁关系中寻求最优平衡点，是我国法律亟待解决的重要问题。

三、仲裁在我国多元化纠纷解决机制中的作用

仲裁是一种与诉讼不同的纠纷解决方式，它可以在一定程度上减轻法院所面临的诉讼爆炸负担，因此又被称为诉讼替代性解决机制，经常用于解决民商事纠纷。在这种模式下，当事人放弃控制其争端结果的权利，以此来换取一个确定性的方案。由于仲裁是以体现和尊重当事人自由意志为基础的一种纠纷解决方式，因此，仲裁结果具备更好的亲和力，即便是裁决对其不利的当事人一般也能心平气和地接受并执行裁决，这种在心理层面上的认同才是对纠纷的真正解决。另外，仲裁员必须具备的专业水平，也使仲裁在灵活性的基础上，兼具了专业性。加之仲裁本身所具有的自愿、秘密、快捷、经济等特点和优势，当仲裁被法律确定为解决民事纠纷的法律途径时，很快就受到了人们的充分肯定。尤其是发生在一些特殊领域的纠纷，如知识产权纠纷、涉及公司股东权益的纠纷以及海商事纠纷，人们更加倾向于选择仲裁。但仲裁这一西方商业社会的宠儿，到了中国却明显受人冷落。我国《仲裁法》从颁布到实施已有 20 多年，而仲裁案件无论从数量上还是标的额上，虽在持续增长，但却一直没能表现出较为迅速的发展趋势。从各种纠纷解决机制解决纠纷的总体规模上看，较之于诉讼和人民调解，仲裁解决纠纷的数量还非常少。据最高人民法院数据显示，2014 年，全国各级法院审结一审商事案件278.2 万件，2014 年全国（共有 235 家仲裁委员会）受理的商事仲裁案件约为全国审结的一审商事（注：不包含民事案件）诉讼案件的 4%。按照这个比例，也就是说 2014 年全国仲裁机构受理的商事仲裁案件数是 11.128 万件。[1]而同期，2014 年全国法院审结的一审民商事案件中，以调解和撤诉方式结案

---

〔1〕 参见《中国国际商事仲裁年度报告（2014）》，载 http://www.cietac.org/index.php？m=Article&a=show&id=2723，最后访问日期：2016 年 3 月 9 日。

的案件约为 456.87 万件，占一审案件的 57.04%。[1]从这个成绩单上看，仲裁与调解相比劣势是明显的。除此之外，仲裁裁决的执行必须依赖于法院，而在实践中，仲裁裁决执行难的问题比起法院判决有过之而无不及。仲裁不仅在实务中表现的差强人意，而且理论界对它的关注也远不及调解。笔者在《中国知网》不设年限以"调解"作为关键词进行搜索，发现期刊类文章有325 750 条，博硕士学位论文有 122 221 条；而以"仲裁"作为关键词，搜索出期刊类文章 247 854 条，博硕士学位论文 106 642 条。虽然这样简单的对比缺乏科学依据，但是一定程度上也反映出社会关注度的不同。

在我国，由于仲裁制度没有传统文化基础，市场主体对仲裁也缺乏社会认同度，可以说是"不被了解、不被认同、不被选择"，举步维艰。所以我国的仲裁制度一开始采用的就是政府推进模式，行政机关基本上控制着仲裁机构的人员和财源，这也导致我国仲裁制度一直缺乏活力，在市场经济条件下，并没有赢得竞争上的优势。与世界其他市场经济国家相比，我国仲裁解决纠纷的潜力还远远没有发挥出来。在倡导多元化纠纷解决机制的今天，仲裁凭借其开放、自治以及追求高效与低成本的市场运作，越来越受到司法机关和整个社会的重视。最高人民法院在 2009 年下发的《纠纷解决若干意见》中首次提出要"最大程度地发挥仲裁制度在纠纷解决方面的作用"，2014 年党的十八届四中全会《决定》明确提出"完善仲裁制度，提高仲裁公信力"。这为仲裁工作进一步发展指明了方向，为新时期推动仲裁事业发展提供了强大动力，也表明仲裁将在我国多元化纠纷解决机制中占据越来越重要的地位。同时，我们也应该肯定仲裁制度这 20 年来的发展和成绩，从 1995 年到 2013 年底，全国仲裁机构共受理各类民商事案件 80 多万件，标的额达到 11 200 多亿元，司法监督纠错率不到 1%。[2]中国国际经济贸易仲裁委员会也被认为是世界主要仲裁机构之一。近年来，我国仲裁界一直致力于在化解社会矛盾、维护社会和谐中饰演愈加重要的角色。在 2014 年 11 月 13 日召开的全国仲裁工作年会上，作为"推进仲裁案件多样化、纠纷处理多元化工作"的 19 家

---

〔1〕 马剑："实现审判服务经济社会发展的新常态——2014 年全国法院审理民商事案件情况分析"，载《人民法院报》2015 年 5 月 14 日，第 5 版。
〔2〕 张维："推进仲裁案件多样化纠纷处理多元化"，载《法制日报》2014 年 12 月 4 日，第 6 版。

"两化"工作试点之一的常州仲裁委的相关负责人介绍，自2012年8月常州市仲裁委在江苏省率先成立民商事调解中心，该中心在开展"两化"试点工作以来仲裁解决社会纠纷的作用尤为凸显。其与工商、物价、质监、房管等部门联合搭建了消费、价格、质量、物业服务4个纠纷调处平台，合力化解民生领域纠纷。截至2014年9月共受理调解案件1570件，调解成功的标的额达7507万元，调解成功率达75%以上。在化解群体性纠纷上，"两化"工作也被证明是卓有成效的。常州市戚墅堰区129户居民因小区天然气设施安装问题而集体申请仲裁，常州仲裁委在4个工作日内完成129件案件的受理工作，在不到一个月的时间内作出仲裁裁决，同时与法院协调，迅速对129件裁决进行了强制执行，使129户居民用上了天然气。[1]

国家之所以要在诉讼等纠纷解决制度之外引入仲裁制度，就是要让仲裁发挥其他制度所不具有的优势，与诉讼等纠纷解决机制形成良性竞争，并通过符合当事人利益的分工解决各类纠纷，从而影响社会秩序的形成，增进社会公共利益。[2]但在我国，无论是仲裁机构还是仲裁制度，都与国际标准和要求存在较大差距，这也在一定程度上制约了我国仲裁制度在多元化纠纷解决机制中自身优势的发挥和功能价值的体现。

四、我国仲裁制度的完善路径

（一）扩大仲裁庭的权力，减少司法干预

1. 赋予仲裁庭对仲裁协议的效力及管辖权异议享有最终决定权

当事人双方通过协商将他们之间发生或可能发生的争议授予一个私人性质的仲裁庭来解决，这是意思自治原则的体现和要求，因此，仲裁庭必须保证严格按照当事人赋予的权力作出裁决，而仲裁协议是仲裁庭取得案件管辖权的重要依据，如果当事人对仲裁协议的效力存有异议该如何处理呢？从目前各国的立法情况看，解决仲裁协议效力争议主要有以下两种途径：第一种，由仲裁庭对仲裁协议的效力作出最终判断。这是现代国际商事仲裁立法的一种趋势，也为国际上主要的商事仲裁机构及其所在国所接受。如《联合国国

---

〔1〕 张维："推进仲裁案件多样化纠纷处理多元化"，载《法制日报》2014年12月4日，第6版。

〔2〕 陈福勇："我国仲裁机构现状实证分析"，载《法学研究》2009年第2期。

际贸易法委员会仲裁规则》（2010年修订）第23条第1款规定：仲裁庭有权力对其自身管辖权作出裁定，包括与仲裁协议的存在或效力有关的任何异议。伦敦国际仲裁院《仲裁规则》第14条第1款也规定：仲裁庭有权对其本身的管辖权作出决定，包括对有关仲裁协议的存在或有效性的异议作出决定。第二种，由法院对仲裁协议的效力和仲裁庭是否具有管辖权进行最终决定。这是目前少数国家采用的认定方法。按照我国《仲裁法》第20条第1款的规定："当事人对仲裁协议的效力有异议的，可以请求仲裁委员会作出决定或者请求人民法院作出裁定。一方请求仲裁委员会作出决定，另一方请求人民法院作出裁定的，由人民法院裁定。"我国基本属于第二种情况。该规定虽然同时赋予了仲裁委员会和法院对仲裁协议效力审查的权力，但同时规定法院享有对仲裁异议的优先裁决权。上述两种不同的异议处理制度各有优长，但鉴于仲裁的独立性和自治性特点，笔者认为，赋予仲裁庭对仲裁协议的效力以及管辖权异议享有最终决定权，不仅能够充分体现当事人意思自治原则，而且也有利于避免法院过早地干预仲裁过程，及时确定仲裁管辖权，有效防止当事人恶意拖延或破坏仲裁程序，同时也符合现代国际立法的趋势。同时可借鉴英国《仲裁法》的规定，除非其经程序中所有其他当事人一致书面同意而提出或经仲裁庭许可而提出且法院认为：对该问题的决定很可能实质性地节省费用；该申请是不延迟地提出的；该问题由法院决定有充分的理由的，法院可对该管辖权异议予以受理。[1]

2. 赋予仲裁庭享有保全措施的审查决定权

关于仲裁庭是否享有保全措施的决定权，学界意见并不统一。持否定态度的学者多认为"仲裁委员会不是国家权力机关"，"它是一个民间性组织，不具有国家赋予的可以采以强制措施的权力。"[2]然而，尽管对仲裁和仲裁权的性质还存在较大的争议，大多数学者对仲裁庭具有采取证据保全和财产保全措施的权力是持肯定意见的。前文提及，根据我国《仲裁法》第28条和《民事诉讼法》第101条之规定，在我国决定保全的权力属于人民法院，这体

---

〔1〕 梁蛰：《英国1996年仲裁法与中国仲裁法的修改：与仲裁协议有关的问题》，法律出版社2006年版，第58页。

〔2〕 如杨荣新：《仲裁法理论与适用》，中国经济出版社1998年版，第205页；姜宪明、李乾贵主编：《中国仲裁法学》，东南大学出版社1996年版，第221页。

现了司法对仲裁的支持。但实际操作中，当事人先向仲裁委员会申请，而后由其提交法院，这需要一个过程，如遇紧急情况极有可能发生因没能及时采取保全措施而导致无法执行或其他无法弥补的损失。考察国外仲裁立法，我们会惊奇地发现，无论是采取职权主义仲裁立法模式的国家，还是采取当事人主义仲裁立法模式的国家，都殊途同归地赋予仲裁庭以财产保全的权力，这也成了"现代国际商事仲裁基本的精神和趋向"[1]。如在英国，经过仲裁法制的改革，1996 年修改的《仲裁法》第 38 条就有仲裁庭有权命令申请人提供仲裁费用担保，有权命令一方当事人或证人作出誓言，并有权在一定条件下命令采取财产和证据保全措施的规定。因此，为了弱化仲裁对司法的依赖，也为了增强仲裁在社会经济生活中的公信力，我国立法可以考虑赋予仲裁庭享有保全措施的审查决定权，但保全措施的执行由法院负责，这样既不影响仲裁的自治和独立，又为其提供了司法上的支持。

（二）充分体现仲裁制度的自律性，保障当事人的意思自治

尊重当事人意思自治是发挥仲裁制度优势的重要前提，也是坚持仲裁制度民间性、契约性的重要体现。但我国现行仲裁制度对当事人意思自治的尊重和保障还远远不够。以我国仲裁制度中的重新仲裁为例，《仲裁法》第 61 条规定："人民法院受理撤销裁决的申请后，认为可以由仲裁庭重新仲裁的，通知仲裁庭在一定期限内重新仲裁，并裁定中止撤销程序。仲裁庭拒绝重新仲裁的，人民法院应当裁定恢复撤销程序。"对此规定，学界普遍提出了质疑，认为法律并未明确人民法院在什么情况下才可以作出重新仲裁的裁定，导致法院的自由裁量权过大，而且也未考虑到当事人的意愿。鉴于此，2006 年 9 月 8 日起实施的最高人民法院《关于适用〈中华人民共和国仲裁法〉若干问题的解释》（以下简称《仲裁法解释》）对重新裁决问题进行了细化，具体规定了重新仲裁的法定情形，并对重新作出的仲裁裁决的申请撤销权及其期限作了明确规定。[2]但是《仲裁法解释》仍有遗留问题没有处理妥善：一

---

〔1〕 王斐弘："中国仲裁财产保全制度的瑕疵及其立法完善"，载《河北法学》2000 年第 4 期。

〔2〕《仲裁法解释》第 21 条规定：当事人申请撤销国内仲裁裁决的案件属于下列情形之一的，人民法院可以依照仲裁法第 61 条的规定通知仲裁庭在一定期限内重新仲裁：①仲裁裁决所根据的证据是伪造的；②对方当事人隐瞒了足以影响公正裁决的证据的。人民法院应当在通知中说明要求重新仲裁的具体理由。第 23 条规定：当事人对重新仲裁裁决不服的，可以在重新仲裁裁决书送达之日起 6 个月内依据仲裁法第 58 条规定向人民法院申请撤销。

是司法解释对重新仲裁的情形采用了封闭式立法规定，这样势必排除了其他适合重新仲裁的案件；二是重新仲裁制度在设置上从没有兼顾到要充分尊重当事人意思自治的立法关怀。

（三）进一步促进"调－裁"结合机制的完善

可以说，我国现行仲裁制度在仲裁与调解相结合机制的创新上已经具有很好的立法基础和实务经验，但在对其予以充分肯定的同时仍需借鉴国际上的一些有益做法予以进一步完善。首先，从仲裁员的角色定位看，无论在仲裁调解中还是在仲裁裁决中，都应该强调仲裁员的私人地位，强化服务意识，而不应该将其视为某个机构或某个组织的代言人。其次，在收费标准上，我国《仲裁委员会仲裁收费办法》[1]第 9 条第 1 款规定："……当事人自行和解或者经仲裁庭调解结案的，当事人可以协商确定各自承担的仲裁费用的比例。"第 12 条规定："仲裁委员会受理仲裁申请后，仲裁庭组成前，申请人撤回仲裁申请，或者当事人自行达成和解协议并撤回仲裁申请的，案件受理费应当全部退回。仲裁庭组成后，申请人撤回仲裁申请或者当事人自行达成和解协议并撤回仲裁申请的，应当根据实际情况酌情退回部分案件受理费。"从上述规定可以看出，在仲裁案件的收费标准上，并没有体现出鼓励当事人积极寻求调解的动力。故笔者建议可以参照《诉讼费用交纳办法》第 15 条的规定，以调解方式结案，减半交纳案件受理费。再次，按照《中国国际经济贸易仲裁委员会仲裁规则》第 47 条第 8 项的规定，当事人有调解愿望但不愿在仲裁庭主持下进行调解的，经双方当事人同意，仲裁委员会可以协助当事人以适当的方式和程序进行调解。笔者认为，为了消解当事人对调解主持人的敌意或抵触，可以借鉴国外的做法，另行聘请调解人员，而不宜由仲裁员或仲裁委员会出面主持或协调。最后，为了不影响仲裁程序高效迅速的优势，笔者建议在仲裁程序中设置必要的期限要求，包括调解期与反悔期。

---

[1] 由国务院于 1995 年 7 月 28 日发布，于 1995 年 9 月 1 日起实施。

第三节 新时期我国信访制度的现代转型

一、多元化纠纷解决机制中的行政 ADR 与我国信访制度

（一）多元化纠纷解决机制中的行政 ADR

行政 ADR 是指在行政机关所设或附设的非诉讼纠纷解决程序，即行政机关作为行政或者民事争议双方之外的第三者，按照准司法程序处理特定案件、裁决特定争议的活动。[1]本书所探讨的行政 ADR 是指行政机关作为中立第三方处理特定民事纠纷的行为，也称为狭义的行政 ADR。[2]行政 ADR 属于替代性纠纷解决机制中的一种，其形式既包括专门设立的行政调解、行政申诉及行政裁决程序；也包括行政执法中的附带性纠纷解决，如工商行政管理机关处理消费者投诉、公安交通管理部门处理交通事故赔偿等；还包括大量专门性纠纷解决机制，如劳动争议仲裁等机制。

行政 ADR 作为一种处理民事纠纷的行为，与行政行为、其他 ADR 以及法院司法行为均存在明显不同：①行政 ADR 虽然由行政机关负责或主持，但它不是行政行为，其功能不在于行使行政管理权，而在于解决民事纠纷；②行政 ADR 与谈判、调解、仲裁等不同，它不是一个独立的行为类型，而是由行政斡旋、行政调解、行政仲裁和行政裁决等多种独立具体的行为形式的总称；[3]③行政 ADR 与法院司法行为也不同，从主持者身份看行政 ADR 属于非诉讼程序，但从效力上看它却是一种准司法性质的行为。[4]这种准司法

---

〔1〕 沈恒斌主编：《多元化纠纷解决机制原理与实务》，厦门大学出版社 2005 年版，第 245 页。

〔2〕 根据沈恒斌主编的《多元化纠纷解决机制原理与实务》，将行政 ADR 分为广义和狭义两种，广义的行政 ADR 是指有纠纷处理权的行政机关对行政纠纷和民事纠纷进行处理的行为，狭义的行政 ADR 仅指行政机关对特定民事纠纷进行处理的行为。参见沈恒斌主编：《多元化纠纷解决机制原理与实务》，厦门大学出版社 2005 年版，第 218 页。

〔3〕 徐卫："行政性 ADR 论纲"，载《西南政法大学学报》2005 年第 4 期。

〔4〕 目前国内学术界对于行政 ADR 的性质还存在争议。就行政裁决而言，学术界主要有三种不同的观点：一种观点认为，行政裁决是行政主体以中间人的身份，对特定范围的民事纠纷居间裁断的具体行政行为。参见胡建淼：《行政法学》，法律出版社 1998 年版，第 350 页。另一种观点认为，行政裁决是行政主体根据法律的授权解决纠纷的司法行为。司法的本质在于解决纠纷，只要是解决纠纷的行为，无论是由司法机关实施，还是由行政机关实施，都是司法行为。

性质，除了表现在行为方式等特征上以外，更主要的还体现在其行为程序上，即必须按照法律明确规定的程序，客观、公正地审查证据，调查事实，依法作出公正的裁决。[1]

虽然都属于非诉讼程序中的成员，但行政 ADR 却远没有司法 ADR 和民间 ADR 那样广为人知。在我国，司法性和民间性 ADR 研究成果数量可观，相关立法、制度创新和实践发展较快；而行政性纠纷解决机制不仅理论关注不足，分歧争议大，而且缺乏统一的制度，立法亦明显滞后：国务院法制办有关"行政调解条例"的立法调研和论证已历经数年，但由于各界对于行政调解的定义、范围、形式和正当性以及立法目的、基本理念和制度模式等均存在严重的分歧和误解，导致其难以问世，实际作用也令人疑惑。虽然 2014 年修改《行政诉讼法》时，各界对于在修法中加入行政和解和调解方面的规定已基本达成共识，但最终立法结果仍无暇顾及协商调解，修法说明对此也只字未提。可见，修法的重点并不是整体构建行政性纠纷解决机制。[2]虽然，在实践中各地实务部门都在不断推进和创新，但由于缺乏立法支持，导致全国各地的实践存在极大的差异和不确定性，这导致行政 ADR 成为我国多元化纠纷解决机制中发展最为滞后的部分。

在行政 ADR 的众多处理形式中，申诉机制由于具有独特的功能和地位，在当代世界各国已逐渐发展成为一种便利、灵活和有效的纠纷解决机制。在我国，行政申诉不仅是公民的一项政治权利，同时也是我国化解矛盾纠纷的一项制度。根据我国《宪法》第41条的规定，公民对任何国家机关和国家工作人员的违法失职行为，有向国家机关提出申诉、控告和检举的权利。对于公民的申诉、控告或者检举，有关国家机关必须查清事实，负责处理。行政申诉的工作机制是，设立专门机构受理民众对政府或行政机关的各种投诉、举报和控告，有关部门在对所反映问题进行充分调查的基础上，以调解、裁决或其他方式作出相应处理。在处理申诉的过程中，该机制往往更加关注对申诉人合理诉求的救济。从这个功能看，我国信访制度就属于这类申诉机制。

参见袁曙宏主编：《全面推进依法行政实施纲要读本》，法律出版社2004年版，第244～245页。还有一种观点认为，行政裁决是解决纠纷的行为，是一种准司法性质的行为。参见张树义：《行政法与行政诉讼法学》，高等教育出版社2002年版，第99页。

〔1〕 张树义：《行政法与行政诉讼法学》，高等教育出版社2002年版，第99页。

〔2〕 参见范愉："申诉机制的救济功能与信访制度改革"，载《中国法学》2014年第4期。

（二）我国信访制度

在我国，虽说行政 ADR 一词的出现频率不高，但一旦提到"信访"可谓家喻户晓，不仅关注度高，而且争议颇多，"信访不信法"也被界定为国人的行为特征。2005 年新《信访条例》取代了 1995 年的旧《信访条例》，将信访定义为"公民、法人或者其他组织采用书信、电子邮件、传真、电话、走访等形式，向各级人民政府、县级以上人民政府工作部门反映情况，提出建议、意见或者投诉请求，依法由有关行政机关处理的活动"。2013 年 12 月，中共中央办公厅、国务院办公厅印发了《关于创新群众工作方法解决信访突出问题的意见》的通知，2014 年 3 月，中共中央办公厅、国务院办公厅又共同印发了《关于依法处理涉法涉诉信访问题的意见》，同年 4 月，国家信访局印发了《关于进一步规范信访事项受理办理程序引导来访人依法逐级走访的办法》，2014 年 7 月 1 日我国信访第一个地方性法规《广东省信访条例》实施。

改革开放以来，我国经济建设和城市化进程都取得了巨大成就，但是近年来高速发展的粗放式发展模式带来的社会问题也随之越来越突出：城市化过程中，因农地征用和城镇拆迁补偿问题引发的群体性突发事件频频发生；因工业生产造成严重的环境污染，导致了大量的公民与企业、政府之间的纠纷；农民工工资拖欠和企业重组改制过程中损害工人权益等问题滋生了各种社会矛盾；交通事故、医疗事故、安全事故纠纷逐渐成为突出的社会问题。社会矛盾日益突出，不同利益主体之间的利益冲突也日益激烈。因此，妥善处理和化解社会矛盾成为构建和谐社会最基本、最基础的工作，也是当前一项十分紧迫的工作。而信访作为一项具有中国特色的政治参与和权利救济制度，是我国宪法和法律赋予公民政治权利基础上的制度化延伸，也是最贴近老百姓的民意表达机制。它在迅速化解社会矛盾、密切党群关系、消除民怨以及维护社会稳定、创造和谐社会秩序等方面都发挥着不可替代的作用。信访的受案范围较之于其他救济制度要广泛得多，任何行政权力的不当使用和滥用，甚至行政不作为都可以成为信访监督的对象。只要公民的合法权益受到了行政行为的侵害，公民就可以通过信访寻求救济。可以说，我国的信访工作涉及了社会矛盾的方方面面，几乎所有问题都可以诉诸信访。正因如此，在法律所不及或法律失灵的地方，信访制度正好发挥了一种补充性的权利救济功能，同时也适应了当代社会治理的需求。

二、信访制度的困境：信访热潮下的功能异化

信访制度在创设之初，体现和满足的是信访人的利益表达与政治参与需求，以联系群众、反映社情民意为主，是人民当家做主、参政议政的重要渠道。作为一种申诉制度，信访制度与其他各国的申诉机制一样自始就具有救济功能，由于程序简便灵活，适用范围广，不仅很快受到群众的青睐，而且也填补了正式的司法及其他程序的不足。但是自 20 世纪 90 年代中期开始，信访制度被过度使用以至出现了畸形发展的态势，信访活动所波及的影响也突破了设计者的制度预期，其中越级访、群体访、缠访和形式各异的个访现象更是将信访推向了高潮。而在这股热潮中，带有法律或准法律属性以化解纠纷、实现权利救济为目的的信访活动呈爆炸性增长，这些信访被称为涉法、涉诉信访。笔者这里有一份 2010 年河南省巩义市对该市信访量的统计：反映涉法涉诉类 378 起，占总访量的 34%；反映煤矿包赔类 225 起，占总访量的 20%；反映工资待遇类 193 起，占总访量的 17%；反映生活和优抚救济类 146 起，占总访量的 13%；反映医疗交通伤亡事故类 88 起，占总访量的 8%；反映城建土地类 53 起，占总访量的 5%；反映其他问题 38 起，占总访量的 3%。而该市在 2007 年的统计中，涉法、涉诉信访仅 118 起，占信访总量的 5.2%。如何处理这类信访案件目前已成为各级信访部门的一项繁重的政治任务。[1]

关于"涉法、涉诉信访"一词的含义，中央政法委 2005 年出台的《涉法涉诉信访案件终结办法》将其定义为："涉法涉诉信访案件是指依法属于人民法院、人民检察院、公安部门和司法行政部门处理的信访案件。"但从理论上理解，涉法、涉诉信访是指信访与某一个具体的诉讼案件有关，是对公安机关、人民检察院以及人民法院在办理案件、监督和执行案件过程中的司法行为或裁决结果不服，而要求各级信访部门予以处理的来信和来访。目前涉法、涉诉信访已成为信访部门面临的主要任务，信访的政治功能基本趋于弱化，取而代之的是权利救济、定分止争。基于此，学者们开始为信访功能的转变

---

[1] 孙彩虹："信访制度：意义、困境与前景——以涉法、涉诉信访为考察维度"，载《中国浦东干部学院学报》2012 年第 2 期。

寻找法律根据，有"基本权利说"[1]、"默示性宪法权利说"[2]、"获得权利救济的权利说"[3]。但也有不同声音，认为对于化解纠纷，实现诉求，司法途径才是公民权利救济的最主要形式。如果将信访作为权利救济的主要手段，或者作为最后的希望，势必会使该项制度承载其难以负荷的重任，其功能失衡与制度异化在所难免，同时也会对司法权威造成严重的冲击。因为，人们把信访作为解决冲突、实现权利救济的途径且被社会所接受的现实基础就在于对其他纠纷解决机制存在合理怀疑。容许用信访的方式来代替正常的法律救济途径，不仅凸显了我们整个社会对司法制度的不信任，也反映出我国公安、司法机关公信力的危机。有学者坦言，信访这种"玄机"重重的制度安排，虽然可以使法律正义的目标部分得到实现，但这一过程恰恰是以牺牲法律的自主性和现代法律赖以取得合法性基础的程序性价值为代价的。[4]

笔者认为，在当下的社会转型期，信访功能的这种转变不能说是不可以的或者不被认可的，因为从世界范围看，行政性 ADR 的发展演变就是其纠纷解决功能的提高，这也揭示出了当代社会治理的一种大趋势。关键是，如果这种转变不是从法治的角度发生的，而是"人治"的结果，即通过信访实现权利救济，靠的不是严格的司法程序而是某位领导的批示，那么就将与信访机制的法治化发展背道而驰。由于历史原因，我国信访制度的设置初衷是建立一条"上达"民意的渠道，作为密切联系党和政府与群众关系的一条纽带，它是一种特定化的政治参与行为，同时又起到消除民怨、维护社会稳定的"安全阀"、"减压阀"作用。但我国信访制度既深刻积淀着国家中心、中央集权、实质公正追求和京控文化的传统，又融合着群众路线和关注弱势群体等意识形态因素，如何将这一面临危机的制度转化为适应当代治理需求的救济机制，确实是一个史无前例的难题。[5]所以，《关于创新群众工作方法解决信访突出问题的意见》注重强调运用法治思维和法治方式化解矛盾纠纷，

---

〔1〕　参见刘武俊："信访呼唤制度创新"，载《记者观察》2002 年第 7 期。

〔2〕　参见朱应平：《行政信访若干问题研究》，上海人民出版社 2007 年版，第 8 页；李震山：《人性尊严与人权保障》，台湾元照出版有限公司 2000 年版，第 305 页。

〔3〕　卓泽渊：《法政治学》，法律出版社 2005 年版，第 98 页。

〔4〕　于建嵘：《抗争性政治：中国政治社会学基本问题》，人民出版社 2010 年版，第 226 页。

〔5〕　范愉："申诉机制的救济功能与信访制度改革"，载《中国法学》2014 年第 4 期。

防止以闹求解决、以访谋私利、无理缠访闹访等现象发生。严格实行诉讼与信访分离，把涉法涉诉信访纳入法治轨道解决。各级政府信访部门对涉法涉诉事项不予受理，引导信访人依照规定程序向有关政法机关提出，或者及时转交同级政法机关依法办理。

三、信访制度的前景：制度缺陷与机制整合

（一）信访制度的功能迷失：涉法、涉诉信访与程序正义价值的冲突

对于程序正义价值的理解虽然有不同版本，但是公正和效率几乎是他们的共识。党的十七大报告也提出要建立公正、高效、权威的社会主义司法制度。在这三个关键词中，公正被放在了第一位。法律本身对于公正性的一个基本要求就是在法律中确立平等适用原则，在这个过程中，不会因性别、民族、种族、地位、身份等而造成法律适用中的任何偏袒和歧视现象，那么无论最终的结果如何，任何人都必须接受。这就是理论上所说的能够吸收当事人不满的最有效途径——公正程序。但涉法、涉诉信访案件可以说是以信访制度代替了司法程序自身吸收不满的功能。因为在实践中虽然有借助于信访渠道实现"还原事实真相"、"讨回公道"的实际情况，但是从制度上和理论上分析，这种结果有太多的不确定性和非程序性，更何况"支配这种救济的又是一套因救济对象、救济目标、受理主体、时事政策甚至因运气而变动不居的所谓'潜规则'"。[1]所以，社会上就流行"大闹大得益，小闹小得益，不闹不得益"的说法。通过涉法、涉诉信访实现救济鼓励的是一种无序的、权大于法的救济途径，这种非正义理念与推进我国法治建设平稳较快发展所需要的公平、稳定、秩序等理念大相径庭。

程序正义的另一个价值是效率，虽然公正和效率在程序价值清单里不属于一个层面，但是只有体现了效率价值，诉讼制度才有与其他制度竞争的基础。通过诉讼渠道去解决纠纷意味着需要司法资源的投入，如何以较少的投入换取较大的收益，是立法部门、司法机关、当事人乃至一般公民都关心的问题。那么通过涉法、涉诉信访，能够达到迅速有效地解决争端、尽快恢复社会秩序的效果吗？其实在现实中涉法、涉诉信访的最终解决遥遥无期的现象大量存在。另外，重复缠访、闹访也占用了大量的申诉资源，圈内人常以

---

〔1〕 应星："作为特殊行政救济的信访救济"，载《法学研究》2004年第3期。

"用80%的精力解决不到20%的人的诉求"来形容信访工作的困境。这说明力求以最少的资源消耗取得同样多的效果或以同样的资源消耗取得最大的效果,是涉法、涉诉信访难以达到的效率目标。值得注意的是,在这个问题的考量上,我们还没有计算个人及其家庭和社会由于涉法、涉诉信访而承担的风险和成本。可见,这种诉讼与信访交织、法内处理与法外解决并存、司法途径与行政手段混淆的做法,不仅没有有效解决信访问题,反而导致信访形势越来越严峻,社会负面效应已使信访制度陷入越来越深的恶性循环之中。

(二)信访的运行机制不利于社会的长治久安

中国属于"关系本位"的社会,老百姓对"地位和权力"的依赖已远远超过对法律的信任。一些通过正常的法律程序难以有效解决或公正处理的案件,却在上级领导的直接过问或督办下最终得以圆满解决。久而久之,一方面造就了这种"闹讼"的"路径依赖",另一方面人们对法治也越来越不信任,越来越没有崇敬感。在这种观念的驱使下,导致信访人将着力点放在信访方法与手段上,所以闹访、缠访等上访方法日益翻新,借此希望引起高层关注,可以对下级部门形成某种压力,继而获得利益满足。于是,混合着人们实现"讨个说法"的正义目标,信访救济机制的运作核心越来越偏离正常的信访工作秩序,与此同时也产生了大量负面的社会示范作用,围堵政府机关、拦截领导车辆、公共场所实施自残、自杀等极端事件、轰动性事件时不时地刺痛着这个社会的敏感神经。

此外,由于没有有效的程序终结机制,我国上访案件重信重访率高居不下。根据国家信访局的统计,全国信访的绝对数字仍处于每月60万件次的高位水平。虽然目前信访总量在下降,但信访"上行"趋势明显,而且重信重访占到了60%。[1]这种现象导致我国信访制度的"容量"严重失衡,[2]也使国家信访部门疲于应对每年持续不断的信访洪峰。信访制度的超载运行,不仅不能起到"减压阀"、"安全阀"的作用,而且还会将信访制度置于十分危险的境地,一旦"阀门"失灵,将会严重影响社会稳定和经济发展。

---

〔1〕 钱昊平:"国家信访局数据:71%上访有理60%却要重访",载 http://news. ifeng. com/shendu/nfzm/detail_ 2013_ 12/12/32065895_ 0. shtml,最后访问日期:2016 年 3 月 11 日。

〔2〕 参见刘正强:"信访的'容量'分析——理解中国信访治理及其限度的一种思路",载《开放时代》2014 年第 1 期。

（三）我国信访制度整合与重构——以涉法、涉诉信访机制为建构模型

1. 重新定位信访的功能，强化政治性，逐步将涉法、涉诉信访纳入法治化轨道

当前为数不少的信访人把信访作为解决社会纠纷的"救命稻草"，寄希望于某位"清官"的批示或者直接处理，存在严重的"信访不信法"、"信上不信下"、"弃法转访"甚至"以访压法"等不正确观念。信访案件的处理程序没有像诉讼、仲裁那样的独立规定，这就造成信访案件的处理结果缺乏透明度，程序具有随意性和不可复制性。特别是对人民法院已经作出终审判决的案件，如果信访人提出的要求被信访部门采纳，信访部门就径直予以复查或责成人民法院复查，这不仅造成案件审理终而不结，无形之中也赋予了信访部门干预个案的权力。涉法、涉诉信访大量存在的原因，在于当事人没有将正规的纠纷解决机制视为化解纠纷的最好渠道，没有把程序保障看作是最能实现公平、正义的途径，这反映出我国公民普遍没有程序意识和法律信仰。鉴于此，要解决涉法、涉诉的信访问题，实现信访制度的法治化，首先要树立法院判决的绝对权威，承认诉讼是解决纠纷最具终局性和权威性的途径。其次要树立程序观念，任何诉讼内或诉讼外的纠纷解决机制都必须在法律规制的范围内进行。最后，实行归口管理制度。各级信访部门应将公民的信访按照反映问题的性质、信访人的诉求等不同标准进行归口处理，涉及社会纠纷解决的信访案件交由相应的司法机关予以处理，信访部门不予干涉。《关于依法处理涉法涉诉信访问题的意见》也提出，要把涉及民商事、行政、刑事等诉讼权利救济的信访事项从普通信访体制中分离出来，由政法机关依法处理。各级信访部门对到本部门上访的涉诉信访群众，应当引导其到政法机关反映问题；对按规定受理的涉及公安机关、司法行政机关的涉法涉诉信访事项，收到群众的涉法涉诉信件，应当转同级政法机关依法处理。对涉法涉诉信访事项，各级政法机关要审查、甄别。对于正在法律程序中的，继续依法按程序办理；对于已经结案，但符合复议、复核、再审条件的，依法转入相应的法律程序办理；对于已经结案，不符合复议、复核、再审条件，做好不予受理的解释说明工作；对于不服有关行政机关依法作出的行政复议决定，经释法明理后仍不服的，可引导其向人民法院提起行政诉讼。有关处理程序和结果，应当严格按照规定的期限和方式，及时告知当事人。此处笔者还建议，司法机关应将最后的处理结果一律在信息网上予以通报，以杜绝缠访、

重复上访事件的发生。当然还要着重强调一点，为防止不满情绪的爆发给社会管理带来更大风险，有关部门一定要做好释法说理工作，在思想上为群众解开疙瘩，使其主动配合信访工作有序高效的开展。

2. 重构民事再审程序，建立涉法、涉诉信访依法终结制度

涉法、涉诉信访之所以在权利救济方面产生功效，原因还在于我国司法制度本身在实现权利救济上存有欠缺。因此，还必须对我国民事再审制度进行重构，以弥补通过司法程序实现权利救济之不足。①严格限定民事再审程序中法院依职权决定再审的案件范围。因为法院直接决定再审，不仅从形式上否定了审判权的消极和被动性，而且也违反了"一事不再理"原则，从本质上对维持判决的既判力也构成了冲击。虽然最高人民法院《关于适用〈中华人民共和国民事诉讼法〉审判监督程序若干问题的解释》第 30 条，对法院依职权决定再审案件的范围已经作出了限定，但笔者认为，该解释涉及的"损害国家利益、社会利益等"用语仍欠明确，不同语境对"国家利益、社会利益"的解读会五花八门，不利于法律的统一实施。因此，法律对此应采取列举的形式明确法院依职权决定再审的情形，只有这样才能真正限定法院依职权决定再审的案件范围。②实现涉法、涉诉信访终结机制与诉讼程序的对接。目前在司法实践中，有许多再审案件已经过了再审期限，但是它仍可以通过信访渠道再次进入再审程序。因此，如何实现"法院依职权提起再审将主要承担接受当事人通过外部信访渠道过滤的救济诉求并予以妥善处理的功能"[1]是问题的关键。涉法、涉诉信访所反映的问题多涉及法律问题，因此对该信访案件还必须要纳入法律程序来处理，规范涉诉信访的审查程序。信访部门收到涉法、涉诉信访案件，应分别进行处理：对属于诉前、诉中信访的，坚决不予支持，引导信访人转向诉讼程序；对已经走完了所有救济程序仍然不服的，经审查确因裁判错误而导致信访人信访的，则应依法按照管辖的规定交由司法机关处理，明确纠纷的专属管辖权，将使信访部门无权处理该信访案件，以实现杜绝"法外处理"的目标。信访终结制度，就是指信访案件在经过办理、复查与处理程序后，对合理诉求确实已经解决到位、实际困难确已妥善解决，而信访人仍然存在缠访、闹访现象的，各级信访部门将

---

〔1〕 王亚新："民事审判监督制度整体的程序设计——以《民事诉讼法修正案》为出发点"，载《中国法学》2007 年第 5 期。

不再予以受理、交办、通报的制度。如果涉法、涉诉信访无终结机制，那么诉讼程序将永远没有终局性和权威性。因此，建立信访终结机制，明确涉诉信访终结制度，就扫除了无限再审的障碍，也是重构民事再审程序的意义所在。两办《关于依法处理涉法涉诉信访问题的意见》也重申了要建立涉法涉诉信访的终结机制，为我们解决这一问题提供了明确依据。该意见提出要修改完善涉法涉诉信访终结办法，对涉法涉诉信访事项，已经穷尽法律程序的，依法作出的判决、裁定为终结决定。对在申诉时限内反复缠诉，经过案件审查、评查等方式，并经中央或政法机关审核，认定其反映问题已经得到公正处理的，除有法律规定的情形外，依法不再启动复查程序。对上述涉法涉诉信访问题，政法机关要及时通报同级党委、人大和政府信访部门，各级各有关部门不再统计、交办、通报，重点是做好对信访人的解释、疏导工作。地方党委和政府及其基层组织要尊重政法机关依法作出的法律结论，自觉落实教育帮扶和矛盾化解等工作措施。因工作不落实，造成极端事件的，按有关规定追究相关组织和人员的责任。

3. 完善法律援助，推行再审案件律师强制代理制度

律师强制代理制度是指法律明确规定在某些法院进行诉讼或对某些特殊案件提起诉讼时，当事人必须委托律师为诉讼代理人代理其进行民事诉讼的制度。律师强制代理制度是西方一些国家为了适应现代诉讼程序的发展而采取的一项重要制度，体现了法治现代化和专业化的制度设计。它要求在进行诉讼时，当事人自己不能实施诉讼行为，必须委托律师。目前我国民事诉讼中并没有建立律师强制代理制度，普遍适用的是任意代理制度。随着社会经济发展水平的不断提高，经济活动呈现出日益复杂化、专业化和知识化的趋势，这也直接影响着民事诉讼程序的进行。面对日益复杂化、专业化的民事诉讼程序，当事人往往一筹莫展，鉴于此，目前人们越来越依赖于专业的法律人士去解决彼此间的纠纷。在这种新形势下，我国法律规定的任意代理制度显现出了严重的局限性，诉讼代理人范围过宽、代理人水平不均衡、律师代理不充分等现象，严重影响了诉讼效率和当事人的合法权益，造成了实质上的不公正。在这种境况下，我国民事诉讼中建立强制律师代理制度已具备了充分的现实基础。但是，全面推行强制律师代理制度也存在一定的问题，比如一定程度上会增加当事人的诉讼成本，会制约当事人对诉讼手段的选择，因此，在实行律师强制代理制度的国家一般都限定了其适用范围。那么，在

我国民事再审程序中首先引入律师强制代理制度具有哪些现实意义和特殊价值呢？①民事再审程序中引入律师强制代理制度能够更大程度地吸收不满，发挥诉讼本身的功能。引起民事再审的理由有多种，但是对于当事人而言，申请再审不外乎是由于认定事实、适用证据以及操作程序等引起了当事人的不满。如果在再审案件中双方均有律师参与，那么就不会出现诉讼竞争上的不均衡，当事人在平等的诉讼机会和诉讼能力面前组织攻击和防御，一方面保障了裁判的公正，另一方面也利于当事人的接受。②民事再审程序中引入律师强制代理制度能够增加谈判与和解的成功率，抑制缠诉缠访现象。律师常见的诉讼技巧有谈判、辩论、沟通、说服等，因此这个过程不仅维护了当事人的权益，同时也提高了公民的法律意识，有助于民事纠纷的顺利解决。制度的推行离不开配套措施的保障，欲实施再审案件律师强制代理制度，笔者认为需辅以下必要的配套措施：其一，律师强制代理制度只适用于基于当事人的申请而引起的再审程序。其二，推行再审案件中免费律师代理制度。为了在不增加当事人额外诉讼负担的前提下，激励当事人聘请律师的积极性，可以通过两种途径解决律师代理费用的问题：一个是设立专门基金，基金的来源可以从案件败诉一方的赔偿中提取一定的比例；另一个途径是直接由国库支付。其三，完善法律援助制度，引导法律援助机构参与其中，将接待信访、提请再审和法律援助有机结合起来。

为充分发挥法律服务队伍在维护群众合法权益、化解矛盾纠纷、促进社会和谐稳定中的积极作用，深入推进涉法涉诉信访改革，2015 年 6 月 8 日中央政法委发布《关于建立律师参与化解和代理涉法涉诉信访案件制度的意见（试行）》，首次从中央层面上提出要建立律师参与化解和代理涉法涉诉信访案件制度。该意见明确了律师参与化解和代理涉法涉诉信访案件的任务和原则，规定对不服政法机关法律处理意见，以信访形式表达诉求的，可由律师协会委派律师，为信访人提供法律服务，帮助信访人准确理解司法裁判文书，依法维护信访人的合法权益。律师参与化解和代理涉法涉诉信访案件，应当遵循自愿平等、依法据理、实事求是、无偿公益的原则。同时要求各政法接访单位要为律师参与化解和代理涉法涉诉信访案件提供必要的场地和设施，加强安全防范，保障律师人身安全；对律师阅卷、咨询了解案情等合理要求提供支持，对律师提出的处理建议认真研究，及时反馈意见；对确有错误或瑕疵的案件，应当及时导入法律程序予以解决。

4.取消各级政府部门信访机构，借鉴西方监察专员制度，设置各级人大信访专员

目前，我国信访机构的设置较为复杂，从中央到地方，从党委、人大、司法机关到各级政府相关职能部门，均设有信访机构。这虽然体现了便利性和及时性的设计理念，但由于机构的过于分散也导致了信访的无序，从而降低了信访工作的效率。近几年来，对关重新构建信访机构的体系框架，整合信访信息资源，探索"大信访"的议题已经成为学界以及政界的焦点和热点问题。其中不少学者对于建立高效的信访监督监察机制抱以很高的关注度，其核心观点是扩大信访机构的权力，使之具有调查、督办甚至弹劾、提议罢免等权力。[1]但是这一改革思路要与现代国家宪政建设的目标一致，因此，现行信访制度改革要充分保证司法救济的权威性，同时还要避免信访机构权力的过度膨胀从而出现行政权僭越立法权和司法权的现象。鉴于此，学界建议撤销各级政府和司法机关设置的信访部门，把信访全部集中到各级人大，通过人大来监督一府两院的工作，借鉴西方监察专员制度，设置各级人大信访专员，授以信访专员视察、调查、受理控诉的权力，以实现抒发民情、消除民怨、防微杜渐的作用。尤其是在金融、电力、电信、环境保护、医疗服务等公共服务行业，完全可以根据实际需求和条件，借鉴申诉专员制度的设计理念建构行业性或专门性的纠纷解决机制。例如，将主管机构的信访与行业协会调解进行整合，使其具备更强的独立性以及调查权、处置权和衡平能力，形成系统的行业性纠纷解决机制，并与司法程序进行合理衔接。[2]

我们必须承认，我国信访制度的问题不仅仅是制度本身的问题，也不仅仅存在一个问题，所以对它的制度改革不可能一蹴而就、一劳永逸，注定是一个复杂而长期的系统工程。但为了维护法治权威，为了打通群众利益诉求的多重通道，为了使信访制度这一"减压阀"能真正减压、抗震，一切的努力和付出都是值得的！

---

〔1〕于建嵘：《抗争性政治：中国政治社会学基本问题》，人民出版社 2010 年版，第 224 页。

〔2〕范愉："申诉机制的救济功能与信访制度改革"，载《中国法学》2014 年第 4 期。

现阶段我国几种特殊类型的纠纷解决

第九章

环境污染纠纷的解决机制

一、环境污染纠纷解决之公益诉讼制度

（一）公益诉讼与环境公益

1. 公益诉讼的含义

公益诉讼（Public Interest Litigation）是一个舶来品，从历史渊源上看，该制度可追溯到古罗马时期。根据罗马法的规定，以保护个人权利为目的，仅由特定人才能提起的诉讼为私益诉讼；以保护社会公益为目的，除法律有特别规定者外，凡市民均可提起的诉讼为公益诉讼。公益诉讼制度发展至今，已在德、法、英、美、日等国家发育得相当成熟。尽管各国对其称谓不同，诸如民众诉讼、公民诉讼、私人检察官制度等，但其制度内涵基本相同。

我国学术界对于公益诉讼的定义，按照原告主体范围、被诉对象界定的不同，有广义和狭义之分。广义的公益诉讼包括所有为维护社会公共利益而提起的诉讼，即任何组织和个人都可以对侵害社会公共利益的行为，向法院起诉，由法院追究其法律责任的活动。狭义的公益诉讼是指特定的国家机关、相关组织和个人，根据法律的授权，对违反法律法规，侵犯国家利益、社会公共利益或特定的他人利益的行为（但要求对起诉人自身合法权益并未构成或者不具有构成直接侵害的可能），向法院提起诉讼由法院依法追究其法律责任的活动。此外，按照诉讼目的是否直接为追求公共利益的保障，公益诉讼还有直接公益诉讼（目的上的公益诉讼）和间接公益诉讼（效果上的公益诉讼）之分。认识到公益诉讼的广义与狭义、间接与直接之分，对于我们认清

民事诉讼与公益诉讼、民事公益诉讼与行政公益诉讼之间的差别，准确界定民事公益诉讼的概念，都大有裨益。尽管迄今为止学术界对公益诉讼的界定还没有形成统一的认识，但可以肯定的是，民事诉讼虽然不以追求公共利益为直接目标，而是突出追求个人利益的保护，但事实上某些带有公益性的民事诉讼（如三毛钱如厕案、银行跨行查询收费案等）也间接地起到了保障公共利益的效果。不过，如此宽泛地理解民事公益诉讼，显然与我国《民事诉讼法》试图确立的公益诉讼概念不相一致。因此，笔者认同，主体广泛、目的直接的公益诉讼，即公益诉讼是指任何组织和个人，针对侵犯国家利益、社会公共利益或特定的他人利益的行为，但该行为对起诉人自身合法权益并未构成或者不具有构成直接侵害之虞的，得向法院提起诉讼由法院依法追究法律责任的活动。

显然，相对于普通的私益诉讼，公益诉讼所保护的利益无疑是公共利益。我们研究公益诉讼首先必须对公益诉讼中的公共利益有个本质性的定位，因为它是合理确定公益诉讼范围的一个关键性要素。虽然在社会学、政治学乃至哲学范畴内学者们都对公共利益展开过广泛的讨论，公共利益也已出现在各国的法律条文中，并且被普遍认可，但立法者要么没有给出明确的定义，要么表述过于简单，理论上也未对公共利益的界定形成一致意见，这就导致公共利益概念上的不确定。那么，何谓公共利益？公益诉讼中所保护的公共利益又是指哪些利益呢？

在国外，公益诉讼制度尽管已经比较成熟，但学者们对公共利益的概念所持观点依然不尽相同。德国学者纽曼（Neumann）提出了"不确定多数人理论"。即以受益人的多寡决定，只要多数且不确定数目的利益人存在，即属公益。[1]该理论强调数量上的特征。英国学者边沁认为，"共同体是个虚构体，由那些被认为可以说构成其成员的个人组成。那么共同体的利益是什么呢？是组成共同体的若干成员的利益的总和。"[2]美国著名思想家潘恩（Thomas Paine）认为，"公共利益不是一个与个人利益相对立的术语；相反，公共利益是每个个人利益的总和，它是所有人的利益，因为它是每个人的利益；

〔1〕 陈新民：《德国公法学基础理论》，山东人民出版社2001年版，第185～186页。
〔2〕 ［英］边沁：《道德与立法原理导论》，时殷弘译，商务印书馆2000年版，第58页。

正如社会是每个个人的总和一样，公共利益也是这些人利益的总和。"[1]该理论强调个人利益总和说。班费尔德（Edward Banfield）认为，"如果一种决定以牺牲更大的公众的目标为代价来促进公众之一部分的目标，那么它是服务于特殊利益的；如果它服务于整个公众而非其部分的目标，那么就是为了公共利益的。"[2]该理论强调利益的公共性。当代社会法学派代表庞德提出了"个人利益"、"社会利益"和"公共利益"（相当于国家利益）三分法，认为个人利益是指直接包含在个人生活中并以这种生活的名义而提出的各种要求、需要或愿望；社会利益是指包含在文明社会的社会生活中并基于这种生活的地位而提出的各种要求、需要或愿望；公共利益是指包含在一个政治组织社会生活中并基于这一组织的地位而提出的各种要求、需要或愿望。[3]西方新自然法学派的主要代表之一美国学者约翰·罗尔斯（John Rawls）认为，公共利益具有不可分性和公共性两个特点。就是说，在一个群体范围内，对于一个领域的公共利益，如果有一个人享有了它，那么其他的人都享有了同样的一份。公共利益的数量是不可以被划分的，不是一个蛋糕平均地分给每一个人。它是相对于整个群体而言的，不存在偏多或者偏少的问题。[4]

我国学术界对公共利益的认识主要有以下观点：①认为"公共利益包含了有机统一的两个方面，即普遍性的个体利益和社会共同利益。当某种个人利益具有社会普遍性时，它就成为社会公共利益了而不仅仅是个人利益"。[5]②认为公共利益应有两层含义，一是"社会公共利益"即"为社会全部或部分成员所享有的利益"；二是"国家的利益"。[6]③认为"公共利益的关键并不在

---

〔1〕［英］史蒂文·卢克斯：《个人主义》，阎克文译，江苏人民出版社2001年版，第46页。

〔2〕Martin Meyerson and Edward C. Banfield, *Politics*, *Planning and the Public Interest*, New York: The Free Press, 1955, p. 322.

〔3〕［美］罗斯科·庞德：《通过法律的社会控制——法律的任务》，沈宗灵译，商务印书馆1984年版，第37页。

〔4〕［美］约翰·罗尔斯：《正义论》，何怀宏、何包钢、廖申白译，中国社会科学出版社1988年版，第257页。

〔5〕孙笑侠："论法律与社会利益——对市场经济中公平问题的另一种思考"，载《中国法学》1995年第4期。

〔6〕颜运秋：《公益诉讼理念研究》，中国检察出版社2002年版，第21页。

于共同体的不确定性，而在于谁来主张公共利益。公共利益是针对某一共同体内的多数人而言的，客体对该共同体内的大多数人有意义（共同体的规模可以是国家、社会，也可以是某一个集体）"。[1]④借鉴社会功利主义的观点，认为"公共利益实质上就是私人利益的总和，如此定义虽非完美，但可以通过宪政来纠偏"。[2]还有学者认为，应将公共利益的内容概括为三个层次：一是国家利益，此乃公共利益的核心，如国有资产；二是不特定多数人的利益，此乃公共利益常态化的存在形式，如不特定多数消费者的利益、环境污染受害人的利益、因垄断经营受损者的利益；三是需特殊保护的利益，此乃公共利益的特殊存在形式，是社会均衡、可持续发展必须加以特殊保护的利益，如老年人、儿童、妇女、残疾人的利益。[3]可见，我国学术界对公共利益的解释，基本上围绕在"受益人是否特定"、"受益人是否多数"这两个问题上。

通过对以上观点和学说的归纳，可以看出，公共利益是针对不确定多数人而言的，它服务于整个公众，能够为他们带来不可分的、普遍性的利益或好处。而对于公共利益含义的确定，在不同语境下，会有不同的判断标准。如果我们所考虑的公共利益不是一个理论问题，那么它就是一个涉及几乎所有人利益的实际问题。

2. 公共利益中的环境权益

环境属于公众共用物，公众共用物不仅直接关系到公众中每个个体的利益，也关系到公众（不特定多数人）的共同利益，因而具有满足公众多种需要而承载的公共性利益。环境权，从语义上分析有两层含义：一是环境的权利，二是主体对环境所享有的权利。但按照"主客体二分法"的理论体系来解释，环境权仅仅指主体对环境所享有的权利。环境权是在全球性生态危机的背景下提出的新兴权利之一。30年来，虽然我国理论界对环境权的研究起步较晚，但成绩斐然，形成了"最广义环境权说"、"广义环境权说"和"狭义环境权说"等各种学术主张。[4]根据"最广义环境权说"，环境权的权利

---

[1] 胡锦光、王锴："论公共利益概念的界定"，载《法学论坛》2005年第1期。

[2] 张千帆："'公共利益'的构成——对行政法的目标以及'平衡'的意义之探讨"，载《比较法研究》2005年第5期。

[3] 韩波："公益诉讼制度的力量组合"，载《当代法学》2013年第1期。

[4] 参见吴卫星："我国环境权理论研究三十年之回顾、反思与前瞻"，载《法学评论》2014年第5期。

主体不仅包括公民、法人及其他组织、国家乃至全人类，还包括尚未出生的后代人。环境权的内容包括生态性权利和经济性权利，前者体现为环境权主体享有一定质量水平的环境并于其中生活、生存繁衍的权利，其具体化为生命权、健康权、日照权、通风权、安宁权、清洁空气权、清洁水权、观赏权等。后者表现为环境权主体对环境资源的开发和利用，其具体化为环境资源权、环境使用权、环境处理权等。[1]"广义环境权说"提出，环境权是公民享有的在不被污染和破坏的环境中生存及利用环境资源的权利。其主体包括当代人和后代人，其内容包括环境使用权、知情权、参与权和请求权。其中，环境使用权包括日照权、清洁空气权、清洁水权等；参与权包括参与国家环境管理的预测和决策过程、参与开发利用的环境管理过程以及环境保护制度实施过程、参与环境纠纷的调解等；请求权包括对行政行为的司法审查、行政复议和国家赔偿的请求权，对他人侵犯公民环境权的损害赔偿请求权等。[2]可见，二者的主要区别在于，"广义环境权说"将环境权主体范围限定于"自然人"，不包括组织和国家；权利内容主要是以民事权利为基础延展出来的权利。"狭义环境权说"较之于前面2种主张，无论是权利主体还是权利内容都有大幅限缩，主张环境权的主体应仅限于自然人，国家、法人或其他组织、自然体、后代人都不是法律意义上的主体；环境权的内容应是实体性的权利，不包括经济性权利和程序性权利。[3]笔者赞同"广义环境权说"，首先，环境权应该是自然人所享有的权利。因为一定程度上环境权本身包含的是一种对环境品质的享受权，这种享受权既包括物质上的，又包括精神上的，而只有自然人才有精神层面上的感受和审美。另外，环境权不仅是个体权利、集体权利，还是代际权利，所以环境权主体应该包括后代人。其次，在国际上环境权被普遍认为属于公民权利的一种，因此试图在民法体系中完成它的制度建构，就显得有点力不从心。所以环境权不仅指实体性的权利，还包括经济性权利、程序性权利、生态性权利等。比如，公民有知情的权利，有监督检查的权利，有享受清洁空气、水的权利，还享有权利受到侵害后获得救济

---

〔1〕参见陈泉生："环境权之辨析"，载《中国法学》1997年第2期；陈泉生、张梓太：《宪法与行政法的生态化》，法律出版社2001年版，第117页。

〔2〕参见吕忠梅："再论公民环境权"，载《法学研究》2000年第6期。

〔3〕参见吴卫星：《环境权研究——公法学的视角》，法律出版社2007年版，第73～101页。

的权利等。但个人环境权虽然以个人为主体，却不等于私权，具有公益性是个人环境权的重要特点，不能以私权的标准否定不是私权的个人环境权。〔1〕

鉴于环境所具有的非排他性、不可分割性、非竞争性等特点，如果以公益性环境权（如清洁空气权、清洁水体权、景观权等）为诉权基础提起环境诉讼，就赋予了该诉讼以公益的属性，故属于公益诉讼的范畴。环境公益诉讼是实现环境权益的重要途径，是公民环境权受到侵害时重要的司法救济手段。

（二）环境公益诉讼的特征

环境公益诉讼属于公益诉讼的一种，〔2〕是指特定的国家机关、社会组织或公民，为维护公共环境利益，根据法律规定，针对已经或可能造成污染和环境破坏的行为，以环境致害者为被告提起诉讼并要求其承担相应的民事责任，法院按照民事诉讼程序进行审理的一种诉讼制度。简单而言，环境公益诉讼就是针对侵犯环境公益行为而提起的民事诉讼。环境公益或称公共环境利益，是以作为公众共用物的环境作为载体的公共权益。环境公益诉讼作为公益诉讼的一种，与普通公益诉讼的法律本质及借以实现的根本目的是相同的。在诉讼制度设置上都是处理现代型群体纷争的一种法律手段，也是因社会结构变化而不断产生的新型权利实现司法救济的一种程序性制度。与环境私益诉讼相比，环境公益诉讼具有如下特征：

（1）起诉主体的特殊性与广泛性。传统诉讼的起诉主体采用"利害关系说"，它要求起诉主体必须与被诉标的之间有直接利害关系，因此，环境私益诉讼的起诉主体一般为合法民事权益的直接受害者。按照广义上对公益诉讼的界定，任何单位、组织或个人均有权针对侵犯公共环境利益的行为向法院提起诉讼。

（2）诉讼目的的公益性。环境私益诉讼是法人、其他组织或公民个人在其环境民事私权益受到侵害后，依法向法院提起的旨在维护其自身利益的诉讼，它是为了维护私人利益而提起的诉讼，因而诉讼目的没有公益性。而环

---

〔1〕 蔡守秋："从环境权到国家环境保护义务和环境公益诉讼"，载《现代法学》2013年第6期。

〔2〕 环境公益诉讼根据被诉对象、起诉客体、适用规则等不同，可以分为环境民事公益诉讼和环境行政公益诉讼。本书中出现的环境公益诉讼，如无特别说明，均指环境民事公益诉讼。

境公益诉讼的直接目的在于，预防可能侵害环境公益的行为的发生或阻止侵害环境公益行为的继续进行，或救济受损的环境公益。这也是环境公益诉讼与其他公益诉讼的区别所在。由于环境权诉讼具有公权与私权竞合的情形，因此诉讼的性质就需要从诉讼主体、诉讼目的等多种要素来区分。如某水域环境受到污染，不仅给当地居民的饮水带来很大危害，同时也致使渔民的养殖权或捕捞权受损，如果由相关组织或单位提起诉讼，且目的在于保护该水域的生态环境，要求污染者停止污染、恢复和治理环境，那么该诉讼就属于环境公益诉讼。如果渔民以养殖权或捕捞权受损为由，起诉环境致害者，即便诉求一样，这种诉讼也仍属环境私益诉讼，但它能实现对环境公益的附带性和间接性保护。

（3）判决效力的扩张性。按照传统的民事诉讼理论，法院判决的效力只在对立当事人之间产生，原则上不宜将既判力的主观范围扩张至没有参加诉讼的案外人，即所谓的"既判力的相对性原则"。但环境公益诉讼的性质决定其需要实现既判力的适度扩张，使判决效力不仅及于直接参加诉讼的当事人，还及于权益受到损害但未参加诉讼的不特定的人。这样既能实现对众多不特定受害人的权利救济，又能降低诉讼成本，通过效力的预设使侵权人对自己的行为结果进行充分的预测，从而权衡利弊自觉停止侵权行为。

（4）诉讼功能的预防性。环境私益诉讼一般是为了解决特定主体之间已经发生的环境民事纠纷，具有事后性、惩罚性或弥补性。而环境公益诉讼，既可以对已经造成现实损害的环境侵权行为提起诉讼，也可以对尚未造成现实损害但存在造成损害可能的环境侵权行为提起诉讼。通过环境公益诉讼获得赔偿并不是主要目的，而通过环境公益诉讼预防损害或停止正在发生的损害才是诉讼的宗旨。

（5）诉讼制度的特殊性。公益诉讼无论从表象上还是实质上都突破了传统的诉讼框架，它在诉讼规则及诉讼制度设计上均对传统诉讼进行了修正。在环境公益诉讼中，原告一方多是普通的社会团体、公民个人，而被告一方往往是掌握着某种特权的部门或大型的企事业单位，原、被告双方的力量明显不均衡，这往往会导致诉讼双方诉讼权利和诉讼义务的失衡。因此，在诉讼制度的设计上就应该对处于劣势地位的原告一方给予更多的救济保护，如在诉讼期间、举证责任、诉讼费用、诉讼风险的承担等方面均应与私益诉讼有不同的要求，以使力量悬殊的双方当事人之间得到平衡。

（三）我国环境公益诉讼制度的立法情况

我国公益诉讼制度正式入法是在 2012 年 8 月修改的《民事诉讼法》中。《民事诉讼法》第 55 条规定："对污染环境、侵害众多消费者合法权益等损害社会公共利益的行为，法律规定的机关和有关组织可以向人民法院提起诉讼。"公益诉讼获得立法上的认可，结束了长期以来环境公益诉讼于法无据的尴尬局面，为公共利益开启了司法保护机制的大门，其意义重大。但《民事诉讼法》第 55 条仅是一个原则性规定，也就是说，只是原则上确认对某些领域中侵害公共利益的行为可以由非具有直接关系的主体提起诉讼，通过诉讼维护公共利益。这样一个条文，难免过于简单、概括、模糊，甚至还存在缺漏，如果不进一步细化、明确，不解决诸如案件范围、原告资格、案件管辖、审判程序等一系列核心问题，司法运作依然会困难重重，仍然不能满足公益诉讼的实践需求，更无法发挥公益诉讼制度本身的预期效果。2015 年 1 月最高人民法院公布了《民诉法解释》，其中用 8 个条文（第 284～291 条）对民事公益诉讼的受案范围、受案条件、案件管辖、审理程序等作了规定，使《民事诉讼法》第 55 条的抽象规定在诸多方面有了实际的可操作性。

与此同时，2014 年 4 月修订，自 2015 年 1 月 1 日起施行的《环境保护法》，增加了 1 章即第 5 章"信息公开和公众参与"，其中第 58 条对社会广为关注的环境公益诉讼问题作了专门规定："对污染环境、破坏生态，损害社会公共利益的行为，符合下列条件的社会组织可以向人民法院提起诉讼：①依法在设区的市级以上人民政府民政部门登记；②专门从事环境保护公益活动连续 5 年以上且无违法记录。符合前款规定的社会组织向人民法院提起诉讼，人民法院应当依法受理。提起诉讼的社会组织不得通过诉讼牟取经济利益。"关于环境公益诉讼主体资格的规定，从《环境保护法》三审稿中"依法在国务院民政部门登记"，改为现在的"依法在设区的市级以上人民政府部门登记"，使大部分民间环保组织享有了提起环境公益诉讼的主体资格，也让公众参与环境治理的愿望得以通过自治组织实现。2015 年 1 月 7 日，最高人民法院《关于审理环境民事公益诉讼案件适用法律若干问题的解释》（以下简称《环境民事公益诉讼若干问题解释》）[1]也开始实施。上述这些规定解决了人

---

[1] 最高人民法院《关于审理环境民事公益诉讼案件适用法律若干问题的解释》于 2014 年 12 月 8 日由最高人民法院审判委员会第 1631 次会议通过，自 2015 年 1 月 7 日起施行。

民法院办理环境公益诉讼案件的一些法律适用和程序操作问题。

（四）我国环境公益诉讼立法的制度安排与评析

1. 环境公益诉讼的原告范围

《民事诉讼法》第 55 条规定的原告范围是"法律规定的机关和有关组织"，《环境保护法》第 58 条规定的是"社会组织"。其中"法律规定的机关"，如《海洋环境保护法》第 90 条第 2 款规定："对破坏海洋生态、海洋水产资源、海洋保护区，给国家造成重大损失的，由依照本法规定行使海洋环境监督管理权的部门代表国家对责任者提出损害赔偿要求。"根据该规定，海洋环境监督管理部门作为"法律规定的机关"有权提起环境公益诉讼。其中的"有关组织"、"社会组织"，《环境保护法》第 58 条作了具体规定。

关于检察机关提起公益诉讼的问题，只要有法律的规定，检察机关成为公益诉讼原告即符合《民事诉讼法》第 55 条的规定。党的十八届四中全会《决定》明确规定"探索建立检察机关提起公益诉讼制度"，2015 年 5 月 5 日，中央全面深化改革领导小组第十二次会议审议通过了《检察机关提起公益诉讼改革试点方案》。2015 年 7 月 1 日，第十二届全国人大会常委会第十五次会议通过并实施了《全国人民代表大会常务委员会关于授权最高人民检察院在部分地区开展公益诉讼试点工作的决定》（以下简称《检察机关公益诉讼决定》），这就以法律的形式确立了我国检察机关提起公益诉讼的主体资格。《检察机关公益诉讼决定》授权最高人民检察院在生态环境和资源保护、国有资产保护、国有土地使用权出让、食品药品安全等领域开展提起公益诉讼试点。[1]试点地区为北京、内蒙古、吉林、江苏、安徽、福建、山东、湖北、广东、贵州、云南、陕西、甘肃 13 个省、自治区、直辖市。试点期限为 2 年。根据该决定的授权范围，检察机关可以成为环境民事公益诉讼的原告。

---

〔1〕 根据《检察机关提起公益诉讼改革试点方案》，提起民事公益诉讼的试点案件范围包括：检察机关在履行职责中发现污染环境、食品药品安全领域侵害众多消费者合法权益等损害社会公共利益的行为，在没有适格主体或者适格主体不提起诉讼的情况下，可以向人民法院提起民事公益诉讼。提起行政公益诉讼的试点案件范围包括：检察机关在履行职责中发现生态环境和资源保护、国有资产保护、国有土地使用权出让等领域负有监督管理职责的行政机关违法行使职权或者不作为，造成国家和社会公共利益受到侵害，公民、法人和其他社会组织由于没有直接利害关系，没有也无法提起诉讼的，可以向人民法院提起行政公益诉讼。试点期间，重点是对生态环境和资源保护领域的案件提起行政公益诉讼。

但由于检察机关的国家法律监督机关的特殊职能，根据《检察机关提起公益诉讼改革试点方案》的规定，检察机关以公益诉讼人身份提起民事公益诉讼。民事公益诉讼的被告是实施损害社会公共利益行为的公民、法人或者其他组织。检察机关提起民事公益诉讼，被告没有反诉权。同时还进一步明确，检察机关在提起民事公益诉讼之前，应当依法督促或者支持法律规定的机关或有关组织提起民事公益诉讼。可以看出，检察机关在环境民事公益诉讼的起诉主体中扮演的是"备胎"角色。

行政机关能否提起环境民事公益诉讼目前还没有法律规定。有学者认为，从环境行政职能角度来看，行政机关可以分为环境行政机关和其他行政机关。就其他行政机关而言，由于其职权与编制、预算等均有严格的法定性，参与环境民事公益诉讼可能影响其本身职责的行使，因而不应作为环境民事公益诉讼的原告。[1]而环境行政机关能否作为环境公益诉讼的适格原告，学界存在争议。有学者提出环境行政机关不宜做环境公益诉讼的原告，[2]但从已有的司法判例来看，环境行政机关作为原告的案件绝大多数都取得了较为理想的结果。故此，也有学者认为，应当赋予环境行政机关提起环境民事公益诉讼的资格。[3]

我国法律明确将个人排除在提起公益诉讼的主体范围之外却是不争的事实。当然这种限制也有其理论依据和现实考虑。根据国家代表权论，即只有国家才能代表这种不可分利益，组织的代表权也是国家所委托的，因此必须有法律的规定。[4]从司法实务的角度分析，如果立法不对公民提起公益诉讼

---

〔1〕 张敏纯、陈国芳："环境公益诉讼的原告类型探究"，载《法学杂志》2010 年第 8 期。

〔2〕 理由有：其一，作为法定的环境保护行政主管部门，拥有行政权力来预防和控制"对环境本身的损害"，因而没有必要赋予其提起环境公益诉讼的权力；其二，环保局作为原告提起环境公益诉讼，具有怠于履行行政职责的嫌疑；其三，环保局作为环境公益诉讼的原告，侵害了公民和环保民间组织作为原告的选择权；其四，环保局作为原告提起环境公益诉讼，可能在一定程度上浪费了行政和司法资源。参见王小钢："为什么环保局不宜做环境公益诉讼原告?"，载《环境保护》2010 年第 1 期。

〔3〕 颜运秋、余彦："我们究竟需要什么样的环境民事公益诉讼——最高院环境民事公益诉讼解释《征求意见稿》评析"，载《法治研究》2015 年第 1 期。

〔4〕 ［德］克雷斯蒂安·冯·巴尔：《欧洲比较侵权行为法》（上卷），张宝新、焦美华译，法律出版社 2004 年版，第 468 页。转引自张卫平："民事公益诉讼原则的制度化及实施研究"，载《清华法学》2013 年第 4 期。

的主体资格加以限制，难免会使案件数量大大增加，甚至可能出现"诉讼爆炸"的现象。在我国目前司法资源极其紧张的背景下，这种考虑也是必要的。另外也考虑到在诉讼费用、举证责任等方面公民个体往往处于劣势地位，不具有与垄断行业或组织相抗衡的实力。除此之外，还可能存在担心公民个体在提起公益诉讼时带有私益成分，出现公私不分的情形。[1]但是，我们必须承认，在大多数公益诉讼案件中，公民个人往往既是公共利益的直接受益人，也是公共利益的直接受害者，无论是法律规定的机关还是社会组织，实际上都是基于民众的信托或者委托，在法律规定的范围内行使起诉权。因此，我们就没有理由一概否定公民个人的公益起诉权。无论是西方发达的法治国家，还是发展中国家，公民个体都作为维护社会公共利益的主力军，而被赋予了广泛的诉讼权利。如果我们不将公民个体纳入起诉主体，势必会影响环境公益诉讼在实践中的效能。

其实反对者的意见也不无道理，那么如何防范公益诉权被滥用呢？以美国为例，1972年的《美国洁净空气法》规定任何公民都可以提起公民诉讼；但出于公民诉讼可能被滥用的考虑，2年后的《美国洁净水法》则规定可以提起公民诉讼的公民必须是"其利益被严重影响或有被严重影响之虞者"，这就对可提起公民诉讼的原告范围作了限制。美国对放宽公民诉讼原告范围和防止滥诉作出平衡的第2个机制是"60日提前通知"义务机制，即公民在提起公民诉讼时必须提前60日通知相关政府机关和污染企业。60日的通知期间，给了负有监督、管理职责的行政主管机关和负有直接责任的污染企业一个改过自新的机会，这样可以将大量的诉讼拦截在法院之外，有利于防止滥诉的发生，缓解法院的诉累。

故笔者认为，立法者一概否定公民个人可以提起民事公益诉讼的做法似有不妥，我们可以赋予公民个人尤其是一些具有法律知识的律师提起公益诉讼的资格。但为了防止滥诉的发生，可以借鉴美国的经验建立诸如"提前60日通知"义务制度等一系列平衡机制。[2]同时，如果公民滥用公益诉权，损

---

〔1〕　颜运秋、余彦："公益诉讼司法解释的建议及理由——对我国《民事诉讼法》第55条的理解"，载《法学杂志》2013年第7期。

〔2〕　这种"提前通知"制度与我国现行法上的"事后通知"制度不同。最高人民法院、民政部、环境保护部联合发布的《关于贯彻实施环境民事公益诉讼制度的通知》中第3条规定："人民法院受理环境民事公益诉讼后，应当在10日内通报对被告行为负有监督管理职责的环境保

害他人正当利益的，就将构成侵权行为，应当承担民事侵权责任。通过构建
一系列平衡机制，公民个人在提起公益诉讼时就会持谨慎态度，否则不仅要
承担相应的诉讼费用，还可能承担赔偿损失、赔礼道歉、消除影响、恢复名
誉等民事侵权责任。就诉讼能力而言，法院在审查公民个人提起公益诉讼的
诉讼能力时，也可能将大量的诉讼排除于法院之外。再考虑到我国的诉讼文
化环境，公民个人参与公益诉讼的热情并不太高，与国外法治发达国家相比，
不应过于担忧允许公民个人提起公益诉讼会带来大量诉累。总之，受理和审
查公益诉讼是法院的职能，法院通过审查可以排除公益诉讼诉权的滥用，因
此，担心个人滥用公益诉讼诉权是多余的，[1]在立法上否定公民个人提起公
益诉讼的资格是过于谨慎的做法。

2. 环境公益诉讼的案件管辖

《民诉法解释》第285条的规定："公益诉讼案件由侵权行为地或者被告
住所地中级人民法院管辖，但法律、司法解释另有规定的除外。因污染海
洋环境提起的公益诉讼，由污染发生地、损害结果地或者采取预防污染措
施地海事法院管辖。对同一侵权行为分别向2个以上人民法院提起公益诉讼
的，由最先立案的人民法院管辖，必要时由它们的共同上级人民法院指定
管辖。"

（1）环境公益诉讼案件的级别管辖。由于环境公益诉讼案件具有专业性
强、牵涉利益范围广、社会影响大等特点，有必要确立其独有的管辖规则。
根据《民诉法解释》第285条第1款的规定，民事公益诉讼案件由中级人民
法院管辖。但法律、司法解释另有规定的除外。《环境民事公益诉讼若干问题
解释》第6条第2款规定："中级人民法院认为确有必要的，可以在报请高级
人民法院批准后，裁定将本院管辖的第一审环境民事公益诉讼案件交由基层
人民法院审理。"针对这条规定，有学者表达了"中级人民法院可能恶意适用
该条款，歪曲立法本意"的担忧。[2]如果中级人民法院一审时认为自己不合

护主管部门。环境保护主管部门收到人民法院受理环境民事公益诉讼案件线索后，可以根据案
件线索开展核查；发现被告行为构成环境行政违法的，应当依法予以处理，并将处理结果通报人
民法院。"

〔1〕 张卫平："民事公益诉讼原则的制度化及实施研究"，载《清华法学》2013年第4期。

〔2〕 颜运秋、余彦："我们究竟需要什么样的环境民事公益诉讼——最高院环境民事公益诉
讼解释《征求意见稿》评析"，载《法治研究》2015年第1期。

适审理，那么该院是否适合审理该案件的二审呢？如果该院也不适合二审，那么该案件的二审法院该如何确定？更为糟糕的是，如果该院根本不适合审理该案件的二审，但实际上却审理了二审，则只能通过再审或其他非制度性方法解决，案件纠偏成本明显增大，且容易造成更多的后续问题。鉴于这种情况在法律实施中有实际存在的可能，因此有必要增设条款加以规避。

（2）环境公益诉讼案件的地域管辖。民事诉讼确定地域管辖的标准主要有2个：一是诉讼当事人所在地（尤其是被告住所地）与法院辖区之间的联系；二是诉讼标的、诉讼标的物或者法律事实与法院辖区之间的联系。环境公益诉讼的地域管辖一般情况下也应遵守上述原则，但要分不同情况予以细化。根据《民诉法解释》第285条第1款和第3款的规定，一般情形是由侵权行为地或被告住所地人民法院管辖；如针对同一侵权行为，不同诉讼主体分别向2个以上有管辖权的法院起诉，应由最先立案的人民法院管辖；如有争议，由它们的共同上级法院指定管辖。这是我国立法确定公益诉讼案件地域管辖的一般原则。而关于环境民事公益诉讼的地域管辖问题，学界莫衷一是。一些学者主张，鉴于环境案件的公益性，适用污染行为发生地人民法院专属管辖较为适宜。[1]也有学者主张，由污染环境、破坏生态行为发生地或者损害结果发生地人民法院管辖的特殊地域管辖制度更有利于环境民事公益诉讼案件的审理。[2]最终最高人民法院在《环境民事公益诉讼若干问题解释》第6条第1款中确定：第一审环境民事公益诉讼案件由污染环境、破坏生态行为发生地、损害结果地或者被告住所地的中级以上人民法院管辖。采纳了之前学者提出的环境公益诉讼特殊地域管辖制度的建议。

此外，在地域管辖中还涉及另一个问题，就是跨行政区划的管辖问题。水、空气等环境因素具有流动性，而目前环境监管、资源利用却是以行政区划为界限的，此种行政权力配置与生态系统相割裂的冲突，导致跨行政区划的污染得不到有效解决。党的十八届三中全会提出，要探索建立与行政区划适当分离的司法管辖制度，党的十八届四中全会《决定》进一步提出，要探

---

[1] 参见郭翔："论环境民事诉讼的地域管辖"，载《河北法学》2008年第2期；陈果："环境民事诉讼管辖问题研究"，载《法制与社会》2014年第9期。

[2] 颜运秋、余彦："我们究竟需要什么样的环境民事公益诉讼——最高院环境民事公益诉讼解释《征求意见稿》评析"，载《法治研究》2015年第1期。

索设立跨行政区划的人民法院。为此，最高人民法院《环境民事公益诉讼若干问题解释》专门规定环境公益诉讼案件实行跨行政区划集中管辖，该解释第7条规定：经最高人民法院批准，高级人民法院可以根据本辖区环境和生态保护的实际情况，在辖区内确定部分中级人民法院受理第一审环境民事公益诉讼案件。中级人民法院管辖环境民事公益诉讼案件的区域由高级人民法院确定。

（3）环境公益诉讼案件的专属管辖。专属管辖，是指法律特别规定某些类型的案件只能由特定的人民法院行使管辖权的一种排他性管辖制度，它是我国民事诉讼中强制程度最高的一种管辖种类。由于大多数海事案件（如船舶碰撞损害赔偿案件、海洋环境污染损害赔偿案件和共同海损分摊案件等）均涉及复杂的专业技术性问题，因此将这些海事案件交由具备航海经验及精通专业知识的法官进行审理，更能体现专业性和准确性。据此我国《民事诉讼法》、《海事诉讼特别程序法》均规定了海事法院的专属管辖权。《民诉法解释》第285条第2款也规定：因污染海洋环境提起的公益诉讼，由污染发生地、损害结果地或者采取预防污染措施地海事法院管辖。这也是立法对针对海洋环境污染损害赔偿提起公益诉讼的特殊性给予的积极回应。

目前，我国已在大连、天津、青岛、上海、宁波、厦门、广州、北海、海口和武汉设立了10家海事法院，对海事纠纷案件实行专门管辖。一般情况下，海事法院与地方法院在受案范围上彼此互不相容，具有排他性。但由于我国海事法院的设置完全打破了行政区域的格局，在全国也存在不止一个具有海事管辖权的法院，当海事案件出现众多连接点时，管辖权的积极或消极冲突便不可避免。另外，涉及海洋环境污染损害赔偿的案件，既包括就海洋环境容量、自然资源损失索赔提起的海洋生态公益诉讼，又包括因污染海域导致渔民、养殖户的捕捞收入、养殖收入减少而提起的私益诉讼。根据相关法律的规定，当事人被充分赋予了协议选择管辖法院的权利和自由。在这种情形下，各海事法院应明确规定统一的管辖原则，这样即便出现选择管辖的情形，也能遵守固定的选择规则而不至于产生任意起诉的现象。另外，对于海事法院专属管辖的海事纠纷案件，其对应的上诉法院为高级人民法院，而各地高级人民法院并不设专门的海事上诉法庭，其上诉案件是由高级人民法院相关业务庭负责审理的。这样，海事诉讼专属管辖的格局在上诉审中就得不到体现，就不能满足海事案件审理的特殊要求。鉴于海洋环境公益诉讼案件也将涌入海事法院的大门，海事法院审理案件的数量势必会增加。就我国海事诉讼管辖制度的现状，在高级人民法院内部设置海事上诉法庭，专门处理专业性高、案情复杂的一审海事案件和海事上诉案件，应是完善我国环境公益诉讼管辖制度的一个选择。

3. 环境公益诉讼案件的起诉和审理

（1）起诉。根据《民事诉讼法》第55条之规定提起公益诉讼，符合下列条件的，人民法院应当受理：①有明确的被告；②有具体的诉讼请求；③有社会公共利益受到损害的初步证据；④属于人民法院受理民事诉讼的范围和受诉人民法院管辖。由于环境公益诉讼和私益诉讼属于相互独立的诉，因此公益诉讼不应影响公民、法人和其他组织依法提起私益诉讼，这样就可以避免出现以涉及公益为名将私益诉讼拒之门外的现象。据此，《民诉法解释》第288条规定：人民法院受理公益诉讼案件，不影响同一侵权行为的受害人根据民事诉讼法第119条规定提起诉讼。同时，鉴于合并审理不仅不能提高诉讼效率，还会使诉讼过分拖延，公益诉讼和私益诉讼一般不宜也不能合并审理。最高人民法院在《环境民事公益诉讼若干问题解释》第10条第3款中就规定，公民、法人和其他组织以人身、财产受到损害为由申请参加环境民事公益诉讼的，人民法院应告知其另行起诉。另外，《民诉法解释》第291条还规定：公益诉讼案件的裁判发生法律效力后，其他依法具有原告资格的机关和有关组织就同一侵权行为另行提起公益诉讼的，人民法院裁定不予受理，但法律、司法解释另有规定的除外。

检察机关在提起民事公益诉讼前需要经过"诉前程序"，即在提起公益诉讼之前应当依法督促或者支持法律规定的机关或有关组织提起民事公益诉讼。法律规定的机关或者有关组织应当在收到督促或者支持起诉意见书后1个月内依法办理，并将办理情况及时书面回复检察机关。经过"诉前程序"，法律规定的机关和有关组织没有提起民事公益诉讼，社会公共利益仍处于受侵害状态的，检察机关方可以提起民事公益诉讼。检察机关提起民事公益诉讼，被告没有反诉权。

（2）审理。关于环境公益诉讼案件的具体审理程序，法律并未单独规定而应遵循《民事诉讼法》的一般性规定。对于环境公益诉讼的和解与调解问题，实践中存在较大争议。反对者认为，民事诉讼中的和解与调解制度都是以当事人对自己的实体权利和诉讼权利可以处分为前提的，而公益诉讼是为了公共环境利益而提起的，起诉主体非公共环境利益的完全或实体代表，因此对环境公益诉讼案件的实体问题不应享有处分权，如果允许和解与调解可能损害公共利益。且环境公益诉讼一般情形下不涉及赔偿问题，也就不存在双方之间就赔偿数额进行和解与调解的问题。基于此，应该得出原告不得与公益诉讼的被告人进行和解和调解的结论。[1]但也有不少学者主张，调解是民事诉讼的一项基本原则，其本身就要求不管是"公益诉讼"还是"私益诉讼"均不得损害社会公共利益。因此，在不损害公共利益的前提下，公益诉讼原则上仍然可以适用调解。况且，在民事诉讼的实践中，和解与调解的内容并不仅限于赔偿问题，也可能就采取恢复原状、消除妨碍、消除危险等措施进行。最终《民诉法解释》肯定了公益诉讼的和解与调解，第289条规定：对公益诉讼案件，当事人可以和解，人民法院可以调解。当事人达成和解或者调解协议后，人民法院应当将和解或者调解协议进行公告。公告期间不得少于30日。公告期满后，人民法院经审查，和解或者调解协议不违反社会公共利益的，应当出具调解书；和解或者调解协议违反社会公共利益的，不予出具调解书，继续对案件进行审理并依法作出裁判。从《民诉法解释》的上述规定可以看出，对当事人达成的调解协议或和解协议进行公告并依职权对协议的内容进行审查，体现了法律对当事人的处分权进行适度限制的原则。为了实现公共利益的最大化，对此也有实务部门的同志强调，法院对公益诉讼进行调解时，需要与行政部门、有关组织等相关职能部门进行充分协调。[2]

（3）撤诉。撤诉是法律赋予当事人的一项重要的诉讼权利，也是处分权在诉讼程序中的具体表现。因此，原告向法院提起诉讼后，有权撤回起诉。人民法院应当尊重并保障当事人对这一权利的行使。但为了防止当事人对诉权的滥用，也为了保障司法资源的高效运行，世界上大多数国家都对当事人申请撤诉设置了一定的限制，从撤诉的主体、撤诉的意思表示、提出撤诉的时间、提出撤诉的方式等方面都作出了明确规定。对于撤诉是否须经法院同意，大陆法系国家一般认为，原告撤回起诉，无需征得法院许可，撤回起诉

---

〔1〕 张卫平："民事公益诉讼原则的制度化及实施研究"，载《清华法学》2013年第4期。

〔2〕 李相波："新民事诉讼法适用中的相关问题"，载《国家检察官学院学报》2014年第2期。

与否，完全由当事人自己决定，除必须征得被告的同意外，法院对撤诉的职权干预较少；而英美法系国家较大陆法系国家更强调法院对当事人的干预，如英国法规定，如果法院已经签发临时性禁令，或者当事人已经向法院提供担保，则原告撤诉需经过法院准许。对于撤诉的被告同意原则，如果原告在被告答辩或提交书面答辩状后撤诉的，须经被告同意。对此，两大法系国家均无异议。根据我国《民事诉讼法》第 145 条的规定：宣判前，原告申请撤诉的，是否准许，由人民法院裁定。人民法院对于当事人的撤诉申请，必须依法进行审查，是否属于规避法律的适用，是否损害国家、集体或他人的合法权益以及是否为社会道德所不容。审查后，作出准予撤诉或不准予撤诉的裁定。《民诉法解释》第 238 条第 2 款进一步明确：法庭辩论终结后原告申请撤诉，被告不同意的，人民法院可以不予准许。但即便受撤诉的被告同意原则的限制，鉴于公益诉讼的特殊性，对公益诉讼原告申请撤诉应该给予一定的限制。所以《民诉法解释》第 290 条对此予以了明确规定，公益诉讼案件的原告在法庭辩论终结后申请撤诉的，人民法院不予准许。

　　笔者认为，虽然我国环境公益诉讼有了法律依据，但单靠现行《民事诉讼法》及有关司法解释的规定，还难以保证公益诉讼规范、有序地开展。实践中环境公益诉讼案件的类型多种多样，其中涉及的程序性问题也不少。比如环境公益诉讼与民事诉讼、行政诉讼交织问题的处理以及环境民事公益诉讼与环境行政公益诉讼衔接的问题等，[1] 诸多环节并未予以解决，这些问题都是建立并完善我国环境公益诉讼制度的重中之重，还有赖于学术界和实务部门的进一步研究和探索。

　　（五）探索建立环境公益诉讼的激励机制

　　原告提起环境公益诉讼是为了维护公共利益，如果因为诉讼成本问题而使权利得不到救济，显然是不合理的。借鉴世界上法治发达国家的公益诉讼

---

〔1〕　例如，在中华环保联合会诉贵州好一多乳业股份有限公司超标排放工业污水一案中，由于案件需要，联合会向修文县环境保护局提出申请，要求公开好一多公司的排污许可证、排污口数量和位置、排放污染物种类和数量情况、经环保部门确定的排污费标准、经环保部门监测所反映的情况及处罚情况、环境影响评价文件及批复文件、"三同时"验收文件等有关环境信息。环保局一直未答复。联合会遂提起行政诉讼，要求判决修文县环保局公开相关信息。法院判决认为，原告申请信息公开的程序、内容和形式均符合法律规定，贵州省修文县环保局应将上述信息向原告公开。

经验并结合我国实际，可从以下几个方面来探索建立环境公益诉讼的激励机制：

1. 设立公益诉讼基金

设立公益诉讼基金，在国际上有许多成功的做法，我国目前也有实践。[1] 公益诉讼基金应当开设专门的公益诉讼基金账户，由专门机构进行管理。原告提起公益诉讼，在公益诉讼费用方面可以申请获得基金支持。公益诉讼基金资金来源可包括以下几类：一是政府财政拨款；二是公益诉讼被告的一定比例的非法收入或罚金、罚款，即在之前公益诉讼中，追缴侵害公共利益的被告的非法收入或罚金、罚款时，可将其中一定比例的资金纳入公益诉讼基金；三是公益诉讼基金孳息，主要是指基金存放在金融机构所获得的利息以及通过其他运作方式所获得的增值收入；四是其他资金，主要是指社会捐助。

2. 对胜诉原告进行物质奖励

其实在公益诉讼中，诉讼费用方面的种种有利于原告的制度设计，就是一种对原告提起公益诉讼的鼓励措施，其中对胜诉原告进行物质奖励则是更进一步的鼓励措施。古罗马法的市民法就曾规定：公职人员提起公益诉讼获得法庭判决支持的，被告所支付的罚金，归国库，但起诉者可以得到一定的奖金；市民提起公益诉讼成功的，罚金归起诉者所有。在美国，对公益诉讼胜诉原告进行物质奖励，最典型的就是"公私共分罚款之诉"。[2] 也许有人

---

〔1〕 2015年1月4日，民间环保组织——自然之友在京宣布，新环保法实施后的首例环境公益诉讼案件获得立案，并正式启动"环境公益诉讼支持基金"。环境公益诉讼支持基金是自然之友"环境公益诉讼行动网络"项目的重要组成部分，在阿里巴巴公益基金会的支持下发起成立。用于资助和支持民间环保组织提起环境公益诉讼，提高环保组织的诉讼能力，从而推动环境公益诉讼制度的真正落实。基金第一轮资助重点范围是拟提起诉讼案件的前期费用，包括前期调研、取证、聘请专家等费用，确保拟提起的环境公益诉讼案件的前期调研活动及时开展。基金采取滚动支持模式，即该基金资助的个案获得胜诉并被判获得相应的办案成本补偿的，基金支持的办案成本部分应回流至该项基金，用于滚动支持下一个公益诉讼个案。"2015环境公益诉讼第一案获基金支持"，载《中国经济导报》2015年1月10日，第C02版。目前，海南、昆明、无锡、龙岩等地法院已经建立了公益诉讼专项资金制度。全国人大代表吴青在2016年两会上也提议设立环境公益诉讼专项资金制度，参见法制日报："全国人大代表吴青建议设立环境公益诉讼专项资金制度"，载 http://finance.sina.com.cn/sf/news/2016 - 03 - 03/181322671.html，最后访问日期：2016年3月12日。

〔2〕 按照美国《反欺骗政府法》的规定，个人提起"公私共分罚款之诉"时，如果胜诉的话，将有资格与政府一起共分由被告人支付的罚款，这即是一种对原告的奖励。

会担心设立这样的制度会引发滥诉现象，对此没有必要过于担心。因为原告提起公益诉讼之前势必会进行一定的调查工作，并对诉讼成功的概率进行风险评估，一旦败诉不仅要承担一定数额的诉讼费用，而且如果原告恶意提起公益诉讼，还可能承担其他民事责任。因此，作为理性人，原告在提起公益诉讼时会进行一定的权衡，不会轻易提起公益诉讼。

3. 建立政府支持公益诉讼的相关措施

这些措施包括：①政府机关可以作为"法庭之友"参与诉讼，对案件中的疑难法律问题陈述意见并提请法院注意某些法律问题；[1]②建立法律援助项目和公益法律事务所，为提起公益诉讼的个人原告代理诉讼；③通过财政拨款的方式支持公益诉讼基金。

4. 设立特别的费用转移制度

为了鼓励提起公益诉讼，可以变通普通民事诉讼的诉讼费用承担方式，规定在公益诉讼中原告胜诉方可以获得被告支付的律师费和部分诉讼费。

5. 建立诉讼保险制度

诉讼保险又称法律费用保险，是指投保人通过购买确定的险种（法律费用险或诉讼险），在自己与他人发生民事诉讼时，由保险公司通过理赔方式向投保人支付诉讼费用的保险制度。这种保险制度起源于 19 世纪的法国，但就其发展现状来说，目前欧美国家中最为发达的是德国，亚洲国家中当数日本。[2]由于诉讼保险在我国还比较陌生，该项制度如何设计还有待探讨。

二、环境污染纠纷解决之非诉讼机制

（一）域外国家环境污染纠纷解决的 ADR 机制

美国在 20 世纪 70 年代初便尝试将 ADR 运用于环境纠纷解决，以满足人们低成本（Efficiency Concerns）和高效益（Quality Concerns）解决纠纷的需

---

〔1〕 该意旨在 2015 年 1 月 7 日起施行的最高人民法院《关于审理环境民事公益诉讼案件适用法律若干问题的解释》第 11 条的规定中有所体现，该条规定："检察机关、负有环境保护监督管理职责的部门及其他机关、社会组织、企业事业单位依据民事诉讼法第 15 条的规定，可以通过提供法律咨询、提交书面意见、协助调查取证等方式支持社会组织依法提起环境民事公益诉讼。"

〔2〕 罗筱琦："诉讼保险制度再探"，载《现代法学》2006 年第 4 期。

要。[1]这一时期最为经典的环境纠纷调解案例当属美国华盛顿州斯诺夸尔米河（Snoqualmite River）是否应该建设大型水坝的争议。[2]诚然，非诉讼解决纠纷方式在环境争端中被广泛采用，也得益于美国政府的大力支持和积极推动。[3]从20世纪80年代开始，为了使环境纠纷调解制度更加专业化、规范化，美国一些州政府积极推动管制性协商的调解模式。有些州甚至制定法律，规定在发生环境争议时，应采用调解解决。如有毒物质掩埋场的选定产生冲突的，就需要通过这种方式解决。在这一时期，美国至少有10个州成立了环境纠纷调解组织，如维琴尼亚大学的环境协商研究所、波士顿的英格兰公害纠纷调解中心等。[4]目前在美国，环境纠纷主要采用ADR解决，环境ADR程序（即EADR，Environmental Alternative Dispute Resolution）已成为美国环境法中不可或缺的纠纷解决方式。美国EADR分为两类：一类属于基本型，包括谈判、调解、仲裁、分配、事实发现[5]等5种方式；另一类是混合型，主要是将前面5种形式进行综合。由于环境纠纷多具有群体性、专业性等特征，为了保证EADR程序的公正和透明，参与谈判的当事人一般会先分为团体然后选出代表，通过召集会谈、公开会、设观察员、正式批准等相结合的方式取得公众认可。

日本的环境纠纷解决模式很具有本国特色，首先是公害防止协定，这是

---

〔1〕 Lawrence Bacow and Michael Wheeler, *Environmental Dispute Resolution*, Plenum Press, 1984, pp. 270 - 272.

〔2〕 1970年华盛顿州经过一场大暴雨，美国工程局欲在易发洪水的斯诺夸尔米河上建一大型水坝。这一计划虽然受到当地居民、开发商和农民的支持，却遭到环保组织和一些社团的反对，因为建设大坝将导致城市扩展、扰乱河流河道等破坏生态平衡的情况发生。最终州长邀请考密克（Cormick）先生和麦卡锡（McCarthy）女士作为调解员。1973年，调解员在咨询和沟通了环境专家、律师、工业代表及行政官员后认为，由于双方意见分歧较大，对抗性纠纷解决方式在该案中难以发挥效用。他们探索将诸多谈判技巧运用到该案中以求更便捷有效的解决。经过7个月的艰苦谈判，这份协议最终得到双方当事方同意并送由州长签字认可。自此，环境纠纷的ADR解决方式逐渐引起美国各界的广泛关注。

〔3〕 American Policy Review Advisory Commission, Seeking Solutions: Exploring the Applicability of ADR for Resolving Water Issues in the West, *Report to the Western Water*, 1997 (5).

〔4〕 参见周杰、张琴："环境纠纷ADR模式探讨"，载《污染防治技术》2004年第1期。

〔5〕 该项方式主要是为了认定事实，却不解决纠纷。事实发现者可以运用非正式的程序去搜集必要的信息，但当事人可以约定若纠纷进入更正式的法定程序中，双方当事人所认定的事实构成既定事实。

日本政府或居民团体同环境公害企业达成的一项基于公害发生前后给予救济的处理制度。[1]其次是通过《公害纠纷处理法》设立的调停（斡旋）、调解、仲裁和裁定等公害纠纷解决途径给予迅速而便捷的解决。其中裁定由公害等调整委员会作出，分为责任裁定和原因裁定两种。此外还设有公民公害苦情投诉，由都道府县设置的公害投诉员予以接待、调查公害的实际情况，并对当事人进行帮助、斡旋和指导等。在日本，有关环境纠纷解决的另一个值得关注的制度是公害纠纷行政救济制度。日本于 1973 年 10 月颁布了《公害健康被害补偿法》（"旧补偿法"），于 1987 年 9 月部分修改了"旧补偿法"并更名为《有关公害健康被害补偿等的法律》（称为"新补偿法"），确立了公害健康被害补偿制度，对被害人救济条件、补偿给付的种类、资金来源等作了明确规定。这项制度从中央到地方都建立了相对完善的救济程序，使其处理纠纷的效率和满意度丝毫不逊色于诉讼程序。

在英国，法院为了尽量维持其作为司法机关的纯洁性和裁判的权威性，并不像美国法院那么过多地介入 ADR 机制，而主要侧重于为 ADR 的自足性与自治性运行提供有效的支持。但近年来，英国法院也在积极探索利用民间 ADR 的资源以及鼓励当事人通过民间 ADR 解决环境纠纷，并给予必要的资金援助。如英国法律援助委员会下属的诉讼费用与上诉委员会于 1998 年 10 月作出了一项决定，确认在计算报酬时应该把作为法律援助代理人的律师因参加调解而花费的时间计算在内。同样法律援助资金也可以适用于包括调查、仲裁、早期中立评估、调解在内的 ADR 方法。这项规定无疑大大消除了某些阻碍环境纠纷寻求 ADR 解决的消极因素。

（二）我国环境纠纷解决之 ADR 机制：借鉴与完善

近年来，伴随着经济的快速发展，我国环境保护问题频发，环境纠纷日益增多，但大量环境纠纷却无法通过司法程序予以解决。自 2007 年贵阳清镇市人民法院成立我国第一家环保法庭以来，迄今已有 16 个省（区、市）设立了 134 个环保法庭、合议庭或巡回法庭。但由于受起诉条件要求严、证明责

---

[1]　所谓公害防止协定，是指污染性或生态破坏性设施者或行为者，与厂址地或行为涉及地的环境行政机关或当地的居民团体，就环境影响的设施或行为在有关的技术规范、标准、补偿措施、社区关系以及环境纠纷处理等事项，共同约定并遵守的书面协议。参见台湾研究基金会编辑部：《环境保护与产业政策》，前卫出版社 1994 年版，第 118 页。

任难度大、司法鉴定费用高，以及诉讼风险大、执行难等问题的制约，一方面大量试点法庭无案可审；另一方面受害人又因司法渠道不畅，而被迫选择极端方式进行维权，进而演变为环境群体性事件。

在西方一些国家，ADR 方式的比较优势也使其成为解决环境纠纷的主要途径。那么通过 ADR 方式解决环境纠纷的优势体现在哪些方面呢？美国学者宾厄姆（Bingham）和海古德（Haygood）认为：衡量环境 ADR 的成效主要有下述四种途径：达成合意的数量；所达成合意的执行程度；运用替代性纠纷解决方式的成本；解决环境纠纷花费的时间。[1]而在我国实践中，ADR 的表现并不乐观，无论从纠纷解决的数量还是纠纷解决的效果看，都未能最大限度地发挥出 ADR 机制解决环境纠纷的优势。目前我国解决环境纠纷的方式除了诉讼之外，非诉讼方式有协商、人民调解、民间仲裁和行政处理方式四种类型。但据报道，公民还是以向环保部门投诉为主，多是依靠职能部门的查处，诉讼方式和民间 ADR 化解环境纠纷的比重都偏低。以重庆为例，2012 年环境行政机关受理投诉 12 000 件，一审受理环境案件 89 件，约占 0.007%；2013 年环境行政机关受理投诉 14 000 件，一审受理环境案件 150 件，约占 0.01%。[2]在全国范围内，"十一五"期间，我国环境信访案件就达 30 多万件，但其中诉讼案件不足 1%。可见，在现实中，多元化的纠纷解决体系并未实现当事人纠纷解决途径的多元化选择。对于这种现象的解释，普遍的第一回应在于"理念"：一是老百姓对于行政权威的迷信；二是国家对法治观念的宣传强调法律规则的权威，导致对社会和民间自治的轻视。诚然，笔者认为这种解释有一定的道理。但除了理念层面的问题，我们最应该反思的是制度设计上的瑕疵和缺陷。首先，法律规定本身对行政机关的授权不够充分、清晰，导致在处理环境纠纷时，不同主体之间的职能出现交叉和重叠。其次，我国整个多元化纠纷解决机制之间缺乏协调性、互动性，单打独斗，影响效率，也给当事人造成了不必要的负担。如行政机关在处理由于环境污染而导致的赔偿责任和赔偿金额时，对于当事人提出的健康和居住环境受到影响的

---

〔1〕 Stukenborg C. , "The Proper Role of Alternative Dispute Resolution（ADR）in Environmental Conflicts", *Dayton Law Review*, 1993 – 1994, p. 1334.

〔2〕 唐中明、董妮佳："环境纠纷在增多 起诉的才 0.01%", 载《重庆晚报》2015 年 2 月 10 日，第 18 版。

诉求,行政手段就无法解决,当事人只能自行选择处理方式,结果往往是不了了之。最后,由于欠缺制度上的支持,我国民间 ADR 活力不足,制约着环境 ADR 机制在实际中的发展。因此,如何重视引入社会参与,激发社会参与环境保护与治理的活力,着重推行环境纠纷解决的非诉讼机制,并在立法上给予充分的制度保障应是我们下一步需要特别关注的。

笔者认为,首先,需要完善环境纠纷多元化解决机制的顶层设计。强调司法规范和制裁的作用,同时引入调解、中立评估、行政性实质审查、专家意见参考等多种解决方式。当发生环境纠纷时,当事人可以选择一种最佳的 ADR 方式来解决纠纷。其次,可以借鉴日本的公害防止协定,由企业与居民或政府签署工业生产污染排放标准与污染损害赔偿契约,以防止污染发生之后双方在损害赔偿方面纠缠不清。再次,改造我国环境信访制度,设立信访专员,授以信访专员对公民的环境污染投诉进行调查、受理的权力。复次,借鉴美国一些州的做法,由政府积极推动,设立强制性协商的环境纠纷解决模式。可以尝试在废弃污染物处理、大型工业设施建设等分歧大、影响广的环境纠纷领域设置先行调解处理机制。最后,以基层组织为依托,成立环境污染纠纷调解委员会,可以聘请相关领域的专家以及环保、农业、林业、渔业、司法等有关部门的现职或退休工作人员担任委员,由政府给予财政支持。

第十章

体育纠纷的解决机制

就国内外现有体育纠纷解决机制而言，大体可以分为内部解决机制和外部解决机制两大系统。内部体育纠纷解决机制是体育行业内部对体育纠纷的解决，包括内部的调解、仲裁、纪律处罚、裁决等，适应了专业性、技术性、时效性、竞赛规则的统一性等体育纠纷解决的要求，也能够较好地维护体育行业自治；外部体育纠纷解决机制则是依据国家立法，通过行政、司法等方式，从体育行业外部介入体育纠纷的解决，包括调解、仲裁、诉讼等，适应了纠纷解决的独立性、中立性、公正性的要求，也保证了国家司法的统一性和权威性。

一、体育仲裁——体育纠纷解决的关键制度

（一）问题的提出

《仲裁法》确立了我国的基本仲裁制度，一般称之为民商事仲裁法，其适用于除婚姻、收养、监护、扶养、继承，以及依法应当由行政机关处理的行政争议以外的平等主体的公民、法人和其他组织之间发生的合同纠纷和其他财产权益纠纷。鉴于特殊领域争议的特殊性，我国在《仲裁法》确立的基本仲裁制度的基础上又建立了劳动争议仲裁、人事争议仲裁等特殊仲裁制度。劳动争议仲裁是根据《劳动争议调解仲裁法》，解决用人单位与劳动者之间发生的劳动争议的仲裁；人事争议仲裁是根据《人事争议处理规定》，解决实施《公务员法》的机关与聘任制公务员之间、参照《公务员法》管理的机关（单

位）与聘任制工作人员之间，因履行聘任合同而发生的人事争议的仲裁。〔1〕

　　按照我国《体育法》第33条的规定，"在竞技体育活动中发生纠纷，由体育仲裁机构负责调解、仲裁。体育仲裁机构的设立办法和仲裁范围由国务院另行规定。"我们可以认为：体育纠纷中的竞技体育纠纷应当适用特殊的仲裁制度即体育仲裁制度，而其他体育纠纷则可以根据情况适用其他仲裁制度。但遗憾的是，1995年《体育法》所规定的体育仲裁制度在20年后的今天仍未见端倪。在《体育法》面临全面修改之际，一些体育法专家、学者再次呼吁国家应建立体育争议仲裁制度，并建议对体育仲裁的性质、地位、职能以及仲裁规则等内容作出明确规定，以便由纸面法律向行动法律转变，及时、公正地解决体育纠纷，保障当事人的合法权益。〔2〕

　　（二）体育仲裁的类型

　　根据目前世界各国以及一些国际组织的通常做法，体育仲裁有以下几种类型：

　　（1）在体育协会内部建立常设性机构，并由其进行体育仲裁。这种方式的弊端在于，当体育纠纷的主体为体育组织时，人们很难相信仲裁机构在处理纠纷时的独立性和公正性。所以一般做法是将这类纠纷直接交由普通法院进行审理，但这样就未体现出体育仲裁机构的特殊作用。

　　（2）国际体育仲裁机构进行的体育仲裁。国际奥委会于1984年在瑞士洛桑设立了体育仲裁院（Court of Arbitration for Sport，简称CAS），国际体育仲裁院由两个机构组成，分别是国际体育仲裁委员会（International Council of Arbitration for Spor，简称ICAS）和CAS本身，另外还设立了CAS分部及临时仲裁处。目前国际体育仲裁院已经成为世界上最具影响力的国际体育仲裁机构，其管辖范围包含了世界上所有的奥林匹克单项体育协会，甚至成为国际奥委会指定的受理产生于或关联于奥运会的一切赛事争议之唯一机构。〔3〕一般情

---

〔1〕《人事争议处理规定》虽然规范名称没有"仲裁"字样，但它是根据《公务员法》等法律法规制定的，规定了解决人事争议的协商、调解、再调解、仲裁、诉讼等各种处理方法，其中的人事争议仲裁委员会通过仲裁解决人事争议即属于仲裁的范围。

〔2〕田思源："《体育法》修改的核心是保障公民体育权利的实现"，载《天津体育学院学报》2011年第2期。

〔3〕张春燕、张春良："CAS奥运会特设仲裁庭审模式研究"，载《天津体育学院学报》2008年第1期。

况下，国际体育纠纷案件中具有很大影响力的部分案件会交由 CAS 裁决。[1]

（3）一般仲裁机构进行的体育仲裁。由于体育纠纷的特殊性，普通的仲裁机构难以真正做到完全受理体育仲裁案件。

（4）在体育比赛中设立临时性机构，并由其进行体育仲裁。即在比赛期间设立临时仲裁机构处理在比赛过程中发生的体育纠纷，赛事结束临时仲裁机构即解散。这是目前国际大型赛事中的通常做法，比如 2008 年北京奥运会，ICAS 按照惯例在北京设立了，由包括 2 名华人律师在内的来自国际体育仲裁院的 12 名仲裁员组成的北京奥运会临时仲裁庭，解决了 6 起发生在北京奥运会期间的体育纠纷。

（三）我国建立独立的竞技体育仲裁制度的必要性

1. 体育纠纷的解决需要体育仲裁制度

（1）竞技体育纠纷的特殊性决定了体育仲裁机制的不可或缺性。鉴于竞技体育纠纷专业性强的特点，我们不能要求法官在解决体育领域内特有问题的时候（如兴奋剂问题、球员转会问题等），能够达到专门体育仲裁机构的标准，同时法院较之于体育组织在机构性质、裁判方式等方面也都有很大不同。竞技体育纠纷除了专业性强之外，还有时效性强的特点，如果按照法院的正当程序进行相应的裁判，往往不能实现实质意义上的公平正义。

（2）建立体育仲裁制度是体育运动国际化融合的需要。近几十年来，体育赛事已经成为国际交流的一种重要方式，而体育运动不可避免地带来了大量的体育纠纷。国际奥委会于 1984 年成立了国际体育仲裁法庭，之后许多国家结合本国具体情况，建立了符合本国国情的体育仲裁制度。中国的体育事业要朝国际化的方向发展就必须更好地融入奥林匹克大家庭，因此，建立具有中国特色的体育仲裁制度就显得尤为重要了。

（3）体育仲裁是完善我国体育纠纷解决机制的重要内容。我国需要从体育大国迈向体育强国。体育强国是评价一个国家综合体育实力的指标，包括国民体质、竞技体育运动成绩、体育产业占国民生产总值的比例以及一整套完善的体育管理机制等，而在体育管理机制当中很重要的一环便是体育纠纷解决机制，而体育仲裁又无疑是其中至关重要的一部分。所以体育仲裁制度直接关系到体育纠纷的处理和我国体育事业的健康发展。

---

〔1〕 刘想树主编：《国际体育仲裁研究》，法律出版社 2010 年版，第 39 页。

2. 其他仲裁制度不能满足体育仲裁的特殊需要

体育纠纷需要通过仲裁解决，那是否可以适用现有的仲裁制度呢？体育仲裁的民间性使其难以归入行政仲裁的范畴；体育关系中的行政管理关系使其无法适用以"平等主体"为前提条件的《仲裁法》的民商事仲裁；竞技体育的专业性和技术性使一些纠纷难以适用劳动争议仲裁。所以其他仲裁制度不能完全满足体育仲裁的特殊需要。

虽然我国体育纠纷有通过其他仲裁予以解决的情况。如 2003 年，被称为"甲 A 第一案"的黎兵、高健斌、魏群、姚夏和徐建业"川足五虎"状告大河俱乐部，要求俱乐部支付拖欠的总额为 204 万元的劳动报酬，而向成都市劳动争议仲裁委员会提出的劳动争议仲裁案；2009 年深圳足球俱乐部队员要求该俱乐部和深圳市足协按照劳动法的规定支付工资及相应经济补偿金等总计 398.196 万元，而向深圳市劳动争议仲裁委员会申请的劳动争议仲裁案；2011 年球员兰一状告欣宝俱乐部欠薪而向都江堰劳动争议仲裁委员会提出的劳动争议仲裁案；2015 年成都天城俱乐部球员和工作人员集体讨薪的劳动争议仲裁案，等等，即属于劳动争议仲裁。再如 2016 年中国足协综合部副主任、财务主管苏小春诉国家体育总局足球运动管理中心，请求继续履行聘用合同、支付工资等的人事争议案，就是体育管理机构中的聘任制公务员与其所在机关之间因履行合同而发生的人事争议，适用《事业单位人事管理条例》、《人事争议处理规定》等予以解决，属于人事争议仲裁。但这些仲裁适用范围狭窄，其中的人事争议仲裁更是仅限于公务员的聘任合同之争，与体育纠纷关系不大，最终导致更多的体育纠纷被排斥于国家仲裁体系之外。

体育仲裁和其他仲裁相比具有其独特性：①体育仲裁对时间有特殊要求。与诉讼相比，仲裁具有快速解决纠纷的优势，特别是在处理一些涉及专业性事项的纠纷时，体育仲裁较之于其他仲裁需要更高的仲裁效率。像商事合同纠纷中的一方当事人请求仲裁机构裁决另一方当事人在合同到期或交易完成后继续履行合同的仲裁，并无时间上的特殊要求，但这在体育纠纷仲裁中是不可想象的。②体育仲裁的自愿性受限。国外的体育仲裁条款一般在运动员参赛前已经规定在参赛章程中，所以体育仲裁的启动大多是依据协会或运动章程，而非仲裁协议。此时当事人没有选择仲裁地点和机构的权利，最终的结果往往是接受仲裁获得参赛资格或者放弃参加比赛。③仲裁机构组成人员需要体育专业人士。除满足一般仲裁人员应具备的条件外，体育仲裁的仲裁员还必须具有体育方面的专业知识，这样才能应对体育领域内发生的一些涉及技术层面的问题。④体育仲裁的特殊效力。在普通仲裁中，当事人若对仲裁结果不服，可以向法院起诉要求撤销仲裁裁决。而在体育仲裁中，对于诸如运动员是否能够继续参赛等一些时效性很强的体育纠纷仲裁裁决，即使当事人不服而诉诸法院，由于比赛已经结束，撤销既已毫无意义，故法院不会予以撤销。从这个角度来讲，体育仲裁裁决的效力比普通仲裁裁决的效力更加稳定。

（四）我国建立竞技体育仲裁制度的设想

根据我国《体育法》第 33 条的授权，"体育仲裁机构的设立办法和仲裁范围由国务院另行规定。"即法律授权国务院通过行政法规建立体育仲裁制度。但由于我国体育仲裁制度迟迟未能建立，2000 年出台的《立法法》及其2015 年的修订，都将仲裁制度纳入了法律保留范围，即仲裁制度只能由最高国家权力机关全国人大及其常委会以法律的形式创设，国务院无权通过行政法规设立仲裁制度。由此《体育法》关于体育仲裁制度的"授权立法"违背了《立法法》关于仲裁制度的"法律保留"规定，《体育法》的相关规定自然失去了法律效力。[1] 显而易见，体育仲裁制度由原来的期待国务院立法上升为只能由全国人大及其常委会通过法律立法，这将使体育仲裁立法变得更加困难。但同时，体育仲裁法律一旦制定，必将在更高层级立法的推动下，更好地实现体育纠纷的有效解决。体育仲裁制度的内容涉及方方面面，这里仅就几个主要问题予以阐述。

1. 建立独立的体育仲裁机构

将该独立的体育仲裁机构命名为"中国体育仲裁委员会"，英文名称为"Chinese Committee of Arbitration for Sport"，即 CCAS。"中国体育仲裁委员会"应与行政部门实行分离，完全独立运行，以确保该机构的中立性及仲裁结果的公正性。从当前国际体育仲裁的发展趋势来看，不论是国际体育仲裁院还是各国设立的体育仲裁机构，均为民间性的、独立的体育纠纷解决机构。"中

---

〔1〕 也有学者认为，《立法法》所规定的仲裁制度的法律保留，应理解为"基本的仲裁制度"而并非所有与仲裁有关的立法，而体育仲裁立法不属于国家基本的仲裁制度，由国务院通过制定《体育仲裁条例》这一行政法规确立是可行的，《体育法》关于体育仲裁立法的规定与《立法法》并无冲突。高升、陆在春、金涛："社会转型视角下体育纠纷解决机制研究——兼论ADR 机制的应用与完善"，载《天津体育学院学报》2011 年第 3 期。

国体育仲裁委员会"的组建应符合《仲裁法》有关住所、独立的财产和仲裁员等的相关规定。仲裁员的素质直接决定了体育仲裁制度的成功与否，所以培养一批高素质的专业仲裁员至关重要。结合我国国情，仲裁员可以由专职仲裁员与聘任仲裁员组成，从国内体育协会、体育行政部门、法律事务部门或学界当中选取一些具备相应专业知识，并且具有一定体育纠纷处理经验的人员担任。

2. 明确受案范围

（1）竞技体育中的人身权纠纷。在竞技体育活动中，运动员和运动队的身份通过注册方式产生，教练员和裁判员的身份通过相关的资格认证程序产生，这些都应该属于人身权纠纷的范畴。另外，在竞技体育活动中产生的人身损害纠纷也应归为人身权纠纷。

（2）竞技体育中的合同及其经济利益纠纷。目前竞技体育活动已经与商业紧密相连，故在活动过程中产生的大部分合同纠纷都属于财产权益纠纷，如电视转播权合同、广告赞助合同、经纪合同等；也有一部分属于劳动合同纠纷，如俱乐部与运动员、教练员之间签订的雇佣合同；还有一部分如运动员转会合同等具有一定的行政性质。虽然从广义上看，这些合同可以分别归类为民事合同和行政合同，但由于这些纠纷都是在体育领域内产生的，为了最大限度地保护当事人利益，由体育仲裁机构裁决将更为恰当。

（3）对体育组织的处罚及决定不服而引起的体育纠纷。竞技体育的市场化带来了巨大的经济利益，而获得经济利益的前提是优异的比赛成绩。面对巨大的金钱诱惑，通过不正当途径和手段提高比赛成绩，违反体育竞赛规则及公平竞争的体育精神的情况越来越多。比如，通过改变身份条件获得参赛资格，服用违禁药物提高比赛成绩等。为了维护体育活动的公正性，体育组织必须对这些违规人员进行相应的处罚。当被处罚人不服处罚时，便产生了相应的纠纷，需要体育仲裁予以解决。如奥运柔道冠军佟文兴奋剂案，国际柔道联合会于2010年4月4日对佟文作出了禁赛2年的处罚决定，佟文不服，向CAS提出仲裁申请，2011年2月23日CAS发布裁决书，撤销了国际柔道联合会对佟文的处罚决定。[1]

---

[1] 案件详情及其评析参见宋彬龄："中国运动员国际体育仲裁胜诉第一案述评——兴奋剂处罚的程序正义问题"，载《天津体育学院学报》2011年第2期。

（4）选拔和确定参赛运动员、运动队产生的纠纷。目前在我国，这类纠纷属于比较特殊的体育纠纷。我国选拔和确定运动员、运动队并不是单纯地由选拔组织根据成绩确定，而是在国家利益、各地利益等因素的综合考量下带有一定的行政色彩。对于由此而引发的体育纠纷，我国尚未明确规定救济方式，所以，这类纠纷可以通过仲裁的方式加以解决。

3. 规定体育仲裁程序

就仲裁的一般程序而言，可以参照《仲裁法》规定的程序，就体育纠纷的特殊性而言，可以设立调解程序和简易仲裁程序。简易程序适用于争议事实清楚，时效性要求高，标的不大的纠纷等；调解程序需要明确调解与仲裁的程序关系，是否调解可以由当事人自由选择，抑或是将调解程序规定为仲裁的前置程序，即只有经过调解后才能进行仲裁。为了更好地解决纠纷，调解是非常必要的，但是否调解应尊重当事人的意愿，赋予当事人调解的选择权，而不宜强行规定必须先进行调解。

二、体育调解——多元化解决体育纠纷的制度要求

（一）体育调解在体育纠纷解决中的独特优势

体育调解是体育纠纷双方当事人在自愿基础上，由第三方从中调停，促使双方达成和解的体育纠纷解决机制或方法。如体育合同纠纷，轻微体育侵权纠纷等都可通过体育调解予以解决。体育调解在体育纠纷解决中具有独特的优势。

（1）体育调解的合意性，契合了体育纠纷具有内部容忍性的特点。如竞技体育具有较强的对抗性，体育伤害纠纷不可避免，在如何确定加害人过错、侵权性质、责任承担等方面，有"公平责任说"、"自担风险说"和"损失分担说"等。[1]但明知体育具有对抗性的风险，就应对其可能导致的纠纷具有宽容性和容忍性，一概予以法律上的制裁效果并非最佳，而可以通过调解的方式合意解决。

（2）体育调解的高效性，契合了体育纠纷往往需要及时解决的时效性特点。如运动员合同纠纷，如果不能及时解决将会影响运动员和俱乐部的利益，

---

[1] 赵毅："从公平责任到损失分担之嬗变——近年我国法院裁判体育伤害案件的最新立场"，载《体育学刊》2014 年第 1 期。

运动员的运动生命可能就此完结，俱乐部的巨额投资可能无法收回。此时通过调解及时解决纠纷，是纠纷双方都乐见其成的。

（3）体育调解的私密性，契合了体育纠纷具有高度社会关注度的特点。体育本身具有高度的社会关注度，这也是体育发展的良好的社会基础。但也正因为其高度的社会关注度，对当事人的隐私、体育竞争中的商业秘密和技术秘密等的保护也就更显必要。通过具有私密性的调解解决纠纷，对有效防止舆论的不当干扰具有积极意义。

（4）体育调解的广泛性和灵活性，契合了体育纠纷主体、纠纷性质多元性的特点。由于体育纠纷主体的多元性，纠纷内容的多样性，纠纷性质的复杂性，导致单一的纠纷解决机制往往不能实效性地解决体育纠纷。而调解具有灵活多样、适用范围广的特点，这有利于实效性地解决体育纠纷。

（5）体育调解的专业性，契合了体育纠纷技术性较强的特点。体育的技术规则比较复杂，因此经验判断和专业裁量尤显重要。体育调解由专业人士主导，调解方案和调解结果更能得到纠纷各方的认同和执行。

（二）体育调解制度的模式选择

1. 我国的立法依据及其分析

建立我国体育调解制度的法律依据是《体育法》第33条的规定，即"在竞技体育活动中发生纠纷，由体育仲裁机构负责调解、仲裁。体育仲裁机构的设立办法和仲裁范围由国务院另行规定。"该条关于"调解"和"仲裁"关系的规定并不清晰、明确。"调解"和"仲裁"是在仲裁体制下并行不悖的两个独立的解决纠纷的环节，还是"调解"寓于"仲裁"之中，"仲裁"中可以"调解"，"调解"是"仲裁"的一个环节呢？该规定先是将"调解"置于仲裁机构的职权下，并与"仲裁"职权并列，统一由体育仲裁立法予以规范，似"调解"和"仲裁"的关系是并列的；但接下来规定的仲裁立法又仅限于"仲裁机构"和"仲裁范围"问题，而没有涉及"调解"，似"调解"和"仲裁"的关系又是包含的，"仲裁"包含"调解"。但从全文整体看，后半部分的规定应该是结论性的，所以应理解为"调解"是"仲裁"的一部分，但同时强调"调解"在解决体育纠纷中的作用。

关于调解，我国有一部专门性的立法即《人民调解法》。《人民调解法》

能否成为我国体育调解制度的法律依据呢？学界一般认为是可以的。[1]但《人民调解法》的定位是非常清楚的，它不是《调解法》而是《人民调解法》，调整的对象是"民间纠纷"，立法也专门规定了该法中"人民调解"的概念，即"本法所称人民调解，是指人民调解委员会通过说服、疏导等方法，促使当事人在平等协商基础上自愿达成调解协议，解决民间纠纷的活动。"而正如上述《体育法》第33条的规定，体育调解的适用范围仅限于"在竞技体育活动中发生纠纷"。所以两部法律所调解纠纷的性质不同，调解范围不同，《人民调解法》难以成为竞技体育纠纷调解的法律依据。当然，作为一部有关调解的专门性立法，《人民调解法》所确立的有关调解的共性问题，如自愿、平等调解原则，合法调解原则，尊重当事人权利原则等，是可以适用于体育调解的，体育调解亦应遵循这些原则。

2. 我国体育调解制度的模式选择

关于我国体育调解制度的模式，学界主要有两种意见：一是建立一元的体育调解模式，即建立独立的体育调解制度；二是建立和完善多元的体育调解模式，即完善现有体育内部裁决、体育诉讼等体育纠纷解决机制中的调解制度，并在将来建立体育仲裁制度时规定调解。[2]

一元的体育调解模式是鉴于体育纠纷的特点和调解在解决体育纠纷中的独特作用，并结合现有纠纷解决机制中调解所存在的问题而提出的，对于体育纠纷调解制度具有整体规划、全面布局的顶层设计的意义，也契合了多元化解决纠纷的时代潮流。同时就立法层面而言，虽然《立法法》规定仲裁制度为"法律保留"事项，但调解是可以通过行政法规由国务院立法的，因此，在完善其他体育纠纷解决机制中的调解的同时，由国务院制定专门的《体育调解条例》，作为体育调解的基础性立法，既有实践中的必要性亦有立法上的可行性。

---

[1] 如有学者认为，《人民调解法》第34条规定了"乡镇、街道以及社会团体或者其他组织根据需要可以参照本法有关规定设立人民调解委员会，调解民间纠纷"。这也就"明确规定了体育行会组织有权在行会内部设立体育调解委员会"。"根据《人民调解法》的相关规定，体育行会有权设立自己的调解委员会。"肖永平主编：《体育争端解决模式研究》，高等教育出版社2015年版，第332~334页。

[2]《仲裁法》第51条第1款规定："仲裁庭在作出裁决前，可以先行调解。当事人自愿调解的，仲裁庭应当调解。调解不成的，应当及时作出裁决。"

有学者提出制定《体育纠纷调解与仲裁法》的建议，这样既可以一并解决体育纠纷解决中调解和仲裁的问题，也解决了仲裁与调解的关系，并与《体育法》的规定相吻合。[1]该建议具有创新性，但问题在于，一是《体育法》第33条的规定本身就存在问题，又与后出台的《立法法》相冲突，面临着修改；二是将调解与仲裁捆绑立法难度更大，可能会影响体育调解制度的法治化进程；三是该立法实际着眼的是与仲裁相联系的调解，而并非体育调解的专门性、基础性和总体性立法，适用范围所限，其指导意义也就大打折扣了。

（三）建立我国独立的体育调解法律制度

1. 设立独立的体育调解机构

设立全国性和地方性的体育调解机构，作为民间的独立社团法人依法登记成立。有学者建议由国家奥林匹克委员会、中华全国体育总会发起设立"中国体育调解委员会"，其成员由国家奥林匹克委员会、中华全国体育总会委任。[2]也有学者主张不宜将全国性的体育调解机构设于体育总局或中华体育总会，也不宜将地方性的体育调解机构设于地方体育行政机关，否则无法保证其独立社团的性质，但是可以接受体育总局或中华体育总会以及地方体育行政机关的业务指导。[3]学者们的共识在于体育调解机构是民间组织，为了保证公正性其就应具有独立性，而在对其机构的具体设计方案中，似又未能使该调解机构完全独立，全国性的体育调解机构仍受制于体育总局或中华体育总会（也有行政色彩），地方性的体育调解机构甚至干脆设在地方体育行政机关内。体育行政机关的业务指导是可以的，但调解机构如果设置在体育行政机关内部恐难保证其独立性。

2. 体育调解机构的调解范围

体育调解在自愿、平等、合法的原则下进行，要充分尊重当事人选择调

[1] 叶才勇、周青山："体育纠纷调解解决及我国体育调解制度之构建"，载《体育学刊》2009年第7期。

[2] 叶才勇、周青山："体育纠纷调解解决及我国体育调解制度之构建"，载《体育学刊》2009年第7期。

[3] 参见杨洪云、张杰："论体育纠纷的争端解决机制"，载《体育学刊》2002年第4期；胡伟、程亚萍："法社会学视阈下的体育纠纷解决机制研究"，载《北京体育大学学报》2013年第1期。

解的权利以及在调解过程中享有的权利。一般而言，不应对调解的范围作过多限制，但就调解的特点来说，对于小型的、争议不大的体育纠纷应当鼓励当事人通过调解解决纠纷。也有学者从限制性角度提出了调解的范围，即除了对体育社团管理性决定不服引起的体育纠纷〔1〕、体育行政处罚纠纷〔2〕等不能调解的纠纷之外，其他的体育纠纷都可以纳入调解范围。

3. 体育调解机构的调解程序

调解程序需要借鉴《仲裁法》等相关立法，但也要考虑体育调解的时效性等特点，及时调解，及时解决纠纷。不得因调解而拖延和阻止当事人依法通过仲裁、行政、司法等途径维护自己的权利。调解为非终局性的，仍应坚持诉讼最终解决纠纷原则。

三、体育行业协会内部裁决——以中国足协为例

内部裁决是指单项体育行业协会内部设置的，解决其成员（如俱乐部、运动员、教练员等）相关权益纠纷的纠纷解决机制。包括纪律处罚、行政裁决和仲裁裁决。我国各体育团体的行业内部裁决并无统一做法。由于我国体育职业化改革始于足球，足球在体育改革和国人体育生活中占有重要地位，足球运动也较为集中地反映了体育领域的纠纷状态，所以中国足协的内部裁决机制较为健全。在此仅以中国足协为例对体育行业内部纠纷解决机制予以探讨。

（一）中国足协内部裁决机制及其存在的问题

1. 中国足协的内部裁决机制

中国足协的内部裁决机制可以概括为"三元模式"，即纪律委员会的纪律处罚模式；仲裁委员会的仲裁模式；在上述二者处分权限之外的有关单位会员资格的问题，由执行委员会或主席会议予以"暂停资格"的处罚模式。〔3〕内部裁决的主要依据是足协内部的相关规则，如《中国足球协会章程》、《中

---

〔1〕 叶才勇、周青山："体育纠纷调解解决及我国体育调解制度之构建"，载《体育学刊》2009 年第 7 期。

〔2〕 胡旭忠、王刚："我国体育纠纷解决机制的研究"，载《搏击（体育论坛）》2009 年第 6 期。

〔3〕 张春良："体育纠纷救济法治化方案论纲"，载《体育科学》2011 年第 1 期。

国足球协会纪律准则》（以下简称《足协纪律准则》）、[1]《中国足球协会仲裁委员会工作规则》（以下简称《仲裁委员会工作规则》）、《全国足球赛区安全秩序规定》、《加强全国足球比赛安全管理工作的规定（试行）》等。

2. 中国足协内部裁决机制存在的主要问题[2]

（1）作为内部裁决依据的规则文本替换频繁。如《中国足球协会纪律准则及处罚办法》至今已颁布过 10 部，包括 2001 年、2002 年、2004 年、2005年的《中国足球协会纪律处罚办法》，2006 年、2009 年的《中国足球协会纪律准则及处罚办法（试行）》，2010 年、2011 年的《中国足球协会纪律准则及处罚办法》，以及 2014 年、2015 年的《足协纪律准则》。作为专门规定足协纪律处罚的规范性文件，基本年年修改的频繁变化，影响了规则的稳定性、权威性及其实施效果。

（2）纪律处罚程序过于原则，操作性不强。早在 2000 年的《中国足球协会纪律委员会工作条例》（以下简称《纪律委员会工作条例》）就有听证程序、回避制度、陈述权、申辩权和申诉权的规定（第 14、16、17 条），《足协纪律准则》也规定了回避、听证和申诉（第 87、94 条）。但上述规定仅限于原则上的制度设定而欠缺具体的实施程序，从而导致其在实践中难以操作。

（3）权利救济制度付之阙如。①规则中的"权利"定位存在偏差。如《中国足球协会纪律准则》第 8 条为"行使权利"，但其条款的具体内容并非针对相对人"行使权利"，而是处罚主体——中国足球协会纪律委员会"行使权利"。那么，规定处罚主体行使的处罚权应该是"权利"还是"权力"？如果是"权利"，谈何监督，谈何对相对人权利的保护和救济。② 申诉：原则还是例外？《纪律委员会工作条例》第 4 章第 3 节规定的重点是"处罚的生效及申诉"，但其在第 16 条中却规定："纪律委员会的处罚除下列情形外不得申诉……"从该条的表述来看，这并不是"正面规定申诉权"，而是"反面限定申诉权"，这样的立法思路怎能切实保护当事人的申诉权呢？同样《足协纪律准则》第 94 条第 2 款的规定也采用了"除下列处罚外，其它处罚不得申

---

〔1〕 2014 年 2 月《中国足球协会纪律准则》颁布实施，《中国足球协会纪律准则及处罚办法》同时废止。

〔2〕 孙彩虹："中国足协纪律处罚现状、问题与立法完善"，载《成都体育学院学报》2015年第 3 期。

诉"的"反面限定申诉权"的立法表述。如此一来，立法体例上的"例外"原则，在实务操作中出现的现实问题是："不得申诉"才是实务原则，"可以申诉"则变为实务例外。如此一来，规范纪律处罚以及权利救济的制度安排的立法目的将会荡然无存。

（4）纠纷解决机制单一，内部救济程序具有终局性。2009 年颁布实施的《仲裁委员会工作规则》，规定了申诉的内部仲裁程序。《足协纪律准则》第 94 条也规定相对人对于某些处罚不服的可以向中国足协仲裁委员会提出申诉。但是，就权利救济而言，现有规定仅限于对申诉的内部仲裁，并没有其他纠纷解决制度。单一的救济途径是难以有效保障体育利益多元化背景下相对人的合法权益的。不仅如此，《中国足球协会章程》（2016 年）（以下简称《中国足协章程》）第 51 条又明文肯定了足协内部仲裁的唯一性和终局性，规定中国足协"管辖范围内的足球组织和足球从业人员不将任何争议诉诸法院"，而由中国足协行使"管辖权"。《仲裁委员会工作规则》第 4 条也规定："仲裁委员会处理纠纷案件实行一裁终局制度"，从而排除了足协内部仲裁以外的其他救济途径，这对相对人权利的保护和救济而言是一个极大的限制。此外，如何确保足协内部仲裁的公正性也是一个需要面对的问题，且上述规定也有违《体育法》关于建立外部救济制度的规定。

（二）中国足协内部裁决机制的完善[1]

1. 保障相对人程序权利，实现内部裁决的程序正义

（1）告知与说明理由。《纪律委员会工作条例》第 17 条规定了"告知"，但没有规定"说明理由"，对其"告知"也只是规定了告知"陈述权、申辩权"、"申诉权"两项内容，"告知"范围狭窄，"告知"程序欠缺。而《足协纪律准则》则完全没有关于"告知"和"说明理由"的规定。足协纪律处罚的"告知"，应包括处罚决定告知、处罚执行告知、权利保护和权利救济告知等。足协纪律处罚的"说明理由"，即要求足协向相对人说明作出纪律处罚的理由和真实用意，说明处罚的合法性、适当性以及公共利益和政策考量因素等。

（2）不单方接触与回避。目前足协纪律处罚没有"不单方接触"的制度

---

[1] 孙彩虹："中国足协纪律处罚现状、问题与立法完善"，载《成都体育学院学报》2015 年第 3 期。

规定，应予补充。至于"回避"，《纪律委员会工作条例》第14条规定："纪律委员会对违规违纪事件的审理，可以适用回避制度。"《足协纪律准则》第87条也规定："与处理的案件存在利害关系的委员应当回避。"但由于上述规定过于笼统、原则，实际操作会遇到很多问题，如回避是由本人申请还是由利害关系人申请（抑或是二者皆可）；未经申请是否可以直接决定回避；对回避决定不服的，申请人可否要求复议（复核）；回避的范围是仅限于"公务回避"，还是也包括"亲属关系回避"和"地域回避"等等。所以中国足协有必要通过规则的修改完善，明确纪律处罚回避程序的启动、回避的范围、回避的审查决定以及对回避决定不服的救济等，使"回避"制度落到实处。

（3）申诉权。中国足协纪律处罚将"申诉"与"仲裁"结合在一起，相对人有"申诉权"，处理申诉的机构是中国足球协会仲裁委员会，依据是《仲裁委员会工作规则》。可见，在足协纪律处罚中，对相对人申诉权的保护机制是比较健全的。但如前所述，在申诉权的规定上，以"不得申诉"为原则，"可以申诉"为例外的立法表述，将极大地影响相对人申诉权的真正实现。因此，极有必要对申诉权的具体事项予以正面列举规定，并附之以"足协认定的其他可以申诉的情形"作为兜底条款，最大限度地保障相对人申诉权的实现。

（4）听证权。虽然我国已经确立了足协纪律处罚听证制度，但仍存在诸多不足，有待完善。①应赋予相对人听证程序的启动权；②应在"重大违规违纪行为"可以听证的基础上，进一步明确听证的适用情形；③规定听证的具体程序。

2. 建立完整的纠纷解决机制

（1）对足协纪律处罚设立简易程序，扩大申诉范围。关于申诉范围，《足协纪律准则》在第94条具体列举了9项，并在第10项作了"其他更严重的处罚"的兜底规定。但何为"其他更严重的处罚"，由谁来认定，认定的依据和标准是什么都不清楚，这直接影响了申诉的范围。对此，《仲裁委员会工作规则》第5条作了不同规定，即"仲裁委员会认为应当受理的其他争议"，这里并没有"更严重"之说。显然关于申诉范围，《仲裁委员会工作规则》的规定是规范的、科学的，因此中国足协应明确其优先适用的效力。同时，为了进一步保护相对人的申诉权，结合体育纠纷的特点，设置简易的申诉和仲裁程序，使一些一般性纠纷（非严重性）可以通过简易程序予以解决，从而扩大申诉的范围。

（2）完善内部仲裁制度。①建立当事人选择仲裁员制度。仲裁员影响和决定着仲裁结果，为了保证仲裁的公正性，足协对申诉的仲裁规定了较为详细的回避制度，但回避是被动的，根据仲裁制度中当事人意思自治原理，应赋予当事人享有主动选择仲裁员的权利。②规定仲裁委员会组成人员的任职条件与选拔程序，建立仲裁员名册，明确纪律委员会委员不得担任仲裁委员会委员。

（3）明确足协内部救济为非唯一性、终局性。2005年《中国足协章程》第62条规定，内部成员的业内争议不能提交法院，而只能向中国足球协会的仲裁委员会提出申诉。对此，2014年《中国足协章程》（最新的2016年《中国足协章程》亦同）有所改变，其第51条规定"所有争议应提交本会或国际足联的有关机构"，而不能"将任何争议诉诸法院"。该规定虽然同样确认了排斥司法救济原则，但在救济途径上增加规定了"国际足联的有关机构"，第52条进一步规定：对于国际足联的裁决不服，可以向位于瑞士洛桑的国际体育仲裁法庭提出上诉。也即是说，即便是排斥司法救济，国际足联的裁决也并非唯一的、终局的。对此，2012年的《国际足球协会联合会章程》（以下简称《国际足联章程》）也有相应规定。[1] 对于中国足协而言，由于《中国足协章程》第51条还规定了国内争议由中国足协管辖，国际争议由国际足联管辖，所以，就中国足协管辖范围内的争议来看，其救济途径仍为中国足协的内部救济而排斥外部救济。为此，我们应明确足协的内部救济不是唯一的、终局的，当事人可以寻求外部救济。当然可以将内部救济设定为前置性程序，即规定在寻求外部救济时应穷尽内部救济的一切手段。

（4）准许司法有条件地介入纠纷的解决。根据《中国足协章程》和《国际足联章程》的规定，原则上司法不介入体育纠纷的解决。但《国际足联章程》是将"体育仲裁法庭"视为"独立的司法权力机构"的，[2] 且司法介

---

〔1〕 第67条第2款规定："如内部解决办法都无效，才能向体育仲裁法庭提出申诉。"第66条第1款规定，"国际足联认可总部在洛桑（瑞士）的独立的体育仲裁法庭负责解决任何国际足联、会员协会、各洲际足联、联赛、俱乐部、球员、官员以及执证球员和赛事经纪人之间的纠纷。"

〔2〕《国际足联章程》第68条第1款规定："各洲际足联、会员协会和联赛组织应承认体育仲裁法庭为独立的司法权力机构，并确保其会员、下属球员和官员遵守体育仲裁法庭做出的决议。"

入也限定为民事诉讼。[1] 而在我国，司法介入主要是指通过行政诉讼解决体育纠纷。在我国竞技体育举国体制下，中国足协纪律处罚在一定程度上具有行政处罚的性质，有些纪律处罚甚至会影响相对人的宪法性权利（如终身禁赛等），所以对中国足协的纪律处罚应当有条件地纳入司法审查（行政诉讼）的范围。

（5）寻求外部仲裁的救济途径。在我国，除了足球协会之外，篮球协会、田径协会、游泳协会等也都有自己内部的纠纷解决机制，这在一定程度上解决了没有统一的外部救济途径下纠纷处理和权利救济的出口问题，具有一定的实践意义。我们应以此为基础，推动统一的外部救济机制的建立。因为各自为政的内部纠纷解决机制无法形成一个行之有效的系统，容易导致在处理体育纠纷时出现不同比赛项目的当事人之间权利义务的不平等，纠纷解决的不统一，权利救济的不平衡等问题。外部仲裁既有我国《体育法》的依据，也符合国际惯例；[2] 既能快速、公正地解决纠纷，又能保证足协的自治性。

四、体育诉讼——体育纠纷的司法介入

司法最终解决纠纷当无异议，但在体育纠纷的司法介入问题上，我国竞技体育举国体制下"管办不分"造成的行政救济的过度、体育及其纠纷的特殊性所带来的对体育自治的强调、法院在体育纠纷司法救济上的保守态度等，促使我们在讨论纠纷从传统的诉讼方式向非诉讼的多元化纠纷解决机制发展的时候，不得不回头审视体育纠纷诉讼机制的作用发挥问题。

（一）体育纠纷司法介入的现实困境

在我国，竞技体育实行举国体制。"举国体制"是计划经济时期的产物，它的最大特点就是政府以行政手段管理体育事务，以计划手段配置体育资源，在管理、训练、竞赛等各个方面形成全国一体化，形成了一个以各级体育行

---

〔1〕《国际足联章程》第68条第2款规定："除非国际足联规程特别规定，任何事务不得求助于普通法庭。禁止向民事法庭寻求任何形式的处理（包括临时措施）。"

〔2〕《国际足联章程》第68条第3款规定，"各会员协会应在其章程或规程中加入一个条款，规定：除国际足联规程或有约束力的法律条文具体规定的事务，其协会内部或影响到联赛组织、联赛成员、俱乐部、俱乐部会员、球员、官员和其他协会的官员的争端不得诉诸普通法庭。除了不向普通法庭申诉的条款，还要制定仲裁的条款。要求所有有关争端都应提交协会或洲际足联规程承认的独立的、专门的仲裁机构或体育仲裁法庭裁决。"

政主管部门为中心的管理体制、以专业运动队为中心的训练体制、以全运会为中心的国内竞赛体制三足鼎立的刚性结构。几十年来，竞技体育举国体制对推动我国竞技体育的迅速崛起和快速发展产生了积极作用。但由于政府包办体育，以计划手段配置体育资源，以行政手段管理体育事业，因此，政府既是办体育的主体，又是管体育的主体，这种"管办不分"的体育体制导致在体育纠纷的解决过程中，因法律主体性质不明，法律关系不清，而造成法律适用上的困难。一些体育纠纷如果适用民事诉讼，则难以认定双方当事人为平等主体；如果适用行政诉讼，又难以认定被告为行政主体，从而导致司法权旁落。

（二）体育纠纷司法介入的界限范围

司法介入体育纠纷解决存在着专业性不足和时效性不强的弊端，同时，由于竞技体育规则具有全球性，因而不能因为各国国内法的不同而导致规则法律适用结果的不一致，所以司法介入是有限度的。因此，要处理好体育自治原则与司法终局原则之间的关系，遵循穷尽内部救济原则，这"既是司法对体育自治原则的尊重，也是司法终局原则的体现。正因为如此，在国际上，司法介入体育法律纠纷，通行的做法就是要求当事人穷尽体育系统的内部救济程序，始得向法院起诉。如果当事人未穷尽内部救济程序而直接向法院起诉，法院就不予受理"[1]。

在我国体育行业组织没有完全自治的情况下，司法救济的范围应结合以下因素予以综合评价和判断：[2]

（1）行业内部处罚的行政性强弱。体育行业组织既有行政管理权又有行业自律权，对于行政管理权应当允许司法介入，对于行业自律权则不能寻求司法救济。但当行政权与自律权交织在一起难以区分时，就要根据该行业内部处罚的行政性强弱来针对个案判断司法介入的可能性，内部处罚的行政性越强，司法介入的可能性就越大，反之亦然。就目前我国行政法学理论研究和行政诉讼审判实践的最新进展来看，行政诉讼被告的适格与否已从先前的

---

〔1〕 茅铭晨："介入与止步——司法权在体育纠纷中的边界"，载《北京体育大学学报》2014 年第 1 期。

〔2〕 孙彩虹："中国足协纪律处罚现状、问题与立法完善"，载《成都体育学院学报》2015 年第 3 期。

以行政主体的确定为前提，转变为以行政职权的认定为标准，也就是说，无论是否为行政主体，只要行使了行政职权，就可以成为行政诉讼的被告，相对人即可提起行政诉讼。从而解决了我国特殊体制下难以确认某些主体是否为行政主体，能否对其提起行政诉讼的难题。

（2）对相对人权利影响的大小。能够寻求司法救济的应当是涉及行业组织和其内部成员基础性权利的纠纷，例如职业资格、注册资格等涉及入行及退出的基础性权利关系的事项等。[1]

（3）其他救济手段的完备性和有效性。在完整的权利救济体系内，司法救济应当是最后的选择，但当权利救济体系尚不完备，或有些权利救济机制难以发挥作用时，司法介入便成为必要和可能。

（4）法院的专业能力。在我国，法院对解决体育纠纷热情不高，态度保守，虽然其原因是多方面的，但不可否认的是，法官对能否胜任专业性很强的体育纠纷的司法审查工作并无把握，因此，法官的专业能力是影响司法介入的重要因素。

---

〔1〕　高升、陆在春、金涛："论司法对体育协会内部纠纷的介入——从足协风暴谈起"，载《体育与科学》2011 年第 2 期。

第十一章

知识产权纠纷的解决机制

一、我国知识产权诉讼现状与评析

由于诉讼具有程序的规范性和裁判的权威性、终局性，即便其制度本身具有种种缺陷，仍备受当事人青睐，在知识产权保护领域也不例外，在多元的纠纷解决机制中，知识产权诉讼几乎成为当事人的首选，知识产权案件也日益增多。据2014年《中国法院知识产权司法保护状况》白皮书公布，2014年，人民法院共新收各类知识产权案件133 863件，审结127 129件，比2013年分别上升19.52%和10.82%。其中，全国地方人民法院共新收和审结知识产权民事一审案件95 522件和94 501件，比2013年分别上升7.83%和7.04%；民事二审案件13 760件和13 708件，同比分别上升15.08%和18.65%；共新收和审结知识产权民事再审案件80件和94件（含旧存），同比分别上升6.67%和下降2.08%。白皮书还公布，自2014年北京、上海、广州三个知识产权法院成立以来，截至2015年2月底，知识产权法院已受理知识产权案件2832件，其中一审案件2219件，二审案件613件；民事案件1630件，行政案件1202件。[1]

党的十八大明确提出创新驱动发展战略，并将"实行严格的知识产权保护制度"作为"营造激励创新的公平竞争环境"的首要措施。在知识产权保护措施中，司法保护毫无疑问是最有效、最根本、最权威的手段，与此同时，

---

〔1〕最高人民法院："中国法院知识产权司法保护状况（2014）"，载《人民法院报》2015年4月21日，第2版。

知识产权司法保护也越来越受到社会各界持续而广泛的关注。值得肯定的是，全国各级人民法院积极发挥司法保护知识产权的主导作用，紧紧围绕全面深化改革的总目标，充分发挥知识产权司法保护对于激发全社会创新动力、创造潜力和创业活力的独特作用，切实加强对创新成果的保护力度，对于维护公平竞争的市场经济秩序做出了积极贡献。在当今科技强国、创新发展的大背景下，为了能真正发挥司法保护的优势，一方面要着力提升审判的社会影响力，强化裁判的科学性、专业性和中立性；另一方面还要进一步深化知识产权审判机制改革，建立适合知识产权审判特殊需求的专门化程序和审理规则。但目前我国知识产权诉讼还存在着维权成本高企、诉讼效益低下、审判质量不高、特殊保护机制不完善等诸多弊端。

1. 由于知识产权制度与程序设计的原因，在我国知识产权案件审理过程中，程序迟延是常见现象

（1）知识产权民事纠纷与知识产权行政纠纷相互交织，导致程序迟延。在知识产权民事诉讼中，常常涉及对知识产权（尤其是专利权、商标权）权利有效性的异议，一旦对方提出权利异议抗辩，就需要提交行政主管部门进行权利认定，这就意味着需要另行启动一个由行政主管机关裁定知识产权权利是否有效的行政程序，如果对行政机关的处理不服还可以再提起行政诉讼。如此这般，知识产权诉讼就经常会遭遇知识产权民事纠纷与知识产权行政纠纷相互交织的情况，从而使纠纷的解决过程变得愈加复杂和繁琐。这不仅大大增加了当事人的诉讼成本，也导致程序严重迟延，进而影响到对权利人的及时救济。

（2）普通程序审限制度上的缺陷，导致程序迟延。依据《民事诉讼法》第149条的规定："人民法院适用普通程序审理的案件，应当在立案之日起6个月内审结。有特殊情况需要延长的，由本院院长批准，可以延长6个月；还需要延长的，报请上级人民法院批准。"一审法院延长普通程序的审限必须同时具备三个条件：一是民事案件不能在法定审限内审结；二是出现确需延长审限的特殊情况；三是报经本院院长或上级人民法院批准。而这三个条件中的关键因素是存在"特殊情况"，但如何界定"特殊情况"，《民事诉讼法》及《民诉法解释》都没有予以明确。那么该"特殊情况"的存在是否会被当事人恶意利用呢？在知识产权诉讼中，对于权利人而言，"时间就是金钱"，而被告人往往会采用"以时间换市场"的策略，滥用无效程序进行抗辩，或

者恶意利用法律规定的诉讼权利，以达到拖延时间、拖垮对方的目的。所以，立法上的不严谨或者粗线条的立法习惯，不仅导致对权利保护的不力，还会加剧诉讼拖延的问题。另外，根据《民诉法解释》第 243 条的规定，公告期间、鉴定期间、双方当事人和解期间、审理当事人提出的管辖异议以及处理人民法院之间的管辖争议期间不应计算在审限之内，这也为权利滥用，诉讼拖延提供了可能。

（3）上诉与反复申诉、发回重审制度也会导致程序迟延。

2. 诉前禁令制度不完善导致权利保障不充分

作为处理民事纠纷的紧急救济措施，诉前禁令在保障权利人合法利益，及时制止侵权行为的发生或继续，有效避免对权利人造成难以弥补的损失等方面发挥着重要作用。我国的诉前禁令制度是借鉴英美法中的临时禁令制度而来的，在 2000 年修改《专利法》时被初次引入，后在修订《商标法》和《著作权法》时也陆续增加了诉前禁令，并发布了一系列相关的司法解释，[1]使该项制度从新生逐渐走向成熟。但很多时候诉前禁令在阻断侵害的同时，也会使实体权利得以提前实现，因此，"在作出临时禁令的案件中，大约 99% 的案件，其诉讼程序都不会再继续进行。"[2]由此可见，禁令导致的"请求本案化"和"功能本案化"现象很是普遍。[3]那么如何保证这种本案化的结果更加具有正当性，又该如何实现法官自由裁量权的行使与保护对立利益和平等机会之间的平衡，这些不仅仅是立法者需要解决的问题，同时也是司法者需要思考的问题。另外，根据我国《民事诉讼法》第 102 条的规定："保全限于请求的范围，或者与本案有关的财物。"立法将行为保全和财产保全的范围作了捆绑式规定，这样规定很容易在实践中造成误解，即认为我国保全的范

---

〔1〕 主要有最高人民法院制定的《关于对诉前停止侵犯专利权行为适用法律问题的若干规定》（以下简称《诉前停止侵犯专利权若干规定》）、《关于诉前停止侵犯注册商标专用权行为和保全证据适用法律问题的解释》以及《关于审理著作权民事纠纷案件适用法律若干问题的解释》，这三大司法解释确立了该制度的具体操作标准和规范。

〔2〕 David Bean, Q. C., *Injunction*, Sweet & Maxwell, 2004, p. 24.

〔3〕 "本案化"问题是德国、日本及我国台湾地区民事诉讼理论界在研究保全制度时提出的概念。由于保全措施的采取，使得原告的诉讼请求提前实现，此即"请求的本案化"；此外，由于权利人提前实现了权利，致使当事人在保全程序之后，通常不再提起或继续本案诉讼，使得保全程序取代了本案诉讼程序而成为解决纷争的通常救济手段，这就是功能的本案化。参见孙彩虹："我国诉前禁令制度：问题与展开"，载《河北法学》2014 年第 8 期。

围仅限于物，而不及于行为。因为相比行为而言，物的范围更易确定。并且这样规定也易造成操作上的不便。比如，"请求的范围"是指申请人请求采取禁止的方法范围还是指请求禁止的行为内容？如果申请人只提出请求让被申请人停止侵犯知识产权的行为，而未明确需采取何种禁止方法，那么审理法官会不会认为申请人的申请不够明确而予以驳回呢？此外，我国现有法律（包括《民事诉讼法》、《海事诉讼特别程序法》和《诉前停止侵犯专利权若干规定》）对于诉前禁令制度不仅定位不明，还存在着不成体系、制度之间缺乏协调与整合、程序设计的可操作性不强等问题，这也将在很大程度上制约该制度功能的充分发挥，使其难以达到充分保护权利人利益的目的。

3. 我国知识产权法官的知识背景与审理知识产权案件的专业要求不相匹配

随着案件数量的快速增长，涉及复杂技术事实认定和法律适用的新类型疑难复杂案件大量涌现，对知识产权审判工作提出了更新更高的要求，但我国知识产权审判队伍至少从目前来看还无法应对这样的挑战。从笔者调查的情况看，我国各级法院知识产权法庭的法官基本上都具有博士、硕士的学历背景，但多数接受的是法学院的法学教育，少有兼具理工科专业背景的，可见知识产权案件审理的技术法官稀少。虽然，2014年12月30日最高人民法院发布了《关于知识产权法院技术调查官参与诉讼活动若干问题的暂行规定》（以下简称《知产技术调查官暂行规定》），知识产权法院首次设置技术调查官，协助法官办理技术类案件，为法官裁判案件提供技术参考意见，提高了技术事实查明的科学性、专业性和中立性。但技术调查官毕竟不是法官，他只是为案件审理提供一些技术层面上的审查意见，最终认定事实和适用法律都是由法官负责的。另外，设立技术调查官的实践效果还有待观察。所以我们据此还不能得出结论认为，技术调查官的设立解决了我国知识产权案件技术法官的缺口问题。

4. 全国范围内知识产权案件审理水平不一

以往我国知识产权诉讼案件数量呈现东部高于西部，南部高于北部的规律，这一定程度上导致不同地区的法官在审理知识产权案件方面所积累的审判经验差距明显。随着中西部的崛起，对于支撑经济发展的筋骨——知识产权的保护也越来越火热。根据《中国法院知识产权司法保护状况》白皮书，从2014年的知识产权案件分布来看，浙江、河南、湖北、湖南4省新收知识产权民事案件增幅较大，均在30%以上（除浙江之外，其余3省均在我国中西部地区）。可见，新增案件分布出现从沿海发达地区向中西部地区迁移的态势。然而中西部地区知识产权法庭的法官做好准备了吗？如果不同地区的知识产权法官在审理案件的水平和经验上差距较大，势必会影响司法的统一，也将不利于知识产权的平等保护。

二、新时期我国知识产权诉讼审判制度的改革与完善

（一）设立知识产权法院

20世纪80年代初期，我国没有专门的知识产权审判机构，法院将知识产权案件按照案件性质分别由民事、刑事和行政法庭进行审理，这种模式称为"三审分立"。随着经济的发展，知识产权案件愈加复杂多样，"三审分立"模式的弊端日渐凸显。鉴于此，2008年6月5日国务院发布了《国家知识产权战略纲要》（以下简称《纲要》），《纲要》要求："完善知识产权审判体制，优化审判资源配置，简化救济程序。研究设置统一受理知识产权民事、行政和刑事案件的专门知识产权法庭。研究适当集中专利等技术性较强的审理管辖权问题，探索建立知识产权上诉法院。"[1]于是实践中探索的知识产权一体化审判模式取得了政策上的支持。2014年8月31日，第十二届全国人大常委会第十次会议通过了《关于在北京、上海、广州设立知识产权法院的决定》（以下简称《决定》），以立法形式宣布在北京、上海、广州设立知识产权法院，并对知识产权法院的机构设置、案件管辖、法官任命等作了规定。最高人民法院在《决定》颁布后立即启动《知识产权法院案件管辖规定》的起草工作，后在综合反馈意见的基础上，经过多次讨论修改和研究论证，最终提请最高人民法院审判委员会审议通过。《知识产权法院案件管辖规定》共8条，主要涉及知识产权法院的案件管辖及审级关系，包括一审管辖、跨区域管辖、专属管辖、二审管辖及未结案件处理等。其中的最大亮点是，根据全国人大常委会《决定》的精神，彻底实现了知识产权法院及其所在地高级人民法院民事和行政审判"二合一"，即由知识产权法院及其所在地高级人民法院知识产权审判庭统一管辖和审理涉及知识产权的全部民事和行政案件，这

---

〔1〕"国务院关于印发《国家知识产权战略纲要》的通知"，载 http://www.gov.cn/zwgk/2008－06/10/content_ 1012269. htm，最后访问日期：2016年3月18日。

有利于统一裁判标准，提升知识产权司法保护水平。[1]

政策的支持与立法的完善，无疑使我国知识产权司法保护上了一个台阶。但要实现真正意义上的"二审合一"，还需要配套措施的跟进。如法官司法能力、审判组织、证据的收集与规范、行政与民事诉讼相衔接等问题，都需要配套改革。虽然我国法官的专业技能日渐提升，但离理想目标还有一定距离。为了弥补我国审理知识产权案件技术型法官的缺口，可以借鉴日本的做法，即对于技术型案件中的专业性问题，需要精通相关知识的法官进行慎重判断的，由5个法官组成合议庭进行审理。[2]另外，日本的行政确权与司法确权"双轨制"也值得我们关注和借鉴。根据2004年《日本专利法》第104条之3的规定，在有关特许权等的侵害诉讼中，法院可以根据自己的思考作出是否"通过特许厅审判应该会被判定无效"的判断。该条规定变相赋予了法官在所审理侵害诉讼中对专利权等有效性进行间接判断的权利。[3]

（二）改良知识产权法院的法官队伍结构

在司法实践中，案件技术事实的查明一直是个难题。从1999年最高人民法院公布《人民法院五年改革纲要》到2005年《第二个五年改革纲要》，再到《第三个五年改革纲要》，围绕着司法审判中技术性问题的解决，最高人民法院出台了多个规范性文件和司法解释。与此同时，西方国家的"技术法官制度"也被许多地方法院引进尝试，一些理工科背景的复合型法律人才亦备受青睐，纳入法官队伍。《知产技术调查官暂行规定》正式建立了我国知识产权"技术调查官"制度，对技术调查官制度的适用范围，技术调查官的身份定位、工作职责，技术审查意见的法律效力等相关问题作了规定。可以说，

〔1〕徐隽："最高法明确知识产权法院案件管辖范围和裁判标准"，载《人民日报》2014年11月4日，第11版。

〔2〕在日本，对于技术型案件中的专业性内容，需要精通相关知识的法官进行慎重判断的，在东京、大阪地方法院和东京高等法院中采取5个法官组成的合议庭审理，具体包括技术型案件的诉讼、控诉以及针对特许权、实用新案权审决等的取消诉讼。日本民事诉讼法第269条之2、第310条之2，特许法第182条之2，实用新案法第47条第2项。转引自易玲："知识产权三审合一的'合'与'分'——兼谈日本知识产权专门化审判模式及我国的路径选择"，载《政治与法律》2011年第11期。

〔3〕［日］高部真规子："特許法104条の3を考える"，载《知的财产法政策学研究》2006年11月，第78~79页。转引自易玲："知识产权三审合一的'合'与'分'——兼谈日本知识产权专门化审判模式及我国的路径选择"，载《政治与法律》2011年第11期。

经过自 2006 年最高人民法院发布《关于地方各级人民法院设立司法技术辅助工作机构的通知》以来 10 年间，我国对"技术调查官"制度的摸索和实践，使该制度已在全国法院得到完善和成熟定型。[1]相较于"技术调查官"制度，我国各地法院对于"技术法官"制度的实践却显得过于谨慎。目前我国对技术法官制度的实践有 2 种模式：一种是将具有审判资格的司法技术人员直接调入业务审判庭从事审判工作，专门负责知识产权等技术性强的案件的审理；另一种是基于更有效利用资源的考量，并不直接将具有审判资格的司法技术人员调入审判业务庭工作，而是遇有上述特别案件时，将该司法技术人员临时编入审判业务庭的合议庭从事个案审理。[2]笔者认为，这两种做法各有利弊，但鉴于目前我国具有理工科背景的复合型法律人才紧缺，第 2 种做法更符合资源共享原则。但从另一个侧面也反映出，我国法律人才培养模式和理念应当予以适当调整。此外，在日本，技术调查官的身后还有提供支持的专门委员会，专门委员会由各技术领域的专家，包括大学教授、研究机构的研究员、专利律师等组成。与技术调查官不同的是，专门委员并非全日制在法院工作。对于这项制度的借鉴也有不少学者表示关切，认为我国知识产权法院也可以内设专门委员会，从而充实法官审判队伍，填补技术型法官的缺口。

(三) 完善诉前禁令制度[3]

1. 完善诉前禁令的适用条件

法官在作出禁令裁定前，一般都要衡量权利申请人遭受的是不是用金钱赔偿无法弥补的损害，只有判定的确是"无法用金钱弥补的"，才会作出禁令裁定。为了防止法官裁断的不确定性和不透明性，法律应当通过封闭式的列举方式，界定出哪些侵权类型容易导致当事人遭受"无法用金钱弥补的损失"。比如，可以规定在人格权诉讼、知识产权诉讼、环境公害诉讼等案件

---

〔1〕 确切地说，我国对技术调查官制度的实践起源于 2006 年最高法院《关于地方各级人民法院设立司法技术辅助工作机构的通知》，要求高级人民法院和中级人民法院以及有条件的基层人民法院设立独立建制的司法技术辅助工作机构，为审判工作和执行工作提供法庭科学技术保障。

〔2〕 杨海云、徐波："构建中国特色的技术性事实查明机制——走'技术调查官制度为主、技术法官制度为辅'的机制之路"，载《中国司法鉴定》2015 年第 6 期。

〔3〕 参见孙彩虹："我国诉前禁令制度：问题与展开"，载《河北法学》2014 年第 8 期。

中，如果侵权事实仍在继续或未来可能发生，即可认定为"不可弥补的损失"。

2. 优化诉前禁令担保制度

按照我国法律规定，权利人申请诉前禁令必须提供担保，而担保方式多以"财物"为主，"提供担保的数额应相当于请求保全的数额"。但上述担保规定存在如下问题：

（1）如果权利人申请行为保全，既然行为保全是针对"无法用金钱弥补的损失"的，那么申请人提供担保的数额又该如何确定？

（2）如果申请人无力提供或提供不了等值的财产担保，那么其诉前禁令的申请就会被驳回。这对于那些需要"及时制止侵权行为的发生或继续，以避免造成难以弥补的损失"的权利人来说无疑是雪上加霜。

（3）采用提供"财产"这种单一的担保方式，是否会有"金钱万能"之嫌。笔者认为，就目前诉前禁令的担保制度而言，应该丰富担保方式，采用以财产担保为主，保证人担保为辅的形式。申请人提出诉前禁令申请时，法院可以根据案件性质决定适用不同的担保形式，一般可以考虑采用财产担保，在确定担保数额时，可以灵活掌握，对于一些特殊案件（当然哪些属于特殊的、可以减少担保数额的案件，法律可以进行明确规定），法院可酌情决定当事人提供少于请求保全数额的担保。另外，可以借鉴《刑事诉讼法》取保候审制度中的保证人担保形式，规定下列情形可以采用保证人担保：①申请人无力提供财产担保的；②申请人是未成年人的；③其他不宜采取财产担保形式的。对于其他不宜采用财产担保的案件，就可规定诸如名誉侵权（包括网络名誉侵权）等案件。至于保证人的范围可以借鉴公安部《关于治安管理处罚中担保人和保证金的暂行规定》[1]，下列有固定住址的人可以担任担保人：①申请人的近亲属；②申请人所在单位负责人；③长期居住地街道居民委员会或者村民委员会；④经法院许可的其他公民。

3. 理顺诉前禁令的执行程序

笔者认为，诉前禁令的执行范围应该遵循两个原则：一是目的性原则。不管申请人请求的范围是实施禁止的方法范围还是禁止的行为内容，只要申请人是为了避免自己的合法利益遭受正在进行的且无法用金钱弥补的损失，

---

〔1〕 该规定已于 2004 年 8 月 19 日废止。

法院就应裁定准许。二是相关性原则。即诉前禁令的执行范围应仅限于与争执法律关系密切相关的行为，而不是其所有的相关行为。目前，我国民事诉讼尚无系统的行为保全配套制度，涉及行为保全禁令的执行一来缺乏相应的执行措施；二来缺乏应有的保障机制，即倘若当事人不执行诉前禁令，立法上也没有相应的制裁。根据规定，财产保全措施可以"采取查封、扣押、冻结或者法律规定的其他方法"。但对于行为保全而言，因为行为仅是一个抽象的概念，既不能为债务人所有或者支配，也不能作为债务人履行义务所依据的资料。执行法院也不能对之采取执行措施。[1]从域外的立法惯例来看，对于不履行法院命令的当事人，均可以间接强制方法为之。在英美法系国家，"衡平法院法官有权判令被告为一定行为，或不为一定行为以使判决生效。被告抗拒命令时，得以藐视法庭罪予以惩处，至其服从命令时止。"[2]英国的藐视法庭法令第14条第（1）、（2）款分别规定：故意违反禁令者将受到罚金、监禁等处罚。[3]大陆法系国家多采用处以罚款或者拘留的处罚措施。在我国，最高人民法院在《诉前停止侵犯专利权若干规定》中对违反诉前责令停止有关行为的生效裁定的行为，规定了相应的法律责任，[4]但该规定能否适用于其他知识产权案件，还有待最高人民法院通过对民事诉讼行为保全制度的司法解释予以解决。

4. 明确诉前禁令的效力范围

按照《民事诉讼法》第101条的规定，申请人申请诉前保全的，在人民法院采取保全措施后30日内不依法提起诉讼或者申请仲裁的，人民法院应当解除保全。按照上述法律规定，申请人申请诉前禁令，如果其不在法定期间内提起诉讼或仲裁，该禁令只在法院作出禁令裁定之日起30日内有效。但是

---

〔1〕 孙加瑞：《强制执行实务研究》，法律出版社1994年版，第85~86页。

〔2〕 ［美］杰弗里·C.哈泽德、米歇尔·塔鲁伊：《美国民事诉讼法导论》，张茂译，中国政法大学出版社1998年版，第165页。

〔3〕 (1) In any case where a court has power to commit a person to prison for contempt of court; (2) In any case where an inferior court has power to fine a person for contempt of court. See Charles B. Blackmar, "Power of a Court to Modify a Final Permanent Injunction", *Michigan Law Review*, Vol. 46, No. 2 (Dec. 1947), pp. 241 – 242.

〔4〕 第15条规定：被申请人违反人民法院责令停止有关行为裁定的，依照《民事诉讼法》第102条（现行第111条）规定处理。即对其采取罚款、拘留等强制措施；构成犯罪的，依法追究刑事责任。

法律并没有规定，如果申请人在法定期间提起了诉讼或仲裁，那么该禁令还需不需要当事人再申请，还是直接转化为诉讼中禁令？按照最高人民法院《诉前停止侵犯专利权若干规定》第 14 条的规定："停止侵犯专利权行为裁定的效力，一般应维持到终审法律文书生效时止。人民法院也可以根据案情，确定具体期限；期限届满时，根据当事人的请求仍可作出继续停止有关行为的裁定。"笔者认为，毕竟诉前禁令和诉讼中禁令的申请时间、申请条件与审查程序都不同，法律不可模糊二者的区别而在司法实践中自动予以转化。关于我国诉前禁令的稳定性，之前也有学者予以了关注。[1]解决我国诉前禁令稳定性强的问题，法律首先需要赋予受禁令影响的人在一定期间内提出撤销该禁令的权利；其次，限定诉前禁令的有效期，基于我国国情的考虑，无论申请人是否提起诉讼或仲裁，其有效期一律为 30 天。

（四）弥补普通程序审限制度的缺陷

完善普通程序的审限制度，一方面需要正确认识审限制度的属性，另一方面还要兼顾民事诉权的固有运作规律，这样才能发挥其对正当诉讼行为的维护和对滥用诉权行为的制约功能。笔者认为，健全与完善普通程序审限制度的关键在于：

（1）健全对审限制度正当运作的外部监督机制。这方面需要强化检察院对法院民事审判活动的检察监督。从维护国家利益、社会公共利益，维护法律的尊严、诉讼秩序的公正性与稳定性出发，检察院应当关注民事诉讼法在一审普通程序审限制度立法与司法实践中存在的漏洞与不足，重视检察建议这种软执法手段的充分运用及应有效能的发挥。

（2）设定法院延长期限时的告知义务。法院决定延长审限时，必须在合理期间内将延长审限的理由及相关事项告知当事人，当事人对法院延长审限决定不服的，可以申请复议，法院必须将复议结果及依据以书面形式告知当事人。对于因违反普通程序最长审限期间结案而造成当事人损失扩大的，当事人可以依据《国家赔偿法》的有关规定就扩大损失的部分向人民法院请求赔偿。

（3）强化对诉权滥用行为的规制。规定因对方当事人滥用管辖异议权、和解权等而导致诉讼迟延给权利人造成利益损害的，权利人可以通过民事侵

---

〔1〕　参见刘晴辉："正当程序视野下的诉前禁令制度"，载《清华法学》2008 年第 4 期。

害赔偿诉讼寻求救济。

三、知识产权纠纷的行政调解

对于知识产权纠纷，我国采用的是行政与司法"两条途径、协调处理"的机制，可见，行政救济在我国知识产权纠纷解决中占有举足轻重的地位。而在知识产权纠纷行政解决方式中，行政调解则是我国知识产权行政保护的一大特色。所谓知识产权纠纷的行政调解是指，由知识产权行政管理部门作为调解主体，居中协调促使纠纷当事人就知识产权争议的最终解决达成合意的一种行政解决方式。根据我国现行《专利法》第60条的规定："未经专利权人许可，实施其专利，即侵犯其专利权，引起纠纷的，由当事人协商解决；不愿协商或者协商不成的，专利权人或者利害关系人可以向人民法院起诉，也可以请求管理专利工作的部门处理。……进行处理的管理专利工作的部门应当事人的请求，可以就侵犯专利权的赔偿数额进行调解；调解不成的，当事人可以依照《中华人民共和国民事诉讼法》向人民法院起诉。"现行《商标法》第60条也有类似规定。[1]

行政调解作为一种服务性行政行为，是国家行政机关处理平等主体之间民事争议的一种方法，随着现代社会政府服务功能的发展，行政调解在知识产权保护领域的重要性也日益彰显。这种服务的目的，不在于行政权力如何行使，而是借助于其拥有的权力资源及其专业和行业背景，利用非强制性手段解决知识产权纠纷，从而增强当事人对纠纷处理结果的尊重，其权威性也远远高于一般的民间调解。这种权威首先来自于行政机关的政府权力背景，其次则是基于其与一般的人民调解相比，程序的诉讼化特征更加明显。因此，行政调解兼容了行政权的能动性、高效性与调解的灵活性、合意性，从而更加具有综合性优势。此外，知识产权纠纷往往交织着民事争议和知识产权权属争议，前文论及，如果民事争议与行政处理截然分开，一方面可能会导致

---

〔1〕《商标法》第60条第1款规定："有本法第57条所列侵犯注册商标专用权行为之一，引起纠纷的，由当事人协商解决；不愿协商或者协商不成的，商标注册人或者利害关系人可以向人民法院起诉，也可以请求工商行政管理部门处理。"第3款规定："对侵犯商标专用权的赔偿数额的争议，当事人可以请求进行处理的工商行政管理部门调解，也可以依照《中华人民共和国民事诉讼法》向人民法院起诉。经工商行政管理部门调解，当事人未达成协议或者调解书生效后不履行的，当事人可以依照《中华人民共和国民事诉讼法》向人民法院起诉。"

行政机关和法院处理结果上的不一致，另一方面也会给当事人带来诉累，导致诉讼迟延。而由行政机关一次性统一解决纠纷，就可以有效避免上述问题的发生。可见，行政调解的恰当运用不仅可以增强人民群众对行政机关的信任，提高行政机关的执法权威，还可以进一步建立群众同政府之间密切、融洽、协调、信赖的官民关系。然而在创新行政体制和管理方式、建设现代法治社会和服务型政府的大背景下，我国知识产权纠纷行政调解制度的应用和实施效果却不尽如人意。究其原因，主要有以下几个方面：

（1）由于行政调解在性质上被视为一种行政执法行为，因此，其调解过程也习惯性地被烙上了行政执法的色彩。这样一方面容易导致当事人因对"行政干涉"的反感而拒绝妥协，甚至出现矛盾激化的情形；另一方面，行政机关手中的权力和行政资源，也容易使纠纷当事人产生敬畏心理，无形中给当事人施加了心理压力，导致非自愿性合意的客观事实。

（2）虽然我国法律规定了行政调解这种救济手段，但对于行政调解的主体、范围、程序、效力以及司法审查等都没有进行较为详细的规定，导致行政调解在实际操作过程中随意性很大。有利益的，强制调解或者越权调解；没有利益的，拒绝调解。同时，行政调解程序也缺乏制约和规范，极易使当事人产生不公正的怀疑，从而不自觉履行行政调解协议，最终影响行政调解的权威。

（3）行政调解的效力不明。在我国三大调解制度中，法院调解具有与判决同样的法律效力，人民调解可以通过司法确认程序获得司法强制执行的效力。然而对于行政调解，只能依赖当事人自觉履行，行政机关不得强制执行，如果一方不履行，当事人仍需通过司法程序予以解决。

（4）行政调解的司法化倾向明显。包括书面申请的方式、行政机关"查清事实、辨明是非"的审查、调解人员的选任、调解规则等都与诉讼程序极其相似，这不仅影响行政调解的灵活性，也会变相剥夺当事人的自由处分权。

诚然，我们可以这样认为，行政调解在实际操作中出现的种种问题和不足，是发展中的必然现象。但随着开放式创新模式日益普遍，知识产权纠纷势必大量增加，对于知识产权保护的需求也越来越迫切，那么如何保护创新参与者的合法权益，有效监督、制裁侵犯合法权益的行为，以及如何提供高效的行政调解服务，应是现代社会政府履行公共服务职能的必答题。笔者认为，随着法治政府、服务政府理念不断深入人心，为了使行政调解充分发挥知识产权纠纷解决机制的功能，规范化建设是必经之路：

（1）要树立行政调解中当事人的主导地位，以保障在公正的程序下通过当事人之间的自由交涉和理性探讨解决纠纷。

（2）规范行政调解的程序，以保证程序的公正、公开。突出行政机关在行政调解中的服务角色，提高调解的水平和技巧，赢得当事人的信任。

（3）保障行政调解的效力。目前，我国《民事诉讼法》及《民诉法解释》都没有明确肯定或否定行政调解协议可否通过司法确认程序获得司法强制执行力，但在实践中有将行政调解协议纳入"人民调解"范围进行操作的情况。鉴于此，笔者认为，最高人民法院有必要通过规范性文件明确将行政调解纳入司法确认范畴，这样不仅可以解决行政调解的效力问题，还在最大程度上尊重了当事人的意志选择。我国台湾地区的法律就规定，对于著作权审议及调解委员会制作的调解书，可以通过司法审查赋予行政调解协议以法律效力，否则调解书便不具有强制执行力。调解经法院核定后，当事人就该事件不得再行起诉、告诉或自诉。经法院核定之民事调解，与民事确定判决有同一效力。

（4）尝试增设反悔金制度。为了培养民众的诚信意识，提倡自觉履行行政调解协议，也为了更高效地使用公共管理资源，可以在知识产权纠纷较为集中的地区，尝试设立反悔金制度。行政机关可以指定义务人缴纳一定数额的保证金，如果义务人自觉履行，行政机关将如数返还；但若义务人反悔或者由权利人申请法院强制执行，保证金则予以没收，上缴国库。

四、知识产权仲裁

相较而言，在我国知识产权纠纷解决领域，仲裁和调解所占比重都不大，利用率也不算高。然而在国际上，仲裁却是最能契合解决知识产权纠纷特殊需要的诉讼外纠纷解决方式。这一"特殊需要"主要体现为：高度技术性、保密性的需要和快速解决争议的需要。鉴于一般的民商事仲裁机构不能完全满足这一特殊需求，1994年10月1日，世界知识产权组织（WIPO）成立了仲裁和调解中心（Arbitration and Mediation Center），专门负责知识产权仲裁事宜，为处理知识产权争议提供最专业的仲裁服务，它是目前世界上唯一一个专门提供诉讼外解决知识产权纠纷服务的国际性机构。该中心制定了特殊的程序规则，包括加强仲裁程序保密性以及简化相关程序事项等。此外，该中心提供的纠纷解决方式也较为广泛，包括仲裁、快速仲裁、调解以及调解与仲裁相结合等。但对于知识产权纠纷的可仲裁性问题，迄今为止还没有任何一部国际商事仲裁条约作出过统一规定，而是将该问题留给各缔约国自行约定。从目前的运行情况看，WIPO 仲裁和调解中心受理的案件主要是知识产权合同纠纷，知识产权侵权和知识产权效力纠纷的仲裁案件极其罕见。

　　根据我国《仲裁法》第 2 条和第 3 条的规定，可仲裁的事项必须满足以下三个要件：①属于平等主体之间的纠纷；②纠纷性质是合同纠纷或其他财产权益纠纷；③不属于法律禁止仲裁的身份关系纠纷和依法应当由行政机关处理的行政争议。从法律规定的字面意义上解读，知识产权纠纷（不包括知识产权权属争议）都具有可仲裁性，然而在实践中，仲裁事项却主要集中于知识产权合同纠纷。关于知识产权侵权纠纷具有可仲裁性，学术界的观点是一致的，之所以实务上很少出现，是因为现实中在知识产权侵权行为发生之后再签订仲裁协议的情形并不多见。但关于知识产权权属纠纷是否可以申请仲裁学界还存在争议，多数人赞成知识产权的权利归属需要由国家行政管理部门予以行政确权，故不具有可仲裁性。但也有学者认为，知识产权属于一种私权，具有财产性，因此只要当事人签订了仲裁条款或协议，知识产权归属纠纷同样具有可仲裁性。[1] 目前我国理论界争议最多的是，有关知识产权（尤其是专利权）有效性的争议是否具有可仲裁性。学者们认为，如果将知识产权有效性争议提交仲裁，便会置社会公共利益于仲裁员可能的"独断专横"之下，这是不能接受的。[2] 在美国，知识产权仲裁仍属民事仲裁或商事仲裁，以仲裁条款或仲裁协议为前提，可仲裁事项非常广泛。以专利纠纷为例，所有专利纠纷类型，即使是专利有效性纠纷，都可以申请仲裁。这是由美国特殊的知识产权制度决定的，在美国知识产权不仅只是推定有效，而且判断其效力的权力也并没有被美国专利与商标局垄断，法院甚至仲裁委员会均可在审理专利侵权或合同纠纷的过程中对专利效力作出判断。当然美国这种制度并不完全适合于我国的知识产权制度。而在德国，有一种类似于仲裁前置程序的制度设置，从仲裁条件来看，不需要纠纷当事人事前约定仲裁协议，

---

　　〔1〕李晓桃、袁晓东："知识产权纠纷的可仲裁性研究"，载《科技管理研究》2012 年第 16 期。

　　〔2〕崔国斌："美国专利有效性仲裁制度评析"，载《知识产权》1998 年第 3 期。

只要一方向仲裁委员会提交书面仲裁申请就可以启动仲裁程序，从实际运行看，具有良好的纠纷解决效果。德国的做法值得我们借鉴。

此外，根据我国《专利法》及《商标法》的规定，对于侵犯知识产权，引起纠纷的，可以由当事人协商解决；当事人不愿协商或者协商不成的，权利人或者利害关系人可以向人民法院起诉，也可以请求行政管理部门予以处理。笔者认为，虽然立法没有明确将仲裁规定为解决知识产权纠纷可供选择的解决方式，但从我国多元化的纠纷解决体系来看，知识产权纠纷解决机制中当然包括协商、调解、仲裁这三种非诉讼纠纷解决方式。因此，不可过于教条地认为，法律没有明确规定专利纠纷、商标纠纷可以通过仲裁、调解予以解决，所以就理所当然地将仲裁、调解排除在知识产权纠纷解决机制之外。不过笔者想要补充的是，为了提升仲裁等非诉讼纠纷解决方式的社会认同度，通过法律对此进行明文规定是必要的：其一，法律的明确规定，可以赋予仲裁以正当性身份；其二，立法的规范化建构，有利于各种纠纷解决方式取长补短，相互协调，从而快速高效地解决知识产权纠纷。

第十二章

医患纠纷的解决机制
——以第三方调解为视角

一、我国现行医患纠纷的处理机制

目前我国处理医患纠纷主要有三种途径：医患双方协商解决、卫生行政部门或司法行政部门组织调解以及司法诉讼。通常情况下，医患纠纷发生后，双方首先考虑的是通过协商方式解决。根据 2002 年国务院颁布的《医疗事故处理条例》第 47 条的规定："双方当事人协商解决医疗事故的赔偿等民事责任争议的，应当制作协议书。协议书应当载明双方当事人的基本情况和医疗事故的原因、双方当事人共同认定的医疗事故等级以及协商确定的赔偿数额等，并由双方当事人在协议书上签名。"应该说，在医患纠纷的多种处理方式中，双方协商解决是最快捷、最经济、最高效的处理方式。但在实践中，这种处理方式却一直局限于医疗责任清晰、赔付数额不高、影响较小的医患冲突。而对于那些责任不明、医患关系紧张、出现死亡或其他严重后果的医疗纠纷，双方协商和解就变得异常困难。在我国，如果医患之间发生医疗事故争议，其处理程序一般是先提请当地的医疗事故技术鉴定委员会进行鉴定，对于已确定为医疗事故的，根据《医疗事故处理条例》第 46 条和第 48 条的规定，医患双方就医疗事故的赔偿等民事责任争议，不愿意协商或者协商不成的，当事人可以向卫生行政部门提出调解申请。卫生行政部门应医疗事故争议双方当事人的请求，可以对医疗事故赔偿进行调解。经调解，双方当事人就赔偿数额达成协议的，制作调解书，双方当事人应当履行；调解不成或者经调解达成协议后一方反悔的，卫生行政部门不再调解。由于医疗纠纷涉及医学领域较强的专业性问题和特殊的行业规则，患者及其家属往往缺乏相关知识和信息，在调解中处于明显弱势地位；而从调解者的中立性角度看，卫生行政部门作为各级医院的主管单位，难以摆脱行业利益和行业保护的嫌疑，因此也有失公允。此外，根据《医疗事故处理条例》第 48 条的规定，卫生行政部门只针对已确定为医疗事故的纠纷，对医疗事故赔偿进行调解。可见，卫生行政部门处理的医疗纠纷也仅限于医疗事故赔偿，并不能涵盖所有的医患纠纷。正因如此，近年来虽然医患纠纷多发、激烈，但行政调解的作用却在逐渐弱化。为了解决卫生行政部门调解医患纠纷时所遭遇的信任危机，现在一些地方尝试将有关的医患纠纷交由卫生行政部门组建的医患纠纷调解委员会来处理，也取得了不错的效果。还有些地方主张在司法行政部门的主导下组建医疗纠纷调解委员会（简称"医调委"），由政府购买服务，医调委以社会组织的名义展开活动。[1] 目前全国各个地方都在积极创新医患纠纷解决机制及其具体纠纷解决方式的改革和完善，出现了诸如"济宁模式"、"海南模式"、"宁波模式"、"邵东模式"等，但这些模式大多局限性强，缺乏统一性和普适性，容易导致实际操作中的相互抵触，引发新的冲突。此外，凡是调解都带有一个天生的弊端，就是执行力的问题。无论是卫生行政部门主持的调解，还是司法行政机关主导的调解，都无法直接赋予其法律的强制执行力。那么作为化解医患纠纷最权威的方式——诉讼，是不是就是最为理想的解决途径呢？自然不是！事实上，在司法实践中通过走法律程序化解医患纠纷的数量较少。司法程序对诉讼证据的严格要求以及诉讼成本的大量消耗，都是医患双方所无法承受的。可见，改革或重构我国医患纠纷处理机制势在必行。

长期以来医患纠纷解决机制的构建步履蹒跚，相反，传统的"不闹不解决、小闹小解决、大闹大解决"等"闹讼"现象在互联网时代却愈演愈烈，广为盛行。如何化解医患纠纷，使处理结果实现医生能接受、患者能满意、社会能认同，是研究构建合理的医患纠纷解决机制的重点。医患纠纷产生的原因错综复杂，对于医疗活动正当性的判断自然涉及医学、伦理学和法学等多个学科，需要从多学科的视角进行考量；同时医患纠纷的表现形式也多种

---

[1] 济宁晚报："济宁民间医患纠纷调解组织：政府购买对双方更公平"，载 http://jining. iqilu. com/jnminsheng/2015/0519/2409959. shtml，最后访问日期：2016 年 3 月 22 日。

多样，涉及事故鉴定、事故处理、对患者及家属的赔偿以及对责任人的处理等等，也需要卫生、公安、司法、社会组织等多元主体的参加。因此，单纯依赖某一救济途径无助于医疗纠纷解决机制的合理化建构，应以医患双方自治和自律来填补法律空白，以协商调解来替代诉讼对抗，以多方参与、通力合作来平衡和协调双方利益，以多元化的纠纷解决机制来化解医患纠纷。就目前我国医患纠纷解决现状来看，越来越多的患者希望有一个公正的外部制度，同时也需要一个经济便捷且能充分保障其合理诉求的新型医患纠纷解决模式，医患纠纷第三方调解制度就应运而生了。下文笔者主要以第三方调解为视角来探讨医患纠纷解决机制的完善。

二、我国医患纠纷第三方调解机制的地方性实践

所谓医患纠纷第三方调解是指在司法行政部门的指导下，运用人民调解机制，医患双方之外的第三方介入医疗纠纷的调解，促成当事人达成协议，化解医患矛盾的一种纠纷解决方式。[1]其也被称为除协商、行政调解、法院调解之外的医患纠纷调停机制中的第四条途径。近些年来，全国多个省市从本地实际需要出发，结合当地社会和经济发展情况，开始陆续探索医患纠纷第三方调解机制及其运行模式，国家相关部门也在积极推广这些改革与实践。其中"宁波解法"或称"宁波模式"作为我国医患纠纷第三方调解机制的经典范本，截至 2015 年上半年已在全国 30 余个省市推广。

宁波模式：2007 年 12 月，宁波市积极探索社会治理新模式，以"市长令"的形式颁布了《宁波市医疗纠纷预防与处置暂行办法》，引入人民调解机制化解医疗纠纷，初步在市、县两级设置医疗纠纷人民调解委员会（简称"医调委"），医调委以中立第三方的身份处理医疗纠纷，被称为"宁波解法"；2008 年，"宁波解法"得以在浙江全省推广；2012 年 3 月，《宁波市医疗纠纷预防与处置条例》颁布实施，成为全国首个处置医疗纠纷的地方性法规。"宁波解法"的最大特色在于：作为政府购买的一项公共服务产品，医调委免费为医患双方提供公平、便捷的纠纷处理服务。医调委虽是政府主导下的自治组织，但却不隶属于卫生行政部门，而是由司法行政部门指导设立；调解人员由医调委聘任；各项经费由各级政府财政予以保障，与医疗机构、

---

[1]　郭永松：《医患纠纷调解之路》，人民卫生出版社 2013 年版，第 120 页。

保险公司没有任何利益关系。这些制度安排最大限度地保障了医调委的中立地位，这也是医患双方信赖的基础。除此之外，为了减少操作过程中的随意性，在全市范围内统一标准，对于患方索赔金额在1万元以上的，应当委托医疗纠纷理赔处理中心介入处理；患方索赔金额在10万元以上的，应先行医学鉴定，明确责任。目前，全宁波市有医调委9个，专职人民调解员29名。2008～2015年7年来，医调委共受理医疗纠纷5019件，成功调解4711件，成功率93.9%。[1]

山西模式：作为全国成立的第一个专业性第三方调解组织——山西省医疗纠纷人民调解委员会成立于2006年10月12日，至今已走过10个年头，初步形成了一套较为完善的医疗纠纷处理机制和医疗责任保险赔付机制。山西模式的最大亮点在于：省医调委首创将医疗纠纷人民调解机制定位为医疗纠纷第三方援助机制，无偿向患者和医疗机构提供医学和法律专家的援助，以"信息对等、平等沟通、和谐对话"的方式妥善解决医患纠纷。另外，该模式在运用人民调解第三方援助机制的同时，还积极推行医疗责任保险，对属于医疗责任保险赔偿范围内的损失，按照《医疗纠纷人民调解协议书》内容，由承保的保险公司负责赔偿。为保证"公开、公平、公正、合情、合理、合法"的工作原则，省医调委在全省范围内采取"六统一"的工作模式，即统一准入、统一管理、统一鉴定、统一调解、统一参保、统一赔付。同时在省医调委的主持下，医患双方达成的调解协议书具有法律效力，省医调委还要督促医疗纠纷调解书的履行。[2]但尽管山西模式运行十余年，省医调委仍存在法律地位不明和专项经费缺乏等发展瓶颈问题。此外其社会知名度也不高，省医调委工作人员于2015年5月29日所做的街头问卷调查结果显示，省医调委成立近10年，社会知晓率不及10%。[3]

江西模式：2014年3月27日江西省第十二届人大常委会第九次会议表决通过了《江西省医疗纠纷预防与处理条例》（以下简称《江西医疗条例》），

---

〔1〕 王莎："宁波第三方做医疗纠纷调解 七年来无一人反悔"，载 http://nb. ifeng. com/app/nb/detail_ 2015_ 09/14/4341670_ 0. shtml，最后访问日期：2016年3月23日。

〔2〕 参见山西省医疗纠纷人民调解委员会官网：http://www. sxsytw. com/qtw/gywm/，最后访问日期：2016年3月23日。

〔3〕 "山西省医调委：理性调和医患关系的'第三者'"，载 http://news. sina. com. cn/o/2015-05-30/010531893906. shtml，最后访问日期：2016年3月23日。

并于同年 5 月 1 日正式实施。这是首个省级处理医疗纠纷的地方性法规，在全国率先以立法的形式引入第三方调解机制化解医患纠纷，明确了医疗纠纷调解机构的法律地位。《江西医疗条例》共 7 章 64 条，对医疗纠纷的预防、处理、应急处置和医疗责任保险等方面作出规定，重点完善了医疗纠纷人民调解制度，解决了维权渠道不够畅通、医疗鉴定市场混乱等难题。为了保证医疗调解的规范化操作和制度化运行，《江西医疗条例》有以下几点值得推广：①由政府相关部门提供人员和经费的扶持，保证医调委的正常运行；②医调委的调解员由独立于医院与患者的第三方担任，调解服务不收取费用，以保证其客观公正；③调解员中既有专业的医学专家，也有法律、新闻、社会工作等领域的专家学者，以保证调解的专业性；④规定调解期限，以确保高效迅速。规定医调委应自受理调解申请之日起 30 个工作日内调解终结，超过约定期限仍未达成调解协议的，视为调解不成；⑤明确调解效力，以保障其充分执行。医疗纠纷调解协议书经医患双方及医疗纠纷人民调解员签字、盖章后，具有法律约束力，当事人应当履行。据江西省有关部门统计，自《江西医疗条例》实施后，与 2013 年相比，2015 年医疗纠纷数量下降了 37.7%；扰乱医疗秩序的"医闹"事件下降了 78.7%。目前江西省实现了省内市、县两级医疗纠纷调解组织的 100% 覆盖。[1]

上海模式：2006 年，上海市成立了第一家专门的医调组织——普陀区医患纠纷人民调解委员会。2011 年，上海市政府设立医患纠纷人民调解工作办公室，并建立专家库以提供专业咨询，同时与保险公司理赔相衔接。随后，各区（县）也相继成立了医患纠纷人民调解委员会，作为人民调解工作的具体实施机构；各区（县）政府相应成立医患纠纷人民调解工作办公室，负责辖区内医患纠纷人民调解的相关领导和管理工作。为了更好地维护医患双方的权益，更加专业化地处理医疗纠纷，上海医调委大量引入职业调解员、医务人员、法律工作者等专业人士担任调解员，这些专家在维持正常医疗秩序方面发挥了积极作用。2013 年全市共计办理医患纠纷 3000 件，理赔金额 1.4 亿元，调解成功率约 80%；2014 年，办理医患纠纷 3720 件，其中调解成功 3048 件，调解成功率近 82%，涉及协议金额 1.6 亿元，与 2013 年相比各项均

---

[1] 张婷："多地引入第三方调解医闹校闹"，载《时代主人》2016 年第 3 期。

有提高。〔1〕

天津模式：2009 年 1 月，天津市在全国首次以省级政府令的形式颁布了《天津市医疗纠纷处置办法》，成立了市医疗纠纷人民调解委员会，在全市公立医院推行医疗责任保险。继江西省之后，2014 年天津市第十六届人大常委会第十四次会议也通过了《天津市医疗纠纷处置条例》，进一步强化了市医调委的法定地位和职责。同时为确保医调委独立的第三方地位，天津市也大力推广并实施由政府出资购买服务、市财政全额保障的机制。

三、国外医患纠纷调解制度

医患纠纷并非中国所独有，西方发达国家的医患纠纷也很多，但他们通过多种机制来解决，这些机制除了诉讼之外，使用最广泛的是非诉讼解决机制，其中通过第三方来解决医患之间的纠纷，已经在世界多个国家得到了广泛应用和认可。

美国是 ADR 的创始国，ADR 程序消化了大量的民事纠纷，医疗纠纷也不例外。在美国，ADR 医疗事故解决机制是除诉讼以外作用最大的一种解决方式，其中美国国家医疗纠纷调解委员会（NCHCDR）直接促使和推动了医疗纠纷诉讼外第三方调解制度的建立与广泛运用。一旦产生医疗纠纷，就将会有被指定为具有中立性质的第三方机构来介入事故的调查取证，并对收集到的资料进行专业化分析研究，然后根据研究结果，出具医疗纠纷调查报告，然后由第三方机构组织召集医患双方进行谈判协商，争取达成调解协议。此外，美国许多医院还建立了专门调解医患纠纷的"伦理委员会"，在诊疗过程中随时与患者及家属就如何治疗、何时停止治疗、采取何种恢复手段等保持沟通；发生医患纠纷后，"伦理委员会"也会首先和患方接触，负责沟通、协调。这一措施的推行将许多可能导致医患纠纷的隐患提前消化，也能够在医患矛盾发生后，有效缓解患者方面的抵触情绪。另外，医疗责任保险的引入对美国医疗纠纷的解决同样起到了很大作用。早在 1994 年，美国就制订了《医患关系基本原则》，规定在医院设立风险管理部门，专门调查医疗事故；医生也要强制参加医疗责任保险，一旦法院判决医院承担责任，就由保险公

---

〔1〕 "上海去年医患纠纷成功调解逾8成 各项指标有提高"，载 http://sh.legaldaily.com.cn/content/2015-06/30/content_6146563.htm，最后访问日期：2016 年 3 月 23 日。

司负责赔偿患者所有的经济损失。

德国医疗技术发达,医疗水平享有盛誉。但德国卫生组织公布的统计资料却显示,德国每年的医疗事故总数仍高达 10 万起,其中 1/4 事故导致病人死亡。对于医疗事故引起的纠纷,当事人除了通过诉讼解决外,采用最多的方式还是庭外调解。[1]一旦发生医疗事故,病人或家属一般先与当事医生或院方进行直接接触以确认事实,并协商可能的赔偿问题。如果协商未果,病人可以向"医疗事故调解处"求助,该机构专为解决医患纠纷而设立,由法律界人士和医生组成。德国的"医疗事故调解处"每年可以有效处理数以万计的医疗纠纷。"医疗事故调解处"的工作之所以能够得到社会认可,关键在于其中立的地位和专业的处理过程。还有一点值得我们借鉴,医疗责任保险公司负责"医疗事故调解处"的运营经费,因此,调解处为医患双方提供的是免费的调解服务。

与西方其他国家一样,日本解决医疗纠纷也非常倚重第三方调解的方式。因为医疗纠纷诉讼程序对证据收集的要求比较严格,数据分析也比较专业,所以医疗纠纷诉讼的胜诉率非常低,当医患双方通过自行协商无法达到和解目的时,都会较多地求助于日本医师协会来解决。从 20 世纪 70 年代,日本医师协会就开始了诉讼外解决医疗纠纷的探索,自 2004 年日本制定了《关于促进诉讼外纠纷解决程序的法律》(即《日本 ADR 法》)之后,医疗纠纷诉讼外解决机制迅速得以发展,其中调解的运用最为广泛。[2]日本医师协会实行会员制,入会的医师需要向医师协会交付一定的费用来享受协会所提供的一定的服务,医师协会以总承包人的身份作为一个团体与保险公司签订医师赔偿责任保险合同。一旦产生医疗责任纠纷,其赔偿责任的判断就交给"公正的判断机构"——"赔偿责任审查委员会"。之所以说它"公正",是因为其独立于保险公司和日本医师协会,是一个中立的组织,负责对医师的责任进行审查,并将审查结果通知日本医师协会和保险公司。[3]赔偿责任审查委

---

〔1〕 陈宗伦:"外国妙招应对医患矛盾",载《北京青年报》2014 年 3 月 20 日,第 C05 版。

〔2〕 参见洪英:"日本医疗纠纷诉讼外解决机制的发展趋势",载《中国司法》2013 年第 2 期。

〔3〕 [日]江崎俊夫:"围绕诉讼外纠纷处理的医疗事故纠纷解决制度",载《岐阜市医师会だより》2008 年第 3 期。转引自刘兰秋:"域外医疗纠纷第三方调处机制研究",载《河北法学》2012 年第 11 期。

员会以合议的方式，由6名专业医师和4名法律专家组成的审查小组对案件进行审查并基于少数服从多数的原则作出决议。审查是基于日本医师协会下设的"调查委员会"的调查报告并从医学、法律两个角度进行，审议的内容包括是否应承担赔偿责任以及应负担的赔偿数额等。[1]

除了上述国家之外，韩国也主张依靠医患双方协商来解决医疗纠纷，随着《医疗法》、《民事调停法》的颁布，按照"调解优先原则"，调解也成为平息医疗纠纷的最主要方式。[2]新加坡于1997年就成立了医疗纠纷调解中心，鼓励通过庭外调解化解医患矛盾。英国的医疗调解基金会于2014年1月在埃弗利纳伦敦儿童医院，开始试验通过更好的沟通方式去解决医患矛盾，专门处理那些产生医患矛盾的儿童医疗纠纷。法国于2002年3月出台了《患者权利和卫生系统质量法》，规定在法国本土以及法属殖民地设置多个"地区医疗事故损害调停·补偿委员会"，以实现医患纠纷的和平解决。同时还成立了国家赔偿办公室和全国医疗事故委员会，负责制定医疗事故专家名单、专家工作指南以及组织专家的培养工作等。

四、完善我国医患纠纷第三方调解机制的几点建议

医疗纠纷引入第三方调解制度目前是我国医疗纠纷非诉讼解决机制中的研究热点，理论界许多学者都提出了构建我国医患纠纷第三方调解机制的合理化建议，全国各地实务部门也都积极探索、多方联动，呈现一派繁荣景象。但北京大学法治与发展研究院大数据法律研究中心和国双数据中心却为我们呈现了另一种景象，其根据中国裁判文书网上公布的涉及医患纠纷的一审判决书，梳理并形成了一份数据报告，报告统计区间为2013~2015年，统计维度包括各时间段文书总量、患者胜诉率、被告医疗机构排名、赔款金额与争议焦点等。相关案由中，医疗损害责任纠纷占比最大，约为67.2%，医疗服务合同纠纷和医疗损害赔偿纠纷也占据较大比例。争议焦点主要为诊断行为不当和未尽告知义务。从数据分析看，大量医疗纠纷裁判文书的出现表明，医患纠纷双方都已经将法律作为解决问题的极重要选项，尤其是，患者起诉

---

〔1〕 刘兰秋："域外医疗纠纷第三方调处机制研究"，载《河北法学》2012年第11期。

〔2〕 参见赖东川："我国医疗纠纷的多元化解决机制初探"，载《福建法学》2011年第2期。

医疗机构的案件占比约87%、胜诉率约73%，表明患者法治意识的增强和法律手段的运用效果。据业内人士透露，调解委员会的成功率并不高，并且主动去调解的医患双方也很少，多数仍然是直接起诉至法院。[1]笔者认为，医患纠纷调解制度受到冷落，其原因固然有患者法治意识的增强，但相较于诉讼所具有的制度优势，我国医疗纠纷调解机制本身的不完善也使其黯然失色。

我们从前文关于域外国家医疗纠纷第三方调处机制的介绍中不难发现，它们的制度设计有些共同的地方：一是如何保障第三方调处机构的独立性和公正性；二是如何保证其纠纷解决的专业性。笔者认为这是第三方调解机制可持续发展的前提，也是双方建立互信、平等协商的根基。不管是政府机构还是行业协会设立的第三方调解机构，如何提高其中立性和专业化，不仅涉及调解的整体效果，也关涉调解的公信力和执行力，笔者认为：

首先，应解决第三方调解机构中立性的问题，这是医患双方与其建立信任关系的基础。以宁波市为例，依据《宁波市医疗纠纷预防与处置暂行办法》及相关文件，宁波市医疗纠纷人民调解委员会独立于宁波市卫生局，隶属于宁波市司法局，其日常运行经费、人员招聘等工作都由宁波市司法局负责。从实践情况来看，医疗纠纷调解成效明显，也容易让各方接受。还有一种模式是，青岛市南区政协与市南区法院联合成立的"政协医药卫生专家顾问团"，其对协调解决医患纠纷也发挥了积极作用。这些做法都可以成为医患纠纷第三方调解机构中立性保障的一种有益探索，值得在全国进行推广。笔者认为，在我国，人大、政协、司法行政机关等相对于卫生行政部门以及医师协会，在处理医患纠纷时中立性更高，公信力也更强，这些部门可以作为医疗纠纷第三方调解机构的管理者，负责医调机构的监管、经费保障和运作、调解人员聘任和职业培训等日常事务。

其次，调解机构的专业化程度是确保医患纠纷解决过程和解决结果权威性的关键，因此各国一般都在调解组织中吸收一定比例的医学、法学专家。如法国的医疗损害调解委员会有21名委员，其中医务人员占1/3之多。日本医师协会下设的事故"调查委员会"由大约15名来自于各医学领域的专业医师、6名精通医疗诉讼的律师和2名保险公司的工作人员构成；而赔偿责任审

---

[1]　"大数据告诉你该如何解决医患纠纷？"，载 http://www.chinacourt.org/article/detail/2016/03/id/1822612.shtml，最后访问日期：2016年3月23日。

查委员会的审查小组则由 6 名专业医师和 4 名法律专家组成。人员构成保证了其处理结果的专业性和权威性。针对我国专业调解人员匮乏的现象，我们急需建立一支专业的、稳定的调解队伍。一般来说，任何制度的运行，人才资源积累与人才培养往往是最长期、也是最艰难的过程。因此可以借鉴法国的做法，制定处理医疗事故专家名单，建立调解人员的国家专家库，以促进资源共享并推进全国医疗纠纷解决机制的协调发展。

再次，制约医调机构正常运行和健康发展的另外一个因素就是经费来源问题。目前从我国多地出台的地方性法规或规定来看，有以下几种形式：①第三方调解机构的经费从医院缴纳的医疗责任险中按比例提成；②由地方政府财政予以保障；③由司法行政部门或卫生行政部门予以解决；此外，有些只设立机构而对经费问题没有明文规定。对于上面所提及的几种形式，笔者并不赞成由医院负责向第三方调解机构缴纳费用。就笔者所掌握的信息来看，目前不少医院负责人以及医生普遍认为我国医疗责任险保费过高，且存在理赔限制多、不及时等问题。因此不宜再过多增加医院与医生的负担，进一步压制他们参加医疗责任保险的积极性，而最为妥当的方式是通过政府"购买"公共服务的方式来解决第三方调解机构的经费问题。

最后，为了保证在医疗事故发生后患者能够得到足够的赔偿，同时也为了转移和分解医院与医生的负担，医疗责任保险机制值得在全国范围内强制推行。但从一些试点省市的实践效果来看，执行过程遭遇了问题，即大多数保险公司都要求根据事故鉴定或判决结果来理赔，对医调委出具的调解书不予认可。可见，医疗纠纷第三方调解机制的圆满实现，还需要完善调赔对接机制。[1]

总之，医患纠纷第三方调解机制的理想运作不仅需要完美的制度设计，还需要健全的法律保障，同样也离不开优化的社会环境与协调的社会治理体系。当然，化解医患纠纷，仅仅寄托于第三方调解制度的推广与完善显然是远远不够的，与其他社会纠纷一样，任何一种单一的体制和纠纷解决方式都

---

〔1〕 海南省医疗纠纷第三方调解成功率较高的一个重要原因是保险公司的参与，通过医疗机构及其医务人员参加医疗责任保险，较好地落实了赔偿资金问题。参见赖志杰等："我国医疗纠纷第三方调解的实践考察与完善对策——基于海南省医疗纠纷人民调解与医疗责任保险结合为例模式"，载《海南大学学报》（人文社会科学版）2014 年第 5 期。

无法满足社会的客观需要与多元主体的利益需求。医疗纠纷的解决、和谐医患关系的构建是个复杂的系统工程，需要多元化的解决机制，也需要社会各方力量的共同参与和积极探索。我们应该根据自己的实际情况，探索出适合于我国经济发展状况和社会关系结构的最佳模式，顺应时代发展的需要，实现医患纠纷公正解决与社会效益之间的最佳平衡，为维护社会和谐稳定，促进医患关系和谐发展做出更大的贡献。

参考文献 Reference

一、中文文献

（一）著作类

1. 艾尔肯：《医疗损害赔偿研究》，中国法制出版社 2005 年版。

2. 白绿铉：《美国民事诉讼法》，经济日报出版社 1996 年版。

3. 常怡主编：《民事诉讼法学》，中国政法大学出版社 2002 年版。

4. 陈奎、梁平：《论理与实证：纠纷、纠纷解决机制及其他》，河北大学出版社 2011 年版。

5. 陈新民：《德国公法学基础理论》，山东人民出版社 2001 年版。

6. 范愉、李浩：《纠纷解决——理论、制度与技能》，清华大学出版社 2010 年版。

7. 范愉：《非诉讼程序（ADR）教程》，中国人民大学出版社 2002 年版。

8. 范愉：《非诉讼纠纷解决机制研究》，中国人民大学出版社 2000 年版。

9. 范愉：《纠纷解决的理论与实践》，清华大学出版社 2007 年版。

10. 范愉主编：《多元化纠纷解决机制》，厦门大学出版社 2005 年版。

11. 冯象：《政法笔记》，江苏人民出版社 2004 年版。

12. 顾培东：《社会冲突与诉讼机制》，法律出版社 1999 年版。

13. 胡鞍钢等：《转型与稳定——中国如何长治久安》，人民出版社 2005 年版。

14. 黄国昌：《民事诉讼理论之新开展》，元照出版公司 2005 年版。

15. 江伟主编：《中国民事诉讼法专论》，中国政法大学出版社 1998 年版。

16. 黎民、张小山主编：《西方社会学理论》，华中科技大学出版社 2005 年版。

17. 李大平主编：《医事法学》，华南理工大学出版社 2007 年版。

18. 李刚：《人民调解概论》，中国检察出版社 2004 年版。

19. 李钢：《社会转型代价论》，山西教育出版社 1999 年版。

20. 李运午:《医疗纠纷》,南开大学出版社 1987 年版。

21. 梁堃:《英国 1996 年仲裁法与中国仲裁法的修改:与仲裁协议有关的问题》,法律出版社 2006 年版。

22. 梁平、杨奕:《纠纷解决机制的现状研究与理想建构》,中国政法大学出版社 2014 年版。

23. 刘荣军:《程序保障的理论视角》,法律出版社 1999 年版。

24. 刘想树主编:《国际体育仲裁研究》,法律出版社 2010 年版。

25. 刘志松:《权威·规则·模式——纠纷与纠纷解决散论》,厦门大学出版社 2013 年版。

26. 刘祖云:《从传统到现代——当代中国社会转型研究》,湖北人民出版社 2000 年版。

27. 潘牧天、孙彩虹:《民事诉讼法理论与实务专题研究》,苏州大学出版社 2016 年版。

28. 齐树洁:《民事程序法研究》,科学出版社 2007 年版。

29. 齐树洁主编:《纠纷解决与和谐社会》,厦门大学出版社 2010 年版。

30. 齐树洁主编:《美国司法制度》(第 2 版),厦门大学出版社 2010 年版。

31. 沈恒斌主编:《多元化纠纷解决机制原理与实务》,厦门大学出版社 2005 年版。

32. 宋国华等:《保险大辞典》,辽宁人民出版社 1989 年版。

33. 苏力:《法治及其本土资源》(修订版),中国政法大学出版社 2004 年版。

34. 孙彩虹主编:《证据法学》,中国政法大学出版社 2008 年版。

35. 孙加瑞:《强制执行实务研究》,法律出版社 1994 年版。

36. 孙立平:《失衡:断裂社会的运作逻辑》,社会科学文献出版社 2004 年版。

37. 孙应征主编:《知识产权法律原理与实证解析》,人民法院出版社 2004 年版。

38. 汤维建:《美国民事司法制度与民事诉讼程序》,中国法制出版社 2001 年版。

39. 汤维建等:《群体性纠纷诉讼解决机制论》,北京大学出版社 2008 年版。

40. 王东红等:《医患关系与权利维护》,中国民主法制出版社 2005 版。

41. 王人博、程燎原:《法治论》,山东人民出版社 1989 年版。

42. 王亚新:《社会变革中的民事诉讼》,中国法制出版社 2001 年版。

43. 吴卫军、樊斌等:《现状与走向:和谐社会视野中的纠纷解决机制》,中国检察出版社 2006 年版。

44. 武广华等:《中国卫生管理辞典》,中国科学技术出版社 2001 年版。

45. 肖旭:《社会心理学》,电子科技大学出版社 2008 年版。

46. 徐昕:《论私力救济》,中国政法大学出版社 2005 年版。

47. 徐昕:《迈向社会和谐的纠纷解决》,中国检察出版社 2008 年版。

48. 徐昕主编:《纠纷解决与社会和谐》,法律出版社 2006 年版。

49. 颜运秋：《公益诉讼理念研究》，中国检察出版社 2002 年版。

50. 杨荣新：《仲裁法理论与适用》，中国经济出版社 1998 年版。

51. 杨荣馨主编：《民事诉讼原理》，法律出版社 2003 年版。

52. 于建嵘：《抗争性政治：中国政治社会学基本问题》，人民出版社 2010 年版。

53. 张晋藩：《中国法律的传统与近代转型》，法律出版社 1997 年版。

54. 张树义：《行政法与行政诉讼法学》，高等教育出版社 2002 年版。

55. 张卫平等：《司法改革：分析与展开》，法律出版社 2003 年版。

56. 赵旭东：《纠纷与纠纷解决原论：从成因到理念的深度分析》，北京大学出版社 2009 年版。

57. 郑成思：《知识产权法：新世纪初的若干研究重点》，法律出版社 2004 年版。

58. 郑杭生等：《当代中国社会结构和社会关系研究》，首都师范大学出版社 1997 年版。

59. 郑也夫：《信任论》，中国广播电视出版社 2001 年版。

60. 卓泽渊：《法政治学》，法律出版社 2005 年版。

61. 邹瑜、顾明主编：《法学大辞典》，中国政法大学出版社 1991 年版。

62. 左卫民、周长军：《变迁与改革——法院制度现代化研究》，法律出版社 2000 年版。

（二）期刊类

1. 陈福勇："我国仲裁机构现状实证分析"，载《法学研究》2009 年第 2 期。

2. 陈燕萍："环境公益诉讼主体资格的逻辑考量"，载《山东审判》2013 年第 4 期。

3. 程金华、吴晓刚："社会阶层与民事纠纷的解决——转型时期中国的社会分化与法治发展"，载《社会学研究》2010 年第 2 期。

4. 范愉："当代中国非诉讼纠纷解决机制的完善与发展"，载《学海》2003 年第 1 期。

5. 范愉："申诉机制的救济功能与信访制度改革"，载《中国法学》2014 年第 4 期。

6. 范愉："诉讼与非诉讼程序衔接的若干问题——以《民事诉讼法》的修改为切入点"，载《法律适用》2011 年第 9 期。

7. 范愉："调解的重构（上）——以法院调解的改革为重点"，载《法制与社会发展》2004 年第 2 期。

8. 范愉："调解的重构（下）——以法院调解的改革为重点"，载《法制与社会发展》2004 年第 3 期。

9. 范愉："小额诉讼程序研究"，载《中国社会科学》2001 年第 3 期。

10. 陈果："环境民事诉讼管辖问题研究"，载《法制与社会》2014 年第 9 期。

11. 韩波："公益诉讼制度的力量组合"，载《当代法学》2013 年第 1 期。

12. 胡锦光、王锴："论公共利益概念的界定"，载《法学论坛》2005 年第 1 期。

13. 胡伟、程亚萍："法社会学视阈下的体育纠纷解决机制研究"，载《北京体育大学学报》2013 年第 1 期。

14. 李路路："社会结构阶层化和利益关系市场化——中国社会管理面临的新挑战"，载《社会学研究》2012 年第 2 期。

15. 梁平："多元化纠纷解决机制的制度构建——基于公众选择偏好的实证考察"，载《当代法学》2011 年第 3 期。

16. 刘晓梅："建设和谐社会进程中群体性事件的法社会学思考"，载《中国人民公安大学学报》（社会科学版）2005 年第 3 期。

17. 刘友华："知识产权纠纷多元化解决机制研究：以纠纷类型化为中心"，载《知识产权》2013 年第 4 期。

18. 刘正强："信访的'容量'分析——理解中国信访治理及其限度的一种思路"，载《开放时代》2014 年第 1 期。

19. 陆平辉："利益冲突的理念与实证分析"，载《南京社会科学》2003 年第 9 期。

20. 陆益龙："环境纠纷、解决机制及居民行动策略的法社会学分析"，载《学海》2013 年第 5 期。

21. 陆益龙："纠纷解决的法社会学研究：问题及范式"，载《湖南社会科学》2009 年第 1 期。

22. 马怀德、解志勇："行政诉讼第三人研究"，载《法律科学》（西北政法学院学报）2000 年第 3 期。

23. 邱泽奇："群体性事件与法治发展的社会基础"，载《云南大学学报》（社会科学版）2004 年第 5 期。

24. 苏力："司法制度的合成理论"，载《清华法学》2007 年第 1 期。

25. 孙彩虹："民事附属行政诉讼制度分析"，载《法学杂志》2011 年第 8 期。

26. 孙彩虹："体育权利的法律属性"，载《上海体育学院学报》2014 年第 6 期。

27. 孙彩虹："我国诉前禁令制度：问题与展开"，载《河北法学》2014 年第 8 期。

28. 孙彩虹："信访制度：意义、困境与前景——以涉法、涉诉信访为考察维度"，载《中国浦东干部学院学报》2012 年第 2 期。

29. 孙彩虹："中国足协纪律处罚现状、问题与立法完善"，载《成都体育学院学报》2015 年第 3 期。

30. 孙笑侠："论法律与社会利益——对市场经济中公平问题的另一种思考"，载《中国法学》1995 年第 4 期。

31. 汤敏轩、余军："转型期利益集团对民主政治的正面影响"，载《社会科学》1999 年第 7 期。

32. 田思源："《体育法》修改的核心是保障公民体育权利的实现"，载《天津体育学院学报》2011 年第 2 期。

33. 王怀臣："构建'大调解'工作体系有效化解矛盾纠纷"，载《求是》2009 年第 24 期。

34. 王太高："论行政公益诉讼"，载《法学研究》2002 年第 5 期。

35. 王亚新："论民事、经济审判方式的改革"，载《中国社会科学》1994 年第 1 期。

36. 王亚新："民事审判监督制度整体的程序设计——以《民事诉讼法修正案》为出发点"，载《中国法学》2007 年第 5 期。

37. 王郅强："转型期中国社会矛盾的基本形态与性质分析"，载《学习与探索》2012 年第 7 期。

38. 吴卫星："我国环境权理论研究三十年之回顾、反思与前瞻"，载《法学评论》2014 年第 5 期。

39. 信春鹰："后现代法学：为法治探索未来"，载《中国社会科学》2000 年第 5 期。

40. 熊晓青："台湾地区'公害纠纷处理法'的评析及其启示"，载《湖北行政学院学报》2011 年第 2 期。

41. 熊跃敏："消费者群体性损害赔偿诉讼的类型化分析"，载《中国法学》2014 年第 1 期。

42. 徐秋香："我国学校体育伤害事故的法律问题研究"，载《沈阳体育学院学报》2013 年第 3 期。

43. 徐卫："行政性 ADR 论纲"，载《西南政法大学学报》2005 年第 4 期。

44. 徐昕："为什么私力救济"，载《中国法学》2003 年第 6 期。

45. 颜运秋、余彦："公益诉讼司法解释的建议及理由——对我国《民事诉讼法》第 55 条的理解"，载《法学杂志》2013 年第 7 期。

46. 颜运秋、余彦："我们究竟需要什么样的环境民事公益诉讼——最高院环境民事公益诉讼解释《征求意见稿》评析"，载《法治研究》2015 年第 1 期。

47. 杨荣新、乔欣："重构我国民事诉讼审级制度的探讨"，载《中国法学》2001 年第 5 期。

48. 杨晓梅："环境民事诉讼立案现状和原因"，载《环境保护》2008 年第 22 期。

49. 杨严炎："美国司法 ADR 之考察"，载《当代法学》2006 年第 4 期。

50. 应松年："构建行政纠纷解决制度体系"，载《国家行政学院学报》2007 年第 3 期。

51. 应星："作为特殊行政救济的信访救济"，载《法学研究》2004 年第 3 期。

52. 于建嵘："当前我国群体性事件的主要类型及其基本特征"，载《中国政法大学学报》2009 年第 6 期。

53. 袁璇、肖勇："试论经济法诉讼之不存在"，载《法制与社会》2011 年第 11 期。

54. 张春燕、张春良："CAS奥运会特设仲裁庭审模式研究"，载《天津体育学院学报》2008年第1期。

55. 张广智："西欧社会近代转型问题断想"，载《浙江学刊》2001年第5期。

56. 张明军、陈朋："2011年中国社会典型群体性事件的基本态势及学理沉思"，载《当代世界与社会主义》2012年第1期。

57. 张千帆："'公共利益'的构成——对行政法的目标以及'平衡'的意义之探讨"，载《比较法研究》2005年第5期。

58. 张瑞强："民事诉讼行政附属问题研究与解决——兼论行政主体作证制度的建立及完善"，载《审判研究》2001年第2期。

59. 张卫平："民事公益诉讼原则的制度化及实施研究"，载《清华法学》2013年第4期。

60. 章武生："论我国大调解机制的构建——兼析大调解与ADR的关系"，载《法商研究》2007年第6期。

61. 章武生："我国民事审级制度之重塑"，载《中国法学》2002年第6期。

62. 赵毅："从公平责任到损失分担之嬗变——近年我国法院裁判体育伤害案件的最新立场"，载《体育学刊》2014年第1期。

63. 周国朝等："医患纠纷的多重性研究与思考"，载《中国卫生事业管理》2012年第9期。

64. 左卫民："常态纠纷的非司法解决体系如何和谐与有效——以S县为分析样本"，载《法制与社会发展》2010年第5期。

（三）译作

1. ［德］奥特马·尧厄尼希：《民事诉讼法》，周翠译，法律出版社2003年版。

2. ［德］鲁道夫·冯·耶林：《法学的概念天国》，柯伟才、于庆生译，中国法制出版社2009年版。

3. ［德］瓦塞曼：《社会的民事诉讼——社会法治国家的民事诉讼理论与实务》，［日］森勇译，东京成文堂1990年版。

4. ［德］沃尔夫冈·查普夫：《现代化与社会转型》，陆宏成、陈黎译，社会科学文献出版社1998年版。

5. ［法］勒内·达维德：《当代主要法律体系》，漆竹生译，上海译文出版社1984年版。

6. ［法］罗伯斯比尔：《革命法制和审判》，赵涵舆译，商务印书馆1965年版。

7. ［法］让·弗朗索瓦·利奥塔：《后现代状况》，岛子译，湖南美术出版社1996年版。

8. ［美］唐纳德·J. 布莱克：《法律的运作行为》，唐越、苏力译，中国政法大学出版社 2004 年版。

9. ［美］E. 博登海默：《法理学：法律哲学与法律方法》，邓正来译，中国政法大学出版社 2004 年版。

10. ［美］西里尔·E. 布莱克：《现代化的动力——一个比较史的研究》，景跃进、张静译，浙江人民出版社 1989 年版。

11. ［美］E. 舍曼：《ADR 与民事诉讼》，大村雅彦编译，日本中央大学出版部 1997 年版。

12. ［美］J. 弗尔伯格："美国 ADR 及其对中国调解制度的启示"，李志译，载《山东法学》1994 年第 4 期。

13. ［美］L. 科塞：《社会冲突的功能》，孙立平等译，华夏出版社 1989 年版。

14. ［美］P. 诺内特、P. 塞尔兹尼克：《转变中的法律与社会：迈向回应型法》，张志铭译，中国政法大学出版社 2004 年版。

15. ［美］彼得·G. 伦斯特洛姆编：《美国法律辞典》，贺卫方等译，中国政法大学出版社 1998 年版。

16. ［美］伯尔曼：《法律与宗教》，梁治平译，三联书店 1991 年版。

17. ［美］戈尔丁：《法律哲学》，齐海滨译，三联书店 1987 年版。

18. ［美］杰弗里·C. 哈泽德、米歇尔·塔鲁伊：《美国民事诉讼法导论》，张茂译，中国政法大学出版社 1998 年版。

19. ［美］克里斯蒂娜·沃波鲁格："替代诉讼的纠纷解决方式（ADR）"，载《河北法学》1998 年第 1 期。

20. ［美］理查德·A. 波斯纳：《法理学问题》，苏力译，中国政法大学出版社 2002 年版。

21. ［美］罗斯科·庞德：《通过法律的社会控制——法律的任务》，沈宗灵译，商务印书馆 1984 年版。

22. ［美］罗伯特·K. 默顿：《社会理论与社会结构》，唐少杰等译，译林出版社 2008 年版。

23. ［美］罗·庞德：《法律史解释》，曹玉堂、杨知译，华夏出版社 1989 年版。

24. ［美］马丁·P. 戈尔丁：《法律哲学》，齐海滨译，三联书店 1987 年版。

25. ［美］史蒂文·苏本、玛格瑞特·伍：《美国民事诉讼的真谛》，蔡彦敏、徐卉译，法律出版社 2002 年版。

26. ［美］唐·布莱克：《社会学视野中的司法》，郭星华等译，法律出版社 2002 年版。

27. ［美］约翰·罗尔斯：《正义论》，何怀宏、何包钢、廖申白译，中国社会科学出版社 1988 年版。

28. ［日］棚濑孝雄:《纠纷的解决与审判制度》,王亚新译,中国政法大学出版社 2004 年版。

29. ［日］小岛武司、伊藤真编:《诉讼外纠纷解决法》,丁婕译,中国政法大学出版社 2005 年版。

30. ［日］原田尚彦:《环境法》,于敏译,法律出版社 1999 年版。

31. ［日］中村英郎:《新民事诉讼法讲义》,陈刚、林剑锋、郭美松译,法律出版社 2001 年版。

32. ［意］莫诺·卡佩莱蒂:《福利国家与接近正义》,刘俊祥等译,法律出版社 2000 年版。

33. ［英］安德鲁·韦伯斯特:《发展社会学》,陈一筠译,华夏出版社 1987 年版。

34. ［英］H. L. A. 哈特:《法律的概念》,许家馨、李冠宜译,法律出版社 2006 年版。

35. ［英］阿德里安·A. S. 朱克曼主编:《危机中的民事司法:民事诉讼程序的比较视角》,傅郁林等译,中国政法大学出版社 2005 年版。

36. ［英］安东尼·吉登斯:《社会学》,李康译,北京大学出版社 2009 年版。

37. ［英］边沁:《道德与立法原理导论》,时殷弘译,商务印书馆 2000 年版。

38. ［英］拉尔夫·达仁道夫:《现代社会冲突》,林荣远译,中国社会科学出版社 2000 年版。

39. ［英］鲁伯特·布朗:《群体过程》,胡鑫、庆小飞译,中国轻工业出版社 2007 年版。

40. ［英］施米托夫:《国际贸易法文选》,赵秀文译,中国大百科全书出版社 1993 年版。

41. ［英］史蒂文·卢克斯:《个人主义》,阎克文译,江苏人民出版社 2001 年版。

42. ［英］西蒙·罗伯茨、彭文浩:《纠纷解决过程:ADR 与形成决定的主要形式》,刘哲玮、李佳佳、于春露译,北京大学出版社 2011 年版。

二、外文文献

1. Laura Nader & Harry F. Todd, Jr. , ed. , *The Disputing Process: Law in Ten Societies*, New York: Columbia University Press, 1978.

2. Martin Meyerson and Edward C. Banfield, *Politics, Planning and the Public Interest*, New York: The Free Press, 1955.

3. Mauro Cappelletti, *The Judicial Process in Comparative Perspective*, Oxford University Press, 1989.

4. Meyerson, Bruce E. & Cooper, *Corinneed*, *A Drafters Guide to Alternative Dispute Resolution*, America Bar Association, 1991.

5. Reuben, "Developments in the Law: The Paths of Civil litigation", *Harvard Law Review*, 2000 (113).

6. S. Merry, "Going to Court: Strategies of Dispute Management in an American Urban Neighborhood", *Law and Society Review*, 1979 (13).

7. W. R. Abeland, A. Sarat, "The Emergence and Transformation of Disputes: Naming, Blaming, Claiming", *Law and Society Review*, 1981.

8. W. Felstiner and A. Sarat, "The Emergence and Transformation of Disputes: Naming, Blaming, Claiming...", *Law and Society Review*, 1980 (15).

　　书稿的写作开始于 2015 年。2016 年初，在上海政法学院与上海市教委高校教师培养计划项目的共同支持下，我带着这部没有完成的书稿开始了为期一年的美国访学之旅。当我踏上美国国土，没有兴奋，也没有向往，一切都是那么的陌生和不习惯。所幸的是，当地华人给予了我宾至如归的热情帮助，从接机到住处安排再到生活必备品的购买，一切都是那么亲切、那么自然，就像款待一个久别重逢的家人。每次得到他们的帮助，我都不胜感激地说："真是辛苦你们啦，给你们添麻烦了，谢谢！"他们的回答倒也直率："没什么，我们几乎每月都要接送几拨从国内来美国的，或者从美国返回中国的访学者或留学生。"此时，不禁感慨地念叨起三毛的一句话：在国内也许你是你，我是我，在路上擦肩而过彼此一点感觉也没有，可是当我们离开了自己的家园时，请不要忘了，我们只有一个共同的名字——中国人。

　　原本以为到了美国这个自由国度，在精神上通往创作之路的理想应该更畅通些才是，然而孤独和思念让每一天的光阴都拉得好长好长，我却一个字也写不出来。春节到了，虽然现在的春节已不再有孩提时那般热闹，但身在异国的我却倍感佳节思亲的伤怀。大洋彼岸，我能做的，也只是深深地思念和牵挂，还有虔诚地祈祷：祝愿我的家人平安康乐！就这样，我一边细数着离家的日子，一边整理自己的思绪，开始慢慢地打字……渐渐地喜欢上了这样的生活节奏。在这里，人—情、事—物、法—理，都与中国有着太多的不同，也使我切身感受到了中西方文化的碰撞。如小时候看到一个生字、一个生词就想急切地去了解它、认识它、学习它一样，我饶有兴趣地探究美国法律的思维模式、方法和视角，努力思考美国法律的政治、经济、文化背景及其相互的关联性。多维的视角以及美国法的经验所得到的有益启迪，使我慢慢变得深刻起来，我把这种深刻注入了笔端。随着敲打键盘的速度越来越快，已不知不觉地提前完成了书稿，竟然还有种意犹未尽的感觉。

这本书即将付梓，兴奋和喜悦的同时又有一份不甘和怅然。在自己耕耘了二十几年的法学领域，我是一个追梦人，心之舞，梦之斓，不会随时间的流逝而退却；同时我又是一个拾荒者，拾荒的趣味，总是梦想着在下一分钟里能拾到什么好东西。这也许正是追梦人和拾荒者的乐趣所在吧。我带着痴心的梦，捡起一块砖，拾起一片瓦，在实现中国法治理想和法治建设的道路上，尽着一份作为法律人的责任。这本书就是我多年来在追梦路上所捡拾的成果积累，一支素笔使它们有了一个自由飞翔的空间；如果有人认为它有用，也把它捡回家，于我，都是一种欣慰。如果这些人也投入到追梦人和拾荒者的行列中，那么"垃圾"知道了，不知会有多么欢喜呢！

不忘初心，方得始终。作为一个法律人，我将继续在追梦和拾荒的路上去见证中国正在发生的历史性巨变。从对法律之心的不懈追求，到对法治之路的探索与坚持，能在短短的人生中有这么多可贵的机会去参与和推动国家的开放与进步，这或许就是我们所遇到的大时代吧！

感谢上海政法学院各级领导对我的栽培和关心，感谢许多良师益友的中肯建议和所提供的各种支持与帮助。感谢美国埃默里大学迈克尔·佩里（Michael Perry）教授对我的学术指导，他还在百忙之中特意为本书送上寄语。还要感谢中国政法大学出版社的编辑，他们对文字所作的修饰和细致的校对，使本书能以现在的面貌与广大读者见面。最为感谢的是我的家人，他们的爱为我留住了五彩斑斓的四季，在分分秒秒的时光里，我能够一次次温馨而开怀地捡拾那一片片幸福。本书写作中参考了大量的有关学术文献资料和调研报告，在此谨向这些作者一并表示感谢。

　　鉴于该研究领域正处于飞速发展阶段，我所掌握的资料也还十分有限，分析难免有所偏颇，所涉及的一些构想与建议，不一定成熟，但却是作为法学理论研究者对民事诉讼制度完善的一些理性体悟，同时我也希望能够收获真诚的争鸣，以就正于方家。

孙彩虹

2016 年 5 月 8 日

于美国亚特兰大